【特辑："现代新儒家与现代世界"全国学术研讨会】

当代儒学

《第13辑》

主办　四川思想家研究中心

主编　杨永明　执行主编　郭萍

四川人民出版社

图书在版编目（CIP）数据

当代儒学. 第 13 辑/杨永明，郭萍编. —成都：
四川人民出版社，2018.5
　ISBN 978 - 7 - 220 - 10773 - 3

　Ⅰ. ①当…　Ⅱ. ①杨…②郭…　Ⅲ. ①儒学 - 研究 -
中国　Ⅳ. ①B222.05

　中国版本图书馆 CIP 数据核字（2018）第 086281 号

DANGDAI RUXUE

当代儒学（第 13 辑）

杨永明　郭　萍　主编

责任编辑	何佳佳
封面设计	张迪茗
版式设计	戴雨虹
责任校对	何秀兰
责任印制	王　俊

出版发行	四川人民出版社（成都槐树街 2 号）
网　　址	http：//www.scpph.com
E-mail	scrmcbs@sina.com
新浪微博	@四川人民出版社
微信公众号	四川人民出版社
发行部业务电话	（028）86259624　86259453
防盗版举报电话	（028）86259624
照　　排	四川胜翔数码印务设计有限公司
印　　刷	自贡市华华广告印务有限公司
成品尺寸	170mm×240mm
印　　张	23.5
字　　数	370 千
版　　次	2018 年 5 月第 1 版
印　　次	2018 年 5 月第 1 次印刷
书　　号	ISBN 978 - 7 - 220 - 10773 - 3
定　　价	75.00 元

"现代新儒家与现代世界"
学术研讨会简介

《当代儒学》编辑部

2016 年 10 月 29—30 日，由宜宾学院、四川大学国际儒学研究院、四川省社科联《天府新论》编辑部、九州出版社联合主办，宜宾学院唐君毅研究所、四川思想家研究中心承办的第六届儒学论坛——"现代新儒家与现代世界"全国学术研讨会暨大陆版《唐君毅全集》出版发布会在成都召开。来自全国各地的专家学者以及《人民日报》《光明日报》等新闻媒体记者 70 余人出席了此次会议。

新编大陆简体版《唐君毅全集》以台湾学生书局 1991 年出版的全集为底本，本着"善、全、真"的原则，重新编辑、分类、校对、增补，终成 39 种 39 卷。其中，新编撰 4 种，补缺 2 种，新增加 3 种，新编辑 14 种，重新编辑整理过的内容大约占全集一半以上卷次。

10 月 29 日上午，举行了新编大陆版《唐君毅全集》出版发布会。发布会由宜宾学院马克思主义学院院长、唐君毅研究所所长、四川思想家研究中心主任杨永明教授主持。各主办单位代表分别致辞。宜宾学院党委副书记毛克强教授代表宜宾学院，向莅临大会的各位朋友表示热烈的欢迎！向会议联合主办方——四川大学国际儒学研究院、四川省社科联《天府新论》编辑部、九州出版社以及长期关心与鼎力支持大陆版《唐君毅全集》编辑出版的各界友人，表示真诚的感谢！向大陆版《唐君毅全集》的出版发行，表示热烈的祝贺！四川省社科联规划与评奖办公室主任黄兵先生代表省社科联，向大会的召开表示热烈的祝贺！向勤于思考、笔耕不辍的广大社科工作者，表示崇高的敬意！他指出：大陆版《唐君毅全集》的出版发行，实现了宜宾学院唐君毅研究所和四川思想家研究中心多年以来梦寐以求的夙愿，凝结了省内外众多专家学者的辛勤劳动，同时也是唐君毅研究所、四川思想家研究中心的标志性成果。九州出版社总编张海涛先生简要回顾了大陆版《唐君毅全集》出版的艰辛过程，指出这是出版社"海外中华学人全集工程"的一部分，对倾力支持全集出版的港台及大陆学者表示感谢！

国内知名学者纷纷发布祝贺感言。四川师范大学王川教授，台湾东吴大学黄兆强教授（唐先生弟子），中国台湾中央大学荣誉教授朱建民（唐先生弟子），四川省社科院研究员、四川省人民政府文史研究馆馆员谢桃坊先生，华东师范大学顾红亮教授，深圳大学王兴国教授，浙江传媒学院何仁富教授先后发表感言，一致认为：唐君毅作为现代新儒家的杰出代表，在挖掘中国文化人文精神和谋求中国文化的现代转化上做出了积极的探索；大陆版《唐君毅全集》有鲜明特色，分类合理，收编更全，校勘精当，其出版发行将有力推动学术界对唐君毅学术思想进行更全面深入的研究。此外，北京大学胡军教授、清华大学陈来教授、武汉大学郭齐勇教授、中山大学李宗桂教授、山东大学黄玉顺教授、浙江大学彭国翔教授、华中科技大学欧阳康教授、西南民族大学余仕麟教授、台湾东海大学蔡家和教授、香港志莲夜书院梁瑞明院长、唐君毅外甥王康先生等学者无暇与会，纷纷撰写出版感言，表示祝贺！本特辑共收录了20位学者的感言和贺信。

10月29日下午至10月30日，召开了第六届儒学论坛——"现代新儒家与现代世界"全国学术研讨会。研讨会分四场进行，第一场由浙江传媒学院何仁富教授主持，台湾东吴大学黄兆强教授担当评议人；第二场由河北大学程志华教授主持，台湾南华大学廖俊裕教授担当评议人；第三场由台湾东吴大学黄兆强教授主持，华东师范大学顾红亮教授担当评议人；第四场由台湾嘉义大学苏子敬教授主持，深圳大学王兴国教授担当评议人。研讨会采取限时制，以宣读与评议、提问与回应、自由发言与讨论的方式进行，与会学者围绕主题和论题展开了热烈的学术讨论。讨论内容以现代新儒家唐君毅的学术思想为主，也有以现代新儒家冯友兰、牟宗三、徐复观为讨论对象的，还有讨论虽非现代新儒家但与现代新儒家有着某种关联的哲学家的。有的从微观的视角来探讨，有的从宏观的视域来考察，还有的从比较的视域来思考。这里共收录会议论文23篇。

此次会议论题视角广阔，讨论气氛浓烈，取得了良好成效。为此，《当代儒学》推出特辑，以志纪念。

目　录

"现代新儒家与
现代世界"学术研讨会
论文选刊

将孔、释、耶、穆及祖先揖入一堂*
——唐君毅之新宗教思想

程志华**

内容提要：唐君毅不赞成通常的宗教意识，认为它们是功利的、实用的，是对真正宗教精神的"误解"。在探讨真正的宗教精神的基础上，唐君毅主张，面对现代化过程中的"物化"倾向，必须对科学这把"双刃剑"的发展施以一个统领方向，而宗教便可担当这个统领方向的责任。不过，能够担当此责任的并非既存之宗教，而是一奠基于真正宗教精神之上的新宗教。在唐君毅看来，这一新宗教是以儒家思想为基础的以"人伦人文"为宗旨的宗教，亦是能够欣赏"异教"之价值，即可以将各家各派宗教揖入一堂的新宗教。

关键词：唐君毅　宗教精神　物化　新宗教

在西方宗教文化的冲击与对照下，现代新儒家的多数代表性人物对宗教问题都表现出浓厚的兴趣。就第一代现代新儒家来看，熊十力和梁漱溟不仅对宗教问题兴趣盎然，而且还通过会通儒、佛搭建起自己哲学思想的框架。就第二代现代新儒家来看，徐复观、唐君毅、牟宗三也对宗教问题有诸多探讨，牟宗三曾提出儒学是"道德宗教""人文教"的主张。不过，对照地看，唐君毅有

* 本文是 2009 年度河北省社会科学基金项目《牟门弟子研究》（HB09BZX001）阶段性成果。
** 作者简介：程志华，男，河北武强人，哲学博士，现任河北大学哲学系教授、博士生导师，研究领域为中国近现代儒学和中西比较哲学。

着更为强烈的宗教意识自觉，他不仅从发生学的角度对宗教的产生进行了探讨，而且还明确提出建立新宗教以应对现代化之"物化"倾向的主张。就唐君毅一生的学术活动来看，尽管其主要成就不在宗教方面，宗教思想亦不是其哲学体系的重心，但不可否认，他是第二代现代新儒家中最具宗教情怀的人物。对唐君毅的宗教思想进行探讨，不仅有助于了解唐君毅的总体思想特质，而且对于救现代化之弊亦有镜鉴意义。

一

就人类文化的构成来看，宗教是一种重要的文化现象。其重要性不仅体现在历史层面，而且亦体现在现实层面。就历史层面来看，宗教几乎参与形塑了各大世界文明，为人类文明的形成和发展做出了贡献。今天的人类文化遗产有相当一部分就是宗教的贡献。就现实层面来看，宗教是一种全球性的重要文化现象，它是人类实际生活的重要组成部分。目前，宗教类型五花八门，既有像基督教、佛教、伊斯兰教等世界性的宗教，也不乏地区性、民族性的宗教，如犹太教、道教、印度教等。而且，宗教信众规模庞大，宗教信徒数量约占全球总人口的3/5。其中，三大世界性宗教的信徒占了教徒总数的55.7%。① 就发展中国家来看，宗教信众的规模还有上升的趋势。在这种格局之下，宗教在人类现实生活中扮演着重要角色：就社会生活层面来看，宗教起着非常重要的道德教化作用；绝大多数宗教都是引导人们向善去恶的，因此宗教是一种无可替代的道德教化资源。就个体生活层面来看，宗教以关于"灵魂不朽"和"上帝存在"的独特主张，对人起到了生死教育和心灵安顿的作用，是一种重要的终极关怀教育资源。

这样看来，宗教的历史作用和现实作用似乎都是积极的、正面的。然而，唐君毅在其中发现了问题。在他看来，尽管宗教在历史和现实生活中非常重要，但稍加分析便不难发现，一般人的宗教意识往往是世俗的、功利的，其宗教信仰绝非如他们所讲的那样纯洁与高尚，而仅仅是满足个人私利的工具而

---

① 罗竹风、黄心川：《中国大百科全书·宗教》，中国大百科全书出版社1988年版，第1页。

已。唐君毅说:"一般人之信宗教,恒多出自为自己之动机……此实常夹杂一自私心。"① 比如,现有的宗教大都非常注重祈祷,而祈祷就夹杂着明确的"私求"与"私意":祈祷如求而得,反过来强化了其世俗的功利的宗教观念;如求而不得,则难免使人生哀怨之辞,更强化了其世俗化的一面。在唐君毅看来,这样的宗教意识亵渎了宗教本应有的尊严,其实际的宗教活动简直就成了"堕落的宗教生活"。正因为如此,现有的宗教虽然似乎很"繁荣",但"平凡化"与"衰落"却成为已有宗教的重要表征。他说:"以为真宗教精神即求神扶助时,并以祈祷神相助为宗教生活之主要内容时,人根本误解了宗教精神,而过着一堕落的宗教生活……然一般人以宗教信仰,保障人之世俗事业之成功之意味更强,却更代表一宗教精神的平凡化与衰落。"②

在唐君毅看来,宗教之所以出现"平凡化"与"衰落"的情况,一个很重要的原因在于人们对宗教精神的"误解"。那么,何为宗教精神的"正解"呢? 唐君毅认为,要得到"正解",需要从发生学的角度讨论宗教的起源。一般人讨论宗教问题是先自"神存在"之观念出发,认为唯有先"注意"于神,才能获得对其自然生命的最终超越。唐君毅认为,事实上,从发生学的角度看,宗教的真正起源并非如此。宗教的核心问题主要有两个:一是灵魂不朽之问题;二是上帝存在之问题。因此,探讨宗教的起源应集中于此二问题之上。在他看来,同其他多数人类文明的构成因素一样,真正的宗教精神产生于"轴心时代"。在那个时代,人类除了对幸福快乐、社会正义之追求外,还有明确的对圆满德性的追求和向往,即对超越的追求和向往。例如,当时犹太教的一元"上帝"、希腊哲学的"逻各斯"、印度的"梵天"、儒家的"天"、道家的"道"都是这种追求和向往的表现。也就是说,为了获得自然生命的解脱,从而获得永恒的安身立命之所,人就要超越有限之自然生命,于是就产生了灵魂不朽和对神之崇拜意识。这里,需要注意的是,在唐君毅看来,此一对圆满德性的追求和向往非是指对幸福快乐、社会正义之现实追求,而是指对人所不具有之能力和力量之超越的追求。他说:

---

① 唐君毅:《中国文化之精神价值》,广西师范大学出版社 2005 年版,第 324 页。
② 唐君毅:《文化意识宇宙的探索——唐君毅新儒学论著辑要》,中国广播电视出版社 1992 年版,第 271 页。

"我们所要指出的真正的宗教精神，是一种深切的肯定人生之苦罪之存在，并自觉自己去除苦难之能力有限，而发生忏悔心，化出悲悯心；由此忏悔心悲悯心，以接受呈现一超越的精神力量，便去从事道德文化实践之精神。"①

在唐君毅看来，这种对超越的追求所体现的也不是个人的"私心"，而是人类的"公心"，即是一种"宇宙之正义或大法"，即是"善之必主宰客观宇宙"的共同信仰。他说："吾人之所以必肯定宗教要求为所当有者，即以人之肯定神，求神与不朽，实除出于为自己之动机外，尚有一更崇高之动机，乃纯出于对人之公心者。"② 在唐君毅看来，此人类"公心"包含着两个原则：一是"有罪则当受苦，使罪得罚而苦罪皆去除"；二是"无罪之受苦，应被补偿"。③ 这两个原则无论哪一个都不是仅凭人类本身所能解决的，因此，若要保证这两个原则在现实层面的实现，就必须在超越层面"设定"灵魂不朽与求神之存在；否则，别无他途。可见，是出于这份"公心"的"需要"，灵魂不朽与神之存在才"成为"了必然；在此基础之上，各式各样的宗教才得以"产生"。唐君毅说："吾人如知人之宗教信仰包含：恶必由苦痛惩罚而被去除，善必由福而保存二原则之信仰，则知最高宗教信仰中，宜须包含灵魂不朽与客观普遍之神之存在二信仰。"④ 因此，神存在成为宗教本身的大问题，无论犹太教、基督教，还是婆罗门教、佛教，几乎所有的宗教均肯定神的必然存在。他说：

"在上述之一切宗教中，无论其所信仰者为上帝或梵天或佛心、佛性，要皆被视为对吾人当前个人之心为一超越者。由是吾人如何可肯定此超越者之必然存在，即为一宗教哲学或形而上学之大问题。"⑤

由上述可见，在唐君毅看来，人类的宗教精神虽然产生于"轴心时代"，但其产生具有当然的、必然的合理性。他说："人若由人可专以救世为事，当下洒落自在，或据其他自然主义之思想，而否定神之存在与不朽之可能，并

---

① 唐君毅：《唐君毅全集》（卷五），台湾学生书局 1991 年版，第 31 页。
② 唐君毅：《中国文化之精神价值》，广西师范大学出版社 2005 年版，第 324 页。
③ 同上，第 311 页。
④ 同上，第 313 页。
⑤ 同上，第 318 页。

谓……人不当有宗教要求，文化上不需有宗教，亦复为一错误意见。"① 在唐君毅看来，这种合理性表现为两个方面：其一，宗教精神产生于人类对圆满德性的追求与向往，产生于对有限人生之安身立命的超越追求。对圆满德性的追求促生了"上帝存在"，对有限生命的超越追求促生了"灵魂不朽"，而这两个方面的促生即是宗教产生的真正根源，也是宗教精神的"正解"。其二，真正的宗教精神既非产生于现实生活之世俗需要，亦非产生于个人之"私心"，而是产生于人类"公心"之"需求"。也就是说，真正的宗教精神是"人本""人伦"的，它所"关心"的首先应是人之"公心"。换言之，真正的宗教精神是一种"人文教"，而非以"神本""神伦"为前提的"神本教"。由这两个方面来看，宗教作为人类文明的重要组成部分、作为全球人口 3/5 的宗教信众的精神追求，自有它的必然性。而且，也正因着这样两个方面，宗教意识应该是高尚的、纯洁的、尊严的，而不应该是世俗的、功利的、平凡化的；宗教生活也不能作为满足个人"私意"与"私求"的一种工具，而应该在人类生活和人类文化中发挥更大的作用。

二

基于上述认识，唐君毅还讨论了中国文化中的宗教问题。他不同意中国文化中没有真正的宗教的观点。他认为，判断宗教不应该以"有没有信仰一神"为标准，更不能以"一字之某一义"为标准，而应以是否信仰一"绝对精神"之存在为标准。若以此为标准来衡断，中国文化中存在宗教是显而易见的事实。他说："世之论者，咸谓中国无宗教，亦不须有宗教。然如宗教精神之特征，唯在信绝对之精神实在，则中国古代实信天为一绝对精神生命实在。"② 在唐君毅看来，出于人类之"公心"和对圆满德性之追求，人最初所肯定之神是图腾或自然之神，后来渐渐进展为精神性的主宰万物之天神，再进而演变为具有人格和道德性的人格神，这是包括中华民族在内的所有民族宗教思想发展的常轨。因此，不可谓西方文化有宗教，而独否认中国文化之宗教。在他看来，中国文化之宗教只不过并非一般意义上的宗教而已，但是，这非一般意义

---

① 唐君毅：《中国文化之精神价值》，广西师范大学出版社 2005 年版，第 324 页。
② 同上，第 386 页。

的宗教在实质上仍是宗教。他说:"儒家精神,亦有与一般人类高级宗教共同之点,此共同点即其宗教性。"①

唐君毅认为,"天人合一"是中国文化最为内核的观念,而透过这一观念可发现其中的宗教精神。在他看来,儒家文化的"天"既指涉自然界,也含有明显的超越性意义。他说:"盖感觉之自然界,自儒家之思想言之,本非只为所感觉之形象世界,同时即为一绝对之精神生命,或天地之乾坤健顺、仁义礼智之德之表现。"② 儒家之"天"即是"绝对精神",也即是"神"与"上帝"。唐君毅说:"此中之所谓天之意义,自有各种之不同。在一意义下,此天即指目所见之物质之天。然而此天之观念在中国古代思想中,明指有人格之上帝。"③ 不过,儒家之"天"与西方宗教之上帝也确有不相同之处:在西方文化中,人与上帝是隔离为二的;对人来讲,上帝是"超越而外在"的。然而,在中国文化中,"天"将其超越性的意义贯注于人,从而"天人合一";"天"既超越于外而又内在于人,是"超越而内在"的。正因为如此,唐君毅说:

"故此仁心仁性呈露时,吾人既直觉其内在于我,亦直觉其超越于我,非我所赖自力使之有,而为天所予我,天命之所赋。由是而吾人遂同时直觉:我之此仁心仁性,即天心天性。"④

具体来讲,在唐君毅看来,"天人合一"所呈现的是"天人合德",故中国文化是一种"道德性与宗教性之存在"⑤。他说:"在中国,则宗教本不与政治及伦理道德分离"⑥,道德与宗教二者同来源于一本之文化,因此,在中国文化中,人能尽心知性而知天,存心养性而事天,故能承天道以极高明。孟子说:"尽其心者,知其性也;知其性,则知天矣。"(《孟子·尽心上》)只要充分发挥心中的良知、良能,便不仅可以认识人性,而且亦可通达"天命"。在此,中国文化凸显了人的道德主体地位,即,不仅人与天二者是相通的,而且"相通"的重心在"人"一端,而非"神"一端。因此,中国式的宗教是一种

---

① 唐君毅:《中国人文精神之发展》,广西师范大学出版社 2005 年版,第 309 页。
② 唐君毅:《中国文化之精神价值》,广西师范大学出版社 2005 年版,第 330 页。
③ 张君劢:《新儒家思想史》,中国人民大学出版社 2006 年版,第 565 页。
④ 唐君毅:《中国文化之精神价值》,广西师范大学出版社 2005 年版,第 329 - 330 页。
⑤ 张君劢:《新儒家思想史》,中国人民大学出版社 2006 年版,第 594 页。
⑥ 同上,第 565 页。

"人文宗教"，而非西方式的"神本宗教"。唐君毅说：

"此儒家之教包涵宗教精神于其内，既承天道以极高明，而归极于立人道，以致广大，道中庸之人文精神所自生……儒家骨髓，实唯是上所谓'融宗教于人文，合天人之道而知其同为仁道，乃以人承天，而使人知人德可同于天德，人性即天命，而皆至善，于人之仁心与善性，见天心神性之所存，人至诚而皆可成圣如神如帝'之人文宗教也。"①

在唐君毅看来，此一"人文宗教"是中国文化的传统，它由孔子、孟子所开创。孔子把原始宗教的天道化为"仁"道，教导人们行仁以效法天之德。这样，孔子之教既立，人皆知修德以达于天之道。唐君毅说："由孔孟之精神为枢纽，所形成之中国文化精神，吾人即可说为：依天道以立人道，而使天德流行（即上帝之德直接现身）于人性、人伦、人文之精神仁道。"② 因此，孔孟思想近于古代宗教者唯在其知人之仁心仁性即天道之显示，由是而重立人道，立人道即所以见天道。唐君毅认为，孔孟此一思想深深影响了整个中国文化，以至于经过道家与佛家之发扬，而形成为整个中国文化的传统，当然也由此确立了具有中国文化特色的宗教思想。他说：

"原始之宗教既经孔子之融化，乃本人德可齐于天之思想，再与庄子游于天地之思想相与合流；而渐有与天地比寿，与日月齐光之神仙思想。而后之佛学之所以为中国人所喜，亦因佛学始于不信超绝之梵天，而信人人皆可成佛，而如神，如梵天，如上帝。则中国以后道佛之宗教精神，亦孔子天人合德之思想之所开，人诚信天人合德，而人德可齐天，则人之敬圣贤之心，敬亲之心，亦可同于敬天之心。"③

三

如前所述，在唐君毅看来，宗教不应停留于个人的"私意"与"私求"，而应该在人类生活和人文文化中发挥更大的作用。如何发挥这"更大的作用"

---

① 唐君毅：《中国文化之精神价值》，广西师范大学出版社 2005 年版，第 39 页。
② 同上，第 348 页。
③ 同上，第 42 - 43 页。

呢？唐君毅认为，在全球化与现代化已然风起云涌的时代，科学的"利用""厚生"是非常重要的，它带给人类高度的物质文明。然而，科学是一把"双刃剑"，其"物化"倾向却成为人类精神文明的重要破坏力量。因此，必须为科学的发展施以一个统领的方向，而能够起这个统领作用的便是宗教。他说："在这个时代，如果人们之宗教精神，不能主宰其科学精神，人之求向上升的意志，不能主宰其追求功利之实用的意志；人类之存在之保障，最高的道德之实践，政治经济与社会之改造，世界人文主义之复兴，中国儒家精神之充量发展，同是不可能的。"① 唐君毅认为，古语讲"正德""利用""厚生"，"正德"即是"利用"和"厚生"的方向导引。因此，在现代化的语境下，不仅要肯定科学，更要肯定宗教；不仅肯定"利用""厚生"，而且更要肯定"正德"。唐君毅认为，在现代化的语境下，科学与宗教二者犹如"两翼"，任何一翼都不可或缺。他说："在社会文化上，正须以科学与生产技术之发达，宗教之存在，以为其两翼之扶持。"②

然而，唐君毅认为，能够承担此"正德"作用的并非现存的宗教，因此必须另行创立一种新宗教。之所以如此，原因在于现存宗教偏离了真正的宗教精神，多数人仅将宗教理解为世俗的、功利的工具。当然，新宗教之建立并不能完全抛弃现存宗教，而须以现存宗教为"阶梯"而"升进"，即，新宗教须是"一涵宗教性而又超一般宗教"③ 的宗教。他说："唯此中国未来宗教精神之性质，吾人将谓其异于一切往昔之宗教精神，又自人类往昔宗教精神中升进而出，亦非只止于有一单纯的天心或神信仰之建立者。"④ 依着他对于人类宗教精神在发生学上的理解，唐君毅认为，新宗教虽不可由哲学的途径建立，但可由哲学的方法进行探讨和期望——他对于宗教精神之发生的探讨即是由哲学的途径进行的。而依着哲学方法探讨和期望的结果便是，新宗教以信仰一"绝对精神"之存在为前提。他说：

"吾理想中未来之中国文化，亦复当有一宗教。宗教之创立，亦必俟宗教

① 唐君毅：《文化意识宇宙的探索——唐君毅新儒学论著辑要》，中国广播电视出版社1992年版，第268页。

② 同上，第266页。

③ 同上，第234页。

④ 唐君毅：《中国文化之精神价值》，广西师范大学出版社2005年版，第388页。

性人格，不可由哲学以建立。然而宗教人格之出现，必先有社会宗教精神之氛围……夫然故哲学虽不可建立宗教，而可期望宗教。高级宗教，必信一宇宙之绝对精神实在。"①

唐君毅进而认为，新宗教必须依着真正的宗教精神建立，即依着"人文宗教"之"人文""人本"的精神建立，将信仰重心放在"能信主体"上，而不是所信对象的差异上。在唐君毅看来，依此理路所建立的新宗教还可化解宗教之冲突，从而避免历史上曾经发生的宗教冲突以致宗教战争。他说："新宗教精神，即可协调和融各宗教，而使之各得其所，而永绝各宗教徒间之互相轻蔑之意，由此而可绝一切已往因宗教而生战争之种子。"② 唐君毅认为，已有宗教之冲突在于"诚不免多所祈求于神，且未能充宗教精神之量"③；若将宗教重心置于"能信者"一方面，所信客体之差异则可轻视，宗教之差异亦不被看重，宗教冲突便自然可以得到化解。在他看来，既然真正的宗教精神出于人类之"公心"，故"上帝""安拉""梵天"等"绝对精神"都不能与人为二，彼此隔离。因此，宗教之间应该宽容相待，应该能够互相欣赏"异教"之价值。唐君毅的意思是，新宗教应破除以往宗教之偏蔽而涵括之，将已有宗教集于新宗教之庙宇。他说：

"吾人所向往宗教精神，包含对人文世界、人格世界之崇敬，即包含对人文世界中已成一切宗教精神之崇敬，即包含对一切宗教圣哲之崇敬。吾人正当聚孔子、释迦、耶稣、穆罕默德，与无数圣贤于一堂，以相揖让，而供之于中国之新庙宇。"④

然而，新宗教不能落入狭隘的个人主义，因为宗教是应人类之"公心"而非个体之"私心"而产生的，因此，真正的宗教精神是与社会伦理相辅相成的，即，此新宗教精神应超诸个人之上而为统摄诸个人之心者。因此，唐君毅不赞成个人主义的宗教信仰，而主张基于"人与人之感通关系"的"人文""人伦"的宗教信仰。他说："唯佛教重各个人之分别体佛心，而不重在人与人感通关系中，人伦人文世界中，见天心。故恒落入个人主义……故吾人即不

① 唐君毅：《中国文化之精神价值》，广西师范大学出版社 2005 年版，第 385 页。
② 唐君毅：《人文精神之重建》，广西师范大学出版社 2005 年版，第 509 页。
③ 唐君毅：《中国文化之精神价值》，广西师范大学出版社 2005 年版，第 393 页。
④ 同上，第 394 页。

能如佛教之教人为崇敬一佛，而或忽视人文人伦矣。"① 在唐君毅看来，新宗教之精神须是本于性与天道、人心与天心之不二，故可于人伦人文见天道的精神。即，新宗教之建立的基础是儒家"天人合一"基础之上的"人文人伦"精神。由此来看，中国文化不仅具有宗教精神，而且其"天人合一"思想还是建立新宗教的基础。因此，他说："吾人所向往之新宗教精神，必须由吾人传统宗教精神以长出，而不能外袭。"②

唐君毅认为，历史地看，宗教是分高低等次的：低级宗教是图腾崇拜或是信仰一自然神，其特征或是祈求欲望的满足，或是求神主持世间之正义，其宗教意识"皆为夹杂个人之欲求者"③。较高级的宗教求灵魂不朽以完成其人格或通过对先知先觉之崇拜以担负众生之苦罪，其特征为只信仰唯一神或先知先觉，而圣贤豪杰祖先皆不被当作如神来崇拜。在唐君毅看来，这两类宗教都不是最高的、真正的宗教，最高的、真正的宗教须将圣贤豪杰与超越之神共同列为崇拜对象；如果只崇拜其中一个方面，则为不完美之宗教，甚至是宗教的"罪过"。他说："由此故吾人以为最高无上之宗教意识，应为一方有对超越之神之皈依崇拜，一方有对圣贤豪杰祖先之崇拜皈依者……只有其一而自觉否认另一，皆为宗教上之罪过。"④ 在唐君毅看来，这种最高的、真正的宗教即是其所倡导的新宗教，即是儒家式的体现着真正宗教精神的"人文宗教"。正因为如此，在其关于"三向九境"之境界论思想中，他将基督教判为"归向一神境"，将佛教判为"我法二空境"，而将儒教判为最高的"天德流行境"。在唐君毅看来，处于"天德流行境"之新宗教不仅可改变已有宗教生活的"堕落"，恢复宗教生活的纯洁与崇高，而且可限制现代化之"物化"倾向，最终将现代化导引至正确方向。

四

唐君毅认为，虽然宗教是人类文明的重要组成部分，但一般人的宗教意识却是对真正宗教精神的"误解"，他们错误地将宗教当作了实用的功利手段以

---

① 唐君毅：《中国文化之精神价值》，广西师范大学出版社 2005 年版，第 392 页。
② 同上，第 393 页。
③ 唐君毅：《文化意识与道德理性》，中国社会科学出版社 2005 年版，第 294 页。
④ 同上，第 299 页。

服务于现实生活。事实上，宗教起源于人类对圆满德性的追求和人类之"公心"的"需求"；这两个方面促生了灵魂不朽及神的存在的观念的出现，进而促生了宗教的产生。这里，唐君毅所凸显的是"能信主体"，其重心放在了"人文""人伦"之上，而非"神本""神伦"上。依着此宗教精神的理解，唐君毅不赞成中国文化中不存在宗教的观点，而认为中国文化存在宗教，只不过中国式的宗教具有"中国特色"而已。在现代化的语境下，唐君毅认为科学之发展犹如一把"双刃剑"，它带来了物质文明的繁荣，同时也破坏着人类的精神文明，因此需要对现代化之"物化"倾向加以正确导引。在他看来，能够起到这种导引作用的当是宗教，但此宗教并非指已有之宗教。为此，唐君毅主张依着真正的宗教精神创立一种新宗教，这种新宗教不仅可以化解宗教之冲突，而且可以对现代化之"物化"倾向予以正确导引；这种新宗教不是别的，而是以儒家"人文人伦"为基础的"人文宗教"。

试论唐君毅先生"存在的感通与升进"与"三向立极"的思想

陈有志[*]

一、三向与立体

唐君毅先生的性情形上学是关于理想世间实践的学问。在《生命存在与心灵境界》一书，他以"三向立体""大全元序""理事教行"三大主题，纯一"体相用"中"心所感通"的性相及"生命升进"的教行，朗鉴系用于机神明理，来重启中国心性学的慧命。他所高意儒家的道德精神，在萦绕时代的种种牵挂中，立身当代新儒学运动，一生的行举被友人牟宗三先生赞誉为一位"文化意识宇宙的巨人"。牟先生解释文化意识是中国固有"观乎人文以化成天下"的意识，此意识是孔孟成德之教所开辟，而由《贲卦·象传》简单辞语作代表。由此意识，吾人即可开辟价值之源。依此价值之源以作道德实践而化成天下，即名曰"文化意识宇宙"[①]。牟先生成德之教就是心性学自觉道德实践，他个人用语就是"道德的形上学"的实践；在唐先生则是指"感通性情的形上学"实践。

面对现代化严峻的挑战，不同全盘西化的主张，当代新儒学运动着力镕钧文化意识的问题，是关系传统生命智慧及整体精神动力的真义及真能，而不是

---

* 作者简介：陈有志，台湾师范大学文学院前秘书。

① 牟宗三：《时代与感受》，鹅湖出版社 1984 年版，第 269 页。

历史知识及材料的保存及考古。当然，新儒家的主张并不是一味反对现代化，而是该如何正确理解西方理性及科学文化，是怎样启迪现代合理性的认识及生活的期待。我们又该用怎样的态度，再来理解传统文化？拘局在各种端绪中，专特"体用明心"，并集义不同文化、思想起源，思考如何取获真理陈述和制度机制的奠基。由此，启动东西方本体形上学的会通，最巨擘而宏观者，以熊十力先生及其后继唐君毅先生及牟宗三先生三人的思想影响最巨大。

但三人在心性论问题不同的着重，也有不同发展的重心。唐先生说，熊十力先生尝告韩裕文，说唐先生与牟先生皆自有一套，非能承其学，云云。[①] 若此各自一套的思想，在相互扰乱无法整合为一之下，会不会造成会通，成为不确定论的影响。实则各自精义并用的不同论述中，不但不会有断辞害义，反而在蔽彻明开的各种端绪的着重，更丰富新儒学运动开启不同的范畴。顺此心性问题不同的倾向，大致情况为：熊先生重在性体生成的创造力，牟先生在性体圆成的意志力，而唐先生则在性相升进的感触力。关联本体会通比对问题，熊先生汇聚在唯识的变现、柏克森直觉创造，牟先生重在康德范畴认识条件与道德的主体性，唐先生专注在斯宾诺莎与黑格尔的知识的秩序及本体表现的相用。

若言"以心著性"专实感合的通体，唐君毅先生为何会有"三向"？又必言"立体"？"九境"何以必须遍索"通观余境"？他指明这是生命生机的所在。三向必言立体，自然是在九重心灵境界的"多"，可概括在真实感发的"一"。约行在感通，皆因着"诚"及"信"，所能应外的心感机用。那么，我们就不能把他的三向教化观，视为是唐先生表彰个人的思想。作为唐先生思想的核心，操持在境相的一多、次第的自在，所谓真实感受起真实行为的探骊得珠，都是他实践工夫的会证。唐先生思想体系成熟的时间极早，整个圆成实践的理想，早已具在《中国文化之精神价值》自序中，交代得十分清楚。他认为一个完好生命的意义，应该有两个基本态度，即在如何彻悟"人生之精神活动，恒自向上超越"以及醒觉"道德生活纯为自觉的依理而行"。揭橥生命应有一个内在于感发"心的本体"，及外在为感通的"道德自我"，概举在自我生命中一多次第的进取。自我生命的进取就是《生命存在与心灵境界》的

---

① 唐君毅：《生命存在与心灵境界》下册，台湾学生书局 1977 年版，第 1158 页。

"存在的感通及升进"。

就三向在种类、次序、层位，表明出"以心着心"。无论为"顺、横、纵"，或前后的主观，内外的客观，上下的目的。为何九境类聚甄别的最终根据，总只括约在一个余境作为立体，为绝对的可能性？其次，为何须再鉴明纪别抽象理性及具体理性之间的"虚实"，作为实现性的关键？同时，在诠解虚己进德的体用论，又引用《起信论》"体相用"，并匹比于斯宾诺莎的实体（substance）即"体"，属性（attribute）即"性相"，样态（mode）"即性相之表现之用"。特意在"性相"作为"表现"（expression）的"用"，等等解说。①

性相作为表现的用，是唐先生心性实践的关键。我们必须略加解释，避免混乱《起信论》"相"和斯宾诺莎"样态"之间的歧义，产生不必要的误解。原因在：严格意义下，《起信论》及包括贤首"十门分别"中缘熏习镜的"相"都是无性义。既然无性，相就不能无所谓"性相"之说。这样会把缘起的法相与性起的性体二者混淆到体用之中。也就是说，缘生的法相只是治疗意义下的自他教化，不能是真心自觉的教行。因为这种体用的观照只是分解的理谈，不是自觉图满的心及性力。② 若此，唐先生径引《起信论》"相"匹比于斯宾诺莎的"属性"，用来表示"实体"的性相，另限定"用"为"样态"、是"性相之表现"。就体用说的习惯，是容易造成误解。之间，尚须再一些衡定及伸解。

"三向"及"次第"无疑是唐先生关于生命意义一组最优先、最重要的概念。若深入理解唐先生所以要着力此处，实有益我们注意样态与体验之间的联系，可以用来揭发心性论在实践的另一层新问题。我们就借斯宾诺莎《伦理学》第五部分的三个命题，与"三向立体"为唐先生指出生命只能"表现相续存在"，两者如何能焦点呈现在"遍观用大"③。我们就以"样态"与"次第遍观"，有几点说明如下：

命题十：只要我们不为违反我们本性的情感所侵扰，我们便有力量依照理

① 唐君毅：《生命存在与心灵境界》上册，台湾学生书局 1977 年版，第 34 页。

② 牟宗三：《心体与性体》第一册附录《佛家体用义之衡定》，正中书局 1973 年版，第 610页。

③ 唐君毅：《生命存在与心灵境界》上册，台湾学生书局 1977 年版，第 34 页。

智的秩序以整理或联系身体的感触，另附释根据能将身体的感触加以适当整理及联系的力量，我们便可不致易于为恶的情感所激动。

命题十一：一个意象所关联的对象愈多，便愈常发生或愈为活泼且愈能占据心灵。

命题三十一：第三种知识依赖为它的形式因，就心灵本身是永恒的而言。①

其一，唐先生"相续存在，遍观用大"的"体相用"，"性相之用"聚汇在"持久及次秩或次第"的意义，概念上就是等同"理智秩序以整理或联系身体的感触"。"整理"指由多为一、有限为无限，都内在于"身体感触"联系到外部，总是部分的部分，一次一次的连续，会有两层的呈现分为次第及持久。一为部分的部分是余境、是次秩的"性相之用"；另一部分在持久的余境为理念与整体，就是立体。这里"意象所关联对象愈多"为次第秩序，有一个性相或样态在情感内外之间，展开的余境作为表现种种"意象"及总体"意象"的视野，唐先生在此称作精神空间或生命心灵者。② 又性情不同强度，有不同形态的要求，最终种种综合的余境，呈现种种境位，"相之表现"为"用"，自然在三向九境中的各种次第，云云。

其二，〈命题十〉附释中的"适当整理及联系的力量"，〈命题三十一〉为心灵形式因的第三种知识，表现永恒的内容。解释"联系的力量"重点在心灵有涉入的统一（involves unity）的能力③，所以片断的持久及秩序的统一（L'un），作为形式因就不是纯粹知识概念或逻辑形式。这是斯宾诺莎在《知性改进论》发现的三种认识力，划分出经验的习惯想象知识、推理知识及科学的知识、本质理性、直观生活的智慧三种类型。从有限知识能再通过部分的部分整理出恒常或遍观的近因（proximate cause），是意识能生起作用的自因（causa sui）。这也是黑格尔借此自因由主动意识向被动意识形态的扬弃，将此圆满性发展为否定的辩证。唐先生在此的会通，我们自然也会就三种知识追问三向九境及升进立体的根源。

---

① 以上命题引自：贺麟译，斯宾诺莎著《伦理学》，仰哲出版社 1982 年版，第 242、244、254 页。

② 唐君毅：《生命存在与心灵境界》下册，台湾学生书局 1977 年版，第 980 页。

③ Gilles Deleuze. *Expressionism in Philosophy：Spinoza*，New York：Zone Books，1992，p. 16.

其三，〈命题十〉附释中为主动精神"适当"整理及联系的力量，可不致易于为"恶的情感"所激动。因此，适当的力量作为意识精神，就是社会伦理及道德意识的涉入，是西方启蒙从文艺复兴开始随着人文现世主义（secularism）再导向本体论的政治起源。这是关系笛卡尔的主体性向科学理性的交涉，奠定出现代性的新社会秩序，而斯宾诺莎《知性改进论》是为补充培根的《新工具论》及批判笛卡尔而发，提出相对于知识的普遍而清晰意义，第三种知识的理智秩序也有一个公平的理想作为合理性的普遍价值。现代性伦理如在〈命题三十一〉，因由永恒性作为圆满历史的发展动力，由此在科学理性及道德理性之间重合在自觉机制，我们就可以重新看待现代化及传统道德之间一点相关问题。

因此，不能将《起信论》的"相"马上等同斯宾诺莎的"属性"。若此三种知识的区分，科学知识也不能取代自因理性。只能说唐先生"表现为用"是纯粹心灵性质中的性相或样态。《起信论》的缘生之相，需另由"适当联系的力量"为余境的性相（如为"一心开二门"者）。这样唐先生三向立体之说，在会通就有两项重要意义：一是现代性在笛卡尔的我思、斯宾诺莎及莱布尼兹的近因及自因的分析，可以说是西方非启示的纯粹肯定（speculative principle of pure affirmation）的开端。尤其是斯宾诺莎肯定形式的自性生成（autopoiesis），规定了一多的肯定差异的特殊内涵，是无关一多的否定对立（*Non opposita sed diversa*）。① 样态是有限近因可涉入（*implicare*）无限的属性，也是斯宾诺莎本体与形上学的超越性主题。另外，单子知觉的有限包含（inclusion or synthesis）无限的前定和谐，是莱布尼兹本体与宇宙论的超越性主题；再包括笛卡尔的我思、广延性、对列区分，是西方现代理性思想的整个起源。意识涉入形上及宇宙本体的价值，无关观念本体的知识形式。会通至此，可以纠正一般人长期误认中国心性思想，是将本体论在混乱形上学及宇宙论的错误印象。

此外，唐先生是表彰心性论的特殊立场者。在《生命存在与心灵境界》第三部第二十一章，唐先生指出西方现代哲学思想，自理性主义发展的五个步

---

① Gilles Deleuze. *Expressionism in Philosophy：Spinoza*，New York：Zone Books, 1992, p. 60.

骤的结果，只呈现一直线发展的限制。① 这当然是指希腊传统的自然人与犹太救赎神学的选民之间，构成西方理解合理理念一道难以缝合的鸿沟。斯宾诺莎样态的差异、莱布尼兹单子的偶然，揭示邻近的双重因果（approximate to a double tendency or double causality on coexistence），这个接近自然主义的超越形式还是残留在神学习惯里。若以斯宾诺莎、莱布尼兹的肯定理性及相对笛卡尔的怀疑形式，又变成另一道独断理性与知识理性的对立。五个步骤的发展结果，我们可借哈德（Michael Hardt）及纳格利（Antonio Negri）解释西方成了两个现代性的隐喻，指出知识僭越理念又进入国家的主权原则与资本生产的再组合，这是现代生活重在交换及知识控制，造成更严重的双重二分法（double dichotomy）。人性只由欲望的填补，一点一点在知觉的膨胀，无止境的循环成为物化（fetishism）诱惑的心理现象，无法从内在取得理性的和解，这是现代社会赋予人性分裂的肇因。②

最后，关于唐先生三向余境与第三种知识的差异。我们先关注性情形上学"体相用"的三层面，意谓"性相之用"是引起一切有限涉入无限的自因，"以心着性"的解释重在由情为心"感""着"入之力，自然不同一般体用论。唐先生在此当有一个前提约束"心"：即性相的情感（affections）为性情者，表现性情活动的心灵。"心体"活动只有感通力，不能等同于无限的实体。心性实践应就此而言：即生命感通升进，因秉此性情可以为次第持久的实践，进而遍观各种余境，这是性情形上学同于斯宾诺莎样态者。但是涉入实体为样态的"部分的部分"，只作为理智的思想反省，就如同宗教启示下的本体的凝视，并不能再由内在于遍观整体的感通，由"部分的整体"的立体，成就为性情形上学、为整体心灵的道德理想者，此是不同于斯宾诺莎者。唐先生会通西方现代哲学，指明西方自我意识的实践在单义（一直线）的内涵，正相对于心性论自成一种无宗教形式的道德实践，所不同西方现代哲学思想。

因此，性情在心灵境界就有另一层"虚实"的重要内容，是唐先生用以展显实践在"真实知"与"真实行"的工夫。近因余境的性情为各次第的理念，相用的"虚"都归向遍观余境的性相的"虚"，自我实践各次第及遍观持

---

① 唐君毅：《生命存在与心灵境界》下册，台湾学生书局 1977 年版，第 744 页。

② Michael Hardt & Antonio Negri. *Empire*, Harvard press, 2000, p. 60.

久为"实",每个环节都在"体相用"由相用为中介,由感通为虚到实践为实。这是三向立体都规定成四重性,总纲在性情本体为理想,着性在"大全元序"的知与信,升进在"理事教行"的行与诚。遍运遍通的次第是为"虚"在精察,为真切在笃"实"。① 因而,可以明白性相不能只徒具权利性的伦理,应有着明几微为遍通的道德理想,都是因为中西本体形上学及宇宙论有一道不同限制,这里我们将保留到理事教行再稍作解释。若此,唐先生扩大新儒学的导向,专就实践心感的廓大内容来看,"大心立体"实则有匹敌斯宾诺莎有限与无限的永恒性,及黑格尔由持久性转为绝对精神的辩证。三向余境为立体,在实践就是胜义,也是传统文化的资产,此为唐君毅先生表彰发扬者。

二、元序与大全

《生命存在与心灵境界》只在《导论》对"元序、大类、大全"作了原则性的说明。② 对眼亮心明的读者而言,这里实际关系到"实体"生起"真实知"与"真实行"的说明。当代新儒学运动通过新旧内外的异差,比对会通融贯两端,精约各有的意趣,如西方"一多""有限无限""部分全体"都可归在我们传统的"体用"。会通在理发形见之下,可各自厘整旧绪,因沿隐至显,更可发微前所未见的新面,正此,"元序大全"作为诠解"心性体用",导向"性情体用"可以说是唐先生思想的核心。专此工夫的新面,至少有两个诠解的特色:一、感通第次在自觉,无限理念的绝对极限,比绝对理念为无限形式来得重要。二、性情有"虚实"的两面,立体才属真知真行,重合为实践的内容者。③ 因此,完备次第教行的实践之道,就在三向遍运为元序随处的诚体、升进遍通为大全尽分的道体。

现代西方思想起源关联在笛卡尔邻近区域(zones of proximity),界定自发生成(auto-poiesis)与自动精神(automate spirituel)作为明晰观念我思(sig-

---

① 唐君毅:《生命存在与心灵境界》下册,台湾学生书局1977年版,第18页。关于唐君毅先生"真实知"、"真实行"与"虚实"的解释,似乎借相用与性情,再进一步来发挥王阳明"行之明觉精察处便是知,知之真切笃实处便是行"的知行合一学说。

② 同上,第20页。

③ 唐君毅:《生命存在与心灵境界》下册,台湾学生书局1977年版,第980页。

nificance cogito）。笛卡尔的自动是"部分到部分"，由对列（coordinate division）的部分对应下产生知识，对列广延内在于一个绝对主体性的位相，解决亚里士多德逻辑的内在根源，同时内在知识可以取代宗教的恩典。这个内在于无限形式，首先被斯宾诺莎及莱布尼兹的质疑，广延知觉似乎遗漏另一个的理智综合（second synthesis of time and causation）作为统一及评价的因素。这是斯宾诺莎"部分的部分"的"第三种知识"，体现实体的"自因"；在莱布尼兹则称是"充足理由"，两者所区分实现内在秩序的无限形式之外，也存在另一个外部可能性的原因。

唐先生以性相相待体用，在样态表现（express）本质的持久力，不如说他重在贴近情感产生亲缘力。若就前文提到唐先生在《生命存在与心灵境界》第三部第二十一章第二节《对归向一神境之真实的理解》，解说西方现代哲学思想发展的五个步骤，呈一直线的后果，之间的差异，可能就在天德流行所收敛"相资相待"的情感力，表现出"元序大全"为宇宙的性情形式。由此，我们可从两个角度来理解唐先生解释中国本体论与宇宙论的一些观点及立场。首先借助莱布尼兹《论中国人的自然神学》发现易经二进制数元（numeration）表示出在数式（matheme）的意义，可以比较出一种在离散及广延之间产生数学的悖论，另在易经的离散及运动间的规律，相同为数学形式中反映一种无矛盾的整体观。再者，若将样态模拟为数式及命数的形态。斯宾诺莎第三种知识在情感的力量（puissance），只具有单义性（univocity of attributes）。就命数为次第言，只能成为内在绝对的和谐为整体性，但若就相互迭层为协律的整体，都是由外部涉入内部的性情。之间的差别，前者是纯粹内在自因，是自然的性力（natura naturans），情感就是力量，为绝对主体；后者为被产生的自然，是感通的生成（natura naturata），力量来自信心，为相互的主体（就affection言，前者如affection/eros，后者如affection/amour）。

单义性的限制使斯宾诺莎、莱布尼兹都残留神学的独断，并混合斯多葛的流溢论（emanation），只能涉及无限的开展（involve to implicate and include）作为超越理念。由此，存在有限及无限在知识的合理及情感的合理，无法整合到无限邻近要求一个合理道德的危机。综合问题的限制作为理性主义中自然神学，经康德及黑格尔观念论发展的第一步，只有成就了道德神学，最后为谢林的启示哲学（offenbarung）而已。同样地，在海德格尔把有限理解（temporality understanding）为脉络决定（decision-in-context）的纯粹存在者，认为伦理形式中的知识成分都大于纯粹道德的情感。斯宾诺莎思想成为一种伦理政治（ethico-political）态度，因重视知识原则或维持二元论的形态，割裂不只是西方传统神学的价值，主体变为知识主体与情感主体，处在无限的分化中知识只作除魅（disenchantment of the world），就是现代人精神分裂（schizophrenia）的起源。

现在的问题是经莱布尼兹解释易经的数式，我们如何再理解中国本体宇宙论的原意，而与唐先生元序大全的遍观、次第余境之间是否存在某种关联。莱布尼兹单侧知觉的不可共性（imcompossibility），如何产生和谐的可共性（compossibility），是莱布尼兹的单子，正同斯宾诺莎的实体，表示内在的限制的消极知觉，总只在广延复合中为矛盾及悖论，但因卷入外部悖论导入的准秩序关系（quasi-causal ordering），在积极知觉包含到理智（includes in reason par excellence）的可能。这是莱布尼兹著名前定和谐原理，表示逻辑或数学形式的矛盾，正属是形上学谓词的肯定原则。也就是说，模糊的邻近区是积极知觉的超越域，就此，广延引发实体包含在形上的内容，就是反映宇宙物理现象如何成为本体宇宙论的根源意义。

"包含"作为可共性的谓词，来取代逻辑的相似或类的种差，是莱布尼兹形上学综合命题及预成论（preformation）的主张。这里共性谓词是否受到他在《论中国人的自然神学》发现易经二进位数元的影响，也不得而知。但是，若就莱布尼兹对易经数理的理解，除了发现这里的符号逻辑，也注意数列（column）与周期（periods）之间加乘关系，只有排列组合的进位位置，在周期数的"根"，不因数量大小而有不同的"根"数，无关计量的积和。这说明了二进位在除法中，不会产生任何无理数的悖论现象。莱布尼兹对易经发现及理解与他著名数理的主张：连续广延只表示是一种重复，整数在此为不可共性也在表示一个复合及离散的关系，自然与爻位有了许多巧妙的重合。数元数理反映构成思想的图式，如莱布尼兹对"易经"周期数的理解，那么，"相资相待"为复合意义的非对立主场，显得格外的清楚。这也在我们之前已提到斯宾诺莎相同表述：单一存有的差异，无关对立。

相资相待中对待部分及整体的周运关系，为何会成为我们文化中的原初动力？为何集中于易经的数元结构，而影响整个中国文化及思维的根本图式？这是攸关周期为自然秩序（材质因及形式因），为何会服从事件的可能余境，规定出了整体秩序的动力（动力因及目的因）。即宇宙论涉及了形上学成为元序大全的问题，正在我们熟悉的三材或三元的大衍之数，根据二进位及五五为十进位的混合中，呈现"五位四方"的五五"生成数"及"五位八方"的四五"天地数"，为阴阳二个相资相待的面向。"五十虚中"到"五中"为实，反映数的变化与位的变化，在虚实的和合生成，任何自然运动必然蕴含背后另一个自然成长的动力。如中国早在天象历算的阴阳合历，重在双重因果（double causality）取得的最大合理及和谐的复合法则为思维习惯。周期进位及和谐宇宙的生成力有助启发有机自然，或许协力的肯定形式导致内在道德观的起源。简单说，数系及数串的连续的双重含义里，只会把运行的宇宙与自然的生成，在复合规律下推向创生的超越（transcendence）合成及卓越（transcendent）升进的理念。

那么中国传统思想有机的形式，是否停顿在自然哲学的蒙昧状态？相对西方数系数串的连续，基数只具数项及相似的群类，所以，在对列的一对一的对应下，必须要有明确前域（domain）的定义域，才能进行自反（reflexive）、对称（symmetrical）及传递（transitive）的运用。前域为严格限制，如语言的logos，被优先考虑是清晰性，清晰是西方重知识的文化起源。中国"时位"的限制不是对应连续的数项，而在外延变化及进位。因此，事件为矛盾现象，不会马上成为推论中排中律，只总会考虑生成复合中为后续及持久者，而被卷入后域（converse domain）的可能性。这种非定义域推论的形式立法，只根据混沌状态的宇宙，再次取获圆满为可共性的新成法则，这是中国思想的原型。如被莱布尼兹理解二进位布列形式的启示，自然哲学如何透过最简单的符号逻辑，由"相资相待"表现动态宇宙整体生成的部分视野，是可处理形上学及数理逻辑间的复杂问题。

至于唐君毅先生对易经感应与数理之间，避免在混淆阴阳五行的神秘领域，如何表示他的态度？又有什么诠释的痕迹，可表示某种背后的立场？在他的二项评论里，值得我们观察。《中国哲学原论·原道篇二》中，第一编第二十四章、第二十五章讨论易传感应变化的神道；第二编第六章至第十章，从汉易及五行六十甲子的得失，到解释王弼易学的"统宗会元"与郭象的解庄子的"本迹性分"。尤其，他盛赞王弼《周易略例》的《明爻通变章》中"情伪之动，非数之所求"，解释易系辞传"通乎昼夜之道……而无体"，以"崇本息末"解释老庄玄学，关系正解体用的重要关键，可回归易传的正宗趣旨，脱逃汉易神秘的色彩。其二，《中国哲学原论·原教篇》第二章"邵康节之易学与心学"，深剖邵雍由两两横观天地万物以通古今历史之变，弘发扬雄的"观乎天地，则见圣人"之说，专由"象数"之变的"物之物"的两两横观，有一种平行地位于周敦颐《太极图说》的"人极"，及张载《本蒙》的"乾称诚明"①。

就整个易数问题如何关联感应的形式及体现感通的本体，到化成立体的形上之道，尤其王弼与邵雍的数与非数之间，唐先生自然有一定的理解及明确的立场。虽然，王弼"崇本息末"物感的"来应往应""乘承比应"，为"体无"立体之道，最后只底定在"一阳来复"，"复"的返本（reversibility）也只在保泰，实与相资相待的感通尚有一段距离。但就会通易老的概观，所以能进而保大宇宙本体论及本体形上学全大的原貌，王弼的关键扭转及贡献自不待言。邵雍"元会运世"用明"象数性理"，虽只直达经验与历史变通的"心"。但"物之物"为观象明数的"形体"（按邵雍说，物形为象，物体为数），在心象数形为运世之迹，周期元会就有着本体的超越，与诠释易数二进位命数（numeration）的特性。若此，唐先生象数的理解，他对斯宾诺莎自因样态、莱布尼兹充分原则下完美事件的综合，黑格尔定量无限扬弃的理解，之间在现代性的发挥就交会在性情感通的问题。

因此，从原初心感落在总总关系、类型、概念、类名、数序、观念及种种感觉的形相，《生命存在与心灵境界》串联三向为九境：首先就第一部的客观境，如何通向第二部的主观境的全部内容，为客观及主观在感性知性两两横观，进入横纵向度的交织。又如何转成特殊经验及抽离整个宇宙形象，作为自我精神化的对象，跨入第三部中第三种形上学知识。最终再跃进第四部立体在道德的理想主义，为理事及教行者，相比为自然数在本体宇宙论，生成数在本体形上学，由传统周行及流行的相资相待，可以专惠在感情"唯一"或"绝对独体"。

---

① 唐君毅：《中国哲学原论——原道篇二》，台湾学生书局 1993 年版，第 135、314、339 页。《中国哲学原论——原教篇》，台湾学生书局 1984 年版，第 26 页。

"元序大全"表明时位变化的混沌，因"量"转向为周期的幂次方，表现出"质"的环节，作为"虚实"及"有无"的境界是中国思想的特殊性。这里重在由外向内转化为创生与共感的本体，是不同被创造及内在观照的本体。若内涵在这个数理观成为抽象形式为中国文化的表象或象征，正如西方几何的积数，整合的一多形式的加乘，表象一个绝对的无限或一；也同如印度任何数量与零加乘的结果，只有成为零的空，或无限轮回的循环（$5 \times 0 = 0$）。绝对"一"作为创造及清晰理念的支配，是西方思想重要的起源，如同零为印度空灵思想的起源，而正负数的相互抵消或相称生成，为二进位及负数系的数理体系，能透露无有并生虚实相合，当然是中国思想的特殊义。

如果回头，再就唐先生以《起信论》"相性"比同斯宾诺莎样态（mode），以"相之表现"为"用"，会不会缚紧在染性不具有净法解脱的正觉。站在邻近运动及"时机"来看，感通次第及遍运大用，或许就唐先生言可以不必太关心染净的不相融，重要或许是在什么时机才产生染净的分离。情感中的性情必然有一个混合染净非纯粹的境相，而事件的事理是否必须通过诡谲的辩证。如果相资相待的起因，只在事件复合中的感通，事件自然不是一种重复现象。正如斯宾诺莎在广延实体（extended substance）表明为实体分殊的本性（*natura divina*），只有情感在样态启发了自觉的生机，而要求情感投向性情，成就整体为道德的理想者，即天道流行显发宇宙现象的"诚"，显现"一多"的大全。生命成长次第为内在给出的"信"，表现"多一"的元序，重视道德实体的情感，而非一种伦理的认识决定。同样在不满现代性的辩证，保留情感导向感通时位的升进，或许才成为唐先生性情形上学的一种基本态度。在此情感的感力，专只次序及工夫才有圆成的大全，在当代新儒学运动中是最具启发实践的义理。

三、理事与教行

唐先生指哲学的目的就在"成教"，即向往在自觉的由"哲学的哲学"以言哲学。[①] 这种隐含哲学的百炼，需有一股无限坚毅的生命姿态，为己追求绝

---

① 唐君毅：《生命存在与心灵境界》上册，台湾学生书局1993年版，第25页。

对的真。我们该如何理解这个"哲学的哲学"？成教是指什么？如宗教的解脱或救赎？海德格尔面对存在的思？德勒兹（Gilles Deleuze）创造概念的概念人物（*conceptual personae*）？他解释"然吾人仍可说任一哲学中其所包涵之哲学的哲学之历程愈多者，其为哲学也愈大，亦愈近乎真正之哲学。又人之未尝自觉的本哲学的哲学，以言哲学者，则恒较远于真正之哲学，而陷于偏执与妄执"①。犹似真诚发露，心常惺惺求真的态度及念常矗矗求实的体验，遍及就是成教的使命，遍及成为一种生命意义的历程，因可以内在于真诚情感，可维持各种学习成长的体验，相互领悟出一个无限内在于差异的整体体现，这是两层次的感情联系，不同概念化、辩证及实证的单一保证。

感通的遍运遍通自然湛然面对一切的差异，差异之间的矛盾使人低落安肆，就心性实践所言的体相用，性相就在差异余境的和谐表象中升进，愈多的问题反映为极端对立，都要有这种更深刻的体验来化解。斯宾诺莎《伦理学》第五部，命题十一，伸展到命题二十四道出追究愈多意象，有助我们活泼的心灵会开发高毅力及努力的动力，成长最高的德性的解释。又第四部命题七十三附释，更说出德性有助开拓理解力的观点：无数的考验让意志拓展成不会恨人，不嫉妒，不激怒，不轻蔑，屈伸一个自由理性及超越精神。②升进化解才是合理性的基因，在一次一次的考验，概括事与事之间的情理，对一切事理有一个处对的心境，才使概念与概念之间成为没有妄执的桥梁，使存在与存在之间成为没有偏执的感通，这是真实知及真实行的功夫。

但三向跃起与回头偏观为理事教行，二重感情才是专一性情的成教工夫，这是道德理想主义不同自由意志伦理的单一感情。唐先生指出"生的跃起"及"心的跃起"的余境，就当下实现跃起因素，只能在荀子："天地始者，今日是也。"义训来理解。"从心从生之性字""言生必及心"作为跃起及升进的心境，不是停滞模仿的自然，也不是对象化中的表象或再现。统合今日经验为内才是真知，统一感通之外才是真行，这是变化及心境转为位的升进，生起事理到理事统合，在道体的遍运、心体的遍通立体唯一。此外，主观对境在"自无出有"生成的"出"及"依理而行的超越向上"创生道德体验的

---

① 唐君毅：《生命存在与心灵境界》上册，台湾学生书局 1993 年版，第 25 页。
② ［荷兰］斯宾诺莎：《伦理学》，商务印书馆 1987 年版，第 222 页。

"上"，又必然在一个相对"回头认取"、回到"实然存在"，在次第中再被严格考验，这就是实践在理事成为教行观的遍行者。①

因此，三向心灵都是不断回取次序中的大用，相续拓境的心感横运，再到理事回取的遍运，这也是为什么唐先生一再使用：由后向前的"尺蠖之信"，由前而后"龙蛇次蛰"；由内而外"天开图画"，由外而内"卷画于怀"；由下而上"垒在成台"，其由上而下，如筑室地下等的理喻，来说明感通的本旨。②"尺蠖之信"者，是唐先生以应迹情感的一切事变顺逆，全归执两用中之道的当机，作为他弘扬咸卦："憧憧往来，朋从尔思"的义理。由此呼应易传"天下同归而殊涂""日往则月来……往者屈也，来者信也，屈信相感而利生焉"。如何表明"尺蠖之屈，以求信也。龙蛇之蛰，以存身也。精义入神，以致用也。利用安身，以崇德也。过此以往，未之或知也。穷神知化，德之盛也"。又能进一步连结中庸"自诚明谓之性；自明诚谓之教……赞天地之化育"及"生物不测，天地之道""于穆不已，纯亦不已"。由此心契造化之道，竟然都只端思在"朋从尔思"开始，道出无论是物理、心理到理智为德性的升进等等，表现种种境次在杂多凑泊可以成为物理之学的无机运动，为心理学为有限机能，形式理智为无机管理，到道德能体感无限内容的机能。"体相用"虚涵观照中，因种种次第对境，就能资始开明理事的境界，表彰三向立体的各种化境，为物自命的尽性立命，可简聚在易传的"信"及中庸的"诚"的教行中。

理事感通深造宗义的关键，在无限数序作为部分及整体大小，不如说是一种数列为离散的多，成就次第的整合为一。如前所述，这早已见诸易数形构出生成及自然二重数理概观中，为数的形式及效法天地的参两，为遍运遍通的屈信感诚，乃无机不能妨累有机，有限不能怙愂无限。地两天一为参两的生成性相，作为尺蠖之信的理喻，更见于张横渠的精解："一故神，两故化"为全体在两的分合，厥中参两为神化的一。另有朱熹进一步灼见的解释："当在阴时，全体在阴。在阳时，全体在阳。都只是这一物，两处都在不可测，故谓之神"③，能明确"往来尔思"为什么可以"同归殊涂"，因守在全体在阴、全

---

① 唐君毅：《生命存在与心灵境界》下册，台湾学生书局 1993 年版，第 1168 页。
② 同上，上册，第 33 页。
③ （宋）黎靖德编：《朱子语类》第五册，中华书局 2004 年版，第 1947 页。

体在阳的关键。这是只有当单侧成为绝对的部分，才能真正划出或感受相对为绝对两处的真知，即对扬在两处才能成化真知。若用不可共性的解释，即因有了纯粹及对等的真解才生起可共性的超越，就是"一神两化"具在真实两处的生成性相。理性为概念必须由另一个理性概念所相对，我们才能了解由领悟作为另一层次的理解，因此为量数的事物，不会被思想限制，思想也无法限制事物，因为，任何存在都只有自因，"憧憧往来，朋从尔思"是余境的起源。

无论站在理性主义邻近广延的综合，或在传统爻变的生成，离散统合的理事道德或理事的伦理，之间相互重合在第次差异中的情感里，显现一个余境或综合内容的事理。由此分析才不会错解性心论是一种训诫的教养，犹如斯宾诺莎第三种知识及莱布尼兹实体的充分原理立场下的平行论，所要回避二元论沦为否定神学或决裂的对立。参两是本体内在于理及道的本体表现，正如邻近知觉卷入形上学的综合原则。就实践言，预成论的本质只有潜在的真理，不同"屈信相感""自诚明"的性情，重在溟沐保合成化道德的体知，这是本体形上学为情感的第一义，由屈信的三向体用诠解，在元序虚实资成为理想圆成性的保证。这也是牟宗三先生指本体形上学只体现在即存有即活动，在心只作为实体的活动者。① 大全元序为道德的理想主义，仅守在道德性情的感通，是在信行"止于至善"，也不同目的为条件下赋予的"至福"（Beatitude）。

体用文化传统是否会阻碍现代化，或中国没有数理科学知识会阻碍了发展现代理性生活等议论，经比对三种知识的结果，我们同意牟宗三先生的解释：中国传统只有重经验及心理的心与道德的心人之别，而无逻辑心一义，西方则重视逻辑数学的知识及推论形式云云。② 因此，中国局限在前科学时期，易数沦为诡俗阴阳五行的神秘数术，情形同样在西方前科学的炼金术占星术一样。最终的重点在如何区别西方理性主义、观念论与中国体用思想的不同，而能表示传统心性学的特色。从表面言，唐先生哲学的三向类型涉及斯宾诺莎三种知识的分类，与黑格尔哲学大全借三种知识划分出哲学为逻辑、自然哲学、精神哲学的三个部分。另理事次第的名目，也是《华严一乘教义分齐章》三性同异、六相总别、次第总持及遍法界，为事事无碍的判教通融影响。但就性相在

---

① 牟宗三：《心体与性体》第一册，正中书局 1973 年版，第 42 页。
② 牟宗三：《认识心之批判》上册，台湾师范大学美术社 1984 年版，第 106 页。

遍数遍运为多一，及遍感遍通为一多，如为一即一切，一切即一为用相立体的种种解行，我们熟知佛教体用观是吸收中国本有的传统，已见唐先生辩解王弼"统宗会元"的体用，揭示爻变的非数义是玄学初始的解说，原始佛家没有相资相待的三极大中之道，缘生只生而不通。

问题在于：斯宾诺莎三种知识的分类，影响西方近代连续实体（vinculum substantiale）可以指出知觉同时是包含着心理、知识及理性三种目的。任何物理的为心理统一的视点，同时也具有表达宇宙的数学形式及形上的超越作用，表示心能不同层次的统一，在超越理性的复合中补救笛卡尔广延对列的知识形式，又可推向另一个非形式知识的情感及无限的道德感，整合出的完美形式。这是西方理性主义开始在现代自然数学及科学形式之外，另一个自然哲学的目的问题，也成为思考现代社会政治由普遍同质（homogenous）成为共同体与平等道德整体（moral integrity）的原则。如前文，唐先生已明白说出现代西方自然的机械论到本体的目的论的五个进程的步骤之外，另一个关键是整合情感的问题，说明他为何放弃新宗教怀海德的历程宇宙，去注意席林到哈特雄（C. Hartshorme）想由道德心灵的统一问题融入宗教的关注。[1] 这也说出他对西方现代性的伦理形式，为何会缺乏具体情感导入道德主体的困境。三向四重就是一个坚强立场，三种知识不能只表示为条件，更需有一种重重统合的情感，在第一步为准因（quasi-causal ordering）到双因的秩序（double causality on co-existence）的各各重合"抽象—绝对"（Abstractions/Absolu），为实体在性相表现的原因，如朱熹"在阴时，全体在阴。在阳时，全体在阳"。第二步遍观为理想的立体，在"绝对—抽象"（Absolu/Abstractions），为实体在性相表现的作用力。由余境虚实到遍观虚实为种种知种种行，这是四重性的情感。由此纯粹情感言情感的情感，正是他保卫实践本体形上学的根本立场。这个传统经验早在佛教传入中国时，印度轮回因果观所同时共聚两个原因，就已看他们无法对宇宙论与形上学进行两向相摄的融通，原因他们把情感视为限制，而不是处在等待开发的状态。

这里道出体相用的性情与样态情感的根本差别，后者在主体性的知觉（singularity perception）呈现点状（unique point），只能根据纯粹的内部向外部

---

① 唐君毅：《生命存在与心灵境界》下册，台湾学生书局 1993 年版，第 696 页。

的运动，而缠绕在唯心的观念论赋予绝对性的内容。这个核心意义，我们姑且称为"理事内涵"，因着不同肇因产生不同形式的操作差异，我们可借用德勒兹的分析尝试进一步的解释：在混沌不确定的知觉，西方长久以来就习惯使用凝视，作为在场的情感进入到明确的时间中。这里含有一种镜面的仿真或模拟，尤其在光影变化造成的形象改变的印象，光点才是视点更为可凝视者。如在几何点为原初结构（fabrica），也似一种宗教启示或思想的理念。[①] 无论早在宗教或现代性的无限流动，任何点都必须经由中介才能进行第二综合（second synthesis of time and causation）。如点是线的基本结构，但中间必须有另一个抽象维度（如 logos，或定义域）作为中介。

就光影与生成变化的时间问题，德勒兹指出斯宾诺莎思想有一种光在反射的极限处，由吸收蓝色阴影累积的时间，来呈现世界的形象；莱布尼兹则是固定明暗比对（fuscm subnigrum）中产生第二个面向（the second aspect of light）。[②] 由此，可解释综合的情感被集中在两种向量的张力（two kinds of vectorial signs of affect）。果若如此，正好可以说明中国传统的非向量的周期，是不会被限制在两种向量的对数才产生统一的韵律。因为，中国流动不是点构成的线，而是轨道中运行的韵律，在中国凝视不是最终点，周期时间如海浪的周波，时间也不会成凝视如黑洞的漩涡。这里时间运动是作为被表现的空间，如遍运遍生为"尺蠖之信"的伸展变化，就如平行观照中的韵律是任何变化的自身形象。韵律是运行中的迹行，理事在本质没有任何预成性，只有体受本迹一体。这里有些接近柏格森的时延（duration），实境直觉中的共在（virtual coexistrnce），已早是熊十力先生所注意者。现代性推论（discursive）的意识的共同体，由斯宾诺莎的身体情感的体用，相对有助中国哲学有个正确理解，不只唐先生的会通，也在贺麟看到相同的重视。唐先生性相的次第及邻近间的联系，若在情感言遍运遍生的理事实践，可以说是新儒家运动最具新面的拓展。

---

① Gilles Deleuze, Trans. Daniel Smith and Michael A. Greco. *Essays Critical and Clinical*. Minnesota Press, 1997, p. 146.

② 同上，p. 141.

四、代结论——兼论新儒学与全球在地的伦理

20 世纪 80 年代中期，高资本国家引领全球生产分工的布局，发展出的经济全球化，结果加速金融产业的流动及集中；另因消费知觉造成的均质（homogenization）及挪用杂处（appropriate hybridization）的转化，导致全球本土化（glocal）的景观。若只针对金融流动打造单一市场的批判，就会忽略挪用影像才是真正背后的影响者。当今已步入后工业时代，全球在地化并没有之前部分乐观，如部分文化理论学者认为，融合全球视野有助地方抽取一个合理的复合尺度（meso-scale）而获得改善。反而，因现代科技不断的升级，迅速流窜的力道更难理解技术的影响，令我们十分挫折。譬如，即将来临的未来，登入控制社群（cybercode）添加扩增实境（augmented reality）的影响力，更左右群众的认同场景（a realtime object identification of matrix）。另智慧化（intelligentialize）与取代劳力体系控制机体（cyborg）的组合，或自我成长的卷积神经网络控制（convolutional neural network），经旋转滤波器的运用，不断进化的人工推理工具，如不久前风光世界的阿尔法狗（Alpha Go）等等。新兴意见社群伴随电子信息种种流动的实境（virtual reality）再度分化符号政治，影像不断地伪装与渗透，吞噬先验时间的个体知觉的颠覆，世界也是不会停在全球在地的简单形式，将来进入挪用权利的战斗，将不再是科幻小说的题材。弥漫在不可避免微知觉支配的影响，在地化的各种支配演化，中国现代化过程也是无法置身事外的。

新儒学运动重启传统文化的会通，说明传统文化再融入当前的社会，有创新文化、贡献世界的可能。中国天下观及人文自律的道德体验接近世俗的非宗教的平和形式，能提供超越地域信仰确立一个完美世界的理想及和解。对杂处在全球伦理无论在实体及虚拟知觉的反省，协力合作来取代疑虑排斥，减少现代人心理过剩及文明冲突。但是，一般人无法深究心性教养其中的真理，只刻板视训诚为历史产物。结果，现代化再度落到技术知性（periphery episteme）的单一支配。全球在地化知觉是资本商品的交换与消费关系，加上现代科技瞬间流通的应用，将欲望导向消费扩大到物象的想象，取得制约微知觉的优势。这是人为的多元（durational multiplicities）挪用爱欲（erotomania）导向生产关

系的再生产的物化（reified fetishism）。诱发欲望的想象，让人类难以注意长效能的永恒或永续性问题，耗尽的欲望不存在任何风险与博弈，贴在竞争与欲望不断重合的遭遇，有限资源在无限想象里变成无穷耗尽的驱力，这里没有伦理，也没有真理，只有把爱欲结合物化的消耗。新儒学不是激进，也非保守，它讲求天人合一、人文自律，是稳健共生的平和主义者。现在心性论的影响只限于小小的学术圈，很难取信社会多数的认同与理解，现代人也缺乏理解中国文化的特质，会使当代新儒学运动重燃的薪火逐渐泯灭殆尽。虽然，许多有识之士兆见处境的危机，而在各地恢复书院及倡导读经，但力量也是相对单薄。儒家思想的散播所需组织的再造，也只有寄望未来儒商化的资本支持为法人组织及国家的宣扬、推动。

　　解决困境的问题，最重要还是在于传统文化的自我深化与自我创新。19世纪末，西方前卫艺术所以能改变当时社会，因不满只复制过去的形式，使艺术表达的活力奄奄一息，他们转而大胆将工业题材融入艺术的范畴里，才逃出双方的绑架，创造自己的新时代。印象主义与后印象主义的发展也是不断在增加破坏人类仿视（the visual image or visual objectives）的习惯。他们发现，触视（a tactile-optical space）比可视化的模仿更有深化知觉的空间。触视撑开的手感绘画，能具体化时空转向抽象的表现，区别不同于科技的模拟知觉。因此，西方绘画致力艺术真理的维护，才没有被现代摄影及电影工业取代而消失。若比之为当代书院及读经，这也是当代新儒学运动另一种反省的课题了。另就某种情感含义来看，唐先生的性情次第与现代触视艺术与非模拟形式的重合，也让我们感到十分讶异，好像证实心灵世界的真与爱，不可任意由形式知识或技术世界的支配。

唐君毅爱情哲学引论

陈林[*]

一、导　言

《中庸》言："君子之道，造端乎夫妇。"《荀子·大略》言："夫妇之道，不可不正也，君臣父子之本也。"《周易·序卦传》："有天地，然后有万物。有万物，然后有男女。有男女，然后有夫妇。有夫妇，然后有父子。有父子，然后有君臣。有君臣，然后有上下。有上下，然后礼义有所错。夫妇之道，不可以不久也，故受之以恒。"《史记·外戚世家序》："故易基乾坤，诗始关雎，书美厘降，春秋讥不亲迎。夫妇之际，人道之大伦也。"

由此看出，夫妇一伦被当作人伦之始，而备受古人之注重。

近世流行的爱情浪潮，在西方实发轫于 15 世纪文艺复兴。这浪潮却晚到四百年后才冲击到中国文化。而且人类有强烈的爱情幸福、婚姻美满的要求。虽然爱情已与我们每个人的生活息息相关，但哲学研究者很少探讨此问题。曾昭旭先生认为："爱情学在心性学的脉络上虽可溯源于王船山，但自觉地以爱情之名去进行探索与论述，在儒学学者中仍以唐先生为第一人。"①

---

* 作者简介：陈林，男，湖北黄冈人，哲学博士，广西财经学院马克思主义学院副研究员，主要从事儒家哲学研究。

① 曾昭旭：《论唐君毅先生在爱情学上的先驱地位》，《鹅湖》2007 年第 3 期。

二、唐君毅探讨爱情之缘由

唐先生是由于理想与责任，以及妹妹的婚姻等原因而探讨爱情的。

唐先生言："我想理想的社会应该是内无怨女外无旷夫。但是这如何才达得到，我想最重要的便是使人们了解婚姻及爱情的正当道理……所以我想著一部关于婚姻爱情的道理的书，使人间多有些美满的姻缘，我愿意以我自己作例证，我要同你实践我认为正当的道理，并由实践中去补充修正这道理，我觉得这是我自己婚姻解决后应负的一种责任。"① 唐夫人谢廷光说："他写这本书的时候，他的妹妹正在谈婚姻。大概因为妹妹的婚姻和自己的婚姻引起他思索男女爱情的关系，所以写成这本书……他觉得一般青年男女对于恋爱结婚的事情，看得太浮面，所以希望青年们在这方面有受教育的机会，有好的书给他们看，提升他们心目中的恋爱和结婚的意义。"② 由此也可看出其关于爱情之学是一套可实践之学。

三、唐君毅爱情哲学简介

唐君毅先生的爱情哲学主要体现在其所著之《爱情之福音》一书。《致廷光书》是唐先生与其夫人在早年的书信集，可说是唐先生在爱情上之实践记录。此二书，"一言一行，互为表里，虽皆篇幅不大，也可算是符合生命哲学、实践哲学的标准范模了"③！

在介绍之前，首先须厘定唐君毅先生所论说的爱情之含义。按照曾昭旭先生的说法，爱情可分为两种：一种是"浪漫触动"，如文学艺术中所描述的爱情，其刹那发生非人力所能致，其倏然消逝亦非人力所能挽留，是不依工夫修

---

① 唐君毅著，何仁富编：《唐君毅爱情书简》，中国文史出版社 2005 年版，第 77 页。

② 转引自何仁富：《〈爱情之福音〉及唐君毅的情爱哲学》，《宜宾学院学报》2001 年第 1 期。

③ 曾昭旭：《论唐君毅先生在爱情学上的先驱地位》，《鹅湖》2007 年第 3 期。

持而偶然发露者。一种是"心性学中所说之爱情，其最重要的特色，即在正视浪漫境界偶然发生后的爱情生活，而以双方秉自觉之心灵共同进行之沟通修养活动去促使那曾一度发生的两心相印境界再度闪现"①。而唐君毅先生所论说的爱情是指后者。以下就其爱情哲学之本体论和工夫论两方面分述之。

1. 唐君毅爱情哲学之本体论

唐先生认为，爱以"宇宙灵魂"为其本体、根源。爱的本质是破除人成形后的限制，而求与其他存在交感流通，以归于无限。爱情（男女之爱）在本质上与其他爱同源。与其他活动一样，爱情也具有形上意义。

（1）以"宇宙灵魂"为一切存在的本体

一切存在来自那无穷无际、绝对完美、真实不虚、永远常住、无形无象、先天地生的生命本体、精神实在、世界主宰、宇宙灵魂、神之自身——那原始之太一……一切存在都要想破除它存在之限制，而求与其他存在交感流通，而互相渗融，各自超越它有限的自己。②

人类如何超越有限的自己，与此无限之"宇宙灵魂"冥合无间呢？"这就是人类自内心流出之源源不息、生生不已、绵绵不断、浩浩不穷之爱。"③

（2）所有爱都是"宇宙灵魂"的分化

根本上宇宙间只有一种爱，一切的爱都是一种爱的分化。宇宙间只有一种爱，因为只有一精神实在生命本体。一切的爱，都是那精神实在生命本体在人心中投射的影子，都是在使人接触那精神实在生命本体。男女之爱决不是与其他所谓纯精神的爱根本不同的爱，它与其他之爱之不同，只是模式之不同，在本质上与其他之爱，全是息息相通。④

继而又指出男女之爱与其他四种所谓纯精神之爱（对真、善、美、神之爱）是同源的。"如果你们知道最粗浅的爱异性之心理中，即含有对于真善美之爱及一种宗教之情绪，你们便当首先努力实现真善美之价值，并尽量包含宗

---

① 曾昭旭：《爱情学之本体论与工夫论——再论心性学与爱情学》，《淡江中文学报》2006年第14期。

② 唐君毅：《爱情之福音》，正中书局2003年版，第10—11页。

③ 同上，第11页。

④ 同上，第16—17页。

教之情绪于你们之男女关系中。"①

（3）论述爱情之形上意义

"一切人类的活动都是含——而且应当含形上意义、道德意义、精神意义的活动。"② 其爱情哲学即是指明"由男女爱情通到宇宙真实的道路"③。

爱情在人生的活动中通常是站在比较低的地位，我们现在是首先要把它的意义提升，使人在爱情生活本身中可以发现他道德求进步、精神求上升之路，而可以通到形而上之真实。④

（4）身体接触之价值意义千差万别

你们不要见一切男女都有身体结合，便以为一切男女之身体接触所感的是一回事。因为身体接触只是一外表的象征，其所象征的价值意义是千差万别的。犹如到河中捧水，有的捧的是很深的水，有的捧的是很浅的水，有的是捧平静的水，有的是捧急流的水。所以外表似乎是同样的身体结合，其所含之价值意义截然不同，所引生的欢喜也截然不同其深度。这深度全以所象征的二人灵魂还归于宇宙灵魂之深度而定。⑤

唐先生爱情哲学的本体论之贡献在于赋予看似平常的爱情以价值意义，希望人们在爱情生活中能体会到道德的、精神的、形上的意义。

2. *唐君毅爱情哲学之工夫论*

爱情有两大特点，更凸显了下功夫之必要。

一是爱情与其他人伦相比，是最无自然保障的。其破裂带来无数苦痛烦恼，因而需要男女双方有意地进行爱情创造以维持。

父子之爱、兄弟姊妹之爱是与生俱生，父子永远是父子，兄弟永远是兄弟，无论中间有多大的裂痕，血统将他们关系联系，他们总可一朝恢复他们的感情。朋友之爱与君臣之爱，是纯以道义结合，合则为朋友君臣，不合则分道扬镳，并不会使大家感受很多的烦恼。只有男女关系是如此之神秘，男女来自不同的家庭，他们之间原无血统之联系，某一男与一女之爱不是与生俱生，他

① 唐君毅：《爱情之福音》，正中书局 2003 年版，第 20 页。
② 同上，第 6 页。
③ 同上，第 7 页。
④ 同上，第 9 页。
⑤ 同上，第 29－30 页。

们有与生俱生的本能，然而这本能，在本质上是可以任何异性为目标的。某一男一女，本无先天之保障使他们必须联系。然而男女间，却最需要保障要永远不离。自有人类以来，爱情的破裂与离婚，一直是男女双方无数的苦痛烦恼之泉源，这远比君臣朋友关系破裂所生之烦恼为多……一切其他伦理关系中，都可以依自然的路道以加深彼此之情感，然而男女间情感之加深，则必须你们有意的去求加深，你们去求继续不断地创造男女之爱。①

二是爱情中"情欲"的问题（唐先生称为"原始的生命冲动"），若不能善加对待，反而使人灵魂陷落。唐先生认为，男女间之原始的生命冲动是接触对方灵魂本身的一天然工具，如若善加使用，能成为最伟大的爱者。

在男女之爱中，有一种原始的生命冲动，这一种原始的生命冲动，是逼迫着你去向他之生命合一。这冲动本身是一盲目的冲动，但是你的目的在接触人的灵魂本身时，这冲动本身便化为使你接触他的灵魂本身之一道桥。这桥又好似一自动的船，将你运加载他之深处。这自动的船，成为你要接触她灵魂本身之一天然工具，这在其他的人与人间的关系中是没有的……他们不自私而私他们整个之自己，二人之私互相影响而辗转增上，二人身体互相结合成更大之身体，更大之身体，有更大之重量与惰性，使人灵魂陷落。所以有人说爱情是罪恶之原始。然而谁参透了爱情之秘密，知道工具永远是工具，谁便能作伟大的诗人哲人而以爱情为上升于神之道路，或帮助他上升于神之路道。②

唐先生此言可谓与王船山论"情"默契。船山言：

"不善虽情之罪，而为善则非情不为功。盖道心惟微，须藉此以流行充畅也。（如行仁时，必以喜心助之。）情虽不生于性，而亦两间自有之几，发于不容已者。唯其然，则亦但将可以为善奖之，而不须以可为不善责之……功罪一归之情，则见性后亦须在情上用功。大学·诚意章言好恶，正是此理。既存养以尽性，亦必省察以治情，使之为功而免于罪。"③

唐先生亦是希望人善用此情欲以为善，将"原始的生命冲动"比作"自动的船"，善于运用者则能借此以提升自己，即船山所谓"藉此以流行充畅

---

① 唐君毅：《爱情之福音》，正中书局 2003 年版，第 62 - 63 页。

② 同上，第 59 - 61 页。

③ （清）王夫之：《读四书大全说》卷十，中华书局 1975 年版，第 677 - 678 页。

也"和"亦必省察以治情，使之为功而免于罪"。

以下则略述其工夫论之内容。其工夫论要在爱情之双方秉各自之独立人格，真诚互信，同情感通，由道义的结合到生命的结合。

（1）爱情生活的核心："爱之爱"

爱情中所重要的不是你爱她，也不是她爱你之事实，也不是你爱她，她爱你之事实之和；而是你爱她，她知道你爱她；她爱你，你知道她爱你。只有这"知"是真正重要的。她爱你，你知道她爱你，你便不只是爱她，而是爱她对你之爱。你爱她，她知道你爱她，她便不只是爱你，而是爱你对她之爱……爱情生活的核心，只是这对于对方之爱之一种原始的感激而生之爱，即爱之爱。所以凡是经过真实的爱情的人，都知道只有印证彼此的爱之爱，体味彼此的爱之爱，是真正的爱之幸福。①

《论语》："宰我问：'三年之丧，期已久矣'……子曰：'予之不仁也。子生三年，然后免于父母之怀。夫三年之丧，天下之通丧也，予也有三年之爱于其父母乎？'"②孔子论三年之丧，其缘由是"子生三年，然后免于父母之怀"。三年之丧所表现的爱，即是对父母之爱的感激，即爱之爱。

（2）爱与敬的相反相成

爱是求人格的合一；敬是保持一种人格之距离。这二者似相矛盾。但是，孩子，世间的东西永远是相反的才能相成。男女相成，正因为他们相反。爱是求两人格之合一，但是如果没有两独立的人格，没有两也没有两合成之一。要有一，必须先承认两。所以你必须尊重你的对方，视他为一独立之人格。③

（3）爱情生活不是人们所必需的

唐先生从其人生观出发，指出爱情生活不是人所必需的。其言"人生的目的不在获得什么，而只是把你的生命力贡献出来！……人本有各种生命活动，但人可以终身专注于一类精神性的生命活动方式。因为重要的事，不是方式本身，而在生命力之贡献。所以，孩子，你不要以为爱情生活是人们所必需有的"④。

---

① 唐君毅：《爱情之福音》，正中书局2003年版，第86-87页。
② （宋）朱熹：《四书章句集注》，中华书局1983年版，第180-181页。
③ 唐君毅：《爱情之福音》，正中书局2003年版，第66页。
④ 同上，第170-171页。

因而爱情生活只是人贡献自己生命力的一种方式，并不是必需的。人如果能找到贡献自己生命力的其他方式（如事业），是可以没有因爱情生活受阻而生的苦痛的。

你看，许多大哲人、大宗教家，他们不是终身没有爱情生活吗？他们并不感受苦痛，因为他们把全部生命力用到他们所择的事业中了。你的生命力本身如房中之水，它可以有许多窗户。但是它可以将其他的窗户关闭，为了这个窗户可以有更多的水流出。孩子，你现在的苦痛是觉得心中有许多情愫无处发泄，这是你的生命之水流在爱情的窗户前面被阻塞了。但是其他的窗户永远是开的，你为何不转变你生命之水流的方向？转变方向永远是可能的，因为你是运用生命力之主宰。[①]

四、余 论

李泽厚先生在其《说儒学四期》中言："必须面对当代现实问题的挑战，这才是儒学发展的真正动力。"[②] 确实，儒学证明自身价值的最佳方式，是直面当代现实问题的挑战，并试图提出相应的解释与解决办法。如果儒学在当代现实问题上缺席，那将是儒学的悲哀。正如我们每个人在证明自身的能力与价值时，是以事实来表现，而不是空口无凭。而唐先生无疑是直面"爱情"这一现实问题，而担当起先驱之任。后继者如台湾的曾昭旭先生，特提"爱情学"，并为爱情学在心性学上予以定位、为爱情学的义理内涵作厘定等。四川何仁富先生也是在大陆介绍唐君毅爱情哲学的学者。

李泽厚先生提"儒学四期"说，认为"'四期说'非常重视存在主义所突出的个体存在问题、Dasein 问题，也非常重视后现代所凸出的'人'已万全坎陷在为传媒、广告、商品文化工业、权力、知识等异化力量所强力统治的奴隶境地的问题。从而，重提人的寻找、人性塑建和'第二次文艺复兴'，以'认识自己'、'关切自己'、'实现自己'，在深刻的情感联系中充分展开个体独特的潜能、才智、力量、气质、性格，作为人生意义。使人的生活目的、命

① 唐君毅：《爱情之福音》，正中书局 2003 年版，第 171 页。
② 李泽厚：《历史本体论·己卯五说》，生活·读书·新知三联书店 2008 年版，第 140 页。

运寄托、灵魂归依置放在这个有限而无界的感性世界和情感生命中……第四期的儒学主题便是'情欲论'……仔细探究现代人生各种不同层次和种类的情感和欲望及其复杂的结构关系"①。

李泽厚先生认为第四期儒学之主题是"情欲论",而唐先生之爱情哲学正是反映了这一点。

最后,引用曾昭旭先生的话来予以评判,"唐先生在爱情学上的地位,便是踏出了这第一步:标举出爱情的理想,以其提撕后来者的真心。至于继志述事,在爱情学上更作进一步的开展,则自然是后起者的责任"②。

---

① 李泽厚:《历史本体论·己卯五说》,生活·读书·新知三联书店2008年版,第153－154页。

② 曾昭旭:《论唐君毅先生在爱情学上的先驱地位》,《鹅湖》2007年第3期。

唐君毅阐释佛家之缘生世界观

邓秀梅*

一、前　言

　　唐君毅先生是学界公认新儒家中举足轻重之人物，其人学术所宗固为儒学，但中国佛学在唐先生的研究论述所及，亦占有不容忽视的分量，堪与儒学、西学并列为三。而唐先生的佛学研究于当今学术界，乃是一项重要的研究成果，张曼涛先生甚至认为唐君毅的佛学研究是一个时代学术的"尖峰"①。

　　依唐先生治学的风格，他研究任一领域之哲学，最终一定在一套细密井然之体系下安排此学之应有的分位，他深信任何一门哲学必有其真理所在，诸哲人所言之义理中，有些看似冲突矛盾，而实皆可由清晰有条理地分疏，加以解消。因为"义理之呈现于人之心思，而为人之所言说，必有其历史上之时节因缘。时节因缘不至，则义理藏于智者之默契与内证，不仅不彰于言说以使人知之，亦可不凸显于心思之前，以为己之所知"②。由之，义理展现于人心，可为一历史的历程。吾人当秉持"以仁心说，以学心听"③ 的态度善会中外古今各哲人之言，融合各种貌似冲突，而实莫不可经由分疏，而加以解消的哲学

---

　　* 作者简介：邓秀梅，台湾环球科技大学。

　　① 张曼涛：《当代中国的佛教思想》，《哲学与文化》第6卷，第321－325页。

　　② 唐君毅：《原性自序》，《中国哲学原论——原性篇》，台湾学生书局1979年版，第6页。

　　③ 此言出自《荀子·正名》，唐氏引此语，意在奉劝学人除了能"以仁心说"其所见之义理以示人，亦须能"以学心听"他人之言，以见他人所见之义理。见唐君毅：《原性自序》，《中国哲学原论——原性篇》，台湾学生书局1979年版，第5页。

言论，安排之使其各当其位。此唯赖"人之善自旋转其心思之运用之方向，如天枢之自运于于穆者，方能实见彼一一义理之各呈于一一方向深度之运用之前，以咸得其位，如日月星辰之在天；亦方能实见得一切真实不虚之义理，其宛然之冲突矛盾，皆只是宛然而暂有，无不可终归于消解；以交光互映而并存于一义理世界中"①。

至于此最终交光互映而并存的义理世界，就唐先生之哲学体系来说，即是他生前最后一本著作《生命存在与心灵境界》所欲阐发的"心灵九境"，从万物散殊境、依类成化境至我法二空境、天德流行境，对于何种生命存在与心灵而言，即有何种世界之真实展现，与此心灵相感通。同样的，对各个哲学家而言，就其一一心灵之广度、深度以及运用之方向，造就一一独特之义理世界，然此一一之义理世界亦不出此生命存在心灵以外，毕竟可以收摄于一心灵所相应之九境中的任一境。唐先生乃如是统摄贯通古今中外之学术义理。佛教义理于唐氏而言，是归属我法二空境，在这一章唐氏细说阐论佛家如何以破我法之执，而如实观法界诸法之空性，缘空性而起之世界即是所谓缘生之世界。对此缘生世界的阐述，唐先生依其上述的哲学理念有十分独特的解释，本文即是探究唐氏如何本其哲学之思议，理性推论、阐释佛家之缘生世界观。

二、佛家之异于他教之思想方向

我法二空境是承归向一神境而来。自归向一神境开始，为唐先生申论铺陈"超主客观之相对之绝对境"之意涵。此绝对境不同于一般哲学之宇宙观之境，此境可称为"形上境"，形上境基于其超主观客观之意义上，可不先设定宇宙万物为实有、主观观点为实有，其兼统主观客观之义，以及在此兼统之义中可全泯除一般宇宙论中之主观观点与所观客观宇宙万物之相对。② 本章论及人类宗教与西方如何归向一神之哲学思想之发展，文中列举西哲为论证上帝存在之各式论证法，实则每一论证法皆有其缺陷，均不足以理解无限完美之神灵；佛家展现超主客观之绝对境（我法二空境）则与西哲论证上帝存在之方

---

① 唐君毅：《原性自序》，《中国哲学原论——原性篇》，台湾学生书局1979年版，第9页。
② 唐君毅：《生命存在与心灵境界》下册，台湾学生书局1986年版，第4页。

法相反，其中有无穷之妙思奥义，值得后人探索，也是唐先生阐释佛家思想迥异他人之处。

西方哲人之归向一神境之道，往往谓上帝为一完全之存在、必然之存在，至于现实个体之存在则是不完全之存在、偶然之存在，这是先对现实之存在，超冒于其上，以思其可无，而说它是可有可无之偶然性的存在，以进而思在现实存在之上的上帝为全有之存在而信仰之。这第一步即对现实之存在未能加以正视，使其思想架空而上，自然也不能求对现实存在之有情生命之核心，加以透入。佛教思想则异于是。

佛家思想，则要在由破除吾人之心灵对主观客观世界之种种执障，以先开拓此心灵之量，而成其对法界之一切法之横观，以使此心灵日进于广大；而更自上而下，以澈入于法界中一切有情生命之核心，由其有所执而生之苦痛烦恼，更与之有一同情共感，而起慈心悲情；再以智慧照明此有情生命之核心所执者之本性空，而即以此智慧拔除其苦痛烦恼，以成此有情生命之救度。[1]

既然佛家之慈心悲情是由澈入所见之有情生命核心之苦痛烦恼而起，继而遍观一切有情生命与其所在世界之无量，故此心救度之悲愿亦无量，这便与世间一般宗教之希望有一在上之神力救赎自己，与自己所在之世界，显然是一不同的宗教心灵方向。而且佛家之慈心悲情是目睹有情生命之苦痛烦恼而生，则有情生命之有苦痛之存在，是一事实，非出于主观之想象，当然也不是出自主观思想所意构。[2] 而一切有情生命为何有如许之烦恼苦痛，依唐先生的见解乃是一切现实存在之有情生命，不仅要求此刻存在，他更希望能相续存在于未来。但未来非现实上所已有，只是"可有"，可有者即亦可无。于是凡欲有此可有者，必念其可无而起了烦恼；也必其实无，而生苦痛。一切有情生命当其愿欲求生命或生活相续存在，此愿欲必然伴随烦恼苦痛相俱而起。[3]

未来之存在与不存在，有一偶然性，此是真正的偶然性，人于此不能保证

---

① 唐君毅：《生命存在与心灵境界》下册，台湾学生书局1986年版，第76页。

② 所谓"出自主观思想所意构"，唐氏之意是："人之本其想象思想，所意构成之观念概念，以观此世界者，恒以其想象思想，可冒出于所已知之特殊事实之上，及意构出之概念观念，可普遍地连于诸特殊之事实；而将其想象思想所意构者，加于此世界之事实之上，同时阻隔吾人对于世界之事实之真切的认识，与同情共感之生起。"见唐君毅：《生命存在与心灵境界》下册，台湾学生书局1986年版，第77页。

③ 同上，第78页。

自身以外必有一原因使其想望之未来为必来，而有必然性；亦不能在无原因使之来之时，使想望之未来必不来之必然，成为不必然。此中即见世界存在之物，乃依原因而有，无原因而无，是即一般所谓因果关系之必然性。正是这个因果之必然性，使得一切生命存在愿望达成之事，为具偶然性者。佛家之说偶然性是基于此观点而论，绝不同于西方之中古思想，只见一切存在之有者亦可无，遂说一切现实存在是偶然性之存在，而另求一必然有之上帝之存在。故依佛家之说：

"初不谓有情生命，其现实上之有之本身，即是一可有可无者。此现实上之有，自是现实有，而非现实上无。即不能说只是一可能有、可能无之一可能。"①

佛家此一思想取向决定其修行与救度广大生命的路数，也是他们缘生世界观的起源。

此一思想取向影响所及，首先是正视与承认一切有情生命依其自己所生之愿欲、自觉或不自觉的目的，彼此之间可能有的矛盾冲突，乃不容忽视的事实。由此可知，一切有情生命之间并无同一或公共之目的，反而为求相续之存在、各自之目的所生起的大痴、大贪、大慢、大嗔，由此以知世界何以为苦海之义。唯有真知此义、正视此义，然后方可言世界之救度。在此，佛家思想即照见、同时也破除一般目的论之虚妄，去除此一切有情生命必有一公共目的之一般目的论之后，人即可见此世界在本质上就是一因缘生之世界，每一有情生命之愿欲不同，所遇之外境也不同，导致一一因缘相结之情形也不同，由此所形成的生命存在亦不同。此即是说世界初无所谓之第一因、究竟因，各有情生命自有种种不同的因果关系。②

以上即是唐先生疏解佛教缘生世界观之一相当独到之思路，这样的思路也不是凭空而来，而是经由数十年之哲学思维的锻炼，会通融贯后而有的慧解体悟。由唐先生所阐释之佛家思想，清楚显示佛教之异于其他宗教、学派之处，在于它正视有情生命之有苦痛烦恼之事实，且是就一一个体有情生命而立言，并非架空地论说有一必然而圆满之存在，眼光始终注目在世界全体之大同，忽

---

① 唐君毅：《生命存在与心灵境界》下册，台湾学生书局1986年版，第80页。

② 关于这方面的论述，俱见于唐君毅：《生命存在与心灵境界》，台湾学生书局1986年版，第79-86页。

略个体生命之差异，也对有情生命各自的愿欲、希求视而不见。源于佛家自始即是就一一之有情生命立言，洞悉有情生命之苦痛烦恼之缘起所在，佛之立教即是有见于一切有情生命皆欲达成自己之愿欲，而不顾其他生命，结果便是无尽期的互相吞噬，仍旧不能达成其愿欲；由兹而见有情生命之此类之愿欲，必需彻底超化为其相反之愿欲，而后才能达成。此即是说：

"本于照明此有情生命中之贪嗔慢，与其所自起之无明之智慧，而生之彻底超化此现实有情生命之此类愿欲之一大愿欲。亦即一救度有情之出于其贪嗔痴慢之外，出于烦恼苦痛之世界或世界之苦海之外之大愿欲。"①

此即是佛之慈愿悲愿，也是佛之根本愿。佛陀不同于他教之上帝之为大全能者，他仅能以超化贪嗔痴慢之道示现而教导有情众生亦行于此道，故佛之救度有情生命，是以"道"救度之，必先有情生命知此道，方能得救度。而佛之教导众生解脱之道，最终就是要让有情生命澈知存在的本质和起源，存在之得以存在全是源于因缘聚合，此有故彼有，此无故彼无，无一存在是恒常不变的，此即理解佛家之因缘义。

三、佛家之因缘义

世俗谛也讲因果，许多学科之知识乃至形而上学之上帝、第一因等，都是循着因果关系而成就的，但此类知识并无法使人从所执着的生活、知识、目的中解脱，而且人往往依其惯性的思维，即存在之物必有其性相、有所归属之类、有因果关系之思维，而欲求一最根本之存在者，或一切物之共同性质，或最大类，或最先因。而在求最先因之思想中，又往往出现歧论，或谓因中有果，即一因能包含果以生果；但若见果不能涵在因中时，便又说因中无果，或干脆说世无因果关系。这些于佛家而言，均是有待破斥的思想执着，佛家之说因果，除了知道世间物依因果关系而变化其性相，与所属之类，而使人直接得有世间知识之外，更重要的是因果论能显示一空此一切思想执着之超世间之思想执着之真理，使人缘此真理以措思，得自其所执之知识、目的、生活中解脱

---

① 唐君毅：《生命存在与心灵境界》下册，台湾学生书局1986年版，第88页。

之智慧。[①] 最擅长破斥此类思想执着者，莫过于大乘般若宗，故以下即观唐先生如何诠释般若宗之破因果执着论。

（一）般若宗之无生论

般若宗之破世间因果论，除了破斥有第一因之生万物之说外，亦兼破以自或以他为因而生果之执着，也破尽一切以为无因果关系之思想执着。这些破斥皆可总结在《中论》之四偈：

诸法不自生，亦不从他生，

不共不无因，是故说无生。

唐氏如此理解此四偈之义："此即归至于对一切法原不可说为：以其自己或他为因之所生，然亦非无因而生。其破因之生果，乃根在破一切法之有所自而生，即破一般所谓法有所自生之观念，以破果之自因而生。然果不自因而生，又无碍果之依因而生。故又必破无因之说。此即谓法必依因而生，而又不自因中生出，即《中论》言因缘生，同时言空、言不生，谓'众因缘生法，我说即是空'之根本义所存也。"[②]

既肯定果之依因而生，又破因之生果；既破斥因之生果，却又道无因之说是错误而非真谛。种种诸论，实乃欲归结至此义：一切法皆依因待缘而有，非某一物能使其生。故总归于"无生"之说。关于法不自生、亦不从他生，也不是无因而有，种种解释俱可详见诸家论释之典籍，在此不详细引述。于此吾人可以清楚见到佛家彻底否定种种世界创生说之态度，且否定创生说之余，又肯定世间万物之有存在，这该如何理解？此处即须分辨何谓"生"，何谓"依因待缘"而有。

世间凡言创生者，无论是西方之言上帝创生，或儒家天道之创生，总之，"生"之义均带有强烈之动力，缺乏动力，是无所谓"生"。佛家显然要泯除此生之力，他们只肯认因缘具备而"有"此物，否认有某一"因"可以直接"生"此物。吾人应该怎样理解这种因缘具备而"有"之义？譬如可以质问佛家：因中既不能推出果来，何以果必待于此因？唐先生的解说取"因为去除果之现之障碍之开导因"来析解"因缘所生"之涵义。

---

① 唐君毅：《生命存在与心灵境界》下册，台湾学生书局1986年版，第105页。

② 同上，第106页。

依吾人功能序运境中之所说，则于果之所以必待因，唯有谓此因为一去除果之现之障碍之开导因，而后此果之待因，方得被理解。今谓因能去除果之出现之障碍，则因自有此去除障碍去之一功能或一能力。然此因之有此一功能或能力义，则非大乘般若宗所重。而其破因能生果之说后所成之思想，唯是见此因与彼果间，"此有故彼有，此无故彼无"之相继的如是如是现，而别无其他。于是人之观因缘与观空之事，即不外顺一切法之"此有故彼有，此无故彼无"，以观有观空，而于此所观之外之后之上之下，更无执为实有、定有、常有者。①

既然此种观法对有不执为实有、定有、常有，则当一有归于无时，亦不见有一无能无一有而灭之，是无所谓生，亦无所谓灭，是谓"不生不灭"。《中论》之说法确是谛论，但此中仍有令人质疑的地方，即"此一《中论》之观法，唯观一切法之此有故彼有，此无故彼无，虽可使人不思生灭，然却使人对此中之'此有故彼有'之故，不可理解"②。不可理解的是什么？按《中论》"果不由因生出"的论证，乃是因果非同一法，果与因相异，因中如何能推出果来？是以诸法不自他生得以成立。但《中论》否认果由因生，却肯定此有故彼有，于是唐先生质疑道："以此有与彼有既不同，依逻辑之推演，人不能由此有推出彼有，则此事不能由逻辑推论而理解。此外，《中论》又另无使之可理解之道。"③

按前文唐先生对因缘所生法的解释，是以因具备"去除果之现之障碍"之能力，果在无障碍之下自然能现。在此有，自有一能力去除彼有呈现之障碍，此事固可理解；可是在彼有之障碍未去除，而未呈现之前，彼有是否亦当自原有一呈现之功能？《中论》于此并无论及，此功能在唯识家即名为种子，以说此有故彼有之缘生，这是进一层之因缘生起论。唐先生如是从般若宗之无生说过渡至唯识宗功能种子论。

（二）唯识宗之种子变现一切法

1. 功能种子为万物之亲因、真因

般若宗无视此有故彼有之"彼有"，理当先具有一能呈现之功能，但法相

① 唐君毅：《生命存在与心灵境界》下册，台湾学生书局 1986 年版，第 107 页。
② 同上，第 108 页。
③ 同上。

唯识宗注意到了，他们克就果之得以呈现，除了障碍被消除之外，果自身应当具备一能生起之功能，此功能就是"种子"，种子直接就是果能呈现之亲因、真因，一般所谓一果之因，不过是此果呈现之外缘。果在未呈现之时，它就是以一未呈现而能呈现之功能种子之状态潜存。必先有此功能种子，方有后来之果之呈现。

功能种子是一一事物之亲因，事物不同，亲因种子也随之不同，且彼此俱不相乱。然一一事物之生，除此亲因之功能种子外，尚须其他外缘，而一一外缘，复有其专属的功能种子，亦有其自身之外缘，这么多功能种子与外缘之互为连结，却能繁而不杂、淆而不乱，以形成一世界之大因缘网。① 不论物质、精神、感觉均有一一相应之功能种子，物质有色法之种子，精神之心法也有心法之种子，且于此唐先生还强调一观念：

"至于心所未感觉经验之色，此即西方哲学所谓心所可能感觉，可能经验之色，此固当谓其有。因若其无，则人之对色之感觉经验，即不能更开拓，以其无开拓之可能故。"②

上述之旨，意在强调心所感觉之一切色法，无不同时先具于心中，不管是已有感觉或尚未感觉，纵是心之感觉尚未有时，其功能种子亦已先具于心中。此中又有另一层演绎。虽说色法之功能种子，无不一一先具于心中，然这些功能种子之全体，则非人所能一一自觉到，因为当种子未化为现实时，人之心之自觉尚未及故。于兹，唐氏推演人之心有自觉之部分与不自觉之部分，此不自觉之部分为心之自觉之下层。心之不自觉之部分，对心之自觉之部分言，可称为另一义之心。对此另一义之心，唯识宗称之为阿赖耶识。阿赖耶识者，即涵藏此一切心法之种子之全体者，或即此一切种子之别名。③

阿赖耶识应为包罗所有自觉或不自觉之心法种子，然于此处，唯识宗又再说一"不自觉的心"，此即末那识。阿赖耶识为种子之库藏，末那识就是对此阿赖耶识与其所涵藏之一切种子，更有一不自觉地加以执持之心。末那识与阿赖耶识所涵藏之一切种子，虽为人所不觉，然此正是人之持续不断有种种感觉

---

① 唐君毅：《生命存在与心灵境界》下册，台湾学生书局1986年版，第109页。

② 同上，第110页。

③ 同上，第111—112页。

经验世界之现行之源。须知阿赖耶识所涵藏之种子，除了心法种子，亦有色法种子，感觉经验之世界乃是凭依感官之感觉活动，与所感觉之山河大地相接而有。感官是根身，山河大地为器界，皆属渔色法；至若感觉活动则属心识活动，为心法。当感觉心识之活动生起，与根身器界之相接也顿时俱起，不分前后。此三类种子皆寓涵在阿赖耶识，其相应相接之起现构成一一之感觉经验之世界。唯识宗析论世界之由来，追根究底，最终皆可说为阿赖耶识种子之现行时所变现。

2. 有情生命之世界非同一个世界

唯识宗循其功能种子说演绎感觉经验世界之由来，最后必定归向于阿赖耶识种子之现行之变现之说法。即使一一有情生命之阿赖耶识涵藏之种子所变现之根身、器界、心识彼此相似，可互为因缘，而连结成一大因缘网，但一一有情也各以其末那识与所执之阿赖耶识，以及依此识而表现的心识活动，以自为一中心，在此我们就不能径合一一有情生命之心识，为一大心识；更不能说一一有情生命所对之世界，为同一之世界。①

此论截然异于其他由第一因创生世界之世界观。主张有第一因（不论上帝、梵天或天道）以创生世界，所面对之世界一定只有一个，不可能有两个或两个以上之世界。如今唯识宗就其立论的基础，发展出功能种子变现之世界观，此中便涉及各个有情生命所涵藏之种子的差异，以及种子成熟而果报现前的时间先后，皆牵动此有情生命所感觉之经验世界的形成。是以总和一一有情生命之世界，可能有成千上万个，佛家将之分为六大类，亦即俗称之"六道"，这些唯有立基于缘生法才会有的世界观，十分独特。

基于此种缘生之世界观，一一有情生命各本其心识之活动，各自造业受报，故其善恶染净苦乐，自各不相同，其扫除人我执、法我执之封闭障碍，求解脱之道的方法、途径，自然也不相同。不能言一人得道成佛，一切有情生命皆顿时同得道成佛。佛以解脱道救度有情，仍须一一有情肯自行于此道。佛之说法利生，亦只为一一有情之自得道，备一大善缘，或可说佛为了一切有情备此大善缘，而出世、入世。② 唐氏如此脉络分明、有条理地分解、敷陈由种子

①　唐君毅：《生命存在与心灵境界》下册，台湾学生书局1986年版，第112页。
②　同上，第113页。

说发展出来的世界观与救度之观念，他也注意到唯识宗异于其他宗派之处，在于此宗之思想重视——个体有情生命之各成一世界，在尊重个体之原则上，再无其他任何宗教思想超过唯识宗。

前文述及大乘般若宗极力反对因"生"果之思维，无论是因中有果以生果，或因中无果以生果，甚或无因而生果，都是他们驳斥的理论。如今唯识宗力倡功能种子以生果，是否又堕入以上因生果之论？唐先生的辩解从两路线着手。首先一般所谓果之"因"恒指现实已呈现之物，但在唯识宗而言，此种因非真因、非亲因，至多只是外缘，真因、亲因是功能种子。"功能种子与现行之果，其性质内容为同一。故可说此种子已有现行之果之内容，而谓此因能为果生之因。即无一般所谓'无果之内容之因能生果'之为逻辑上所不可思议之情形。"[1] 但也不能因此说功能种子与现行之法同一，两者毕竟不同，种子是潜能，果为已呈显之现实。最后结论是：

"一切因之生果，皆为一一种子、与其现行或所生之现实事物之自类相生，而以其他不相类之事物或种子，为某一类之种子与现行或现实事物之生起之外缘。"[2]

这样即能避免般若宗的质问，而保持"无生"之义。

四、佛家之无量世界观

关于世界是一是多，西方宗教与哲学有不少讨论。基督教主张上帝创造世界，只有此一世界；西方之泛神论则谓上帝之无限，理当创造无量之世界；莱布尼兹认为上帝能观照无数之可能世界，但他选择一最好的世界而造之；至黑格尔则归于世界只有此一世界。此外，人之生前、死后有无灵魂，亦是时常被讨论的议题。

若依佛家唯识宗义，则必然肯定人有他生、他世界，所以肯定的理由来自他们所建立的缘生世界，是基于个体之生命心灵之现行与种子功能之相续不断。但别错解个体之生命心灵之相续不断，即是意涵有一恒常存在之能主宰之

---

① 唐君毅：《生命存在与心灵境界》下册，台湾学生书局 1986 年版，第 113－114 页。
② 同上，第 115 页。

我，唯识宗绝不如此主张。反之，这正是妄执有我之末那识在作祟，正是佛教欲破除者。有情生命次第自其心灵之限制封闭，或执障中超拔解脱，这过程经历，每一有情生命均不一样。吾人若肯定此一一历程，为一一有情生命之一一成佛成圣之必经，而一一有情生命，又不能皆于其一生之寿命，即经此历程之全部而即身成佛，势必肯定每一有情生命各有其来生，以使其修行之功，得相续累积而不断，以至于成佛果、成圣果，方能毕其全功。①

（一）现实存在之世界为一为多之辨

循此思维，佛家不可能限定吾人今生所生活之此世界，为唯一现实存在之世界，这是顺沿佛家之理论自然会得出的结论，唐先生在本节的论述，重点不在这里。唐氏之意图是希望非佛门中人，尤其是惯于接受西方文化、文明之人能以理性思辨以理解佛家缘生之理。是故唐氏多申论从逻辑思辨上如何推演现实存在之世界不仅止于一，可能是多个世界。

虽然人唯一能肯定的是当前他正感觉之经验世界是现实存在之世界，此世界以外有无他世界，此生以外有无他生，在经验上皆无可证明，纵然无可证明，但人能想及有无他世界、有无他生，即见人之心思之不能限于此生此世之内，而必思及此生此世之外，所以如此，原由人之此生此世中所遇之一切事物，原不能满足人之心思之所望，原不堪为人之全部心思所寄托之地之故也。② 思量有无他生、他世界绝非荒诞无稽之谈，唐先生首先为佛家如是辩解。

其次，吾人有无理由，说今生所生活之此世界，即为唯一之现实存在之世界？若坚持今生所生活之世界，为唯一之世界，那么前提必然要肯定此世界在时间空间上是一有限之全体。不管空间能延展多大，时间能绵延多长，总之，要必为一在时间空间上有始有边者。盖若无始无边，我们即可顺其无始无边而思之，此思无停息之处，意即永不能对此世界之全体有一把握，这样便不能说此世界为一有限之全体，也就无所谓此世界为唯一之世界。反之，若吾人谓此世界为有始有边之有限之全体，此言即隐喻人之心思必有更超出此世界，而想其他世界存在之可能，于此又反证吾人不能说其他世界存在之不可能。

---

① 唐君毅:《生命存在与心灵境界》下册，台湾学生书局 1986 年版，第 119 页。
② 同上，第 129 页。

这里唐氏沿用康德"纯粹理性之背反"的方法①来澄清现实存在之世界为一为多之虑。照康德的理论，不管说世界有始无始、有边无边，终究都会面临无法圆成的窘境，总会留下可让反方驳斥的理由。此处唐氏借用康德的推理来说明：局限在人的感觉经验，固然无有能证明他生、他世界存在的证据，同样的，也无有强有力的论证推翻他生、他世界可能存在。笔者以为唐先生于此是先松动一般人的惯常执着，令其心智开朗，能不排斥佛家不同寻常的独特观念，而后再一步步以理性推理的模式令大众能接纳佛之说法。

（二）死亡后之心灵与其世界

有情生命结束此生之生命后，是否尚有心灵存在？综观西方哲人之思维，例如康德，他认为人之依其思辨理性，是无法得知、证成世界有始无始、有边无边，以及灵魂毁不毁灭。黑格尔则归于世界只有此一世界，他不言一一灵魂之不朽。绝对唯心论者如柏拉得来（Bradley），只承认一一心灵为一经验之中心，终当消融于绝对经验之中，而失其个体性。另一哲人麦太噶则又坚持一一个体心灵各为一实体之说，并谓黑格尔之绝对，亦只当释为诸个体心灵间之统一。② 还有实用主义者如詹姆士、杜威等人，唐先生均简略介绍其说，目的即是借此西方诸位哲学家之有关心灵之存有之主张，以与佛家之说做一对照。

以上唐氏所列举的哲学家，无一是真正肯定生命死亡后，个体心灵能脱离肉体独立存有；纵使一般世人所云灵魂不灭，意即一生命存在有其来生，当其死亡，只是一生命存在或其心灵自身单独离此世界，而至另一世界；至于此世界，则仍如吾人所知之状而存在。此为一般人之观念。此处唐先生提出另一种异于常俗之看法：

"……然实则此纯为尚生于此世界者对死者之一主观的想法。因尚生于此世界者，不见死者，而见死者所尝在之世界，故谓其死乃单独离此世界而去。然于此吾人若依生命存在及心灵与其所对境，乃俱生俱灭而客观的想，则死者若离吾人心中之此世界而去，则死者心中之此世界亦随死者而去。若然，则吾人只能想死者与其所尝在之世界俱死俱去，如王阳明之谓'人死，其天地万

① 读者可参看康德《纯粹理性之批判》"纯粹理性底背反"，中文版可参阅牟宗三先生的翻译。康德著，牟宗三译：《康德〈纯粹理性之批判〉》（上），戴琏璋、蔡仁厚等人编：《牟宗三先生全集》13，联经出版事业股份有限公司2002年版，第695－854页。

② 唐君毅：《生命存在与心灵境界》下册，台湾学生书局1986年版，第128页。

物在何处'是也。"①

这是一个十分新颖的观点，人死后，对死者而言，乃是与其所尝在之世界俱死俱去，现世之此世界于死者而言已不存在，死者之心灵所面对的将是一崭新的世界。若据佛家之理推演，必然导致此一结论。盖佛家肯定有他来生、他世界，则一有情生命结束此生之后，应有来生，而此来生应有其实际生活，如此生命死后不能只有一不朽之灵魂之永存，必有其所生活之世界一并俱存。故佛必说实有天、人、修罗、畜生、饿鬼、地狱之六道之无量世界，为六道众生之所居。②

五、佛家之三世义

若非通解缘起性空之义，上述之论实难令人苟同，因之，除开信仰佛之教义之人，一般人如何运用推理而通解佛之教理？唐先生所为者无非是引用哲学思辨之方法导入佛教世界。

（一）各类心灵之世界之现实化的原则

对于今生之世界以外是否有来生之世界，毕竟是一"可能有"，抑或为一"实有"？若逻辑推理，来生之世界之可能有并不矛盾，故它可能是有的。又源于人无感觉经验证实有来生之世界，所以在知识上不能说即为实有。既然是属于来生，便已拒绝一切今生之证实之可能故。然而唐先生转向另一推理的角度，以上所说为一般逻辑上之可能，至于佛家之谓来生之心灵与其世界，是不同于一般逻辑上之可能，而是另有一可能，即"实能之可能"，这是一有形上学之意义之可能。

所谓形上学中实能之可能，亦即其自身能成为其现实之原则，而不须赖另一使之成为现实之原则者。③ 例如意念之行为，意念自己便可升降起伏隐显，当意念显现之时，就是它的现实化；当意念隐伏后能再显，此中即见有一实有之可能或实能。意念未显而为一实有之可能之时，其自身即同时具备一能显、

① 唐君毅：《生命存在与心灵境界》下册，台湾学生书局 1986 年版，第 135 页。
② 同上，第 130 页。
③ 同上，第 136 页。

能现实化之原理。是以实有之可能得以现实化，无须于此中之可能之外，另加一现实化之原则，使之现实化，然后能现实化。一实有之可能是否成为现实化之可能，唯一的关键在于有无阻碍它现实化的因素存在。换言之，"若一实有之可能，无其他实有之可能，与之同时为有者，阻碍其现实化，则此一实有之可能，即为必能现实化，而成为现实者"①。即如当人有一意念，而更不有其他之任一意念生起时，人即可安住于此意念行为中，使之常显而不隐。直至此相继之意念停息的时候，其他被压伏的意念才能再显。

由此推知，若一实有之可能自身即具有现实化之原理，而目前此实有之可能之所以不得现实化，唯是因为有相异相反对之实有之可能阻碍的缘故；而当此阻碍之实有之可能为另一与其相异相反对之实有之可能障碍，则此一实有之可能即无不能现实化。是以吾人可得出一结论：

"由此而在同一之情境下，一切相异而相反之实有之可能间之关系，即为此现彼隐，彼现此隐以相克，或平等的互相反对，而俱隐俱克之关系。而在不同情境下，则有可有彼此分别俱现之关系……此同一或不同之情境，即为其显隐之外缘。"②

是以每一实有之可能皆具足能化为现实之原理，其所以不得现实化，全由于自身以外之理由，原于此故，所以唐先生称此非逻辑上之可能，而是一有形上学之意义之可能、实能之可能。

实能之可能不仅限于意念行为，意念行为所对之任何存在之物，亦皆可说具此实有之可能。由此推展开来，宇宙中一切存在之实有之可能，无不自具此现实化之原理，而求现实化。进一步推述，一切存在之物，亦即存在于其实有之可能之不断求现实化之历程之中。也就是说，一存在之物，若非将其实有之可能全部现实化，或者将其实有之可能中若干可能现实化，而使其外之可能，从根加以超化，使之成为在任何情境下，皆不可能现实化者；则一切存在必继续求实现其一切可能，而存在于实现此一切可能之历程中。③ 此一历程将永不止息。

---

① 唐君毅：《生命存在与心灵境界》下册，台湾学生书局1986年版，第137页。
② 同上，第138页。
③ 同上，第139页。

这是一个很有趣、很有说服力的论证，民间流行的谚语"善有善报，恶有恶报，不是不报，时机未到"，在此观点下也不再止于主观的相信，只要有一功能种子涵藏于阿赖耶识中，终将会有起现成熟的一日。若取已现实化和未现实化者比较，后者肯定比前者来得多多，而一切未现实化之可能欲求全部现实化，所需之时间将是无尽之长久，所需之空间也是无穷之多。凡被今生之生命心灵之系统所阻碍、所排斥、所压抑的其他实有之可能，只能现实化于今生以后之来生生命心灵之系统，亦即只能现实化于今生之世界以外的来生世界之存在事物所成之系统。

全部之实有之可能，即佛家所谓阿赖耶识中之全部种子世界，一一种子皆具备一现实化之原理，以显现为生命心灵之存在与世界之物之存在，故说种子为直接变现此生命心灵与世界之一切现实事物或现行者。唐先生有一喻，譬喻阿赖耶识与现行之关系：

"此种子之无尽，使此阿赖耶识如一无尽之识海，而其现行之一部，如海上之波浪，如只为一平面，而海底之深则不可测。此海上之波浪，即一齐沈入此海之自身，此海亦可再翻出一有海面之波浪之世界。此喻吾人之现实之生命心灵与其世界，全然毁灭，亦将再有以后之生命心灵与世界之生起。"[1]

此喻甚美，亦甚真切，唐先生如此解说佛家三世之义。

（二）六道轮回之实有之可能

依上所述，生命心灵之何所是，便有对应之境与之俱生俱起。以人之意念为言，人之当生之心意，固亦有贪心重、嗔心重、愚痴重之时，而六道众生以痴毒胜者为畜生道，以嗔慢心重者为修罗道，贪心重者即为饿鬼道，地狱道众生即是贪嗔痴慢之业俱重者。人之当生之心意若贪心重，即是入饿鬼道，嗔心重而入修罗道，虽然人身尚在，但所思所行，与饿鬼、修罗无大差别，岂不是已入饿鬼道、修罗道了？在人道中之人，其心意之转换，固亦可轮转于六道之中。由此当生而推来世，若人之一生偏于某一类之心，则来世之心极易偏属某类之心，自然会有相应此某类之心之生活之世界。所以，若果真知晓人当下之此心原可轮转于六道，则亦可接受六道众生可互相轮转之观念。

佛家说畜生可转入人道而成人，人或以为迷信，在此唐氏郑重申论：

---

① 唐君毅：《生命存在与心灵境界》下册，台湾学生书局 1986 年版，第 141 页。

"吾以为此亦原非不可能，若有情之生命有无尽之来世，此亦应为实有之事。人谓此为不可能，唯由人之只就现实之畜生之无人之自觉的心灵，亦无本此心灵所成之人之智慧德行等而说。然此现实之畜生，毕竟其生命中是否即不具此自觉的心灵之潜能，亦潜藏同于人之心灵之智慧德行之种子，则正非吾人所能预断。吾人通常固有其自觉的心灵，亦自觉其所具有之智慧德行。然人之心灵亦有昏昧而无此自觉之时，则其德行与智慧，即亦潜藏于不自觉之境。"①

以下唐先生列举人之胚胎发育之过程，其形体也尝像小虫、像蚯蚓、像鱼、像爬虫、像犬等，与畜生也无二致，但人仍可说其涵具潜藏一可有无量智慧德行之心灵，存于此像虫又像蚯蚓的胚胎生命之中，则人怎能武断地说眼前的畜生，其生命底层没有类似人之心灵，也有无量智能德行之种子功能存于其中？只因畜生之积障重重，故不得表现罢了。假如我们真以大智慧之心，观畜生之生命所潜藏涵具者，则畜生固未必是畜生。天台宗之智，便曾道不可以牛羊眼观众生心。牛羊眼唯是以形色观物，视人也只看为形色之物而已；但人自知有其心灵，这一点就不是牛羊眼所能见到的。牛羊之只有牛羊眼，但其生命底层未必只有此眼。自然此事没有人有经验可供验证，牛羊也不会告知人。说其必有者的唯一根据，仅在学佛者之一念大悲心，不忍任一有情之无同于佛之无量智慧，无边福德之可能。基于此悲心而说六道众生均有同于佛之无量智慧德行之可能。

六、结 语

本文对于唐先生之佛学乃为初次探究，为避免因学力不及不能处理较复杂之佛理，故仅取佛家之缘生世界观为题，切入唐先生之研究脉络，视其如何以理性的推演来敷陈、论述佛家之理。唐先生毕竟不是佛门中人，故其推论多半以其深厚的哲学素养，做思辨理性的推论。笔者观其分析、解说因缘生法、功能种子与无量的世界观，每一论点确有其真知灼见在。

对于唐氏纯粹以理性之推论求契入佛教理域，也有学者表示其中未免有缺憾处。其意以为唐先生之佛教哲学诠释，有着较为明显的"理性化认知"取

---

① 唐君毅：《生命存在与心灵境界》下册，台湾学生书局1986年版，第147页。

向，此即意谓唐君毅的佛教哲学，多是将佛教义理放置在"理性"层面上加以理解并展开其诠释。如此一来，对于佛教中一些"超验"概念，唐先生是采取以普通认知经验为基础，加上合理的逻辑推论之方法，构造出他的庞大的佛教哲学。而他的立论基础，是以否决"圣言量"作为真理的标准之一，唯以经验事实、逻辑理性的推理为根据，根据此标准所获得的关于佛教义理的知识，譬如阿阿赖耶识，若与佛经自身规定做比较，就会发现二者相差非常大。①

以上的说法，笔者也不全然否定，唯取经验事实、逻辑理性的推理为根据，自然难与有禅定工夫而亲证圣境的圣者言论比肩齐等；但思辨理性的推论，原是哲学家建立其哲学诠释的方法，唐先生是尽其哲学家之本分，努力贴近佛教思维，以平易近人、较为人所接纳的逻辑推理讲解佛教概念，其讲述分析的功力未必是佛门弟子所能企及，对于接引大众善会佛道、佛理，功不可没。

---

① 张云江：《试论唐君毅佛教哲学诠释中的理性化认知取向》，《宗教哲学》第 50 期，第 115 - 126 页。

冯友兰和唐君毅对杜威反省思维论的发挥

顾红亮[*]

内容摘要：杜威的《思维术》提出反省思维论，在现代中国哲学界产生了深远的影响。冯友兰和唐君毅采取各自的进路，对杜威的反省思维论做了自己的发挥。如果说冯友兰的发挥代表了儒家道德观的进路，那么唐君毅的发挥代表了儒家自由观的进路。冯友兰和唐君毅的发挥启发我们构想一种以儒家的视域理解杜威的反省思维论的可能性，进而在哲学层面促进儒学与实用主义的对话。在某种程度上，可以把冯友兰和唐君毅对杜威思想的发挥看作他们阐发自己的新儒家思想的一种方式。

关键词：反省思维　现代新儒家　思维术　自由

从历史上看，在现代中国产生广泛影响的杜威著作主要包括《民本主义与教育》和《思维术》等。[①] 1920 年上半年，北京高等师范学校新设教育研究科，请杜威讲课，所用参考教材即为《思维术》英文本。[②] 遗憾的是，学术界对后一本书在现代中国学术界的多重影响的分析尚不多见，现有的大多数分

---

[*] 作者简介：顾红亮，华东师范大学中国现代思想文化研究所、哲学系教授，博士生导师。

[①] 杜威的《思维术》英语有两个版本，分别于 1910 年和 1933 年出版，后者为修订本。较早的中文译本《思维术》于 1918 年 9 月发行，由刘伯明翻译，以后曾多次再版，1931 年，上海中华书局出版的《思维术》已注明是第 12 版。该书后来还有不同的译本，例如《思想方法论》（丘瑾璋译，上海：世界书局，1935 年）、《思维与教学》（孟宪承等译，上海：商务印书馆，1936 年）、《我们怎样思维》（姜文闵译，北京：人民教育出版社，2004 年，该书和《经验与教育》合订出版）等。

[②] 《北京通信》，《申报》1920 年 1 月 4 日。《杜威教授功课》，《晨报》1920 年 3 月 2 日。

析集中于《思维术》对胡适思想的影响。张申府指出："杜威实在没有多少好处。有之，只一点，胡适之很晓得。便是他的实验方法。便是他的日尝主义。"① 这样的理解过于简单，相对忽视了《思维术》在现代中国的多重影响力与歧义性，忽视了现代新儒家冯友兰、唐君毅等对"思维术"及其核心概念"反省思维"（reflective thinking）的介绍、解读和发挥。

本文的关注焦点在于：在现代中国哲学史上，被解读为科学思维方式的杜威的反省思维论如何化身为冯友兰、唐君毅等现代新儒家的思想建构的资源。

一、杜威和胡适：反省思维论

按照冯友兰的理解，《思维术》"不是讲逻辑的书"，"它是讲人的一般思想的过程"②，思想或思维是其中的关键词之一。杜威对思维和反省思维作了一个区分。每一个常人都有思维能力，都能理智地做出判断。但是，能思维不等于能进行反省思维。思维或思想有四种不同的用法：第一，思维指想到的什么东西，指脑子的活动，这是最宽泛的用法；第二，指对没有亲身经验到或知觉到的东西的思考；第三，指一些有根据的信念或假设，但是它们的根据没有得到深入地探明；第四，也指有证据的、有根据的信念或假设，与前者（第三种用法）的差别在于，后者对信念的基础有审慎的探究，找到充分的证据支持此种信念，当然，两者的差别是程度上的，不是性质上的。③ 杜威所说的反省思维指第四种用法。这里，"反省"主要不是指道德反省，也不是指哲学的反思，即对思想的思想，而是指理智的持续探究活动，指思维的想象能力，它贯穿于科学思维过程之中。因此，反省思维是指对问题进行积极的、周密的和连贯的思考，基于证据和理据构想未来的种种可能性，以寻找解决问题的良方。

粗略地看，反省思维包括两个过程：一指出现困惑、踌躇和疑惑的状态，

---

① 张申府：《切实试行!!!》，《张申府文集》第 1 卷，河北人民出版社 2005 年版，第 37 页。

② 冯友兰：《中国哲学史新编》第七册，《三松堂全集》第 10 卷，河南人民出版社 2000 年版，第 537 页。

③ 参见 John Dewey. *How we think*, *The Middle Works*, *1899 - 1924*, Volume 6. Carbondale and Edwardsville：Southern Illinois University Press，1978，pp. 182 - 185。

二指寻找或探究的活动，以进一步确证或否证假设，求得解决疑难问题的实际办法。① 杜威对这两个过程进行细化分析，得出了反省思维的五步法，即疑难、问题、假设、推论和实证。杜威在《思维术》一书中具体分析了五步法的要旨。刘伯明的译文如下："一曰感觉困难；二曰困难所在及其指定；三曰意思（可能的解决）；四曰以绎之法发挥意想中所涵之义；五曰继续观察及试验，以凭驳斥或承诺所臆，此即信或不信之结论也。"② 孟宪承对五步法的复述为："（a）有困难或问题；乃（b）确定其困难之性质；更（c）拟为解答，是为假设；（d）复推想此假设所应适用之事例；然后（e）验之于实际的事例，而观其合否，否则弃之而另易一假设，至成功乃已，是为结论。此思想进行之五步骤也。"③ 杜威在一个系列中文讲演《试验论理学》中也概述了思想的五个阶段，分别为困难、臆想、比较、决断、实行。④ 胡适在《实验主义》一文中对杜威的五步法也做了简明的描述："（一）疑难的境地；（二）指定疑难之点究竟在什么地方；（三）假定种种解决疑难的方法；（四）把每种假定所涵的结果，一一想出来，看那一个假定能够解决这个困难；（五）证实这种解决使人信用；或证明这种解决的谬误，使人不信用。"⑤ 这五个步骤代表了反省思维的五个环节，它们相互连贯，环环相扣，构成一个连续的探究过程。在面对不同的生活困境时，反省思维的运用会有不同的侧重。

在现代中国哲学界，杜威的反省思维论主要是以科学方法论的形式为大家了解的。在这方面，胡适的贡献最大。在《实验主义》一文中，胡适完整介绍过杜威的思维五步法。在别的文章中，他从不同的角度对此方法加以提炼和概括，并将它们应用于自己的学术研究。在《多研究些问题，少谈些"主义"》一文中，他概括思想的三步法：从研究问题到提出多种解决方法，再到

<hr>

① 参见 John Dewey. *How we think*, *The Middle Works*, *1899 - 1924*, Volume 6. Carbondale and Edwardsville：Southern Illinois University Press，1978，p. 188。

② 杜威著，刘伯明译：《思维术》，中华书局 1922 年版，第 74 - 75 页。

③ 《孟宪承文集》第 1 卷，华东师范大学出版社 2010 年版，第 50 页。

④ 参见杜威：《试验论理学》，袁刚、孙家祥、任丙强编：《民治主义与现代社会：杜威在华讲演集》，北京大学出版社 2004 年版，第 322 - 323 页。

⑤ John Dewey. *How we think*, *The Middle Works*, *1899 - 1924*, Volume 6. Carbondale and Edwardsville：Southern Illinois University Press，1978，pp. 236 - 237. 胡适：《实验主义》，《胡适全集》第 1 卷，安徽教育出版社 2003 年版，第 307 页。

选择一种有用的方法。在《杜威先生与中国》一文中，他提到实验方法的三要素：从事实出发、假设和试验。胡适对杜威反省思维论的发挥是从学术方法论的角度切入的。他在这方面的主要贡献在于以相当简练的公式来表述反省思维论："大胆的假设，小心的求证。"这个公式已经不单单是对杜威反省思维论的介绍，而是带有创造性的诠释，融入了胡适自己的治学体会和对学术方法论的思考。[①]

二、冯友兰：中和—通论

冯友兰在 1920 年 1 月至 2 月间集中阅读过杜威的英文本《思维术》，在 1926 年出版的《人生哲学》一书中谈到杜威的反省思维论，和胡适不同的是，他侧重从知识和道德的视角加以发挥。

冯友兰对杜威反省思维论的解说不是直接从知识与道德的区分开始的，而是从天道与人道的区分开始的。人生活于现实世界之中，面对天道和人道。天道是自然之道，是必然之道。无论人的意愿如何，人都必须遵守天道。人道是当然之道，如果人无欲求，可以不遵守；如果人有欲求，则必须遵守人道，此时的人道即达成此欲求之道。从现代知识谱系看，天道与人道分别对应于两类科学，即叙述科学与规范科学。冯友兰是这样描述它们的关系的："叙述的科学叙述天然事物之实然，其所求乃天道，或天然法则（law of nature）；规范的科学指出关于人事之当然，其所求乃人道，或曰规范法则（law of norm）。"[②]

人们对天道和人道的了解以经验和欲求、知识和道德为途径。人有经验，也有欲求。人的经验本来如此，即为真，人的欲求也是本来如此，即为好。为什么在现实生活中，有的经验为假，有的欲求为恶呢？这个问题的关键点在于我们不能单独看待经验或欲求，而应该以经验关系或欲求关系来观察问题。经验之假的出现是因为多种经验之间有冲突，欲求之恶的出现是因为多种欲求之间有冲突。有冲突，就需要调和。调和所用的方法只有靠理性。冯友兰指出：

---

① 参见顾红亮：《实用主义的误读》，华东师范大学出版社 2000 年版，第 107－113 页。

② 冯友兰：《人生哲学》，《三松堂全集》第 2 卷，河南人民出版社 2001 年版，第 216－217 页。

"自人的观点言之，凡能调和诸经验之假设，吾人即认为真而以之为天道之实然；凡能调和诸欲之办法，吾人即认为好而以之为人道之当然。"① 由经验层面的调和所得的知识，近于天道；由欲求层面的调和所得的道德规范或制度，近于人道。

这样，天道与人道的区分演化为知识与道德的区分。冯友兰就从知识和道德两个层面解析杜威的反省思维论。疑难是反省思维的第一步。按照冯友兰的分析，造成疑难有两种情况：一种情况是此经验与彼经验之间发生矛盾，或者经验与已经确证的知识之间存在矛盾；另一种情况是此欲求与彼欲求之间发生矛盾，或者欲求与环境、条件之间存在矛盾。正是这些矛盾引起疑难和困境。解决这些疑难或调和这些矛盾只有诉诸理性思维或反省思维。反省思维在解决经验矛盾和欲求矛盾时，有不同的应用，分别对应于知识和道德层面。

在知识层面上，反省思维的作用在于调和矛盾着的经验，经过推演与试验，获得真理。冯友兰对知识层面上的反省思维过程做了这样的描述："理性调和于矛盾的经验（疑难问题）之间而立一说法（拟设解答）；以为依此说法，则诸矛盾的经验，当皆得相当解释（引申涵义）；试用之以解释，果能使昔之矛盾者，今皆不矛盾（实地实验），于是此说法即为真理，为'通义'。此真理之特点，即在其能得通。"② "通"指知识的解释广度和强度。"通"的知识的形成能使最大多数经验之间的矛盾或者经验与已有知识之间的矛盾得到合理的解释。这样，"通"成为判断真理的尺度。

在道德层面上，反省思维的作用在于调和矛盾着的欲求，使它们得到基本的满足，这是所谓的达道。冯友兰对道德层面上的反省思维的过程做了这样的描述："理性又调和于相矛盾的欲（疑难问题）之间，而立一办法（拟设解答）；以为依此办法，则诸相矛盾之欲，或其中之可能的最大多数，皆得满足（引申涵义）；推而行之，果如所期（实地实验）；于是此办法即为'通义'，为'达道'。此达道之特点，即在其能得和。"③ "和"指欲求满足的广度和适度。"和"的道德规范或制度的确立能使最大多数欲求得到恰当的满足。何谓

---

① 冯友兰：《人生哲学》，《三松堂全集》第 2 卷，河南人民出版社 2001 年版，第 217 页。
② 同上，第 219 页。
③ 同上。

欲的恰当满足？冯友兰提出"中"的标准。"中"即非过非不及。欲的满足有一个度，超过了这个度或不到这个度，都不能说达到了"中"的程度。只有"中"与"和"相统一（"中和"），欲的满足才能达成理想状态，成就道德的圆满状态。这里，反省思维论在道德领域的应用为冯友兰在《新世训》中阐发"致中和"的生活方法提供了理论论证。①

冯友兰把杜威的反省思维论分解成知识和道德两个层面，提出"中和—通"的观点，他的真正着眼点在于道德层面的解说，为他的"中道"人生哲学提供理论依据。他在这方面的贡献在于把反省思维论引入道德领域，为我们理解道德疑难困境、道德规范的形成打开了一个理性的通道。

冯友兰指出，新的道德规范和制度的确立，需要诉诸反省思维，对矛盾之欲进行调和与实验。他说："吾人之智力，可专用以应付新环境，新事实，而作新活动。若非然者，吾人将终身循环于简单的活动之中，永无进步之可能矣。"②"智力"在此可指反省思维能力。道德规范和制度一旦成立，为人们普遍遵行，久而久之，化为社会道德风俗。对于个人而言，也有类似的情况，个人的道德行为如果施行已久，意念所至，不思而行，它就成为一种道德习惯。个人遵奉社会道德风俗和个人道德习惯是自然而然的行为，反省思维隐藏其间。在道德境界中，这种遵奉体现为尽伦尽职；在功利境界中，它体现为对自己利益的欲求。

冯友兰将杜威的反省思维论应用于形成中的道德规范和制度的解释，显示他对道德理性能力的关注。他说："吾人或选理智，以解决人生问题；或选直觉，以解决人生问题；所选虽不同，而选者则———同是理智。由此则可知理智在人生之地位了。"③ 在道德领域，理性起引导的作用，大于直觉的作用。在他后来提出的人生境界说中，仍然可以见出他偏重理性能力这一态度。他在《新原人》中认为，人生境界的高低取决于觉解程度的高低。觉解既表示对所做的事情有一种理性的了解，又表示对所做的事情有一种明觉状态。当个人在做某事时，他既知道如何做此事，又对他的做事活动有所自觉。觉解包含理性

---

① 参见顾红亮：《〈新世训〉的生活方法论与实用主义》，《哲学研究》2009 年第 5 期。

② 冯友兰：《人生哲学》，《三松堂全集》第 2 卷，河南人民出版社 2001 年版，第 222 - 223 页。

③ 冯友兰：《一种人生观》，《三松堂全集》第 2 卷，河南人民出版社 2001 年版，第 17 页。

和直觉的成分，以道德理性为主。道德理性能力的大小关系到觉解的程度，也关系到人生境界的差异。冯友兰的觉解概念多少折射出反省思维论已经融化于他的人生境界说之中。

三、唐君毅：胸襟自由论

唐君毅在《西方之自由精神、自由观念之类型》中分析到杜威和罗素的自由精神，把杜威的反省思维论引向自由领域，以此为他的多重自由观念辩护。

唐君毅在《哲学概论》里对于杜威的反省思维论及其后期逻辑理论有过一个概述："杜威之早期逻辑理论，注重思维历程之步骤之说明，而将人之演绎思维与归纳思维之历程，皆融入于一'遇困难而虚提假设，引申涵义，再求证实'之思维历程中而论之。及至其晚年之《逻辑——探究之理论》（Logic：the Theory of Inquiry）一书，则是论一切逻辑思维，皆内在于'人在实际经验情境中，求一观念，有保证之可断定性（warranted assertibility）之求知研究之历程'中。此路之思想，实倾向于化传统之逻辑思维为认识历程中之一事。而此认识历程之本身，则属于人之整个生活经验者。"① 唐君毅在《西方之自由精神、自由观念之类型》一文中也谈到杜威的思维历程理论，不过没有使用反省思维概念，他用的是杜威的另一个概念"创造的智慧"。杜威所说的智慧或睿智（intelligence）活动的内容之一即在探究过程中运用反省思维。在叙述人们如何应付困难情境方面，唐君毅简略地提到了杜威反省思维论的基本步骤，如假设、对可能的结果或效用价值进行考虑、验证，这和上引话里提到的"困难、假设、引申、证实"的思维历程大体上是一致的。具体地说，当人们遇到困境时，会做试探性的尝试，或提出假设进行实际的验证，在这个过程中，人们有自由选择可能的应付方式或最佳的实验方案，其目的在于解决困境，实现人生的价值。

生活情境是多变的，人们在日常生活中不可能只面对同一个困境，这就要求人们运用创造的智慧，寻找合适的解决之法，对各种可能性保持一种宽容

---

① 唐君毅：《哲学概论》上册，中国社会科学出版社 2005 年版，第 37 页。

的、开放的态度，不固定于一种既有的思路。这种做法背后蕴含着一种自由精神，即不执着于一种特定的思路或价值，而使各种可能的思路或价值得以涌现的自由。唐君毅说："此说之特殊的重要价值。一方是建立一种科学方法论，一方即在养成人对己对人各种文化活动之一宽容而通达的风度。而此正是一种不执特定价值，而自特定价值观念解放的自由，而属于我们上述之第七类之自由精神，亦足为尊重他人之自由权利之精神根据者。"① 创造性智慧或反省思维的运用一方面体现科学性，遵循一定的方法论程序；另一方面体现主体的自由精神。唐君毅把自由区分为八种，分别为满足欲望之自由、立异之自由、保持选择可能之自由、自由权利之自由、社会群体之自由、实现人生文化价值之内在的自由、胸襟度量的自由、涵盖现实的可能的人生文化价值之仁心的自由。② 他把从杜威的反省思维论推演出来的自由精神归为第七种自由，即胸襟度量的自由。这是心境的自由，内在的自由，对各种选择方案或价值取向保持宽容欣赏的自由态度。他对此做了具体的解释："我们所谓胸襟开阔，度量宏远，所谓海阔随鱼跃，天空任鸟飞之心境，都不只是指人之杂念、私欲、意气甚少而已，而是指人能不以一善蔽众善，不以一特定之价值理想，否认抹杀其他不同价值理想，而恒能虚怀加以体验欣赏之谓。"③ 这要求可容纳不同意见甚至异己意见的胸襟。如果胸襟偏狭，人们对多方面的可能性方案或价值理想就无从认识和体验，其自由度也就可想而知了。

在唐君毅设想的自由观念的序列里，杜威的自由观念起着承上启下的作用。一方面，杜威的自由可弥补黑格尔的自由观念的弊端。黑格尔哲学重视国家自由与立法自由，对于在特殊情境下个人胸襟开阔与否有所忽略。另一方面，就胸襟开阔的不同程度来说，杜威的自由观念不及庄子和孔子的自由。唐君毅指出："庄子之自由精神，所以较西哲中如罗素、杜威之境界高者，其关键乃在后者皆只有关于'可能'的智慧，而无'虚'的智慧，与'无'的智慧。"④ 有虚怀若谷的心境，才可能有博大的胸襟。杜威的创造性智慧偏重于自由地欣赏可能的方案或价值取向，离庄子的虚无的心境仍有一定的距离。和

---

① 唐君毅：《人文精神之重建》，广西师范大学出版社 2005 年版，第 292 页。
② 同上，第 261 - 276 页。
③ 同上，第 274 页。
④ 同上，第 294 页。

孔子的自由观念比较，杜威也落于其后。唐君毅说："孔子之所以为圣之时，正在其能于各种特殊情境下，求实现各种相应的价值。则詹姆士、杜威之自由精神之核心，即涵于孔子之内。"[①] 孔子能洞识仁心自由，并使它在此世间实践出来。仁心是沟通群己、情通万物之心，仁心自由是一种比胸襟自由更为高远的自由，涵盖杜威的胸襟自由。唐君毅在此透露出新儒家的态度，即崇尚孔子的自由精神。

唐君毅从反省思维论或创造的智慧论阐发杜威的自由观念，尚合杜威哲学之义，但是，他由此将杜威的自由归为胸襟度量之自由，精神上的自由，不免有过度诠释之嫌。这一过度诠释为其多重自由观念做了某种论证，进而为阐发儒家自由观念作了某种铺垫。

四、小　结

第一，冯友兰和唐君毅采取各自的进路，对杜威的反省思维论做了自己的发挥，他们的发挥丰富了我们对杜威的思维术的理解，使其呈现出不同的理论面貌。如果说冯友兰的发挥代表了知识—道德的进路，那么唐君毅的发挥代表了自由的进路。这些进路有一些差别，冯友兰的进路偏向于应用，把反省思维论应用于、推广于知识和道德领域，解决经验知识和道德欲求的困境，他的这一做法为他后来的生活方法论和人生境界说做了某种理论的准备；而唐君毅的进路偏向于挖掘反省思维论背后隐含的意义或精神，反省思维活动是有主体的，正是主体的自由精神而不是反省思维成为唐君毅考察的对象，这一进路和他对道德自我建立的关注是分不开的。相对而言，唐君毅的自由的进路对于反省思维论的发挥更具有启发意义。

第二，尽管冯友兰和唐君毅对杜威的反省思维论有不同的发挥，但是他们的进路都立足于生活睿智的层面，也就是说，他们都把杜威的反省思维论看作一种生活的睿智，而不仅仅是思想方法。这和胡适的解读显现出差别，胡适把反省思维论改造成"大胆假设、小心求证"理论，视之为科学方法，把它应

---

① 唐君毅：《人文精神之重建》，广西师范大学出版社 2005 年版，第 296 页。

用于学术研究，推进现代中国学术的发展。在冯友兰和唐君毅眼里，作为生活睿智的反省思维论可以在解决道德困境、追求自由精神方面发挥更大的作用。同时，冯友兰和唐君毅的进路最后都指向儒家的价值（儒家道德和儒家自由精神），在他们对反省思维论的发挥背后隐含着儒家生活睿智的影子，因此，这种发挥也可以看作是对儒家生活睿智的一种诠释。他们的一个共同倾向是把反省思维论引向儒家道德学说，给儒家的道德哲学寻找更好的论证。

第三，通过解读冯友兰、唐君毅对杜威的反省思维论的发挥，纠正我们以前的一个看法：好像杜威哲学对胡适、陶行知等人产生影响，而与新儒家没有多大关系，新儒家的思想有别的西学资源，例如，梁漱溟得益于柏格森的生命哲学，冯友兰从新实在论那里获得支持，牟宗三从康德哲学中吸取养分，贺麟和唐君毅在黑格尔哲学那里接受影响。本文的分析说明，杜威的哲学也构成了一些新儒家思想的资源，他们或多或少吸收了杜威实用主义的一些思想，而且这种吸收不是单纯的介绍，而是融入了自己的理解，从杜威的反省思维论中读出了自己的东西，这些东西成为新儒学的思想成分。在某种程度上，可以把冯友兰和唐君毅对杜威思想的发挥看作是他们阐发自己的新儒家思想的一种方式。

冯友兰和唐君毅的发挥启发我们构想一种以儒家的视域理解杜威的反省思维论或者杜威哲学的可能性，进而在哲学层面促进儒学与实用主义的对话，例如，促进杜威的胸襟自由观与孔子的仁心自由观的对话。

大师眼中的大师：徐复观论说唐君毅

黄兆强*

一、前　言

徐复观先生（1903—1982）对唐君毅先生（1909—1978）的论述颇多。此等论述，主要见诸：（1）《悼唐君毅先生》（以下简称《悼唐文》)①；（2）悼念诗（以下称作悼唐诗，乃唐先生逝世三周年时，徐先生所撰)②；（3）按语：指唐先生在《民主评论》发表文章时徐先生所附上之按语；（4）信函：指徐先生致唐先生之信函，今存者凡66封③；（5）家书：指徐先生与家人的

　　*　作者简介：黄兆强，东吴大学历史学系教授。

　　①　本文系应大陆版《唐君毅全集》出版发行发布会暨"现代新儒家与现代世界"全国学术研讨会之邀请而发表。主办单位：四川宜宾学院唐君毅研究所等；地点：四川成都；时间：2016.10.28—31。出席是次活动，得东吴大学历史学系全额补助往返机票，特此致谢。徐复观：《悼唐君毅先生》，《华侨日报》，1978年2月10日；又载《明报月刊》卷13，第3期，1978年3月；《鹅湖》卷3第9期，1978年；《中华杂志》卷16第5期，1978年5月；《唐君毅先生纪念集》（台湾学生书局，1979），第152-156页；《无惭尺布裹头归·交往集》，《徐复观全集》（北京：九州出版社，2014），第19-23页。以下引录悉据《唐君毅先生纪念集》。以页码不多，引录时，页码从略。

　　②　《君毅兄逝世三周年聚慈航清（"清"当作"净"）苑纪念》，《华侨日报·人文双周刊》第228期，1981年3月2日，第23页。黎汉基指出，此诗载翟志成、冯耀明校注之《无惭尺布裹头归——徐复观最后日记》（台北：允晨文化实业公司，1987）。然笔者翻检《日记》一书，遍寻不获此诗。黎汉基：《徐复观先生出版著作系年表》，《徐复观杂文补编》（六），第580页。

　　③　徐致唐函中有不少文字是谈论《民主评论》、《中国文化与世界——我们对中国学术研究及中国文化与世界文化前途之共同认识》（即俗称的《中国文化宣言》）及新亚书院经营情况等事宜的，以牵涉范围过于广泛，且以文章篇幅所限（研讨会文章不宜过长），本文一概从略。

通信（即下文所说的家书）。家书中虽偶有提及唐先生，但大皆与唐先生的为人或学问不相干。

下文主要透过《悼唐文》、悼唐诗、按语及家书（一封）以揭示徐先生对唐先生论说之旨趣。唐先生之为学做人要旨，以致人生之终极关怀，大抵可以概见。至于徐致唐函，则另文处理之。

1976 年 9 月 9 日，唐先生因肺癌而在台北荣民总医院动手术，12 月 5 日返港。1977 年 2 月 1 日至 4 月 24 日再赴荣总检查身体并治病，25 日返港（其间从 2 月 16 日起兼服中药，3 月 1 日得知癌细胞已然扩散）。自返港后的第 2 日，即 1977 年 4 月 27 日起至 1978 年元月 18 日止，即大半年的时间内，唐先生仍坚持每周依然到新亚研究所办公（时先生任所长）及上课两次。① 基于关怀老朋友的立场，徐先生向唐先生建议说：

"我几次劝他，'肺部动了这大的手术，决不宜于上课；何况你上课时又这样的卖力。'他回答说：'我现在改用谈天的方式上课，也很有意思。不上课，心里总感到不安……'"（《悼唐文》）

唐先生讲课，是以其全幅精神、全幅生命顶上去的（"顶上去"一语，乃牟先生的恒常用语，以其具象意义特显，今借用于此，意谓投注进去），且经常超时付出（师母或其府上佣人于下课铃后经常敲门数次，老师才"心不甘，情不愿"而意犹未尽的下课）。每次下课，几乎都大汗淋漓，全身湿透。以"挥汗成雨"形容之，恐不为过。此所以上引文中徐先生以"卖力"一语描绘之。

1978 年 1 月 22 日，即师辞世前 10 日，师母据医生的嘱咐而劝告唐先生说："不可以再上课了。"据师母记载，先生回话说："坐而论学他是可以胜任的，如话亦不说，课亦不上，精神不能与人相通，只求一生命的存在，那有什么意思呢。"师母指出说："毅兄精神力量特强，常忘去了他的病。可能是使他生命超出卢大夫的估计的主要原因。"② 笔者要特别说明一下上引语中"相通"这个概念（按：唐先生非常重视"感通"）。人我双方互有所感而通，乃成

---

① 每次上课以二小时为原则，但亦有只上一小时者。详参 1976 年 9 月 9 日—1978 年 1 月 18 日之记载：《唐君毅全集·日记（下）》（台湾学生书局，1991），卷 28。

② 《唐君毅全集·日记（下）》，第 478–479 页。

为相通。相通乃能互动。今人恒重视互动。其实，互动以相通为肇始点；此不可不察。顺带一说：唐先生不止一次指出说，哲学之为学，其性质/功能乃旨在扮演一桥梁之角色，藉以把不同学术、学问贯通起来。唐先生这个说法，大概很可以反映彼对庄子"道术将为天下裂！"（语出《庄子·天下篇》）的感叹，很有同情共感。就客观面来说，哲学之性质/功能是否确系如此，当然可以再讨论。但唐先生的说法，适足以反映其本人对哲学，乃至对一切学术活动的一种崇高的期许、殷盼。

徐先生对唐先生完全不顾身体健康而继续努力教学的情况，做出了如下的判语：

"除了中间进一次法国医院外，他就不愿意缺一次席。为了传播学术种子，他真是鞠躬尽瘁，死而后已。"①（《悼唐文》）

唐先生晚年得悉患肺癌时，其实已届癌症末期；动手术后，短期间（一年内）复三度住院（一次在台湾，两次在香港），但仍弦歌不绝。其薪火相传，鞠躬尽瘁，死而后已的伟大使命感，徐先生的描述已道尽个中一切了。韩愈在回复其好友张籍的一封信中说："化当世莫若口，传来世莫若书。"② 透过教书讲学以传薪，固唐先生矢志之所在。但其于教育事业，又不仅止于教书。唐先生在中国大陆教书期间，譬如在中央大学及江南大学等高校，已担任过哲学系系主任、文学院院长等职。1949 年侨迁香港之后，则更与钱穆、张丕介等先生创办新亚书院，且唐先生长期担任教务长一职。徐先生即指出说：

"民国三十八年，唐先生来港，与宾四、张丕介两先生，合力创办新亚书院，有一个共同的志愿，即是要延续中国文化的命脉于海外……当时的情形，我了解得最清楚；他们三个人，真可谓相依为命，缺一不可。如果今日有人想要抹煞这段事实，等于抹煞自己的良心……香港之有一点中国文化气氛，有少数中国人愿站在中国的立场做中国学问，从新亚书院开始。但这不是殖民主义者所愿见的……"（《悼唐文》）

旨在守护及弘扬中华文化的教育事业，要在英国殖民的香港来推动，其实

---

① 按：1977 年 4 月唐先生自台湾返港后，尝两度进医院。一为 1977 年 12 月 24 日至 1978 年元月 1 日，进圣德肋撒医院（又称法国医院），另一为 1978 年元月 20 日至 26 日进浸会医院。

② （唐）韩愈：《答张籍书》。

已很不容易，唐先生等人从事教育之艰辛，可以概见一斑了。

其实，唐先生岂止于传薪——仅为教育做出奉献呢？教育的背后，其实就是文化、国家、民族。所以徐先生慨乎言之：

"唐先生之死，引起我最大的感慨是，想为自己的国家民族，在文化上尽一番责任的中国人所遭遇的横逆和艰苦，大概是其他国家的学人所无法想象得到的。唐先生没有出国留学，在三十岁左右，即成为南京中央大学哲学系的名教授①，除了比较艰深地论著，为思想界所重视外，他以诗人的情调写出的《人生之体验》一书，文字优美，内容层层转进，将读者带进一种理想的人生境界中而不自觉，为当时一般知识青年所乐读……以唐先生的学问，假定没有真正国家民族文化的责任感，唯以当相声、耍机灵的方式，图谋个人利益，我相信他便没有近十多年来精神所受的痛苦。"（《悼唐文》）

上引文说到《人生之体验》一书，其《自序》撰写于1943年，即唐先生时年34岁便撰就该书，实属极不简单。其内容如徐先生所说的以"层层转进"的方式来铺陈义理，把人生各层面（生活层面、心灵层面等）娓娓道来，能不让人叹为观止、手不释卷？

唐先生为民族、国家、文化、教育等所做出的努力及贡献，徐先生极为欣赏；此徐、唐两先生分居台、港两地时（1949—1969，凡20年）已然，及徐先生1969年秋定居香港、与唐先生几乎朝夕过从一年多之后，徐先生对唐先生之欣赏，不仅不减往昔，且甚或过之。1970年11月28日，徐先生从香港写给其旅居美国的女儿均琴女士的家书即可为证，如下："就爸观察的结果，人是越老越堕落。过去的老朋友，除唐先生还是极力挣扎外，没有不堕落得不成样子的。"② 除唐先生外，其他朋友"没有不堕落得不成样子的"，吾人不必照单全收。但它至少反映了在徐先生眼中，唐先生的表现绝对是自强不息、异乎流俗而卓尔不群的。

---

① 1940年10月，唐先生应中央大学哲学系系主任宗白华之邀，从教育部转至中央大学任教，担任讲师之职，时年31岁。翌年，晋升为副教授。越3年，即1944年晋升为正教授。唐端正：《唐君毅全集·年谱》（台湾学生书局，1990），第46-55页。

② 黎汉基、曹永洋编：《徐复观家书集》，台北："中研院"文哲所，2001年，第56页。

二、"你要他讲话，他便以最诚恳之心，讲最诚恳之话"

唐先生是现代"肫肫其仁"的真正学者；他对任何人、任何团体，都有其不容自已的悲悯之情，寄以最大的希望；你要他讲话，他便以最诚恳之心，讲最诚恳之话。他总以为只要是人，总会相去不远；他以为窥伺意旨的讲，不痛不痒的敷衍的讲，不仅是把自己不当人，也是把对方不当人。他的"居夷处困"，百折不回，说尽千言万语，所争的，归结起来，只要把人当人看待。他对政治的意见，在他这一代可能永远是废话；因为他是典型的不识行情的书呆子。但藏在书呆子里面的仁心，及由此仁心所流露出的恻怛之词，编者不忍加以埋没，爰转为刊出，以飨读者。①

《论语·宪政篇》有如下一则记载：孔子向卫国人公明贾请教其国（卫国）大夫公孙文子的行为表现。公明贾回应说："夫子（按：指公孙文子）时然后言，人不厌其言……"如果"时而后言"指的是窥伺听受者的意旨才说话、才发表意见以讨对方欢心的话，那唐先生绝对是一个不识时务者。然而，不问是非曲直，不顾老百姓的真正需求，一味讲一些违背良心而只管讨好执政者的大话、美言，其于仁远矣。这完全是徐先生所说的既不把自己当人看，也不把对方当人看！这岂是"肫肫其仁"的唐先生的风格呢？上引文只三数百字，但"仁"字出现凡三次，则唐先生在徐先生眼中之为不折不扣的仁者，又奚待多言？②

人之所以能成为仁者，与其人之涵养当有绝大的关系。在《悼唐文》中，

---

① 徐复观：《徐复观杂文补编》册一（台北："中研院"文哲所，2001），第499页。

② 在这里顺便一提：徐先生针对唐先生在《民评》所发表的为数众多的文章中，只对其中三文做出过按语。其一是针对现今所谈的《对新政府之希望》一文的按语。另一是针对《学术思想之自由与民主政治——答徐佛观先生》一文的按语。顾名思义，该文原为唐先生写给徐先生的一封信函，后以文章方式发表于《民主评论》卷4第18期，1953年9月16日。其后又收入唐君毅：《人文精神之重建》（新亚研究所，1974），第60页。徐先生此按语（《民评》卷4第18期；又收入《徐复观杂文补编》册一，第490－494页），计有1000字以上。其中对民主的看法，与唐先生的看法颇异，唯最后指出云："唐先生的这一封信，对于当前浮浅的风气，确是有力的一针。"第三个按语仅得约100字（《民评》卷17第3期，1966年3月；又收入《徐复观杂文补编》册一，第569页），是针对唐先生《记重庆联中几个少年朋友》一文而写的。以按语之内容与唐先生无直接关系，兹不作进一步说明。

徐先生说到病人有时会生医生的气而大骂大吵时，指出说，以"唐先生的涵养，总是忍住不说。但忍住不说，在精神上所受的煎熬，较之叫喊出来的人可能还要厉害。我能比他后死，大概这也是原因之一"。唐先生涵养之深纯，相信是所有跟他接触过的人士所一致公认、推崇的，今不细表。

三、"唐先生对我个人，对社会风气，多所疏导"

徐先生固然聪明绝顶，且学问根底深厚，但因为1949年迁居台湾而行年将届50岁之时才正式开始从事学术研究的工作，即所谓起步较晚，所以经常感念唐先生、牟先生之"接引""疏导"。尝谓：

"按：唐先生此函①，不仅对我个人，多所疏导，对社会当前风气，亦系一主要之疏导。我是主张在文化方面，应多做点疏导工作的。疏导即是一'接引'。但恨自己学力不够，所以常常以此期望之于牟宗三、唐君毅两先生……首先我得声明的，我平生除熊先生外，受牟、唐两先生之益处最多，对两先生的推重，有加无已。"②

熊十力先生是徐先生的老师，徐先生认识熊先生始于抗战末年的1944年。当年徐先生任职于重庆的国民政府，尝往北碚金刚碑拜谒熊先生。不久在熊先生家认识了牟先生。牟先生自谓经常得到徐先生之照顾。③ 两人"精诚相感，忧患同经"几四十载，可谓生死不渝之挚交。至于徐、唐之认识，大抵始于1947年徐先生办《学原》月刊而唐先生投稿之时。④ 也许稍微值得指出的是，上引文中徐先生提到熊、唐、牟三位先生时，是先写出"熊先生"，接着是"牟先生"，最后才是"唐先生"。先写熊先生，原因很简单，熊先生是老师，所以先写。牟排名先于唐，这是最近一二十年来学术界，尤其是大陆学术界的普遍现象。大概这是按知名度，或按被研究的深浅程度（或研究专著量的多

---

① 指刊登于《民主评论》以下一文：《学术思想之自由与民主政治——答徐佛观先生》。

② 徐复观：《按语》，《学术思想之自由与民主政治——答徐佛观先生》，第490页。

③ 熊、徐、牟的认识及牟得徐之照顾等事宜，参拙著附录七：《精诚相感，忧患同经：牟宗三眼中的徐复观》，《政治中当然有道德问题——徐复观政治思想管窥》（台湾学生书局，2016），第533－573页。

④ 唐先生在《学原》发表的第一篇文章《王船山之性与天道论通释》：《学原》卷1第2、3期（1947年6月、7月）。

寡程度）来做排名先后的依据。其实，在唐先生过世前，唐之排名恒在牟之前。因为以知名度而言，以成名之早迟而言，以教授职级而言［唐先生是香港中文大学讲座教授（英制 chair professor），牟先生是一般教授（英制 reader）］，唐皆占"优势"。今徐先生是先牟而后唐，其可能性有二。其一，徐先生没有特别在意所谓排名先后的问题，所以不是牟在唐前，便是唐在牟前，实无分轩轾。另一可能性是，徐认识牟较早，且私交亦较深（三人都可以说是"精诚相感"，但以"忧患同经"来说，则徐、牟二人"同经"的程度比较深）。然而，就学问上之受益（指被疏导、接引）来说，则徐先生之受益于二人，及对二人之推重，其间应无分轩轾。

四、"文章不宜太长""文字力求平易"

唐先生经常思如泉涌，下笔不能自休。又因为深具广纳百川之雅量，所以每能认同不同学者专家各种相异的学说并承认其各具价值（当然对价值之高低是有所分判的）。其具体做法便是层层转进以深入剖析并曲尽各相关学说之精神、意蕴，是以文字上恒不免迂回纠缠，遂令不少读者如堕五里雾中，不知究竟！徐先生对唐先生文章过长、文字过于艰深之"毛病"，即尝有所指陈，如下：

"因私人友谊太深，也常反复争论不休。其中重要的一点，是许多人认为文章太长，文字又近于艰深；我一方面觉得这是来自时代风气之薄，一方面也是我们接引的方法不足。所以主张文章不宜太长……文字方面，主张尽可能的力求平易，减少一般读者的困难。"[①]

唐先生之文章素来号称难读。就其学术论著而言，或不免此"病"。其实，就唐先生说人生，乃至说历史、说文化的一般文章来说，其面貌则迥异。徐先生对这方面亦有所觉，乃指出说：

"我要求唐先生为《民主评论》写几篇轻松的文章，因为唐先生这一类的文章也写得非常的好；这是为了读者，同时也是为了唐先生。想藉此使读者了

---

① 徐复观：《按语》，《学术思想之自由与民主政治——答徐佛观先生》，第491页。

解许多不易看懂的文字，是在内容而不在文字技术。"①

写点轻松的文章，使读者能够看懂，以便从中获益，这当然是"为了读者"好。这个道理很简单易懂。但为什么徐先生又说"同时也是为了唐先生"呢？其实原因也很简单。作者写文章的目的或最终目的，就是为了读者——为读者服务。如果读者看不懂你的文章，那你必然自我违反撰写文章的初衷。所以写读者能够看得懂的文章，为人为己，都是好的，且也是应该的。然而，有些文章确实是不容易看懂的。不容易看懂的原因如果不是由于作者的文字过于艰涩（即所谓文字技术问题）所导致的，而是文章的内容确实是比较难于理解、明白的，那当然不该由作者负责。但无论如何，作者似乎有义务做到深入浅出。换言之，作者在文字上应多花点功夫，不宜因文害意，否则对人（读者）对己（作者），都是莫大且不必要的损失。当然，很多时候深入的内容，是浅出不了的。那就只好另当别论了！

五、结论："共祈天国在人间"

唐先生仙逝于 1978 年。其祭奠、供奉的牌位设置于香港新界沙田慈航净苑。1981 年，即唐先生逝世三周年时，新亚研究所师生尝往致祭，徐先生赋诗一首以为纪念，如下：

故人逝世已三年，每触前尘感万端，义理即今仍绝学，国家依旧是危船；

百般言说情无限，九境心灵意岂传，难得斋堂成小聚，共祈天上在人间。②

1978 年 2 月 2 日唐先生易箦，所以这首写于 1981 年年初之徐诗首句便说："故人逝世已三年。"第二句所说的"前尘"（前所经历之往事），纵然从徐、唐二先生分别徙居台、港之后算起，两人所共同投注心力，或至少共同予以关注者，实极多。其荦荦大者，如 1949 年创办、经营新亚书院及《民主评论》，即其显例。"义理即今仍绝学"一语，让人想起徐先生另一首诗相类似的一个

① 徐复观：《按语》，《学术思想之自由与民主政治——答徐佛观先生》，第 491 页。

② 徐复观：《君毅兄逝世三周年聚慈航清（"清"当作"净"）苑纪念》：《华侨日报·人文双周刊》第 228 期，1981 年 3 月 2 日，第 23 页。此诗乃下载自《华侨日报》（电子文件），ht-tps：//mmis. hkpl. gov. hk/coverpage/-/coverpage/view，2016 年 9 月 1 日浏览。

语句："圣学虚悬寸管量。"①"寸管量"一语虽意味着圣学不至于完全乏人问津，但既已虚悬，则与上诗中的"绝学"已相差无几了。"国家依旧是危船"，此乃泛指国家之危殆。诗撰于 1981 年初。其时就整个世界局势而言，冷战阴影仍挥之不去。就两岸关系而言，仍相互叫板。这所以徐诗第四句说："国家依旧是危船。""百般言说情无限"是指唐先生投注无限之心力、感情，左右设譬，翻来覆去，以诲人不倦之精神以从事教学及笔耕。"九境心灵意岂传"一语，是疑惑或担心唐先生自为经纬而综括其一生学术思想精神于一书的伟大巨构《生命存在与心灵境界——生命存在之三向与心灵九境》，其所阐释弘扬之微言大义，是否能传播开来并垂诸久远呢？最后两句是："难得斋堂成小聚，共祈天上在人间。"就一般人来说，尤其就宗教信徒来说，理想之乐土必不在人间，而仅能在天上。然而，就儒家来说，虽不必否定最理想之乐土仅存在于天上，唯其所追求者，乃地上当下即是之乐土，而不追求未来世界虚无缥缈之天上乐土。可是，对一般人来说，所谓"乐土"，无论是实际上确实存在者也好，或缘自想象而来者也罢，又或梦想中所追逐者也罢，这种乐土恐怕仅存在于天上，现实世间又岂有这种乐土可言呢？！身临作为天人间之媒介之宗教场所（此指上语中之"斋堂"，盖该斋堂乃设于佛教场所慈航净苑内也），似乎更容易使人产生种种想象而让人得以自由地去逐梦。然而，徐先生毕竟是"儒家信徒"，所以这个很可能仅存在于天上的乐土，徐先生便呼吁我们一起祈祷，期望它"下降凡尘"而成为地上的人间乐土了。所以上诗的最后一语是深富儒家色彩的——在人间的现实世界中去追逐、实现很可能仅存在于天上的一个理想世界。用流行语来说，即追求、实现"人间天国"——追求、实现天国于人间是也。②

---

① 此语出自先生逝世前一个半月卧病台湾大学医院时所作之"卧病述怀诗"，见《无惭尺布裹头归——徐复观最后日记》，（允晨文化实业公司，1987），第 225 页。

② 这里必须指出，读者千万别误会徐先生，以为徐先生诗句中既有"天上"一语，便意味着或预设着先生有宗教信仰，或至少肯认宇宙中存在着一个超自然的形而上的世界。其实，读者不宜做此推断，盖"天上"一语乃一泛称，此与中国人吃惊时或碰到不可思议之事时所常说的"天啊"一语正同；此犹同于西方人所常说的"My God"一语。所以无论是"天啊"一语或"My God"一语，都不必意味着说此语者是具有宗教信仰的，盖二语只是一般人的口头禅而已。徐先生对形而上世界的看法，可参笔者《历史报应循环不爽》，《道德中当然有政治问题——徐复观政治思想管窥》，第 129-141 页。

徐诗虽寥寥数十字，但颇能揭示唐先生的学问旨趣、文化理想，乃至其奉献于教育事业及撰述事业之使命感。其实，徐先生本人之为学、做人及终极关怀之旨趣与唐先生实大体相同。是以徐诗亦可谓夫子自道也。其忧国忧民而无可奈何的心境，亦颇可概见。然而，作为儒家来说，虽意识中充满了忧患之情，但绝不悲观，毋宁是达观；是以抱持"知其不可而为之""虽千万人吾往矣"之精神而勇往直前。一言以蔽之，即希冀实现天国于人间，此所以徐诗最终以"共祈天上在人间"一语作结。

徐、唐两先生，作为现代新儒家第二代最重要的代表人物（不消多说，另一则为牟先生），"共祈天上在人间"，乃系二人，甚至系所有现代新儒家之深情大愿；今兹亦以此总结全文。愿共勉。

唐君毅对天人合一论的存在论证明

——论唐君毅早期思想中的天人合一观（之一）

何仁富[*]

引　言

将"天人合一"作为中国传统哲学的根本观念，是很多治中国哲学的学者的共同看法，但是，对于何以"天人合一"可以并且能够作为中国哲学的根本观念，论证却缺乏系统性。唐君毅同样坚持"天人合一"是中国哲学的根本观念，而且，不仅将"天人合一"看作中国哲学的根本观念，更看作整个中国文化的根本观念。他说："天人合一是中国哲学上的中心观念——这一观念直接支配中国哲学之发展，间接支配中国之一切社会政治文化的理想。"[①]这一点，在唐君毅早年奠定自己学术思想基础的时候，就基本确认，并坚持终身。而且，在他十分看重的代表作《中国文化之精神价值》和《生命存在与心灵境界》中，都将此一点贯彻到整个思想体系中。

不过，唐君毅也充分意识到，从常识上、现代的科学意义上讲，天人合一的观念是一个很难理解的观念。首先，就常识和科学来说，"天"指宇宙，

　　* 作者简介：何仁富，浙江传媒学院社科部教授，浙江传媒学院生命学与生命教育研究所所长。

　　① 唐君毅：《如何了解中国哲学上天人合一之根本观念》，见《中西哲学思想之比较论文集》，第128页。选自《唐君毅全集》第11卷，学生书局1991年版。以后凡引此书，只注释篇名、书名和页码，不再标注《唐君毅全集》的卷次和出版时间。

"人"指人；人不过是地球上的一种生物，而地球不过空中无数太阳系中之一的太阳系中的一颗小行星。人如此之小，宇宙如彼之大，如何能合一？其次，从西方唯物论和自然主义哲学意义上讲，整个宇宙是客观存在的世界全体，人是这全体中的一部分。这世界的全体是"自然"或"时空物质系统"，人只是整个宇宙的一部分；部分决不能等于全体，所以宇宙与人也决不能说合一。再次，从西方一些唯心论哲学意义上讲，人与宇宙虽然有某种意义的合一；但是，唯心论者要证明人之心即通于上帝之心，要用极为吃力的论证来逼人相信；而且，个人之心，无论如何仍然只算上帝之心的一部分。所以，从西方哲学的视域、现代科学的视域和常识的视域来看，中国哲学家所坚持的天人合一，简直是奇怪思想。

但是，唐君毅强调，"中国先哲们之所以说天人合一并非全无根据"①。中国哲人不是把"天人合一"这一观念当作论题，进而以严整的推理步骤来加以证明，而只是用许多话去"指点""暗示"天人合一的道理，或者用其他许多的道理来"涵摄"天人合一的意蕴。因此，中国哲人主张天人合一的根据，实际上可以从很多方面来说。

唐君毅早期著作《中西哲学思想之比较论文集》，在相当程度上可以说就是一部以"天人合一"为基本立论基础的中西哲学比较著作，其中的几篇文章，给出了中国"天人合一"论最系统、最清晰、最有说服力的论证。这些文章是：《中国哲学中自然宇宙观之特质》《如何了解中国哲学上天人合一之根本观念》《中国哲学中天人关系论之演变》《中国人之宇宙观特质之说明》《中国人之人生态度之说明》，它们分别给出了关于"天人合一"论的存在论、心性论、认识论、本体论、价值论的说明与论证，值得我们认真研究。本文主要介绍唐君毅对天人合一论的存在论说明。

对天人合一论的存在论说明，根本上就是对中国人的自然宇宙观的说明，亦即理解中国人对于自然宇宙（亦即天人合一中的"天"）的根本看法。唐君毅认为："总括一句话说，中国哲学上的自然宇宙观之特质，就是处处用'圆融通贯'的看法，去看自然宇宙。中国哲人对于自然哲学上的问题，都不作

---

① 唐君毅：《如何了解中国哲学上天人合一之根本观念》，见《中西哲学思想之比较论文集》，第128页。

一偏之见，而以执两用中的办法去解决他。他们解决此类问题的方法步骤虽常不免粗疏笼统，不及西方印度哲人之精密谨严，但其结论实甚高明，足增吾人对于固有文化之自信。"① 唐君毅进而将中国人对自然宇宙的根本看法，概括为由远及近逐层说明的十一个论点，其中涉及中国人对整体宇宙、时间空间、时间空间与物质的关系、物质的特性、物质与生命的关系、心灵与生命的关系、心灵与万物的关系、自然的价值等的根本看法，大体可以分为对自然宇宙存在的"存在性"（自然存在与结构状态）和"自然性"（自然确证与演化能力）自身的说明，最后的结论则是"人与宇宙合一"。

一、自然宇宙的存在性机理与世界的辩证统一性

唐君毅对中国古代天人合一论的存在论证明与说明，是从对自然宇宙的存在性说明开始的，这种说明首先是要确证天人合一之"天"的存在特性，包括其存在范围、存在方式、时空特性、物质特性等。

1. 宇宙以虚含实：自然宇宙是一个有无相函虚实相有的整体存在

在唐君毅看来，相较于西方哲学对现实世界的绝对肯定和印度哲学对现实世界的绝对否定，"在中国哲学上，则至少从说话方便上看，既不似印度哲人那样视当前宇宙为虚妄，亦不似西方哲人那样视当前宇宙为真实。从中国哲学家看来，我们之宇宙乃虚而不妄、实而不固（即实非实质而含虚、虚非虚幻而含实）者"② 也就是说，在中国哲学家看来，宇宙的本质既不是"存在"，也不是"非存在"；而是"非存在"中含有"存在"，"存在"中含有"非存在"。不管是儒家还是道家，不管是先秦学者还是宋儒，都有一个关于现实宇宙的基本立场，那就是：宇宙是虚而含实、实而含虚的存在，是有中含无、无中含有的。比如，《老子》言："无名天地之始，有名万物之母。"《庄子·天下》述老子曰："以空虚不毁万物为实。"《论语》中孔子言："天何言哉，四时行焉，百物生焉。"宋儒张横渠《正蒙》言："太虚无形，气之本体。"又

---

① 唐君毅：《中国哲学中自然宇宙观之特质》，见《中西哲学思想之比较论文集》，第96页。

② 同上，第99页。

言："知虚空即气，则有无……通一无二。"

因为有无相含，所以，从宇宙现象发生上看，便可以说："有"皆自"无"来，"无"能化作"有"。因为"无"中本含有"有"，在"无"化为有之"有"的过程中，仍然包含原先的"无"。正因为如此，"中国许多哲人多论天地万物原于无"[①]。比如《老子》言："天下万物生于有，有生于无。"《庄子·庚桑楚》谓："万物出乎无有。"《管子·心术》言："虚者万物之始也。"《列子·天问》和《易纬·乾凿度》都说："太易者未见气也，太初者气之始也，太始者形之始也，太素者质之始也。"《淮南子》也主张："道始生虚霩，虚霩生宇宙，宇宙生气。"在唐君毅看来，正因为中国哲人视宇宙为虚而实、无而有，所以，中国哲学上用以描述宇宙本质的名词，如"理""气""易""阴阳"之类，一方面并没有特定的实质所指，所以言理则曰"浩浩不穷"，言气则曰"流行不息"，易者"变化无方"，阴阳者"升降不常"；另一方面又总是包含一定程度的空幻之意，所以言理则曰"万古不息"，言气则曰"充塞宇宙"，言易则曰"弥纶天地"，言阴阳则"无始无终"。对于中国人来说，宇宙就是这样一个虚中有实、实中有虚而又变化无穷的存在。

2. 宇宙无二无际：自然宇宙是一个流行不息变化无穷的流变存在

相较于西方人认为世界只有一个和印度人强调世界无穷，唐君毅指出，"在中国，则又不视世界为无量无数。中国哲人言世界，只想著我们所处的世界"[②]。至于我们所处的世界以外有无其他的世界，中国哲人也曾对此提出疑问，比如《庄子·逍遥游》："天之苍苍其正色耶，其远而无所至极耶？"朱子幼年也曾经提出这样的设问："天以外是什么？"但是总的说来，对此问题从不曾看得多么重要。

在中国哲人看来，天地之际，即在无往不复之中；上天之载，只不过是无声无臭。因此，天地以外是否还有别的天地确实存在，这是不必假设和思考的。中国哲人既不认为此世界是无穷世界中的"一世界"，同时也不认为我们的世界是"这个世界"，是唯一的世界。"中国哲人心中认为世界就是世界，

---

① 唐君毅：《中国哲学中自然宇宙观之特质》，见《中西哲学思想之比较论文集》，第100页。

② 同上，第101页。

无所谓这个，无所谓唯一。"①"这个"与"唯一"的意识，是一种把世界视作"自己包含""自己具足"的意识，中国人是没有的。当我们把一个东西视作"自己包含""自己具足"时，我们也就把那个东西置定下来了，也就因此将它限制住了、固定化了。中国哲人心目中的世界，根本上是不能加以任何限制或固定化的，因为一切"实"中都含有"虚"。由此，中国哲人说到世界、天地时，总是拿阴阳二气来说明，而阴阳二气都是流行不息的。《易传》曰："乾，天也，阳物也；坤，地也，阴物也。"《礼记·乐记》也言："地气上齐，天气下降，阴阳相摩，天地相荡。"天地不出于阴阳二气，而气又是流行不息的；流行不息则可变化无穷，而变化无穷则虽有限而仍无限。

唐君毅认为，《庄子·知北游》的一段话可以直接用来表明中国人的这种自然宇宙观："不际之际，际之不际者也。"正因为我们的世界是"不际之际"，这种际便成"际之不际"了。也就是说，"我们的世界尽管只是一世界，然因其含无穷无际的变化，于是便成无穷无际的世界了"②。中国哲人说"我们的世界"，不说我们的世界是"一世界"（A World），也不说是"这世界"（The World），而只是说"世界"或者"天地"（World as such）。唐君毅认为，在我们的"世界"前面不加冠词，实则是有非常重大的意义的，表明了中国人独特的世界观。

3. 万象以时间为本质：自然宇宙是一个与时偕行新新不已的过程存在

相较于印度哲人视时间为虚妄不实和西方人视时间为真实不虚的一条直线而言，唐君毅指出，在中国哲学上，则一直认为时间与在其中表现的天地万物是根本不离的，时间即事物的本质，时间直接穿透在天地万物之内。因为，中国人根本上只有一个"无二无际"的现实世界。"我们之所以感觉时间与天地万物相离，乃因我们将天地万物视作一有限制的固定的形体之故。若我们自其无穷的变化上看，则只见其新新不已；而新新不已正是时间的本质。所以从中国哲人的时间观上着眼，我们简直可以说时间之流所动荡成的波涛，即是天地万物；或天地万物之变化流行下面的一股贯注之力就是时间。"③

---

① 唐君毅：《中国哲学中自然宇宙观之特质》，见《中西哲学思想之比较论文集》，第102页。

② 同上，第103页。

③ 同上，第106页。

这样一种视时间为宇宙之本质的时间观，在中国哲学第一经的《易经》中表现最为鲜明。《易·丰·彖》曰："天地盈虚，与时消息，而况于人乎，况于鬼神乎。"《易·乾·文言》曰："终日乾乾与'时'偕行。亢龙有'悔'与'时'，偕极。"《易·乾·彖》曰："大明终始，六位'时'成。"《易·系传》曰："变通者趣'时'者也。变通莫大乎四时。"《易·贲·彖》曰："观乎天文，以察'时'变。"《易·革·彖》曰："天地革而四'时'成……革之时义大矣哉。"《论语》中孔子曰："逝者如斯夫，不舍昼夜。"《中庸》也言："溥博渊泉，而'时'出之。"《礼记·礼运》曰："以四'时'为柄，故'事'可劝也。"《庄子·秋水》言："物之生也，若骤若驰，无动而不变，无'时'而不移。何为乎何不为乎，夫固将自化……年不可举，'时'不可止，消息盈虚，终则有始。"《管子·山权数》言："天以'时'为权。"《列子·天瑞》言："常生常化者，无时不生无时不化。"可见，时间与世界一体，天地万物与世界同生同灭的"与时偕行"的观念，是中国哲学中最为普遍的时间观。

在唐君毅看来，"所谓与时偕行，与时消息，时义时用，都是表示天地万物与时同生同灭同升同降，顺贯而行；表示时间并不是独立的形式，时间之为形式由天地万物与之相顺贯而为形式。所以时间之形式的意义根本是由其内容而取得的"①。不过，这并不意味着时间只是某种引申出的派生物，只具有附属的意义。因为天地万物根本上就是以流行变化为本性的，没有时间顺贯其中，则不成其为天地万物。所以也可以说，天地万物之为天地万物，其意义是由时间而取得的。在究极的意义上，时间与天地万物根本是不可分的。

4. 时间螺旋进展：自然宇宙是一个往来反复螺旋前进的过程存在

相较于印度人把时间视作虚妄之本和西方人把时间看作一直向前的纯粹形式，中国哲人虽然视时间为真实，但却并不把时间看作是直进的。"中国哲人的时间观是把时间看作螺旋进展的。所以一方面承认时间的直进，一方面承认时间的循环，这原因正是由中国哲人把时间视作贯注于天地万物中之故，因为天地万物总是有重复的，时间既是贯注于天地万物中的，时间便不能祇有抽象

---

① 唐君毅：《中国哲学中自然宇宙观之特质》，见《中西哲学思想之比较论文集》，第107页。

的直进性，而必须环绕以表现天地万物之重复，而成螺旋的了。"①

在唐君毅看来，《易传》曰："日往则月来，月往则日来，日月相推而明生焉。寒往则暑来，暑往则寒来，寒暑相推而岁成焉。往者屈也，来者信也，屈信相感而利生焉。"《易·复卦》曰："七日来复，天行也。"又曰："复其见天地之心乎。"《易·泰卦》曰："无平不陂（指空间），无往不复（指时间）。"《老子》言："万物并作，吾以观其复。"《庄子·田子方》言："消息满虚，一晦一明……生乎有所萌，死乎有所归，始终相反乎无端，而莫知其所穷。"《庄子·秋水》言："年不可举，时不可止，消息盈虚，终则有始。"《荀子·天论》言："列星随旋，日月递照，四时代御。"这些论述都充分表明，"往来""反复"而前行，乃是中国人理解的最基本的宇宙运行方式。

此外，如孟子所谓五百年必有王者兴，邹衍的五德终始之说，汉儒的三统递换之说，以及邵康节《皇极经世》中元会运世与岁月日时的配合、十二与三十的互用，唐君毅认为，都含有时间一方面向前进展一方面又循环往复之义。这样一种影响中国人世界观和人生观的、既前进又循环的时间观，唐君毅谓之曰"螺旋形之时间递展观"。

5. 时间空间不二：自然宇宙是一个时空一体互为说明的整体存在

相较于印度哲人视空间为虚空即空无所有和西方哲人将时间和空间对立看待而言，在中国哲学传统中，"则一直不曾有时空对立的说法"②。就概念而言，中国自古就没有单独的"时间"与"空间"二字。中国人一说"时"，必然并及于"空"，所以总是"世""界"并说，"宇""宙"合论。《说文》释"宇宙"："舟舆所极覆也，下覆为宇，上奠为宙。"宇宙不离，即是象征时间空间不离。中国人对时间一维和空间三维之类的差别，并不特别加以注意。往古来今曰宙，上下四方曰宇，中国人似乎自然知道。中国人在说"往古来今""上下四方"之时，都是以我们自己为中心的；以当下自己的存在和现实世界的存在为基点，由今溯古说"古今"，左右前后说"四方"，顶上踵下说"上下"。这种时空概念，与西方人自外面说时间一维空间三维，是迥然不同的。

---

① 唐君毅：《中国哲学中自然宇宙观之特质》，见《中西哲学思想之比较论文集》，第109-110页。

② 同上，第109-111页。

唐君毅认为，中国哲人论时间空间不离，还有另外一种方法，就是拿时间的观念来说明空间，用空间的观念来说明时间。在中国哲人看来，既然时间贯注事物，时间又是螺旋式行进的；那么，时间向前进行而绕一循环时，事物也将随之绕一循环。比如，一年期间，春夏秋冬递换一次，日月星辰也绕周天三百六十度，回到原处，同时即重新置定该处的空间。所以，时间的观念即可表示空间，空间的观念亦可表示时间。中国古代的阴阳家和汉代儒家，即素有以四时配四方之说，以东方为春，南方为夏，西方为秋，北方为冬。

此外，如《易·泰卦》说："无往不复，天地际也。"《易·系传》也说："往来不穷之谓通。变则通，通则久。""往复""往来""变""久"，都是时间的状态。"天地际""通"，则是空间的状态。说"无往不复天地际也""往来不穷之谓通""变则通，通则久"，正是时间与空间的相互说明。所以，《易经》中的爻，时变位亦变，位变即时变。

6. 时间空间物质不离：自然宇宙是一个时空物质不相分离的整体存在

相较于印度和西方将时间、空间与物质割裂看待而言，唐君毅认为，在中国哲学中，"极早便知时空物质不相离的道理——只是中国哲人对于这一个道理的表现方法实不大高明。这就是八卦配五方配四时，五行配五方配四时……等等办法"①。

八卦和五行，最初或许都是用来表示各种物质的，比如，五行为金、木、水、火、土，八卦表天、地、水、火、风、雷、山、泽。由于中国人将时间视为事物的本质，于是对金木水火土及天地水火风雷山泽等，都看作是一种"意味"，一种变化流行的过程。由此，于金曰"从革"，于木曰"曲直"，于水曰"润下"，于火曰"炎上"，于土曰"宜稼穑"（《书经·洪范》）；谓乾为健，坤为顺，坎为陷，离为丽，巽为入，震为动，艮为止，兑为说（同"悦"）（《易·说卦传》）。这样，八卦和五行原本是表示具体物质的，经过这样的转意，一方面，物质化为了一种独特的"意味"，这些意味即有延展性，亦即含有空间性；另一方面，物质化为流行变化的独特过程，流行变化即含有时间性。如此，八卦和五行便又可以同时表示时间和空间。这样的表意，也就

① 唐君毅：《中国哲学中自然宇宙观之特质》，见《中西哲学思想之比较论文集》，第113页。

自然而然催生了八卦五行配五时四方的学说；扩而大之，又行成了以八卦配十二候的卦气说，以六十四卦纳六十甲子的纳甲说……此外，如邵康节以日月星辰土石水火配四时四方，也同样是根据物质性中含时间性和空间性的信念。

唐君毅强调，在这许多说法中，诚然都不可避免地有某种程度的牵强穿凿之处。但是，他们穿凿牵强熬费精神，实际上却有一番苦心，那就是："想把时间空间物质打成一片，以证实时间空间物质是不相离的一个真理。"① 当然，从立论根据上说，时间空间与物质不相分离的观点，逻辑上也可以由前面两点，即时间是事物的本质、时间和空间不相离，合并而推演出来。

二、自然宇宙的自然性机理与世界的生生不已性

通过对自然宇宙的存在性说明，唐君毅强调，在中国人的"世界观""宇宙观"中，世界、宇宙是一个物质、时间、空间融为一体，有无、虚实、往复辩证统一的整体性、流变性、过程性的存在。这样一种"世界观""宇宙观"表明，人的生命在"自然存在"意义上，与自然宇宙是一样的，是一个结合时空与物质、有无虚实相互说明的过程性存在。因此，就最基本的"存在性"而言，"人"与"天"具有"合一"统一的基质。

但是，从经验和常识来看，"人"毕竟是有"心"的，是主动性存在；而"天"似乎总是被看作被动性的缺乏"自己如此"的自然运动能力。唐君毅指出，在中国古人天人合一的智慧中，"天"与"人"的这种基于"心"的对立也是不存在的，因为"天"也有"自然而然"自己如此运动的自然性。

1. 物质能力同性：自然宇宙是一个体用不二质能一体的能动存在

相较于印度和西方思想把物质和能力分开看待而言，唐君毅指出，在中国哲学中，"物质能力之不二，却素为哲人共同的信仰。因中国哲人看物质既把他视作一意味，一变化流动的过程，即不复视其本身为不能自动者，而含即物质即能力之意"②。这一点，最基本的依据在于自然宇宙自己的存在性特征。因为，

---

① 唐君毅：《中国哲学中自然宇宙观之特质》，见《中西哲学思想之比较论文集》，第114页。

② 同上，第114页。

既然事物以时间为本质，时间使一切事物消息盈虚，变化无常，也就是使一切物质丧失其窒碍性而同于能力。

同时，从中国哲人对于天地关系的主张中，也可以看出中国哲人的物质能力不二论。当中国哲人以"天地"指有形的东西而将"天"与"地"相对时，"天"即含能力之义，相当于西方自然哲学中所谓的能力；"地"即含物质之义，相当于西方自然哲学中所谓的物质。比如，《易·乾·象》曰："天行健……自强不息。"《易·坤·辞》曰："地势坤……厚德载物。"《礼记·乐记》言："著不息者天也，著不动者地也。"又曰："天高地下万物散殊而礼制行矣；流而不息，合而同化，而乐生焉"，"乐者敦和而从天，礼者别宜而从地。"《庄子·天道》曰："其动也天，其静也地。"《易·系传》："立天之道曰阴与阳，立地之道曰柔与刚。"唐君毅强调，从以上所引的这些言语中所引申出的自然哲学涵义中便可以看出："中国哲人所谓地即指静的，不动的，散殊的，载他物的，相当于西方所谓物质。所谓天即指动的，不息的，合同而化的，自强的，顺生的，相当于西方所谓能力。所以中国哲人论天地，并非专指苍然在上者为天，块然在下者为地。"[1] 在中国哲学中，所谓天地，并非只是指苍然块然者而言。说天即说天道，指能力之运；说地即指地道，指物质之形。

只不过，现代中国人受了近代科学的训练，在科学术语和科学思维的影响下，说物质时，总有非能力之意；而说能力时，则总有非物质之意。所以，对于中国先哲以天表示能力，以地表示物质，以天地相合表示物质能力之同性，总觉得有些隔膜。唐君毅强调，如果我们善体古人言天地之意，就可以充分理解中国人"天地观"中所蕴含的物质能力不二的思想，而且可以进而了解："中国哲人之以天统地，实以能力统物质，即符于现代物理学中重能力过于物质之思想。从中国哲人之重视物质在时间中的流行变化的思想，必然要把能力看来比物质重要的，虽然在本质上二者是同一。"[2]

2. 生命物质无间：自然宇宙是一个生生不息流行不已的生命存在

相较于西方和印度思想中生命与物质自始即相对立而言，唐君毅认为，中

---

[1] 唐君毅：《中国哲学中自然宇宙观之特质》，见《中西哲学思想之比较论文集》，第115页。

[2] 同上，第117页。

国哲人则十分注意从所谓物质本身中去观生命的流行。这大概是由于，"中国哲人已先能回到生命自身以默识生命之流行，所以再放眼去看自然界，则再也看不见物质而只见物质中所表现之生命流行。这一点可谓中国哲人少了一种对物质的看法，即将物质看为下坠逐渐固定化的看法。然而这却同时构成中国哲人的一种特殊自然观，即只见生命不见物质，物质即是生命流行表现之境，无任何意义的纯粹物质"①。

中国人的这样一种物质生命无间的观念，最简单的可以从中国哲学中根本没有相当于西方哲学上的 matter（物质）的名词可见一端。中国哲人所谓的"物"，内涵的意义极广，几乎一切都是物，与西方所谓的"存在"（being）有同样广泛的意义。中国哲学中的名词比较与西方"物质"一词的词义相近的，只有所谓在自然界流行之"气"。但"气"实际上兼有"物质"和"能力"两重含义。中国哲人视物质能力不二，又以能力统物质，所以，即使流行于自然物的"气"，与其说是物质，还不如说是能力；而生命正可谓是一种能力。因此，中国哲人都认为，气中含有生命。《管子·枢言》谓："有气则生，无气则死，生者以其气。"《庄子·至乐》谓："气变而有形，形变而有生。"汉儒好言"生气"，宋明儒则好言"生生不息之气"，而清儒戴震则更直截地说："气化之于品物，可一言而尽也，生生之谓欤！"（《原善》）

在对"天地"的理解上，在中国哲人看来，绝对没有纯物质的天地，而是以天地为生生之源。比如，《易传》以乾为天，而乾含大生之德；以坤为地，而坤含广生之德。所以谓："天地之大德曰生。"《论语》中孔子谓："天何言哉……百物生焉。"即使像荀子这样的不重天而重人的思想家，在《荀子·天论》中亦谓："万物各得其和以生；各得其养以成。"认为万物生养本于天之功。正因为有这样的思想传统，所以后来董仲舒要人观"天地施化"之德，宋儒程明道要人观"天地生物气象"，朱熹要人观"天地以生物为心"，王阳明要人观"造化生生之理"，王船山要人观"天地化机"，戴震要人观"天地之化，生生而条理者"。唐君毅认为，历代中国思想家的这些话，"是把所谓客观的天地自然本身视作生机流行之境界，亦即完全不看见所谓纯粹物质

---

① 唐君毅：《中国哲学中自然宇宙观之特质》，见《中西哲学思想之比较论文集》，第118页。

之存在，而把物质生命化，将物质与生命视为一体"①。

3. 心灵生命共质：自然宇宙是一个心性一体生生不已的灵明存在

相较于西方思想史上的心身二元对立的传统，在唐君毅看来，中国哲学家从来不曾有过心身二元的观念。"中国哲人一直主张心即身之心，身即心之身的学说。这原因又是由于中国哲人将物质生命打成一片，同时将生命与心灵贯穿之故。盖由此则身体不复只是所谓物质的身体，同时含生命含心灵。心灵不复只是心灵而贯穿于生命，贯穿于所谓物质的身体。这样一来自然会产生心身不二之说。"② 前面关于物质与生命不二的各种主张，其实都可以作为心身不二观念的证据和说明。

唐君毅认为，中国哲人把心灵与生命贯穿为一的思想，我们可以从"性"字的组成从心从生这一点上获得最为直观的理解。中国的"性"字，原本即训为"生"，在先秦经典《诗经》和《书经》中，性便均训为生。告子说："生之谓性。"孟子尽管反对告子的观点，但反对的根本理由只是在于，告子把"生"局限于个人外表的食色。《孟子·离娄上》有言："仁之实事亲是也，义之实从兄是也，智之实知斯二者弗去是也，礼之实节文斯二者，乐之实乐斯二者。乐则生，生则乌可已，乌可已则不知手之舞之足之蹈之。"在这里，孟子以乐与仁义礼智之性相贯，而乐的意义即贯于生。由此可见，孟子论"性"，也是从"生"上来说的。只是，孟子所谓"性"，不是指生的外表，而是指"生机"；同时，又不是一部分的生机、有限制的生机，而是指"生生不已"的"生机"。正因为这种生机是生生不已的，所以不局限于个人而是能通于人，与他人的生机流贯。如此，"由于能同情他人，于是有仁；尊敬他人于是有礼；使人我之分得其当，于是有义；知对人对己之正道，于是有知"③。唐君毅认为，这便是孟子所谓的"性"。所以《孟子·尽心上》言："形色，天性也；惟圣人，然后可以践形。"圣人可以践形者，亦即圣人能践此"形色"之中的"生生不已之机"。因为圣人根本上领悟到，天性即生命本性，是人的本质生命、生命本质；天性发而为形色，天性内在于形色，离开天性即无

---

① 唐君毅：《中国哲学中自然宇宙观之特质》，见《中西哲学思想之比较论文集》，第119页。

② 同上，第120页。

③ 同上，第121页。

形色可言，离开形色亦无天性可言；形色与天性，即人的肉身与本性，是一而二、二而一的。

唐君毅认为，以"生生不已之机"来理解"性"，不仅可通于《孟子》，而且也可通于《中庸》《易传》。至于孔、孟、《中庸》、《易传》以后的儒者论性，尽管不一定与孔、孟、《中庸》、《易传》完全相同，但也总是从"生"上论"性"、论"心"，把"心""性"与"生"三者打成一片。在中国哲学中，论人的"心"与"性"，根本上是分不开的。先秦哲人大都以为心即同于性。宋明儒者程朱一派虽认为心与性的意义不同，以虚灵知觉为心，而以主乎此虚灵知觉者为性；但并未将心与性分开，所以，说性为生生不已之机，同时即以心为生生不已之机。至于心性的各种作用，如情、意、知等，皆本于心性；既然心性与生生不已之机不二，所以中国哲人即认为情、意、知等无不出于生机。

当然，中国哲人所谓"生生不已之机"，本身具有形而上的意义，并非局限于自然宇宙中所谓的生命之生机；但是，此"生生不已之机"，确实也贯于自然宇宙中生命之生机，因此，视之为对自然宇宙世界的理解，是完全成立的。

4. 心灵周遍万物：自然宇宙是一个心物相融周流感通的光明存在

相较于西方思想通常以"心""物"为对待而言，唐君毅指出，中国人认为，心之光是周流于外在世界的万物之中的。而且，"中国哲人所谓心，不能以探海灯之光比喻，只能以海上的灯塔之光比较。而这灯塔又非站在一特定地位，乃系可任意转动于海上的。而且这灯塔本身内部，也是为此光全部渗透的。其所发的光是周流不息的，不是限于从任何地发出的。这便成为中国哲人所谓心灵周流万物之说"①。

中国人这样一种心灵周流万物的观念之所以形成，在唐君毅看来，根本的在于，中国哲人从来不将"心"当作一个独立的封闭系统，从来没有将心视作脑的副产物的说法；而是认为，心的本体即生机，此生机在另一面即表现为身体。生机生生不穷，身体运转无方。所以，心并没有固定的位置，也没有顽梗不

① 唐君毅：《中国哲学中自然宇宙观之特质》，见《中西哲学思想之比较论文集》，第123页。

化的实质；而是随感而应，不主故常；与物变化，周流无穷。在对心的这种理解上，儒道二家主张是相同的。

比如，《大戴礼记·哀公问》记载："孔子曰：'所谓圣人，知通乎天道，应变而不穷，能测万物之情性者也。'"《孟子·尽心上》言："君子所过者化，所存者神，上下与天地同流。"《庄子·天道》曰："圣人之心静乎，天地之鉴也，万物之镜也。"《庄子·天下》："与天地精神相往来。"扬雄《法言·内神》言："天神天明照知四方，人心其神矣乎。"这种理解，在宋儒依然如此。朱子《心说》曰："用虽发乎天地间，而其所以为用实与天地相流通，万事万理无所不贯。"王阳明《传习录下》言："天地万物俱在我的发用流行中，何尝有一物超于良知之外，能作得障碍。"又言："心无体，以天地万物之感应为体。"

5. 自然即含价值：心身合一身物一体，天地万物自有其德

相较于西方思想视现实世界为无价值存在的传统而言，在中国哲人的理解中，由于一方面强调心身合一，另一方面又承认心灵周遍万物；由此，心与身，身与物，便都是融为一体的；而所谓外界之物，又处处表现出与自己相同的生命。"于是立即悟到，心中所觉之价值，并非限于主观之心内。价值存在于内界，即存在于外界，而觉宇宙处处充满价值表现美，宇宙是值得赞叹的宇宙。"①

正由于对自然宇宙天道价值的肯定，《礼记·哀公问》中，孔子答鲁哀公之问时，便特别论天道之可贵。《易·系传》谓："乾坤……易简之善配至德。"《礼记·乡饮酒义》谓："天地严凝之气，始于西南而盛于西北。此天地之尊严气也。此天地之义气也。天地温厚之气，始于东北而盛于东南。此天地之盛德气也。此天地之仁气也。"《礼记·乐记》论天道曰："春作夏长，仁也。秋敛冬藏，义也。"《庄子·知北游》谓："天地有大美而不言。"董仲舒《春秋繁露》尤其言天地仁爱之德。宋明清儒中，言天地之德者则更多。如周濂溪《通书》谓："天以阳生万物，以阴成万物。生，仁也；成，义也。"张横渠《正蒙·天道》所谓："四时行，百物生，无非至教……天体物而不遗，犹仁体事而无不在也。"王船山《读四书大全说》谓："气充满于天地间，即仁义充满于天地间。"

---

① 唐君毅：《中国哲学中自然宇宙观之特质》，见《中西哲学思想之比较论文集》，第125页。

这些说法都是强调，我们所谓的客观自然，本身即含价值。

当自然本身被视作是有其自身价值的，那么，基于人心的主观能动性的价值设定与自然世界的对立也就消失了。如此，"人"与"天"之间便不存在所谓的鸿沟，二者的统一、合一也就在存在论意义上是水到渠成的了。

三、结论：人与宇宙合一

唐君毅认为，人与宇宙合一的结论，实际上是前面若干论点和说明的自然结论。"我们可以说前之十一条皆所以构成中国哲学人与宇宙合一观者。"[1]

在唐君毅看来，不管是从经验上、常识上还是学理上而言，人之所以觉得人与宇宙为二而不能合一，不外乎如下一些理由：

（1）感觉自己的生命与物质对待；

（2）心与身对待；

（3）自己心灵限于内部不能与万物相流通；

（4）人心含价值而自然无价值；

（5）感觉人的身小而身外的时空大；

（6）人的生命短而时间长；

（7）人身之物少而其余之物多。

可是，在前面的说明和论证中，中国哲人既然主张：

（1）生命与物质不二，则生命与物质的对待便没有了；

（2）心与身不二，则心与身的对待也没有了；

（3）心灵周流万物，则心便不只限于其内部；

（4）自然本身含有价值，则人心含价值与自然无价值的对待也没有了；

（5）时空不离物而存在，身为物，则时空不能离身而自存，因此，身外有大时空的感觉没有了；

（6）时间是螺旋式进展的，则使人不再觉得时间往而不返；加之以时间贯注于事物而与事物不离，于是使人不再会去冥想一个直进无穷的时间，而将

---

① 唐君毅：《中国哲学中自然宇宙观之特质》，见《中西哲学思想之比较论文集》，第125页。

人生命所经的时间与之比较，导致产生人生的空虚之感；

（7）因为时空不离，则人延展其生命，开拓其生命历史，即是扩大其空间领域，所谓"久则徵，徵则悠远，悠远则博厚"（《中庸》），而忘记人身所占空间之小；

（8）因为物质与能力不二，天地万物亦虚亦实，因此使人不会以己身物质之小与天地万物之大做无谓的比较；

（9）从物的虚能妙用来观一切物，己身之物质之小与天地万物之大，遂可以相融无障。

综合来说，中国先哲关于自然宇宙观的十一个基本观念，对于人与宇宙不能合一的论点正好做了一一的化解和反证。合此，"人与宇宙可合一矣"①。唐君毅指出，这样一种人与宇宙的合一，也恰恰是中国人追求的最高人格境界。《易传》曰："大人者与天地合其德，与日月合其明，与四时合其序，与鬼神合其吉凶。"《孟子·尽心上》曰："君子所过者化，所存者神。上下与天地同流。"又曰："万物皆备于我矣。"《庄子·齐物论》曰："天地与我并生，万物与我为一"，"旁日月，挟宇宙……圣人……参万岁而一成纯，万物尽然而以是相蕴。"《荀子·解蔽》曰："心……经纬天地而材官万物，制割大理而宇宙裹矣。恢恢广广，孰知其极？罟罟广广，孰知其德？涫涫纷纷，孰知其形？明参日月，大满八极。夫是之谓大人。"

当然，这种最高人格境界的达成，还可以从认识论、本体论以及价值论等多方面给予说明。本文所给予的存在论的说明，一方面通过中西印思想传统的对比，彰显了中国古代智慧中独特的自然宇宙观以及其中所包含的天人合一的基本思想；一方面又在科学、哲学以及经验常识的多种视野中，彰显了中国人对于宇宙认识和理解的独特而深刻的智慧。唐君毅的论证说明，具有极强的逻辑性和例证性；其提炼演绎，具有明确的启示性和洞察力。因此，其关于中国古代天人合一论的存在性说明与论证，既具有很强的说服力和鲜明的时代意义，也具有很强的穿透力和深刻的历史意义。在当下强调人与自然和谐、建构生态文明的时代呼唤中，唐君毅对中国古代天人合一智慧的挖掘，值得我们高度重视。

---

① 唐君毅：《中国哲学中自然宇宙观之特质》，见《中西哲学思想之比较论文集》，第126页。

传统：持续的生灭运转与理性回归

——以三次"文化宣言"策略的逻辑演进为例

何一[*]

内容摘要： "宣言"是中国近代以来最常见的文化表达方式。晚清以降，中国文化策略的核心问题，简言之，就是对传统与现代、东方和西方文化在价值上的合理迎拒和技术上的科学对置。"三次文化宣言"于观念和实践上仍然以偏执步履踯躅于古今东西之间的中国文化困境下，承接近代以来文化策略推进的逻辑理路，通过以文化的名义直抒当下诉求，折射出中国文化策略指向演进的历史轨迹以及未来文化策略上带有某种"终极"意义的理性趋势，即作为文化策略"体"的价值取向的"为我"优先和发展本位与作为"用"的技术选择上"损益传统"和"折中东西"的取向。随着中国"后发"现代化事业的深入，其超越近代西方文化绑架而对传统价值充分尊重的策略取向，无论从价值理性还是工具理性层面，都正在融进我们的文化实践之中，并在新的历史条件下，因正在成为中国意识的有益补充和回归而重新获得讨论的意义。

关键词： 传统转型　文化宣言　文化策略　逻辑演进

　　宣言是中国近代以来最常见的文化表达方式之一。基于广义文化，林林总总的宣言与社会运动互为表里，共同构成此间中国文化变迁的主体内容和主要

　　* 作者简介：何一，男，1964 年生，宜宾学院政府管理学院院长，历史学博士，教授。研究方向：中国近现代思想文化史，现代新儒家与现代新儒学，历史哲学。

特征。三次文化宣言（1935 年《中国本位的文化建设宣言》、1958 年《为中国文化敬告世界人士宣言》和 2004 年《甲申文化宣言》）于观念和实践上仍然踯躅于古今东西间的中国文化困境下，通过以文化的名义直抒当下诉求，折射出近代以来中国文化策略指向演进的历史轨迹以及未来文化建设策略在价值取向和技术选择上的理性趋势。

一、近代中国文化策略的理性指向——三次宣言的理性资源

出于历史学者的后见之明，对近代中国文化运动既往策略指向的"理性"定位，鲜有认同，而相反的历史描述，最典型的莫过于"理性失却的启蒙"和"革命压倒启蒙"——夸大或孤立注视文化选择中的东、西对立现象和误读中国式非常态近代化进程的假说或谬说。

价值理性与工具理性的契合，历史与逻辑的统一，亦即因果律、道义、价值三者以一贯之的实现是近代中国文化抉择的主要难题。因果律事关"如何可能"，道义是我们行为的原初情感和情绪动力，而价值关涉文化追求的终极目标。在这里，所谓"理性"就是：客观上历史事件及其细节的生灭运转独立地体现了内在逻辑的必然性；主观上我们对历史的价值诉求既出于道义，又始终朝着实质合理的方向。则这种理性在近代文化策略的历史演进中，具体表现为：文化目标的价值理性、文化实践的规律理性和文化对置的工具理性。

1. 文化目标的价值理性

近代西学东渐与历史上的佛光东泄截然别趣。决定中国近代文化策略目标的根本因素，是民族存亡情势下，制约于条约体制的中国，在国家存在和发展的整体形态上，本质殊异和落后于世界潮流的事实。因此，近代中国文化策略目标的指向亦即价值理性的展现，其"形上"的道义根源是民族主义，在"体"的层面就是由救亡图存到求富求强的逻辑推进，而于"用"的领域，则体现为在根本上实现"三个转换"，即：物质文化转向现代科技；制度文化滋养并贯彻民主与科学；文化心理认同民主、自由和法制。

中国非常态近代化的直接背景是其诱因的外缘性，而这种外缘因素挤压下的本能性产物就是带有非理性色彩的民族主义——但是它所承载和指向的与生俱来的"外在"使命亦即救亡图强，作为当时中国人的不二选择，无疑是理

性的。因为对一个面临个体和物质上存亡危机的民族而言，视民族主义为最珍贵的文化意旨，无疑是"当下"理性的最合理的表现，虽然它常常诱发我们的焦虑和偏执，使我们的言行执于犀利和极端，譬如我们对夷夏之防的警觉、对道统的迷恋或西方经验的过度沉溺等。它甚至还造就了近代中国高调先行的思想与密集的社会运动激情呼应的历史景观。透过已然成史的近代浪潮式的思想和实践运动的喧嚣之"相"，我们不难发现，一部中国近代史，本质上是中国人在文化上自我发现、自我觉醒和自我选择民族生存方式的认识史和实践史，尽管其间招式和理路百出，但仅具备过程意义，在"理"上它们与救亡图强的文化目标始终理性地定格于万殊统于一本。换言之，救亡图存、求富求强从来都是近代文化主流策略背后最本质、最核心和最深邃的思想机缘。因此，长时段、整体地看待近代思想文化策略的演进，无论实践上的天国、维新、革命，还是观念上的自由主义、保守主义和激进主义，只有方法的差异，没有主旨的不同。而每一次蜕变，都更接近于理性目标。

2. 文化实践的规律理性

孙中山"俟河之清，人寿几何"和毛泽东"一万年太久，只争朝夕"的慨叹，典型地代表了近代以来中国社会的整体情绪。"情急"加上变革方式和内容歧见纷出，是中国文化极端主义的基本诱因。然而，"文化具有清晰的内在的结构或层面，有自身的规律"[1]，即主体的文化策略必依于文化变迁对必然性的自觉。

近代文化事件展现的历史秩序和作用，至少有三个方面可以成为"文化进化的规律理性"命题的最好证明：第一，文化演进的顺序。文化发展的历史证明，物质文化活泼易迁，精神文化则性惰难移，古老中国更是如此。因此，每当文化之间冲突时，最先引起的是表层物质技术的变化，然后才逐步深入，引起核心意识形态的变化。近代继洋务运动之后，戊戌维新、清末新政、辛亥革命、新文化运动、科玄之争、文化之争的依次跟进及其对物质危机、制度危机、意识危机的次第觉醒和对置的事实，最好地诠释了这一原理。第二，文化要素的制约。广义文化内涵的物质、制度和心理三层体系内部的相互制约和作用，特别是物质技术的进步对制度变革的促进，技术和体制对意识形态文

---

① 转引自庄春波《文化哲学论纲》，《管子学刊》1996 年第 1 期。

化变化造成的决定性影响以及各要素间的互制性，蕴涵了深刻的规律理性。这具体反映在洋务运动引进新的生产方式后对社会其他领域产生的连锁反应，清末新政政治经济教育体制的变化造成社会阶层的巨大流动而引发的社会文化心理震动，以及辛亥革命后社会制度的根本性变革对社会文化的近代化树立起新的文化起点等历史事件中。第三，文化现象的辩证合理。以以"偏执"著称的新文化运动为例，其最受诟病之处，是破坏有余而建设不足。然而作为近代文化自觉的标志性事件，新文化运动的内容、做派和风格在文化进化上的理性，至少表现为四个方面：首先，其激越的风格与被"揍出来"的外缘性现代化动因是一致的；其次，我们对其批判精神的苛责，是源于我们将中国社会的现代性转换理想化和简单化，无视"五四"阶段性使命的不可或缺和逾越性，对其过渡性的历史功能夸大地赋予了终极使命。同时，文化的堕落从创造力的失却开始，文化的创新从清理传统开始，因此，近代中国文化保守与激进不可避免有一役交锋。对照今天的现实，我们除了钦佩奔放的激情，就是对诸多领域涤荡不够酣畅的遗憾。再次，于改造国民性和旧传统，致力于把社会进步的基础放在意识形态的思想改造和民主启蒙上，树立新学和西学的主导地位等方面，新文化运动屡有建树。最后，作为中国文化现代化进程从破到立的转折点，"五四"激发出了自由主义的西化派、保守主义的新儒家和马克思主义的输入，使文化意识的自觉接受了最深刻的洗礼。

3. 文化对置的工具理性

文化对置的工具理性，牵涉文化行为的可能性和效益。于中国近代，就是对传统与现代、东方和西方文化在价值上的合理迎拒和技术上的科学对置。

在绝对的意义上，文化存在于时间和空间的向度上，但是在近代中国，这两个要素具有了特殊的意义。由于近代"世界历史"带来的不同时代的异质文明在共时态下的空间牵扯，使得后发现代化国家对历史和传统的眷顾、对未来及外面世界的企望同样带有强烈的情绪。思想、理论和实践上"城头变幻大王旗"的高频、激烈的印象几成"常态"。但分析地看待，激越中的平和、对立下的折中以及疏离后的回归，同样是历史的真实。因为参与文化策略议论和实践的精英群体，绝大多数的学养、讨论问题的方法和时空观是调和的，即：中西兼修或东、西兼顾；在实践上，一方面洋务派对"华夷之辨""华尊夷卑"观念的突破，维新派、革命派对"中体西用"观念的突破以及提倡科学与人权的新文化运动等反映出的中学对西学的"让路"，与此间康有为、梁启超、严复、林纾等文化名宿晚年对西学的态度保留和对传统的温和回归，已经折射出当时文化策略指向激情让位于理智、道义让位于价值、偏执让位于折中的理性光芒。

二、三次宣言文化策略的理性指向——对理性的承启

西学东渐，在文在质。"质"言近代欧美文明内核，"文"则指同样来自西方，承载内核的所有形式，即以"宣言""论战"和"运动"之名为常态的历史事件。

关于近代中国人文化对置的心理和外在状态，余英时先生指出："由于近百年来知识界在思想上的分歧和混乱，中国文化的基本价值一直没有获得有系统、有意识的现代清理。情绪纠结掩盖了理性思考：不是主张用'西方文化'来打倒'中国传统'，便是主张用'中国文化'来抵抗'西方文化'。中国学术思想界当然并不是没有理性清澈而胸襟开阔之士，只是他们的声音本已十分微弱，在上述两种吼声激荡之下更是完全听不见了。"① 然而，1935 年、1958年和 2004 年三次文化宣言的发表，则以文化意识在文本上的觉悟，成为对这种文化"颓势"的反动。

如果我们对三次文化宣言的策略做立足于价值中立的纯学理而非"意欲"式的对比解读，就会发现其在文化建设的态度和技术上，已经开启的理性化进程。而这种理性化的背景，首先是历史现场的趋理性化。三次文化宣言，均产生于民族危机扭转后致力于国家振兴的相对稳定的历史"常态"期，民族意识和情绪指向的状态，开始由求生存时的激越转向求发展的理性。其次是文化意识的逻辑觉醒。从洋务的器物切入到戊戌、新政、辛亥以制度求新，再到"五四"开启以系统考察文化为变革机枢，至 20 世纪 30 年代东西文化论争、中国文化出路争论到 1935 年起以"文化"的名义宣言——一系列里程碑意义的文化事件构成的文化自觉的进步链条表明：中国人的文化思考和实践，已经从被动应急式的自发机械跟进，逐渐转向自觉探求的习惯。文化问题的问题化

---

① ［美］余英时：《中国思想传统的现代诠释》，江苏人民出版社 2003 年版，第 32 页。

以及文化语汇的正式化和经常化，是 70 年里中国人三次高擎文化宣言旗帜的重要背景。同时具体时代的差异和共同的历史话题，又促成了它们在文化策略理性叙述上的个性言说和共性表达。

1. 个性分析

（1）《中国本位的文化建设宣言》的核心策略，是在西风劲吹之后于学理与政治之间提出了"中国本位"的文化主张。其背景是 20 世纪 30 年代，中国文化策略的思辨和实践，已经开始了由"情"而"理"的蜕变。1933 年东西文化大论战中，张熙若在《"全盘西化"与中国本位》一文中批判东西对峙的偏颇，提出的"一切都应该'现代化'"① 的命题和同年主张"西化"或"充分西化"的胡适"中国的现代化只是怎样建立起一个站得住的中国，使她在这个现代世界是可以占一个安全平等的地位，问题在于建设中国，不在于建立某种主义"② 的言论，典型地表明了文化策略论争上以"现代化"和"建设中国"的目标指向，超越和取代文化身份东西对立的理性化趋向。《中国本位的文化建设宣言》正是接续这一历史大势，提出了自己的文化策略：第一，对肇始于近代的民族文化危机，"我们不能任其自然推移，我们要求有中国本位的文化建设"③！同时，"要使中国能在文化的领域中抬头，要使中国的政治、社会和思想都具有中国的特征，必须从事于中国本位的文化建设"④。第二，"中国本位的文化建设"⑤ 的根本原则，在空间上，"中国是中国，不是任何一个地域，因而有它自己的特殊性"⑥。在时间上，"中国是现在的中国，不是过去的中国，自有其一定的时代性"⑦。所以，根本的落脚点，是"此时此地的需要"⑧，这"就是中国本位的基础"⑨。因此，盲目复古，模仿英美、苏俄、德、意的主张，其共同的错误，"都是轻视了中国空间时间的特殊性"⑩。第

---

① 张熙若：《"全盘西化"与中国本位》，《申报月刊》1933 年第 7 期。
② 胡适：《建国问题引论》，《独立评论》1933 年。
③ 何炳松等：《中国本位的文化建设宣言》，《文化建设》1935 年第 1 卷第 4 期。
④ 同上。
⑤ 同上。
⑥ 同上。
⑦ 同上。
⑧ 同上。
⑨ 同上。
⑩ 同上。

三，"要从事中国本位的文化建设，必须用批评的态度、科学的方法，检阅过去的中国，把握现在的中国，建设将来的中国"①。第四，"中国本位的文化建设，是创造，是迎头赶上去的创造"②。这些主张的理性意义在于，它以"中国本位"区别于"中国文化本位"，根本上超越了先念、机械、形而上学的"泥古""泥西"论，将具体国家民族当下的个性化文化需求作为文化策略的首要和根本性原则，以基于"建设"和"创造"性的"需求"优先取代了狭隘的既存"东""西"文化优先论，揭示了"民族的需求"这一文化发展演化的决定性动力。

（2）文化保守主义一直是近代一支影响巨大而持久的力量，其最大的价值，就在于它在中国近代文化激进主义甚嚣尘上的时候，作为一种制约和平衡的思想力量，保证了中国文化建设思想和行为的整体理性。以学术立论，不以政治呼号，近一个世纪以来薪火不断的当代新儒家正当此任。

1958年由唐君毅起草，张君劢、牟宗三、徐复观、唐君毅联名发表的《为中国文化敬告世界人士宣言》体现的行动精神是传统的儒者做派，它敏于中国传统文化的"天下"责任和担待，直承宋明的理学和心学，在中国文化的"花果飘零"之际，采掘东西，慧命传薪，从学者和纯民间的角度论证了中华文化融会西方"民主""科学"，以达"返本开新"后的世界价值和济世功用。尽管它激于近代以来西方对中国文化极端功利心态下的"东方主义"以及"后殖民"偏见，但是其言说的态度和方法是沉静、缜密和理性的。宣言系统论述了"我们发表此宣言之理由""世界人士研究中国学术文化之三种动机与道路及其缺点""中国历史文化之精神生命之肯定""中国哲学思想在中国文化中之地位及其与西方中学之不同""中国文化之伦理道德与宗教精神""中国心性之学的意义""中国历史文化所以长久之理由""中国文化之发展与科学""中国文化之发展与民主建国""我们对中国现代政治史的认识""我们对于西方文化之期望及西方所应学习于东方之智慧者""我们对世界学术思想之期望"③ 共十二个问题，逻辑结构严密完整。它拒绝笼统的文化相对

---

① 何炳松等：《中国本位的文化建设宣言》，《文化建设》1935年第1卷第4期。

② 同上。

③ 唐君毅：《中国文化与世界》，选自《唐君毅全集》第四卷，台湾学生书局1990年版，第4－63页。

主义，微观地厘定了文化的东、西、取、舍的具体界限和内容。当然，如柯文所言，"对中国文化独特性和自足性的特有感情，仍是一种需要考虑的力量"①。新儒家的文化民族主义倾向是不言而喻的。

（3）2004年《甲申文化宣言》的策略落脚点：侧重强调全球化背景下文化平等、多元共生的见解及中华文化对世界未来的可能性贡献。这一侧重超越近代以来的文化视界，在文化的宏观和中观理论上走出了文化论争非此即彼的桎梏。宣言的文化视野是宏阔的，在文化形态之间的关系上，强调"文明多样性是人类文化存有的基本形态"②。因为"文化多元化对于全球范围的人文生态，犹如生物多样性对于维持物种平衡那样必不可少"③。而富于差异性、"色彩斑斓的人文图景，正是不同文明之间相互解读、辨识、竞争、对话和交融的动力"④。因此，在文化自认上，"主张每个国家、民族都有权利和义务保存和发展自己的传统文化；都有权利自主选择接受、不完全接受或在某些具体领域完全不接受外来文化因素"⑤。在文化的对置上，强调文化作为历史范畴和"不同族群的恒久信仰、行为方式和习俗，则理应受到尊重"⑥。"主张文明对话，以减少偏见、减少敌意，消弭隔阂、消弭误解。我们反对排斥异质文明的狭隘民族主义，更反对以优劣论文明"⑦，每个民族"有权对人类共同面临的文化问题发表自己的意见"⑧，"国家不论大小、历史不论长短、国力不论强弱，在文化交往和交流方面均享有平等权利。我们反对文化沙文主义和文化歧视，并认为此类行为是反文化的"⑨。

2．共性分析

三次宣言的文化策略，在方法论上的共同特征，就是对文化身份具体时空的超越和古、今、东、西文化的妥协和折中。无论《中国本位的文化建设宣

---

① ［美］柯文：《在传统与现代性之间——王韬与晚清改革》，江苏人民出版社2003年版，第3页。

② 许嘉璐等：《甲申文化宣言》，《人民日报》2004年9月6日。

③ 同上。

④ 同上。

⑤ 同上。

⑥ 同上。

⑦ 同上。

⑧ 同上。

⑨ 同上。

言》表达的"中国是既要有自我的认识，也要有世界的眼光，既要有不闭关自守的度量，也要有不盲目模仿的决心"①，还是《甲申文化宣言》中"我们应当与时俱进，反思自己的传统文化，学习和吸收世界各国文化的优长，以发展中国的文化"② 的号召和对西方"我们接受自由、民主、公正、人权、法治、种族平等、国家主权等价值观"，珍视"注重人格、注重伦理、注重利他、注重和谐的东方品格"③，以及《为中国文化敬告世界人士宣言》提出的：视人类为一整体，方法上在取西方"客观""对立"化研究的同时，要自省民族传统，弘扬"孔子作春秋之存亡继绝的精神"；真正完整而有价值的人类之学，既要西方之理性的自然社会之学，也要中国的"心性""义理"等"立人极"之学；人类文化未来的发展可能，理当是东西交融，即真正实现近代西方文化、希伯来文化与东方文化价值的"真正的会通"④。三项文化主张，无不展现其策略理性。

近代中国东、西对峙的文化博弈中，作为"第三种"形态，妥协与调和始终不失其强劲的声音。章士钊："调和者，社会进化至精之义也"，"凡欲前进，必先自立于根基。旧者，根基也。不有旧，决不有新；不善于保旧，决不能迎新；不迎新之弊，止于不进化；不善保旧之弊，则几于自杀"，"新旧相衔，斯成调和"。⑤ 胡适："研究问题，输入学理，整理国故，再造文明。"⑥两人的论说，与三次宣言化策略精神，乃异曲同工，这既是智慧的"先觉"，更是历史特别是近代中国的箴言。

三、文化策略的理性自觉——三次宣言理性的接续

就文化的实践性困境而言，晚清远未成为过去。三次文化宣言的策略智慧是显著的，同样，作为"永宙"历史的一瞬，其阈限于知识阶层的"身份"，

---

① 何炳松等：《中国本位的文化建设宣言》，《文化建设》1935 年第 1 卷 4 期。
② 许嘉璐等：《甲申文化宣言》，《人民日报》2004 年 9 月 6 日。
③ 同上。
④ 唐君毅：《中国文化与世界》，《唐君毅全集》第四卷，台湾学生书局 1990 年版，第 63 - 67 页。
⑤ 章士钊：《东方杂志》，1919 年第 16 卷 11 号。
⑥ 胡适：《新思潮的意义》，《新青年》1919 年第 7 卷第 1 号。

笼而统之的文化话语，以及妥协、折中宏旨下的文化决定论、文化民族主义、文化相对主义和一厢情愿的文化普世理想中流露出的些许情绪偏执，也是不言而喻的。

我们把握历史或世界的可能性途径有两种：一是哲学式的形上思辨；一是本体的实证分析，文化亦然。具体体悟近代中国文化思辨和实践的历史，要谋求文化变化和转型的积极性和正面性，必须体现人对客观界和规律的正确的辩证介入，亦即文化策略指向的理性自觉，这至少包括：方法论的理性自觉，对文化问题本质的自觉，对文化演变历史本体的自觉。

1. 方法论的理性自觉

文化是有局限的人类的伟大创造，文化的转型是文化生存和演变的一般方式，有起点无终点。正如汤因比所言，"变形恰恰是历史的本质，因为历史的本质正在于不断地增添自身"[①]。基本途径是生灭、变异和选择取代。对后发中国而言，判断文化问题或进行文化抉择的出发点，是在理性确定我们预设的文明目标伦理上的正义性和实践上的可能性或合理性的前提下，确认该文化可能给我们带来什么和我们为此能够做什么，而不是阈于它是"谁的"和"什么时候的"亦即它的形态或性质，并做到情绪上的不卑不亢。这一点上三个宣言在策略指向上对"东"和"西"的超越，对一直以来中外对立和情绪化的因应取舍之途，无疑是方法论上的本质飞跃。换言之，挣脱狭隘"东""西"优劣论枷锁后，只要我们文化实践成败的根本性原因与我们民族的种族性基因没有根本联系，那么我们针对一切类别文化的处置，就绝对可以产生无穷的结果，也就是说，我们与既存文化的互动，通过进行正面、积极的文化创造活动，完全能够争取到合乎我们当前和长远利益的结果。当然，三次宣言于文化民族主义下对中华文化的些许"自恋"及其"世界价值"的自信也是显著的。诚然，中华人文在整体核心目标上执着于"人"的关怀的价值终极性，其哲学意义于西方文明，自然处于上位，但是我们有可能让物质因素的竞争和源于这种竞争导致的生存危机一劳永逸地"停止"下来吗？非能，那么我们企图高置温文尔雅的"立人极"华夏传统于"普世"文化的尊位，无异于痴人说梦。实际上我们努力可能做到的，就是建立一种东、西妥协，积极合理维

---

① ［英］汤因比：《历史研究·序》，上海人民出版社2005年版，第3页。

持"物我"和"他我"正面互动的秩序文化。

2. 对文化本质问题的内省自觉

近代文化言说的一大顽症，就是在文化的视野上自执于文化的自我囹圄之内，就文化说文化，意识形态文化层面尤其如此。其实早在一百多年前恩格斯就指出："每一历史时代主要的经济生产方式与交换方式以及必然由此产生的社会结构，是该时代政治和精神的历史所赖以确立的基础，并且只有从这一基础出发，这一历史才能得到说明。"① 对此原理膺服的理由是：近代不自觉地从器物模仿到制度移植发展再到意识形态文化自觉的不可或缺和逻辑推进，以及文化三层次间相互制约和变革后的连锁反应，特别是洋务、新政和辛亥革命对意识形态和国民心理的影响，造就新的社会阶层及其对制度、物质技术要素的反作用的事实。

同时，在文化史上，就某一具体的文化形态而言，没有出现过全部由精华或糟粕组成的整体文化。而长期以来，由于缺乏自身"血统"的超然和文化态度的超越，使得我们在文化策略上，过度沉溺于有机的整体性臧否，而不是在文化的材料意义上汲取精华，剔除糟粕。为此，文化策略需要关注的是：第一，主观上从传统和西方抽身，悬空既存文化结构，藉此，方可进入文化重建的新境界。第二，理解文化各要素有机整体下，物质技术、体制制度和意识情感三层次的多向关联与相对独立的辩证制约关系，摆脱文化讨论和实践中将要素有机统一绝对化的形而上学窠臼，肯定文化内容可分的思想，这样，我们才可能对传统和外来文化做到合理对置和科学取舍，真正在发展自我的根本前提下，技术领域追求世界主义，价值领域追求多元主义。第三，从功能价值和伦理价值上，分解、区分和贞定不同文化要素（以及元素）价值的当下与永恒性、区域与普世意义及形式与实质合理性。并基于存在对意识的辩证决定律，对不可规避因素造成的过渡性策略怀以真诚的宽容。

3. 站在历史本体的立场

文化演进每每与传统和外来文化纠葛，是一切后发国家不可回避的共同遭遇。任何历史事件或既成的文化形态，都是众多历史因素即所谓"平行四边

---

① 恩格斯著，黎澍编：《马克思恩格斯列宁斯大林论历史科学》，人民出版社1980年版，第4页。

形"力量综合作用和妥协的产物，从古到今，我们何时决然完全因彻底摆脱传统或"他者"的纠缠而独存于"纯粹的当下"！？相反，自己历史中"中体西用""西体中用"及作为"他山之石"的"和魂洋才"和"中道西器"恰恰成为历史的真实，而一意的"泥洋"或"泥古"，亦即东方式的顽固不化及西方"历史终结"式的盲目优越，终究是痴人说梦。进而，基于文化的历史牵连和借鉴继承价值，真正的传统何止儒家一家？真正的"西方"何止欧美一方？——这才是我们应有的弃盲趋明的文化策略视野。

冯友兰曾说："中国人最关切的是中国文化与文明的延续和统一。"① 文化的宏观历史形态及其细节的生灭运转的必然，亦如人之与文化的互生互化的必然，已然定论。我们的智慧或可超然于文化之外，而我们的最终命运又必然统摄于文化之中，人与文化的这种相互的辩证介入，构成了文化行为和策略由形式合理到实质合理的轮回，对"合理"的宿命性追求和认定，是人类的自信。当然，或许它本为先念或超念的谶语，非"人类一思考"式的肤浅命题，剩下我们人能够做的只是：敏于记取历史，提高策略效率。

---

① 冯友兰：《中国哲学简史》，北京大学出版社 1985 年版，第 221 页。

张东荪"道德哲学"要义及其现代意义

何江新*

内容摘要：张东荪从早年纯粹介绍西方哲学到"西体中用"，经历了一个曲折的发展历程。问题是，这个转向何以可能？通过对其"道德哲学"的研究不难发现，文化自觉与文化自信是转向之根本原因。

关键词：层创进化论　文化道德观

在中国现代哲学史上，张东荪是一位与金岳霖、冯友兰同时代且几乎同等重要的哲学家，他们同为缺乏认识论传统的中国哲学建构了认识论体系，从某种意义上改变了中国传统哲学的整体架构，开启了新的研究范式。具体说来，张东荪的哲学体系受新康德主义、新实在论、佛教哲学和现代自然科学（如进化论、相对论等）的影响颇深。在哲学上，张东荪提出过"泛架构主义""多元认识论""层创的进化论""综合的伦理学"等观点；在历史观上，他不赞同唯物史观或"历史命定论"，并以"唯器史观"以与唯物史观之间展开辩论。从 20 世纪 20 年代中期介绍西方哲学到 20 年代后期创建"新哲学"体系，再到 30 年代中期哲学思想的转变可以发现，张东荪学术思想呈现出从纯西方到"西体中用"这样一个演变历程。然而，问题是，张东荪为何有如此重大的转变？通过对《道德哲学》的分析不难发现，文化自觉与文化自信是转变的根本原因。

---

* 作者简介：何江新，西安科技大学马克思主义学院副教授。

一、张东荪"道德哲学"的主要内容

在张东荪看来，所谓道德哲学，又可称为道德学、伦理学、人生哲学。通过对西方道德哲学各流派的分析，张东荪总结出西方道德哲学主要有自然主义和理性主义两大类。其中，前者分为快乐论、功利论、进化论等，后者分为内在主义（包括克己论、直觉论、幸福论）和超越主义（包括解脱论、自律论）等。然而，自然主义和理性主义两者之间是不可通约的，张东荪遂运用文化这个包容性更大的概念来把两者弥合起来的方法。从伦理学的角度，《道德哲学》将"道德哲学"研究的主要内容界定为：以自然科学态度研究道德观、以哲学的批评态度分析道德问题、以玄学的揣测态度说明道德基础和以实用的技术态度指示人生所以教人之抽象普遍原理这样四个层面。从起源的角度，他将道德学分为社会学的、心理学的、思想史的、政治法律宗教的、价值论上的以及形而上学上的等类型，其中该书主要从思想史方面进行研究。另外，该书还归纳出道德发展经历了习俗、个人及反复思考等三个阶段，从而对应着社会化、个性化及合理性等三种趋势。从这些分析不难看出，张东荪"道德哲学"主要涉及道德之起源、道德之评价、道德之功用等方面的问题，其特点是着重于对西方道德思想做形式上的分析。

二、张东荪"道德哲学"之缘起分析

张东荪融合各派主张，尤以德国心理学家冯特的"文化解释道德"路径来审视道德哲学之内涵。在《科学与哲学》里，张东荪有一明确的说明："我自己仍然一直在怀疑哲学家的贡献，我觉得，我们所学的学问如果与人类幸福无关，则其价值都是可疑的。我这样说，并不是浅薄得不讲理论的价值，我是研究知识论的，读康德最多，后来改从社会学去研究知识论，兴趣渐渐转到社会研究上去，而不再专讲形而上的奥妙的那一套，于是就变为社会学与知识论的合并，把文化发达与社会学配合起来看。"从这段自述可以发现，张东荪走到一条从早期的追寻严格的哲学思想再转到后期的安身于宽泛的文化思想之路。之所以如此，是因为他想打通中西方哲学文化思想，尤其是想为中国传统文化留下地盘。

1. 道德之文化起源

生活是新鲜活泼的，它限于一定的时空交切点的体验；但生活的目的是求有以放大此时交切点，即扩大自由之度，生活的价值就在于此，这种放大交切点范围的现象，张东荪称之为"腾放"①。个人"腾放"的范围可以相通，其相通之处，便构成"客观价值"②，而这样的客观价值，就是文化。关于文化的界定很多，张东荪从其起源上，将之界定为"人类现实生活受限制于时空之交切点，故人无不欲超越此交切点；凡向此超越之努力，堆集其共同者名之文化"③，即是"自有人类以来所有对于生活扩大之努力由共同而堆积之结果"④。

然而，人类为何有文化？为何要超越现实？张东荪认为，"吾人个人独自腾出其现实生活，其为事必至困难"⑤，所以，"个人欲超越其现实势必不能，于是合群协力"⑥。人是群居的动物，离群索居的毕竟是少数，要存活下去，人类就必须学会合作，合群协力，于是就产生了文化，文化与人类共始终。这是张东荪关于文化起源问题的主要观点。当然，此观点不是从社会学和人类学角度研究而来的，而是从形而上学的哲学观察和逻辑推论得来，并没多少科学的依据，此种文化起源论，只能算是众说之一，很难令人信服。此后，如有研究所指出的，张东荪转而通过社会学和人类学来研究道德问题。⑦

2. 社会文化层的形成和进化

研究发现，早在1928年的《人生观ABC》里，张东荪就以"层创进化论"来说明道德问题，并用文化作目标来解决道德问题。1931年初，在《道德哲学》中，张东荪以"层创进化论"为指导，综合和折中西方各种伦理学流派，对道德现象和道德问题进行了系统探讨，形成了独特的道德哲学体系。其从文化的角度，将道德置于人类进化的文化层面考察，并以之来探索道德的

---

① 张东荪：《道德哲学》，中华书局1930年版，第571页。

② 同上，第572页。

③ 同上，第575－576页。

④ 同上，第573－574页。

⑤ 同上，第576页。

⑥ 同上，第577页。

⑦ 左玉河著：《张东荪文化思想研究》，中国社会科学出版社1998年版，第100页。

起源。因此，他的道德观又称为文化的道德观。

依据物、生、心三层叠进关系，张东荪用层创进化论的宇宙观来说明社会文化层的形成和进化问题。他认为，宇宙可以粗略地分为物、生、心等三层，由物一层突创出生一层，生一层可用"生命"代表，由生命意志引起生活之"腾放"，此"腾放"之共同者即是"客观价值"。于是，由生一层便突创出心一层；心一层中最低者是感觉，最高者是文化。作为一"突创品"①，其"文化"之所指为"在个人心理以外的一新层"②，这其实跟冯特的"社会精神"是相似的。张东荪强调指出，"吾人根据个人心理决不能推测此大精神之为何状。故社会精神非个人精神之集合或总积。止能谓社会精神由个人而突创以生，但不能谓社会精神为个人社会所集合而成"③。

文化是这么一种突创品，此突创品由个人精神集其共同者而成，它虽产生于个人心理但却高于个人心理，所以它产生出来后，便成为社会精神；此精神是一种客观存在，即客观价值，它就是宇宙大层中的最高层，张东荪称之为"社会文化层"④，此即通常所谓的"文化"。

文化是个大熔炉，道德只是文化中之一种，处于社会文化层中较高的一层，其作用在于对人们的行为有所规范。在阐述"社会文化层"理论后，张东荪指出，宇宙可粗分若干层，物—生—心，心之一层中文化为最高，也称"社会文化层"，文化层的低级是经济价值（即经济文明），其次是政治价值（文明），还有美的价值、信仰的价值、理智的价值，另外还有一项便是道德，"道德者文化价值也"⑤。顺便指出，文化的各部分与总体是密不可分的部分与整体的关系。社会文化层是由宇宙进化而来的，根据层创进化原理，虽然它处于心一大层中之最高层，但它不会停却不前，必然还要突创。于是，张东荪用层创进化论说明社会文化层的形成后，又进而用它来说明文化进化问题。正如前所述，文化产生于生活之腾放与超越，生活之腾放与超越，便是文化进步的内在动力，文化随着生活之不断腾放而时时处于进化状态。

---

① 张东荪：《道德哲学》，中华书局1930年版，第579页。
② 同上，第578页。
③ 同上，第578—579页。
④ 同上，第580页。
⑤ 同上，第575页。

3．道德与人的超越活动

人创造了文化，而文化一经产生，又对人有有形无形的作用，如锡铁之入于炉中，无形而融化；如鱼之于水中。人类无时不受人类自己创造的文化熏习。当然，人与文化的关系，不仅体现在文化对人的影响，同时体现在人对文化的促进上。一方面，人类不断创造新文化，另一方面，人类常常修补文化的缺陷。

文化起源于生活之超越，而生活超越的动力是什么？在张东荪看来，在于"生命意志"，然生命意志又来源于哪里？张东荪认为，由于道德是浴于文化中而铸成的，所以，道德的性格即为文化而造成之天性。人的个性不是纯由天然生成，也不纯由文化，而是两者的合力，经此而铸成"道德的性格"①，即"道德感"②，称为"第三性"③，此性对文化进化的影响也巨大。此处，张东荪接受了康德的观点，把宇宙分为现象界与超越界，文化现象和文化问题属于超越界，不属于现象界，不可以科学方法求得。"道德之来源在于超越界"④，因为"吾人之生活即为超脱此生活"⑤，"文化之所以为文化，道德之所以为道德，诉诸自然界皆无解释……康德以实践理性而明此理，其说实为正当"⑥。

由此，我们不难看出张东荪的"形而上"立场：文化起源问题，不会在现象界为人类求得，只能在超越界，即在"社会文化层"本身。这样，文化起源就无须人类去证明了，因为它是一"形而上"问题。考察发现，在早期，张东荪认为哲学就是形而上学；与以 1937 年《知识与文化》为标志的"不从形而上学讲文化"不同，在后期，张东荪从社会学立场来考察文化，其间经历了一个思想转变。

三、张东荪"道德哲学"的现代意义

如上所述，张东荪有一学术思想上的转变，那么，这种转变何以可能？我们认为，他的转变一方面符合当时的西方学术潮流，那就是，如罗素所理解

---

① 张东荪：《道德哲学》，中华书局 1930 年版，第 588 页。
② 同上，第 591 页。
③ 同上。
④ 同上，第 608 页。
⑤ 同上。
⑥ 同上。

的，除西方人有哲学外，还应该有其他类型的哲学存在，这一判断可以说是西方哲学阵营内部对"西方中心主义"的否定，从而为"中国哲学"合法性留下空间；另外，这一转变也与张东荪本人的文化自觉、文化自信有关。考察其早年所受儒学教育以及纵观其一生的社会实践都不难发现，张东荪的转变是内在必然的。通过这一学术转变，张东荪试图融通中西哲学，从而为中国传统文化在世界争得一席之地，这显示了张东荪所具有的深刻的民族意识与忧患意识。他从文化的角度，找到一条融通中西哲学思想之路，这点不能否认。只是，除政治原因外，张东荪的学术影响力依然没有同时代的如冯友兰、金岳霖等哲人那么深远，他的哲学思想及其内心世界受重视程度并不高。我们认为，从哲学的角度来研究文化与从文化来看哲学，这两者的功效是不一样的。因为虽然以文化来看哲学亦可以形成一个文化哲学，然而，以文化这一更大内涵的概念来包容哲学，便可凸显哲学与文化之同异，进而谋中国哲学（文化）之"合法性"，这就是他的"文化的哲学观"（《科学与哲学》）之所指。冯友兰跟梁漱溟的"文化类型"之争，也是从文化哲学的角度来谈的，可冯友兰把"新实在论"搬入中国哲学，实属削足适履。

当然，需要指出的是，张东荪的转变印证了西方哲学流派中某些流派的流行，但它们绝不是西方哲学的主流，其哲学转变于中国是无益的，既然他清楚，"中国似乎有哲学，但其实很勉强的"，那么，张东荪为何不像陈康先生那样执着地走研究西学之路呢？本文认为，这恰恰体现了张东荪的中国文化自觉与文化自信，而这种品格在西学横行的那个时代是多么的可贵。在《道德哲学》第624页里，张东荪指出，文化是一个整体，就像人体一样，头部手足都相互配合。西方文化也是一个整体，哲学是整体中的一部分，若只取其中某部分，则必不协和。由此可见张东荪思想是充满内在矛盾的。按黑格尔、海德格尔等的观点，哲学就是希腊意义上的[1]，西方哲学在缘起上就是希腊的，并且至今追问哲学的方式也还是希腊的。在希腊哲人那里，哲学是关于第一原理和原因的抽象认识[2]（原理和原因即"是"与"存在"），比如亚里士多德，他把经验分成现象和本质，再通过 Logos 的因果方式将它们整合到一个知的整

---

[1]　孙周兴选编：《海德格尔选集》，上海三联书店1996年版，第590-597页。

[2]　同上。

体上去，自觉地给出一种理性的存在方式。通过理性确立经验，通过经验安顿生命，通过理性认同一种世界图像。一句话，他自觉地给希腊人敲定了一种哲学的在的方式。[①] 他合拢了"是"与"存在"的分际，产生了语言学、诗学、逻辑学、分类学、物理学、动植物学等广阔的科学分类。[②] 从这个意义上看，哲学与科学不可分离，它们是一体两面，是同源关系而不是派生关系。[③] 反观中国文化，则缺乏这种同源性。从科技文明情况看，当今人类之境遇正是希腊式的世界图像的展开。只是，这种模式在带给我们便利的同时，也给人类带来了难以克服的困难甚至灾难。于是，以"修、齐、治、平"为核心的中国传统文化在当今社会再次走到台前。当然，要实现中华民族的伟大复兴，借鉴并吸收这种思维方式依然是必不可少的环节。

---

① 陈春文：《栖居在思想的密林中——哲学寻思录》，兰州大学出版社 1999 年版，第 56 页。
② 陈春文：《论"自然"与弗西斯》，《科学·经济·社会》2001 年第 85 期。
③ 陈春文：《栖居在思想的密林中——哲学寻思录》，兰州大学出版社 1999 年版，第 2 页。

论唐君毅与黑格尔辩证法的差异及其启示[*]

胡金旺^{**}

内容摘要：唐君毅的隐显论极富辩证性与独特性，其晚年巨著在结构上的确借鉴了黑格尔辩证法"正—反—合"的形式，但是他们的辩证法还是有实质的差异。唐君毅之辩证法是对传统辩证法的传承，是一种主观认识的辩证法，这种消解矛盾的辩证法是由虚灵明觉心所决定的。而黑格尔事物之间辩证转化的特性根源于事物自否定的精神。中西辩证法之不同是中西文化差异的一个表现。在中西文化的交流中，我们要有正确的定位和清醒的认识。在哲学上如何吸收、借鉴以至融合西学仍是一个有待大力探索的难题。

关键词：唐君毅 黑格尔 辩证法 隐显论 绝对精神

学界对唐君毅与黑格尔辩证法关系的研究通常止于唐君毅在《生命存在与心灵境界》中在形式上对黑格尔辩证法的借鉴，而没有对唐君毅辩证法的

———————————

* 基金项目：国家社科基金项目"儒学的超越性与时代性问题研究"（15XZX008）；2015 年四川省社会科学高水平研究团队"现代新儒学及其文化影响研究团队"资助；宜宾学院四川思想家研究中心项目"唐君毅对黑格尔思想的吸收、借鉴及其效果研究"（SXJZX2015－012）。

** 作者简介：胡金旺，男，汉，安徽安庆人，宜宾学院副教授，哲学博士。研究方向：宋明理学及现代新儒学。

独特之处做深入剖析。① 有鉴于此，本文的目的即是对唐君毅辩证法的独特性及其与黑格尔的差异进行探析，并在唐君毅吸收、借鉴与会通黑格尔思想的启迪下，对如何融合中西哲学的问题进行思考。唐君毅辩证法的核心是其隐显论，这种对事物的观法是由虚灵明觉心所决定的。事物是无始无终的，一事物的出现是由隐而显，消失是由显而隐，因而事物之间是没有矛盾冲突的。而黑格尔辩证法的核心是自否定，不存在对立的双方一方对另一方的否定，是自己否定自己。笔者认为唐君毅与黑格尔辩证法的差异反映了中西哲学的差异，是由各自的最高本体所决定的。唐君毅的本体是道德本体，黑格尔的本体是认知本体，因而前者重视的是实践理性，后者看重的是认知理性。从唐君毅借鉴黑格尔辩证法这个具体的中西文化交流的个案中，我们首先应当对中西文化的差异有清醒的认识，不能为表象上的相似所迷惑与误导。

一

唐君毅在其晚年的巨著《生命存在与心灵境界》中论述了九种境界。唐先生说道："唯克就其相依俱立，而又互通相转处而观，则体相用三者，可说为三而一、一而三耳、上文既说顺观、横观、纵观之义；及体、相、用之义，即可更说此书之旨，不外谓吾人之观客体，生命心灵之主体，与超主客体之目的理想之自体——此可称为超主客之相对之绝对体，咸对之有顺观、横观、纵观之三观，而皆可观之为体，或为相、或为用。此即无异开此三观与所观三境之体、相、用，为九境。"②

在这九种境界中，主体从不同境界中进出并不代表一种境界的产生和另一

① 例如单波的专著《心通九境——唐君毅哲学的精神空间》（人民出版社 2001 年，第 80 - 81 页）。虽然单波也对唐君毅的辩证法进一步做了简述，但是却认为其辩证法之矛盾来源于主体之活动。因而不仅是对传统辩证法的发展，也将黑格尔半途而废的辩证法贯彻到底，这是笔者不能赞同的（参见该专著，第 81 - 82 页）。这方面的研究，还有陈锐的论文《黑格尔对牟宗三儒学思想的影响》。在该文中，陈锐转述了唐君毅的一段话，其实只是唐君毅所认为的黑格尔辩证法，因而基本上没有论述到唐先生的辩证法，参见《杭州师范大学学报》（社会科学版）2014 年第 6 期，第 28 页。

② 唐君毅著，刘梦溪主编：《中国现代学术经典·唐君毅卷》，河北教育出版社 1996 年版，第 36 页。

种境界的消失。主体从某种境界出来，这种境界不是消失不见了，而是相对于主体来说是暂时退隐于幕后，但它仍然是存在的。同样，主体进入的境界也不是从无到有的产生，而是从幕后走到了台前。对主体而言，前一种境界是由显入隐，后一种境界是由隐入显。这就是唐君毅所认为的九境转化过程中的一隐一显的关系。因而唐君毅在谈到归向一神境与天德流行境之间的转化时，说道："一神教之徒，谓神未尝有此全部之施予者，其证唯在人实际上之为一有限，而暂时有所不知不能，亦有其不善之存在；而人之圣人即至善，亦有所不知不能，其生命之在世之时亦为暂，其一生之心身之活动与其事业仍为有限之故。然实则若人能全善，即全知全能，其生命即无限永恒。"① 基督教教义以为人永远不能等同于神，神乃全知全能，人永远不能达到这个层次。而在作为儒家的唐君毅看来，人的全知全能不是无所不知、无所不能，而是全善。因而上述引文中唐君毅的意思是人进入归向一神境的时候，人得仰视与膜拜上帝，自认为有原罪在身，自然不能等同于上帝。这是由于天德流行境还是处于隐的状态，而当此境由隐而显之时，主体即认为自身既然为全善，就为全知全能。

因而任何一种境界有隐有显，当其隐时，主体当下所感通的境界为显。其他诸境之间的关系与此相似，因而九境之间为隐显关系。

同样，事物之间也是一隐一显的关系。唐君毅在《中国文化之精神价值》已经有此认识，而与黑格尔概念间的辩证矛盾不同。他说道："而当其由 A 至 B 时，吾即以 B 概念遇之。则唯见 A 之是 A，B 之是 B，而不见 A 之由真而假，由正而反。"② 针对这种观法产生的效果，唐君毅说道："而在 B 前，吾人之可以说一 A 假，而谓其非 A 者，此判断活动本身，亦唯所以表示吾人在 B 前'对于 A 之执著陷溺'之一破除之活动而已。由是而吾人如纯坐在此虚灵明觉之心上观一切实在，便当只见一切如是者之如是，一切是 A 者之是 A，只有正而无反。此即庄子之齐物论之言一切因是。"③ 这种思想就是主张不要留恋于过去，而要物来而顺应，留心于当前之物而不陷溺于过去之物。可见唐君毅这种观法是虚灵明觉心所使然，以便达到消解矛盾的效果。

---

① 唐君毅著，刘梦溪主编：《中国现代学术经典·唐君毅卷》，河北教育出版社 1996 年版，第 817 页。

② 唐君毅：《中国文化之精神价值》，广西师范大学出版社 2005 年版，第 118 页。

③ 同上。

君毅还谈到了另一种避免矛盾的方法。他说道："夫然，所谓 A 与实在之矛盾，实即有超越性之虚灵明觉心，与'此心之执著陷溺或无明'之矛盾；而一切知识现象中之辩证，实非必然产生者。其所以可不产生，一方是吾人可有诸概念，依概念以形成命题，而不以之判断实在。此即纯逻辑家所为。另一方是吾人可以概念判断实在，而不执概念之一直有普遍的实效性，或执实在之内容之所是，只如'此概念之内容之所是'。由是以保吾人之有超越性的虚灵明觉于'为对象之实在'及'一切概念范畴'之上。"① 如果有矛盾，就以此概念之实效性服从于实在之内容，而不执定此概念一直有普遍的实效性，这样就避免了概念的普遍性与实在不具有普遍性之间的矛盾。但从邓晓芒的观点，黑格尔辩证转化的实质是事物及其概念是自否定来看（详后），唐先生这种以为主词与宾词不一的情况下所下之判断必然产生矛盾的认识②，实际上犯了以中国的辩证法来评判西方以至黑格尔辩证法的错误。西学所呈现出的二者之间的矛盾只是一种表面现象，看似与中国的辩证法相同，实际上有甚大的区分。中国之辩证法仍然是将一物内部分成两个部分，它们之间处于一种对立的关系，这乃是一种从外面所做的人为的划分。而实质上事物不是两个部分之间的对立关系，而是事物内部本身的自我否定。因此，唐先生的这种观法仍然是以中国传统辩证法来评判黑格尔的辩证法，其实是不相应与不甚恰当的。但是当唐先生以事物内部这二者之间的关系来纠正对中国传统辩证法不恰当的认识时，我们就可以看出这种辩证法之矛盾的消解。唐先生的做法就是如上所引，不认为 B 是 A 的反面和对立面，而将 B 看作 B，A 看作 A，它们又是相因的关系，而非互不相干。因而唐先生不得不认为任何事物都是无始无终的，都是先天而有的。新生事物本来就具有先天的存在性，它们无所谓从无到有的产生，只有所谓的出现，它们的出现就是由隐到显。这种宇宙论和本体论说到底是气本论。万物的显现是气的由散到聚，它的隐藏是气的由聚到散，因而事物没有产生只有出现，没有灭亡只有隐藏。所以，唐先生对气的认识必然是："故吾人必须综合'有形'与'超形'与'力'之概念，以言气之无形；综合存在与历程之概念，以言气之实有。故气可界定为一'涵形之变易于其中一的存

---

① 唐君毅：《中国文化之精神价值》，广西师范大学出版社 2005 年版，第 117–118 页。
② 同上，第 115–117 页。

在历程'（existential process），或涵形之变易历程于其中之存在。由此而气遂可成为说明宇宙之一形上的第一原理。"①

唐先生由此得出观中土思想之事物非有无、生灭的关系，乃是隐显、幽明、阴阳的关系，这在《生命存在与心灵境界》有详尽的阐述。显然，这种论述是对前书观点的进一步深化。

唐先生这种与气论相关的隐显论与他对张载及王夫之的思想诠释直接相关，因而也是受到他们的思想影响而后形成的一种认识。对王夫之与张载思想的渊源关系，唐君毅说道："惟船山生于宋明理学极盛之时期之后，承数百年理学中之问题，入乎其中，出乎其外，于横渠之重气，独有会于心。"② 唐君毅说王夫之对张载之重气独有会于心，这话对于评价他本人与张载及船山的传承关系也是相当适用的。唐君毅对于二位夫子之重气及其所引申出的隐显论不遗余力地发挥与阐扬，没有相当的默契于心是无法做到的。

从张载与船山的论述中，我们的确也能看到他们对唐君毅思想的直接影响。张载说道："知虚空即气，则有无、隐显、神化、性命通一无二，顾聚散、出入、形不形，能推本所从来，则深于易者也。若谓虚能生气，则虚无穷，气有限，体用殊绝，入老氏'有生于无'自然之论，不识所谓有无混一之常；若谓万象为太虚中所见之物，则物与虚不相资，形自形，性自性，形性、天人不相待而有，陷于浮屠以山河大地为见病之说。"③ 而船山亦言道："曰往来，曰屈伸，曰聚散，曰幽明，而不曰生灭。"④ 又说道："阴阳之见乎卦象者，其自下生，而来也非无本；极于上而且终，其往也非消散而灭……以互相屈伸，故资始无穷，而要归可以继起。《易》言往来，不言生灭，原与反之义著矣……生非创有，死非消灭，阴阳自然之理也。"⑤

张载与船山这种思想也是其来有自的，它主要来源于《周易》。唐君毅在《生命存在与心灵境界》中说道："昔张横渠言：'大易不言有无，言有无者，诸子之陋也。'……然张横渠之谓'大易不言有无'，只依《中庸》与《易》

———————————

① 唐君毅：《唐君毅全集》第 18 册，台湾学生书局 1991 年版，第 219 页。

② 唐君毅：《唐君毅全集》第 17 册，台湾学生书局 1991 年版，第 667 页。

③ 张载：《张载集》，中华书局 1978 年版，第 8 页。

④ 王夫之：《船山全书》第 12 册，岳麓书社 1996 年版，第 22 页。

⑤ 王夫之：《船山全书》第 1 册，岳麓书社 1996 年版，第 520 页。

之教，转而求通此隐显、神化、幽明，则正为承中土思想之正传也。"① 唐君毅认为中土思想以隐显、生化、幽明、乾坤等为第一义的思想来自《周易》与《中庸》。

从上面的论述可见，张载、王夫之与唐君毅的思想是一脉相承的。君毅进一步将《周易》感而遂通的思想与辩证法结合，扩大了儒家实践理性的范围。并且用这种感通理论建构了庞大的体系，将各种境界收括进来，对儒家、基督教与佛教所达到的境界的高低进行了分判。但也引发了一些问题，后文对此进行了讨论。

唐君毅认为气不仅表现为形体的隐显，而且也显现为精神，乃至为形而上的第一实体。② 气具有虚明清通之神，这也是万物生生不息、隐显、升降、进退、出入、屈伸之所以如此的不竭动力，即是说气的清通精神的变动不居乃是一物之变化发展即一隐一显、一阴一阳、一幽一明之根本动力。这种清通之神即为形而上的存在实体，因而就是永恒的，其所表现之形体也是永恒的。这种清通之神就有天理的意蕴，唐君毅也正是用气的这两层意涵来会通程朱理学与张载理与气之关系。③ 唐君毅也以同样的思想诠释王夫之，认为王夫之的气不仅指形体，也指精神。其言道："然舍礼乐文化历史而言生存，言物质。言功利实用，皆不免依人之生物本能说话。但知物质之为存在，及人欲之为气，而不知精神之为存在而亦为气，则其存在与气之义，局狭而猥琐。"④

---

① 唐君毅著，刘梦溪主编：《中国现代学术经典·唐君毅卷》，河北教育出版社 1996 年版，第 854 – 855 页。

② 在对气化之精神的认识上，唐君毅与牟宗三不同。牟宗三说道："'神也者，妙万物而为言者也。'（《说卦》）这个'神'是通过'诚'讲的。它不是像基督教的上帝那个神，也不是从气化上讲的那个神。我们平常说一个人'有神采''神气的很'，这个'神采''神气'的神是 material 是属于气的，是属于形而下的观念。儒家《易传》讲'神'，它是个形而上的。它之所以为形而上的，是靠什么观念来定住呢？是通过'诚'。《中庸》《易传》都讲诚，诚是一种德性，是属于道德的。"（参见《中国哲学十九讲》第四讲，上海古籍出版社 2005 年版，第 65 页。）唐君毅肯定气之精神具有形而上的性质，也是道德的，而牟宗三认为气之精神是形而下的，只是气色，而不具有道德之精神的意涵。但是唐君毅外物之气之神也是由人之气之神贞定的，而人之神是从道德的角度来讲的，宇宙之神亦具有道德的意义。因而宇宙秩序即是道德秩序，于是与牟宗三殊途同归了。

③ 邓玉梅：《唐君毅论"气"之义理探析与衡定》，《宜宾学院学报》2015 年第 3 期，第 8 – 17 页。

④ 唐君毅：《唐君毅全集》第 17 卷，台湾学生书局 1991 年版，第 668 页。

正是出于这种气本体论，才有了唐君毅对人之死的认识与众不同；认为人之死并不意味着人的彻底消失，只是处于一种与生相对的隐伏状态。①

二

唐君毅在事物之关系为隐显、幽明及阴阳关系的论断上虽然具有辩证法的特征，其对九境的安排与转化虽也借鉴了黑格尔的辩证法，但其辩证法基本上是在中国传统辩证法基础之上对黑格尔辩证法形式上的借鉴，与黑格尔辩证法存在实质上的差异。在邓晓芒教授看来，这种差异便是中国传统辩证法的实质是其所认为的事物的特征是人为从外面强加给事物的，并不是事物的本来特征；而黑格尔的辩证法的核心在于认为事物内部具有自否定的精神。在谈及中国传统辩证法时，邓教授说道："一事物之所以运动，表面上似乎被归之于该事物的'内因'，实际上却被归之于该事物内部两个对立的因素（耦）之间的相互排斥，因而对每一方来说都是'外因'；'耦之中又有耦'（或'无限可分'）只不过是将这种'外因论'无限延伸下去，而永远无法获得运动的真正的内因和能动的本原……这种不断分析的方法（它早已遭到黑格尔的批判，参看《小逻辑》第 227 节）实际上是立足于一个形而上学的前提之下的，即任何事物并非一个单一的不可分的'个体'，而总是由两个事物或两个方面所'组成'的……"②

而黑格尔辩证法的灵魂是否定，邓晓芒说道："换言之，并非一个事物'遭受到'外来的否定，而是这个事物自己否定自己，自己超越自己，自己打破自己的肯定或规定。这种理解的前提是：本体是'一'，而不是漠不相关的'杂多'，否定则是这本体中'一以贯之'的原则，因而是本体成为'一'、即本体成为本体（因为不能成为'一'的本体不是真正的本体，只是一大堆现象）的根据。所以，否定就是自否定。"③ 因此，黑格尔哲学中精神及其体现之概念是不断否定自身，向前发展的，它是一团永恒的活火。黑格尔辩证法是

---

① 唐君毅著，刘梦溪主编：《中国现代学术经典·唐君毅卷》，河北教育出版社 1996 年版，第 857 页。
② 邓晓芒：《思辨的张力——黑格尔辩证法新探》，商务印书馆 2008 年版，第 72 页。
③ 同上，第 209 页。

绝对精神的内在动力所推动的一种辩证运动的逻辑规律，具有认知理性的特征，其动力来源于古希腊逻各斯和努斯精神，本质特征是反思精神和否定精神。在这两种精神和力量的推动下，绝对精神不断进行自我否定，因而经历了意识发展的各个阶段，最后又返回到绝对精神。对此，学者蔡美丽说道："黑格尔的绝对精神并非是与客观外物相对之精神本体，而是可以自我颠覆、否定自己而转化为客观自然世界。它既有对康德超验统觉及费希特与自然对立的主体传承，亦进行了相当大幅修正、更改。可以说，绝对精神虽然称作主体，实际上兼具主—客、精神—物质之双面特征。"① 绝对精神在不同形态之间过渡与转化的这种特性恰为唐君毅先生所借鉴，其客观境、主观境及超主客境的结构与转化与黑格尔这种自我颠覆所表现的形式非常相似，只是它们的动力各不相同。

比起康德、费希特认为人对世界有主宰的能力，黑格尔认为最大的主体是绝对精神。对此，蔡美丽说道："黑格尔之前的哲学家康德、费希特等人，视人类对世界具主宰能力，可以决定其存在形式，甚至决定其存在。黑格尔认为万物由之而衍生的绝对精神、无限主体对万物亦具备了完全主宰、决定的能力。"② 黑格尔不仅认为人对世界具有绝对主宰和决定的能力，一如他的前辈和长辈一样，而且也认为绝对精神和无限主体也对万物具备主宰和决定的能力。

但绝对精神是经过辩证法的运动必然产生的结果，在此过程中，个人的理性对这种普遍理性的结果是无能为力的。虽然个人的理性可以有所作为，但都是为这个普遍理性服务的，而不能自作主张改变这种历史的走向。因此，黑格尔哲学的主体主要是绝对精神，人不是其哲学的中心和主体；黑格尔所要达到的绝对精神与人这两个主体的一致性的愿望没有实现。

黑格尔的绝对精神及事物自否定的本性决定了认知理性在其哲学中所占有的支配地位，也决定了他对道德无限心的否定，这是因为人的自由无限心是不能确证的。因而黑格尔只讲伦理，不讲道德无限心。也正是由于此原因，黑格尔对康德的绝对命令持批判态度。与黑格尔相反，唐君毅的虚灵明觉心是自我

---

① 蔡美丽：《黑格尔》，广西师范大学出版社2004年版，第34页。
② 同上，第34－35页。

与天道的同一，因而人具有无限的可能性。

总之，在黑格尔的思想中，人与绝对精神是从认知理性来决定世界的，与中国思想从实践理性体证这个世界的观点大不相同。因而黑格尔哲学中人与世界的紧张关系在中国哲学中较少出现。这也是由认知理性总是在一种二元论结构中处理人与世界的关系的局限性所决定的。这种认知理性发展的极致习惯于将对文明与社会的认识简单地归结为一个逻辑构造的思维正好是决定论的思维方式，是那种赤裸的绝对的建构主义理性的典型调子。黑格尔这种理性作用必然忽略人的道德作用，人道精神被这种理性作用所吞噬。因而从其认知理性作用出发，他的一些奇谈怪论乃至没有原则地为战争唱赞歌就不足为奇了。① 却没有从人的道德践履精神上加以考虑，而只是用冷冰冰的理性来认识，非常缺乏人道精神。而唐君毅是从隐显上讲事物之有是由隐到显，事物一有永有。它们之间有关系，但不存在对立面的转化，其主要关系不是矛盾与斗争，因而内心的不满和纠结也就不占主要方面，主要归于和谐与愉悦。

黑格尔哲学中的这种弊病，蒋年丰先生认为可以通过吸收中国《易经》中的智慧加以解决。他说道："黑格尔哲学太过于强调精神的矛盾冲突，《易经》所强调的由相感通以归中和多少可以松解黑格尔哲学的紧张性。"②

三

唐君毅的隐显论与黑格尔辩证法的最大的不同在于唐先生认为事物之间存在着阴阳的对立面，进而由阴阳的两个方面引申出一事物之可见与不可见实际上也是一种阴阳关系。又由阴阳关系扩展出实质相同的隐显、幽明、屈伸等关系。这种思想从根本上讲来源于《易经》的"一阴一阳之谓道"，就是说道之本质即表现为事物之间的一阴一阳的关系。这种认识论框架实际上是非常灵活的，也需要以实践理性去不断开拓事物内部的关系，这不是认识的问题，而是践履的问题。因为它不是现成的，而是不断生成的。所以，唐君毅先生对事物

---

① 黑格尔赞扬战争"会使各民族保持伦理上的健康，就象刮风会使海洋不至于腐败发臭一样……长期的乃至'永久的和平'也会使各民族腐败发臭"。参见古留加：《黑格尔小传》，商务印书馆1978年版，第41页。

② 蒋年丰：《与西洋哲学对话》，桂冠图书股份有限公司2005年版，第212页。

之间关系的认识不是认知理性的，他所面对的不是现成的世界，而是一个不断生成的世界。这点与海德格尔所面对的器具性世界而不是摆置性的世界具有思想范型的相似性。因而他认为存有不是笛卡尔意义上的摆置性存有，而是备用性的存有。[①]

唐先生传承了《周易》一阴一阳的思想，但一阴一阳的变化也是道的一个总的显现的特征，至于这个阴阳是什么却要依赖主体去体验，去不断生成。因而，可以说唐先生隐显论与黑格尔辩证法的另一个区别是它有待去体证的，它只是一个将问题分作两面来看待的方法，而具体内容则是空的。因此，唐先生的隐显论主要是针对事物内部及之间的关系所做的一般形式上的概括，而非对事物内容的描述。因为本体的显现有赖于主体去体证，不同的主体有不同的体验，所以，这个存有是难以预测的，实践是各不相同的。这正是其隐显论是灵活和有待生成特点的原因。而黑格尔辩证法不仅有自否定的形式，而且有具体的内容，且最为关键的不同在于黑格尔是对于已经生成事物的描述与研究，因而其所关注的存有不是备用性的存有，而是摆置性的存有；不是不可以预测的，而是有规律可循的。

在《生命存在与精神境界》中，唐君毅九境辩证转化的动力是主体的感通，而事物之所以变化的动力却是气及其精神的永恒变化，这正是中国古代思想中气与精神浑然一体不可分离的思想体现。这一点与黑格尔概念的不断运动有些许神似，但唐君毅精神之不断运动所决定的事物无始无终的特性是由隐到显、再由显到隐的周而复始的循环运动，而黑格尔精神以及概念自身的自否定决定了此事物必然变成彼事物。

正因为黑格尔关注的是摆置性存有，而唐君毅关注的是备用性存有，这两种存有的不同决定了儒家思想与黑格尔思想的最大区别在于儒家运用实践理性对本体进行体证，而黑格尔主要是用认知理性对事物的本质进行探索。这种实质性差异，即便是唐君毅本人的认识有时候也不免含糊。唐先生说道："黑格尔的绝对，显然含不少超越的意味。庄子所谓'道'的情形大不相同。庄子所谓'道'一方虽能生天生地，覆包万物，然而他本身是含摄'有'而未形

---

① 唐君毅：《唐君毅全集》第 11 册，台湾学生书局 1991 年版，第 184－187 页。

的虚空。他本身唯一的作用就是由无中出有，使有入无。"① 又说道："这样看起来，黑格尔所谓'绝对'虽以发展或过程为其内容，我们不能说他所谓'绝对'是静的固定的，也不能说他的哲学不是变化哲学；然而，就其把'绝对'本身视作不变一点而言，却是超乎变化哲学的范围了……黑格尔所谓'绝对'是超时间的，而庄子所谓'道'则是随时间而流转的……"② 唐君毅将庄子之道与黑格尔之绝对做类比也未尝不可，但是认为黑格尔绝对在变化之外，庄子的道随时间而流转，即在变化之内。一个是变化的，一个是不变的。但黑格尔的绝对是可以不断辩证转化的，也是变化的，从前文蔡美丽的观点可以看得很清楚。而更为关键的区别在于黑格尔的绝对是对规律变化的描述，而庄子之道是一种人生活的态度和生存的体验。所以不能将黑格尔之绝对与庄子之道在相似性上做过分的解读。

正是在这个问题上存在误解，或者在唐先生处为了要将九境放在一起等量齐观，就不得不模糊与各境相关的不同之理性的差异。唐先生说道："此上言境为心所感通，不只言其为心所知者，乃以心之知境，自是心之感通于境，此感通中亦必有知；但知之义不能尽感通之义。知境而即依境生情、起志，亦是感通于境之事故。"③ 唐先生虽然宣称是感通各境不是认知各种境界，但是对于客观诸境中，我们依然主要是运用认知理性来认知对象；尤其是当唐先生将自然科学等也纳入这些境界中的时候更是对认知理性的运用，因而不主要是感通。正是从感通的角度来处理主体与境界的关系，所以唐先生在判别各境的高低时，自然就从实践理性与儒家本位立场出发以儒家之天德流行境为最高境界，同时也就要贬低其他诸境，而这对于主要与认知理性相关的境界来说是有失公允的。

因而，唐君毅先生以实践理性来解说黑格尔的辩证法，以为黑格尔的辩证法仅仅到哲学的高度，而没有达到道德的境界④，这个论断就是以儒家的道德实践的品质来评判黑格尔哲学。自然我们就会说，唐先生站在自己的立场上来

---

① 唐君毅：《唐君毅全集》第 11 册，台湾学生书局 1991 年版，第 273 页。
② 同上，第 274—275 页。
③ 唐君毅著，刘梦溪主编：《中国现代学术经典·唐君毅卷》，河北教育出版社 1996 年版，第 9—10 页。
④ 唐君毅：《唐君毅全集》第 18 册，台湾学生书局 1991 年版，第 632—654 页。

臧否其他学科以及学派及宗教，有门户之见之嫌。因为这些学科和学派以及宗教的实质显然不能归于一类，因而，如果我们用一个标准来要求它们就不能做到科学地评判，正确的做法倒是从各自不同的本性来做出评判。就好像我们对树木与花草的优劣，我们用它们各自的标准来衡量它们的优劣会更科学一样，而不是用一个共同的标准或是用树木的标准来衡量花草。同样，由于黑格尔哲学与儒学的归属一个是西方哲学，一个是中国哲学，而中西哲学的特质有很大差异，因而不能用儒学来解读黑格尔哲学。在这一点上，我们认为邓晓芒先生的做法是可取的。他认为中西哲学对理的理解根本不同，一个是理性主义，语言在其中起到了很大的作用，是以逻各斯的辩证否定来推动理论和事物的发展，而中国哲学虽然自宋明哲学以来非常重视"理"这个范畴，但是其理不是理性精神的意思，而是直觉主义和直观体验。邓晓芒认为："中国古代朴素辩证法主要研究的是世界万物之'道'或'理'，但由于缺乏主观能动的个体性原则，它不能激发个人自身内在的生存论冲动和自否定的不安，却被纯粹外在地当作了一种为人处世和政治生活的实用技术，一种拿来巧妙地处理人事关系的'法宝'，甚至一种阴谋和权术。这种貌似'形而上'、实际上极其'形而下'的作风一直影响到现代中国人对'辩证法'的理解，有时使辩证法成为了'变戏法'。其实这与真正的辩证法精神是毫不相干的，甚至完全相违背的。"① 这话听起来有些刻薄，但是也部分揭示了中国式辩证法的实质，当然主要是从其缺点所做的一种批评。

总之，中国哲学重在直观，而西方哲学尤其是黑格尔哲学重在自否定所引起的逻各斯的运动与发展。儒学包括唐君毅的哲学与黑格尔哲学的特质很不相同，它们是两种并存不悖的独立的思想存在，而不可用一个标准统摄融通起来。它们对于人的人文需要和人文科学的发展来说各有优长，不能相互取代。因而，作为儒学的传承者，恰当的做法是不要企图将西学全部吸收到儒学中来。当然对西学的部分吸收和借鉴还是可行的，唐君毅对黑格尔辩证法形式上的借用就是很好的例子。

儒学的特质是下学而上达，是道德践履，因此与西方哲学极富逻辑思维的特性显然不同。西方文化发展出科学与民主同其自否定的逻各斯精神分不开，

---

① 邓晓芒：《思辨的张力——黑格尔辩证法新探》，商务印书馆 2008 年版，第 101 页。

当然也有其他的因素起作用。所以，要从儒学中引导出科学和民主就比较勉为其难，也没有必要。因为当今中国的科学与民主正在蓬勃发展，不必非得将其与儒学挂起钩来不可，更是不必千方百计、绞尽脑汁地论证儒学可以产生科学与民主。这种将儒学上升到决定一切的高度在实践上是非常危险的①，儒学在现代学科、学术发展以及日常生活中只是其中并存的一部分，而不能起到主宰与决定的作用。

正如前文所言，唐君毅以儒学臧否自然科学与人文科学以及宗教的做法显然是由狭隘的儒学门户偏见所使然，这也是他的最后一部巨著的一个争议所在。这一点与他不能正确地看待中西哲学的关系是联系在一起的。因而儒学要想走出困境实现繁荣复兴，亟待重新定位自身，不要自视过高，而要有清醒的自知之明。在独立性很强的各门学术和各种事业日新月异、欣欣向荣的今天，儒学作为道德践履的修身之学，对其他学术与事业只能是渗透性的，而不能是决定性的，甚至也不是像方朝晖教授所说的那样是基础性的。② 作为修身之学的儒学，要以教化的形式全面深刻地渗透到从事各行各业的从业者的内心中去。儒家期待有强烈的使命感和宗教情怀的崇高道德人格的圣人的出现，以便对社会公众产生强烈的人格吸引力，形成良好的社会效应，扩大儒家的影响。

---

① 方朝晖：《"中学"与"西学"——重新解读现代中国学术史》，河北大学出版社 2004 年版，第 341－355 页。

② 同上，第 330 页。

唐君毅的话语自觉与话语创新*

金小方**

内容摘要：话语权问题是近代以来中国哲学面临的时代课题，现代新儒家为中国哲学争夺话语权进行了卓有成效的努力。唐君毅作为现代新儒家的主要代表人物，具有强烈的话语自觉意识，在中国传统哲学话语的继承与创新方面做出了杰出贡献。他采用激活中国传统哲学核心话语、融摄西方哲学主流话语的方法，提出和阐释了道德自我、道德理性、生命存在与心灵境界等概念，激活了传统中国哲学中的仁心、良知等核心概念，致力于儒家道德形上学的建构，推进了中国传统哲学话语的现代转型。

关键词：唐君毅 话语自觉 话语创新 道德自我

近代以来，西方文化强势传入中国，中国哲学从此患上了失语症，当代中国哲学发展面临的突出问题之一是建设具有中国特质的哲学话语体系。习近平总书记 2016 年《在哲学社会科学工作座谈会上的讲话》指出：面对世界思想文化交流的新形势，提高我国在国际上的话语权，需要建构具有中国特色的话语体系，"要善于提炼标识性概念"①，引领国际学术研究方向。现代新儒家在

---

* 本文系安徽省高校优秀青年人才支持计划重点项目"现代新儒家对现代化的探索与启示研究"（gxyqZD2016265）和安徽高校人文社科重点项目"现代新儒家的文化自觉及其对当代中国文化建设的启示研究"（SK2015A481）的阶段性成果。

** 作者简介：金小方，男，安徽安庆人，哲学博士，合肥学院思政部副教授。研究方向为现代新儒学。

① 习近平：《在哲学社会科学工作座谈会上的讲话》，《人民日报》2016 年 5 月 19 日第 2 版。

中国传统哲学的现代转型和中国哲学话语体系建设方面进行了卓有成效的探索，他们的哲学话语体系建构经验值得借鉴。唐君毅是现代新儒家的核心代表人物，对中国哲学的现代转型做出了杰出贡献，其贡献最典型地体现在对于中国传统哲学的话语创新上。唐君毅提出和阐释了道德自我、道德理性、生命存在与心灵境界等概念，激活了传统中国哲学中的仁心、良知等核心概念，推进了现代中国哲学话语体系的建构，其中的经验、得失是当代中国哲学话语建设的重要资源。

一、唐君毅对中国文化话语权的忧思

　　唐君毅哲学研究是从近代中国文化的困境入手的，充满了中国传统文化逐渐丧失话语权而花果飘零的忧思。霍韬晦先生指出："唐先生思维的特色在哪里呢？就是即使讨论学术问题、知识问题，都不离开其生命中的悲情"[1]，其忧患的心灵对于社会与文化特多感喟，为了接续中华文化的慧命，发而为文，终成"文化意识宇宙的巨人"。

　　首先，忧思中国人逐渐丧失精神文化上的自信自守。唐君毅定居香港时撰写了著名的《中华民族之花果飘零》一文，指出中国社会的政治、文化与人心已失去了凝摄自固的力量，像一棵大树崩倒而花果飘零，并以海外中国知识分子使用英文交流为例说明了这一现象的危险。唐君毅参与了新亚书院与其他两书院合并为香港中文大学的过程，他目睹当时中国知识分子筹办中文大学的会议交谈皆用英文，"中国人之日益不以中国语文，作交谈之用"[2]。这不仅仅是话语权的丧失，而是整个民族语言的丧失，唐君毅对此表达了深深的忧思，认为"一民族之无共同之文化与风习语言，加以凝摄自固；一民族之分子之心志，必然归于日相离散"[3]。

　　当时社会的知识分子中流行一种观点："在今日世界文化发生急剧交流的

　　① 霍韬晦：《〈唐君毅著作选〉编序》，唐君毅：《中国哲学原论——原道篇》，中国社会科学出版社2006年版，第1页。
　　② 唐君毅：《中华人文与当今世界》（上），台湾学生书局1980年版，第5页。
　　③ 同上。

时代，一切民族之文化与社会，都不能免于发生若干变迁。"① 具体来说，中国人不能保持传统文化、语言及社会风习，是因为它不能适应时代，所以只能逐渐改变，而且根据现代心理学、社会学、历史学、人类文化学的观点看，一切民族社会文化风习上的任何变迁都有心理上、社会上、历史文化上的原因，有变迁的原则和方向。现代世界的潮流是人类文化的大融合，中国人丧失其文化语言与社会风习，正是打破狭隘的国家民族观念，迎合世界文化融合的潮流，为实现人类未来的天下一家做准备，也是中国人变为世界人的第一步。唐君毅认为，上述观点是知识分子托名于学术上的观点，对当代中国文化变迁的悲剧事实加以理由化，认为时代潮流都是合理的。如果顺着这种思想意识发展下去，"不仅是使中国人不成中国人，亦使中国人不能真成一个人，更不配成为天下一家之世界中之一份子"②。

唐君毅认为，上述观点的根本错误是将民族语言文化、社会风习看成客观外在的东西，有客观的发展原因和规则可循。他认为民族文化是我们生命的所依所根，不能看成现代社会科学研究的客观对象，不能以是否符合时代趋势来判断保守与进步。在此，唐君毅反对以新奇的变迁为进步，强调守护传统文化的重要性。他认为：人们生活方式的变迁须有自觉的价值上的理由，而人们保守其生活方式则不须自觉的价值上的理由。一个中国人作为真实的存在，是因为他是中华民族的一分子，受到中国语言文化和社会风习的教养而成，这一环境与个人的生命存在密不可分，保守的根据正是人对其生命的所依所根的历史文化和社会风习有深度的自觉。因此，唐君毅提出："我可说，人总要有所守。如为子则须守子道，为父须守父道，为中国人，则须多少守一些为中国人之道"③，一个人、一个民族只有首先自己认识自己、自己承认自己，有自信自守的价值和原则，才能保养自己的精神生命。

其次，忧思中国人逐渐丧失哲学与文化上的话语权。如果一个人不能自信自守，他还可以停留在原地，但是如果一个人一切思想问题皆以他人为标准时，则其整个精神世界将走向崩塌，只能到他人之处寻求安身立命之地，而难

① 唐君毅：《中华人文与当今世界》（上），台湾学生书局 1980 年版，第 6 页。
② 同上，第 7 页。
③ 同上，第 26 页。

逃精神受奴役的命运。唐君毅以台湾将故宫博物院的书画、古物运至美国各大城市展览，而中国人自己却鲜有机会欣赏为例，说明中国人不能自己欣赏自己艺术之价值，而"必经他人之认识承认其文化之有价值处，然后能自认识承认其文化之有价值处"，这是"将学术教育文化之标准，全加以外在化之奴隶意识之风"①。

由于近百年来西方列强的军事侵略与西方文化学术思想的冲击，"五四"时代的知识分子以他们所了解的西方学术思想为标准，肆意诋毁中国传统文化，将中国数千年历史文化批判得一无是处。后来的中国学术界不仅以西方学术界思想为标准评判中国的学术与文化，更"以西方之汉学家之言为标准"②研究与理解中国学术文化，甚至中国学者的地位也依赖他人衡定，例如中国年老学者必获外国大学名誉学位、受邀参加会议和讲学、著作被译为外文则更受社会重视，年轻中国学者须受业于外国汉学家之门、获外国大学学位方能受到国人重视。可见，中国社会自五四运动以来逐渐丧失了学术文化上的标准。唐君毅指出："如果一整个社会文化之意识、学术之风气，皆趋向于以他人之标准为标准，以他人之认识承认与否，以衡定一学者之地位，一学术之价值，则不能不说是一民族精神之总崩降的开始。"③唐君毅的上述感叹是以其身处的20世纪五六十年代的台湾、香港学术界的状况而发出的。香港、台湾学术界连中国文化研究的学术标准都落外国学者之手，是因为中国学者"根本无力建立自己之标准，整个社会与教育文化学术之风气，皆唯他人之马首是瞻"④。

对此，唐君毅提出一个民族在话语权上应"自作主宰"的观点。他指出："一切人们之自救，一切民族之自救，其当抱之理想，尽可不同，然必须由自拔于奴隶意识，而为自作主宰之人始。"⑤一个民族、国家的文化精神发展以自己的文化理想为标准和权衡，自创学术文化教育的前途，便是一个独立的顶天立地的民族、国家。目前，我国"在学术命题、学术思想、学术观点、学

---

① 唐君毅：《中华人文与当今世界》（上），台湾学生书局1980年版，第32－33页。
② 同上，第33页。
③ 同上，第34页。
④ 同上，第36页。
⑤ 同上，第57页。

术标准、学术话语上的能力和水平同我国综合国力和国际地位还不太相称"①，如引进人才特青睐"海归""国外专家"，发表文章也特重视"国外期刊"，因此国家提出话语创新问题，争取与中国综合国力相称的话语权是非常必要的。

二、唐君毅对中国哲学话语的继承与创新

可以说，唐君毅毕生的学术研究都是在为中国哲学争夺话语权。他参加国际会议与讲学是为中国文化争夺话语权，他定居香港的30年中"曾出国访问14次，参加过12个国际性学术会议"②，例如他参加了美国举办的第三届、第四届东西方哲学家会议，都撰文弘扬中国文化。唐君毅20世纪50年代出访美国以及西方国家，深感西方学人研究中国学问的观点大有问题，多是传教士的观点、外交家的观点或西方学术的观点，缺乏对中国文化的客观了解与尊重，于是与牟宗三等合作发表了《中国文化与世界宣言》③，这是他为中国文化争夺话语权最典型的体现。唐君毅的哲学研究同样也是出于维护话语权的自觉，他的《中国哲学原论》系列著作是对中国传统哲学话语的系统阐释，《道德自我之建立》《文化意识与道德理性》《生命存在与心灵境界》等书在继承中国传统哲学核心话语的基础上推进了现代中国哲学话语的创新。

从继承看，唐君毅的《中国哲学原论》是对中国传统哲学话语继承最集中的体现。此书是"依名辞与问题为中心，以贯论中国哲学"④，既重视名辞诂训文献考订，又注重从义理角度考察概念的理论归趣，清儒讲"训诂明而后义理明"，唐君毅补之以"义理明而后训诂明"，走向了义理与训诂相结合的中国哲学研究之路。他将中国哲学史中的"涵义最广，问题之关涉最大"的名辞选择出来，或贯通全部哲学史而论，或选数家之言甚至一家之言而论。他如此论述的学术旨趣既可了解中国哲学义理的不同方面、种类和层次，认识

---

① 习近平：《在哲学社会科学工作座谈会上的讲话》，《人民日报》2016年5月19日第2版。

② 李书有、张祥浩、伍玲玲撰：《现代新儒家学案·唐君毅学案》，中国社会科学出版社1995年版，第11页。

③ 牟宗三、徐复观、张君劢、唐君毅：《中国文化与世界》，唐君毅：《中华人文与当今世界》（下），台湾学生书局1980年版，第865页。

④ 唐君毅：《中国哲学原论——导论篇·自序》，中国社会科学出版社2005年版，第2页。

其丰富内涵，又可综合起来了解中国哲学的整体面目，这样既可避免"宰割昔贤之言"，又可避免"中国哲学徒为他方哲学之附庸"①，从而实现对中国哲学话语的客观了解，唐君毅称这种研究方法为"即哲学史以言哲学"。从梳理哲学史的角度看，这种方法是对中国传统哲学话语的继承，从言哲学角度看，这种方法又潜藏着对中国哲学话语的创新。

《中国哲学原论——导论篇》论述的概念主要有理、心、名、辩、言与默、辩与默、致知格物、道、太极、命等，考察了这些概念的源流、变迁。例如将理析为物理、名理或玄理、空理、性理、文理与事理六义，既考订了先秦诸子的义训，又指出了清儒与现代学者唯重物理与事者而忽视义理的不足，分析了各个时代学者所重之理的内涵。《中国哲学原论——原性篇》则以"性"为中心，贯通整个中国哲学史而论述，从先秦诸子一直论至清代王夫之，既总结了中国先哲论性的多种涵义，又提炼了告子即生言性、孟子即心言性、庄子复心为性、荀子对心言性四种论性的基本理论形态，此书可谓一部"中国人性思想发展史"。《中国哲学原论——原道篇》以人的生命心灵活动所共知共行之道为起点，论述了周秦至隋唐时期中国哲学中道论思想的发展，具体包括周秦诸子之道、两汉经子哲学之道和佛学之道。《中国哲学原论——原教篇》实为原道篇的续篇，因其集中论述了从周敦颐至王夫之的儒家修养之道，宋明儒者之道意在复兴儒学，重视教化风俗，为世立教，尤其重视本其身心以体道、修道的工夫，故名为"原教篇"。

唐君毅在《中国哲学原论——原道篇·自序》中明确反对现代学者论中国哲学"必须假借他方之思想之同者，以自重"②，"近人之唯以西方之思想为标准，幸中国前哲所言者与之偶合，而论中国前哲之思想，则吾神明华胄，降为奴役之今世学风也。吾书宗趣，亦在雪斯耻"③。他认为中国哲学是一个自行升进的独立系统，必须重视中国哲学话语的独立价值。可见，唐君毅《中国哲学原论》系列巨著的直接目标之一，就是为了争夺中国哲学的话语权。同时，他也在书中随处指出了中国哲学与西方思想的相通之处，例如西方哲学

① 唐君毅：《中国哲学原论——导论篇·自序》，中国社会科学出版社2005年版，第2页。
② 唐君毅：《中国哲学原论——原道篇·自序》，中国社会科学出版社2005年版，第6页。
③ 同上。

家康德的道德形上学和黑格尔的精神形上学"皆意在明性理而及于天理"①，通过与西方哲学相贯通，使中国哲学义理具有了现代意蕴和世界意义，超越了局限于传统思想的保守封闭心态。

从创新看，唐君毅提出和阐释了道德自我、道德理性、生命存在与心灵等概念。他认为近代中华民族最根本的危机是"国民道德的堕落与生命力的衰弱"②，主张从确立道德哲学的中心观念入手解决中国社会的道德与文化问题，认为哲学家的工作就是要"以一中心观念，说明世间一切知识何以可能"③。《道德自我之建立》一书可谓其正式建构现代中国哲学话语的起点。《文化意识与道德理性》一书全面论述了道德理性与人类各种文化活动的关联，《生命存在与心灵境界》一书将道德自我概念拓展到了整个生命存在与心灵，将儒家道德形上学实体阐述得浑圆至极，涵摄了世界各种思想体系，通过判教式论述在世界哲学体系中给予中国哲学崇高的地位。

"道德自我"是唐君毅早年对中国哲学心之本体阐释的创造性概念，突出了人在道德实践中的主体性作用。提出和阐发道德自我是唐君毅明体之学的核心内容，他认为"人之自建立其道德自我，及怀抱一对客观社会文化之理想，仍为第一义之重要之事"④。从继承传统方面看，道德自我是对儒家之仁心、良知、心之本体观念的继承，是秉承儒家孔孟之道而对生命本质的洞见。唐君毅指出："能判断吾人之活动之善不善而善善恶不善之自我，即吾人道德理性自我，亦吾人之良知"⑤，道德自我是由怀疑现实世界的虚假不仁而体悟心之本体的存在，进而把握真实和至善。从理论创新方面看，道德自我也就是超越现实的自我，启发人们于当下一念中自觉的自己支配自己，由感到人们陷于现实自我而不能超拔而"深信形上界之真实自我之存在"⑥。如果说孔孟所谈之仁、性难以用语言描述，需要有所体会方能契入，唐君毅道德自我学说最大的创造性在于其以教训体裁、默想体裁和描述体裁写出，认为"当下一念之自

① 唐君毅：《中国哲学原论——导论篇》，中国社会科学出版社 2005 年版，第 44 页。
② 唐君毅：《中华人文与当今世界补编》，广西师范大学出版社 2005 年版，第 555 页。
③ 唐君毅：《人生之体验》，广西师范大学出版社 2005 年版，第 55 页。
④ 唐君毅：《道德自我之建立·重版自序》，广西师范大学出版社 2005 年版，第 17 页。
⑤ 唐君毅：《文化意识与道德理性》，中国社会科学出版社 2005 年版，第 315 页。
⑥ 唐君毅：《道德自我之建立》，广西师范大学出版社 2005 年版，第 1 页。

反自觉，即超凡入圣之路"①，着力从当下一念引导读者契入道德自我，对于人们悟入道德自我的路径上给予比较清晰的说明。在道德自我之外，唐君毅还使用了精神自我和超越自我概念，他是强调超越性和无对性时用"超越自我"，强调非物质和超本能时用"精神自我"，突出人格价值时用"道德自我"，这三个概念侧重于自我主体性的不同侧面，实以道德自我为统帅。

"道德理性"概念是唐君毅对道德自我概念的进一步阐释。他所讲的理性，"即能显理顺理之性，亦可说理即性。理性即中国儒家所谓性理，即吾人之道德自我、精神自我、或超越自我之所以为道德自我、精神自我、或超越自我之本质或自体"②。唐君毅认为心涵性理，性理是儒家伦理所植根的心性根源，其特质为形而上的、超越的、精神的，属于人心之能。他认为，此理此性是"不断生起创发一切具普遍性之理想之超越而内在的根源"③，人类一切文化活动都自觉或超自觉地表现道德价值。《文化意识与道德理性》一书论述了经济、政治、科学、哲学、文学、艺术、宗教、体育、军事、法律、教育等人类文化活动与道德理性的关系，确立了人类各种文化活动的道德理性基础。这种道德理性理论虽被有的学者批评为泛道德主义，但是唐君毅并未否定人类各种文化活动的独立性，而且为人类各种活动确立了道德价值的基础，可谓是在中华优秀文化传统基础上对现代西方工具理性扩张的深刻反思。道德理性与人类文化活动的关系可谓是儒家内圣外王之学的现代阐释，实现了儒家内圣开出新外王之学的现代形态。相对于牟宗三良知坎陷论易发各种争论，唐君毅的道德理性思想更加尊重人类各种文化活动的独立性，显得更加圆融。

"生命存在与心灵"是唐君毅晚年提出的综合概念。生命存在与心灵概念实质上是根据儒家道德本心的观念发展而成的，是对儒家心性之学的创造性诠释，与其早年的道德自我概念既一脉相承，又有所丰富。相承的是生命存在心灵以道德自我为其核心内容，丰富的是他以生命存在心灵开出的九层境界对古今中外各种心灵境界进行了贯通与融会，突破了《文化意识与道德理性》一书的道德哲学和文化哲学的范围，上升到从哲学中的形上学与知识论层面对古

---

① 唐君毅：《道德自我之建立》，广西师范大学出版社 2005 年版，第 13－14 页。
② 唐君毅：《文化意识与道德理性·自序（二）》，中国社会科学出版社 2005 年版，第 12 页。
③ 唐君毅：《文化意识与道德理性》，中国社会科学出版社 2005 年版，第 5 页。

今东西哲人的言论进行判教式的论述。在对各种文化层级定位时，将儒家的"天德流行境"和佛教的"我法二空境"安排在超越主客观境的最高层次，体现了其鲜明的民族文化立场，将儒家视为涵摄东西方文化的"大中至善之教"。生命存在与心灵的内涵远远超越了儒家仁心、良知的范围，实现了对西方各种哲学、宗教思想的融摄，大大拓展了儒家思想的理论空间。

近代以来中国文化受到的打击是多方面的，既有失去封建制度的依附，尤其是失去了科举制度的依附，又受到西方文化的冲击，中国文化受到的最深层次打击是儒家核心理念遭到批判，天道、良知等儒家理论基石开始动摇。现代新儒家最大的理论建树正是在道德形上学方面，熊十力说"吾学贵在见体"，唐君毅对于道德自我、道德理性、生命存在与心灵的阐释，牟宗三的两层存有论、良知坎陷论皆是在道德形上学方面进行了继承与创新。中国古人做学问有明体和达用两方面，唐君毅自信在明体方面"略有所窥"，这是其对自己学问特质的自觉认识，这也是唐君毅哲学最有创造性的地方。

三、唐君毅哲学话语创新方法的反思

习近平指出，构建具有中国特色、中国风格、中国气派的学术体系和话语体系，既要体现继承性和民族性，"要加强对中华优秀传统文化的挖掘和阐发"，又要体现原创性和时代性，要从我国的实际出发，"提出具有主体性、原创性的理论观点"①。唐君毅的哲学话语创新工作正体现了以上原则，他在中国哲学话语创新方面的探索为当前中国哲学话语创新积累了宝贵经验。

一方面，激活中国传统哲学核心话语。唐君毅的哲学话语创新方法主要表现为激活中国传统哲学的核心概念，分析中国哲学的理论问题，揭示中国哲学的理论特质。他通过道德自我、道德理性、生命存在与心灵一系列新概念，激活了中国传统哲学中的仁、心性、良知等核心话语。他的《中国哲学原论》分析中国哲学核心概念的内涵"力求少用外来语"②，而是根据中国经典文献

---

① 习近平：《在哲学社会科学工作座谈会上的讲话》，《人民日报》2016 年 5 月 19 日第 2 版。

② 唐君毅：《中国哲学原论——原性篇·自序》，中国社会科学出版社 2005 年版，第 1 页。

说明各种概念的演生轨迹，采用中国哲学史中的名辞揭示"中国哲学中之义理，实丰富而多端，自合成一独立的自足之义理世界"①。唐君毅的《生命存在与心灵境界》一书从庄子那里借鉴的应只是"境"这个字，而其境界兼通虚实的内涵主要来自佛教唯识宗，其中的体、相、用概念也是借鉴于佛教。此书的宗趣是追求如实观、如实知各种世间、出世间的境界，从而使"人之生命存在，成真实之存在，以立人极之哲学"②。以立人极为宗，正是儒家为己之学、修身之学的宗旨。在最高的超主客三境中，归向一神境中上帝神灵以体大，不如我法二空境中佛教以无量方式观无量有情的相大，也不如天德流行境中至善之本性本心当下超于一切执障而显现天道天德流行之用大，这就将西方基督教的境界置于儒学和佛学之下，体现了其思想中儒学为宗。他自觉地运用纯正的中国话语分析中国哲学义理问题，发现中国哲学的独立体系与价值，避免将中国哲学与西方哲学进行比附而沦为西方哲学的附庸或注脚。

唐君毅哲学话语创新有鲜明的民族立场，其话语创新工作深深植根于中国传统文化。近代以来，人们以西方哲学为标准，甚至产生了"中国有没有哲学"的问题。牟宗三指出："这个时代本是西方文化当令的时代，人们皆一切以西方为标准"，如果以西方哲学的概念和内容为标准，"可以说中国根本没有哲学"，但这只是"没有西方式的哲学"③。例如黑格尔在《哲学史讲演录》中说孔子思想中只有一些善良老练的道德教训，"思辨的哲学是一点也没有的"④。牟宗三指出，西方学者持如此观点还可以理解，如果"中国人自己也无分别，那就太无出息了"⑤。唐君毅不仅情感上深契于中国传统文化，"对中国之乡土与固有之人文风教的怀念"⑥是推动他研究一切世界文化问题的根本动力，而且在哲学研究方面始终鲜明地站在中国人的立场上，他指出："现代世界上的人多有融会东西文化之理想。但至少在我们中国人之立场，则须以中

① 唐君毅：《中国哲学原论——原性篇·自序》，中国社会科学出版社2005年版，第1页。
② 黄克剑编校：《唐君毅卷》，河北教育出版社1996年版，第7页。
③ 牟宗三：《中国哲学的特质》，上海古籍出版社1997年版，第1页。
④ ［德］黑格尔著，贺麟、王太庆译：《哲学史讲演录》第1卷，商务印书馆1983年版，第119页。
⑤ 牟宗三：《中国哲学的特质》，上海古籍出版社1997年版，第2页。
⑥ 唐君毅：《中华人文与当今世界·自序》（上），台湾学生书局1980年版，第4页。

国文化为主为本。"① 例如他谈及《道德自我之建立》一书的思想来源时指出："著者思想之来源，在西方则取资于诸理想主义者，如康德、菲希特、黑格尔等为多，然根本精神则为东土先哲之教"②，《文化意识与道德理性》虽然对中西文化哲学思想都有所继承，但"在根本观点上是中国之儒家思想"③。他和牟宗三等共同发表《中国文化与世界宣言》，试图重建中国文化的道统，正是其中国文化立场的体现。

另一方面，融摄西方哲学主流话语。虽说中国学术界一向高呼要"吸收古今中外一切优秀文化成果"，但是切实地去做吸收借鉴西方思想精华工作的学者则少之又少，唐君毅正是现代中国能够切实地做吸收借鉴西方哲学优秀成果，并进行融合创新的思想家之一。唐君毅借鉴西方哲学创新中国哲学话语，有概念的借鉴、论题的借鉴、论述方式的借鉴等形式。例如，唐君毅道德自我学说中的道德命令要求自己支配自己的观念，吸收了康德的道德自律原则和绝对命令的思想，道德自我和现实自己的区别吸收了康德理性与感性二分的观点；唐君毅提出的人类一切文化活动统属于道德自我、道德理性的思想，借鉴了康德和黑格尔以道德为人类文化的中心、将人类文化看成人类的理性实现于客观世界的思想，他在论道德理性与人类文化的关系时采取了西方哲学由用达体的论述方式，即由社会文化的客观存在追溯其形成根据；黑格尔的《精神现象学》激发了唐君毅追求"层层向上升高之哲学境界"④。他的心灵九境论采用佛教判教的方式，对古今中外各种形态的哲学、宗教、文化进行会通与判位，既在中国文化的体系中摄入了西方文化的内涵，又在世界文化体系中确立了中国文化的地位。

融摄西方哲学来重建儒家道德形而上学是现代新儒家哲学体系建构的共同追求，但这一建构方法遭到了学术界的质疑。有学者指出，现代新儒家在儒家的理论框架下吸收西方哲学理念，他们"没有看到儒家文化从骨子里具有与

---

① 唐君毅：《人文精神之重建·自序》，广西师范大学出版社 2005 年版，第 7 页。

② 唐君毅：《道德自我之建立·自序》，广西师范大学出版社 2005 年版，第 20 页。

③ 唐君毅：《文化意识与道德理性·自序（二）》，中国社会科学出版社 2005 年版，第 4 页。

④ 唐君毅：《人文精神之重建》，广西师范大学出版社 2005 年版，第 487 页。

西方普遍价值的结构上的冲突"①，其中牟宗三的良知坎陷说对康德哲学的借鉴受到的质疑最大。其实误读是一个相对的概念。如果站在西方文化的立场看，黑格尔正是从西方文化立场对孔子思想的合理性阐释，但是站在中国文化的立场上看，黑格尔评价孔子思想是对孔子的明显误读。同理，中国学者站在中国文化立场上吸收消化西方哲学思想，存在各种"中国式的误读"也是合理的。唐君毅对康德、黑格尔的解读，同样也是站在中国立场上的文化重释，试图以中国先哲义理"旁通于殊方异域哲人之所思"②，但没有像黑格尔一样"归向绝对精神过河拆桥以及为了迁就辩证法的架构而削足就履的毛病"③。因此，从文化背景差异来看，所谓"中国式误读"未尝不是一种"中国式创见"。

四、结　语

现代新儒家的文化自觉与话语创新皆产生于对西方文化冲击与挑战的回应。现代新儒家的先驱梁漱溟在西方化充斥中国社会的局面下站出来为孔子和释伽说话，鲜明地打出了为中国哲学争夺话语权的旗号。以唐君毅、牟宗三等为代表的第二代现代新儒家积极致力于构建现代中国哲学体系，在国际上挺立自家传统，既体现了一定的护教心态，也"强调中国文化的常道性格"④，力求在开放公正的国际学术环境中重新定位中国哲学在世界哲学领域中的地位，重新评价中国哲学对世界哲学的影响力。以杜维明、刘述先等为代表的第三代新儒家在立足中国本位的基础上，能够以更为开放的心态重新审视中西文化之间的关系，强调多元文明之间的对话与交流。在争夺中国哲学话语权的问题上，不再像上一代那样带有明显的护教心理，而是能够预设多元文明架构。他们多数在西方高校执教，积极参与国际学术交流，以一种全球性的建设性心态发出中国的声音，"以开放的心灵来接受现代学术的考验"⑤，他们重视"在自

①　邓晓芒：《我与儒家》，《探索与争鸣》2015 年第 4 期，第 29 - 33 页。
②　唐君毅：《中国哲学原论——原性篇·自序》，中国社会科学出版社 2005 年版，第 1 页。
③　刘述先：《论儒家哲学的三个大时代》，贵州人民出版社 2009 年版，第 197 页。
④　同上，第 205 页。
⑤　杜维明：《杜维明文集》第 1 卷，武汉出版社 2002 年版，第 21 页。

己的文化社会中作一番反省批判的工作"①，不是一味想到国际学术界去寻找边际型的归宿与存在感，而是希望在世界众多精神传统中站稳一席之地，积极推进中国文化与西方文化的对话。本文仅以唐君毅为例对现代新儒家的话语自觉与话语创新进行了个案研究，其实整个现代新儒家群体话语创新的理论和方法都值得我们进一步研究和反思。

---

① 杜维明：《杜维明文集》第 1 卷，武汉出版社 2002 年版，第 22 页。

唐君毅先生说"良善的民主制度"的建立

梁瑞明*

一、政治制度与法律之合理性，其优劣之理性基础

1. 政府、政制与法律

"政府"是一个依一定的政治制度而成立来治理国家的团体。国家有一"政治制度"，它规定政府中人如何产生，政府依何种形式存在于国家，政府各部门如何组织，如何负担起职责，如何行使权力，怎样与国家里的个人或团体发生关系，最终则在实现国家之理想意志。国家又有法律来支持政治制度。

2. 政制与法律常在改进中

政治制度与法律之所以存在，就原理上说是由国家的人民所共同肯定的，故绝对违离国家之人民的意志的政治制度与法律，基本上不会有。应该说，任何现实的政治制度与法律都有合理性，但其合理性有不同程度。国家的人民常追求更好更合理的政治制度，使政府中人不能利用政治制度及法律之有所不及之处，滥用权力以徇其私。现实的政治制度与法律通常是未完全合理，故可为人利用而以"公"害公。人类的政治制度及政治法律常在改进中，目的在加强制度之合理性，防止人们以私心利用制度。

3. 人民常在要求实现更合理的政制与法律

政治制度与法律有规范作用，其初是向人民施用。它要逐渐改善以合乎国家人民的共同的理性意志与道德意志。人要求更合理性的制度与法律定下来，使

任何有不合理之动机与行为的人都受到制裁，经由此而使更合理之政治制度与法律得以实现。

4. 三种政制及其优劣次序

政治制度良善否，依定立制度者之动机是否纯粹、能否实现全体人民之公共理想意志而定。根据这点，当前所见政治制度，其优劣次序如下：

（1）民主政制

（2）贵族政制（由一阶级统治之政制）

（3）君主专制政制

其优劣之分，并非根据政制中，拥有国家政权者在一切人民，在有限的少数人手上，或在一个人的手上；也并非根据政制中，有独立自主权者的人数愈多，则制度愈完善。故而，并非因为在民主制度中，一般人民都有权，有权者最多，故最善。有权之人数多少并不决定一政制之优劣。

5. 政治制度之优劣，全依其制度中，人之权力欲之限制有多少而定

在君主专制政制下，君主之权力欲最不受限制，其行动亦最不受法律制裁，法律只及人民。在此制度下，君主要人民遵守法律，非因法律好，而是法律可保障其权势，他是出于满足私欲之动机，他以人民之对他的尊崇之善良意识来巩固一己权位。且此君主产生之初，通常都由于其势位与武力，人民畏惧他，怕被他加害而不得不支持他。由此看君主专制制度，人民之支持君主，实夹杂私意，故任由君主之权不受限制而超然于法律之外。人民当初之愿受此君主领导，实非由于人之合理意志。

在君主专制制度下，君主之权力欲不受限制，故他所发命令就大有可能是破坏国家法律、干涉人民之理性生活者，不但不能促进国中之团体及个人之合理的意志活动，甚至反使不合理之私利活动得到伸展。说君主专制制度为最劣，原因在此。

6. 说贵族政制之所以优于君主专制

不是因为在贵族政制中有权的人较君主政制时多，而是因为在贵族政制中，贵族合成一掌握政治权力的团体，其中没有一人能有绝对权力，诸人之权力能互相限制。故在贵族政制中，贵族的行为活动至少须受其他贵族阶级中人之限制，这是君主专制制度中之君主所没有的。在贵族政制下，人民也一样只能对贵族尊崇，或者畏惧他们而服从他们，这与在君主专制制度下的人民对君

主之尊崇畏惧，情形没有差别。

7. 说民主政制比上述两种政制优良

主要是在民主制度下，政府中人的权力受到限制，人民之权力也受限制。不论何人，在国家之中，权力都受一国中之他人及法律之限制。那是说，在此制度下，所有人之权力欲都普遍地受到限制。

民主制度之优于其他制度，不是因为人人有权，而是人人的权力欲都受到限制。就因为受到限制，故人与人之间会互相承认对方之权力，普遍平等的法律就可建立，用以规范全体人民。民主制度之成立，根本地说，依于每个人之权力欲都能在全体人民之前而自愿限制，同时对国中一切人的权利都能尊重。人在限制其权力欲时，表现自制自律的理性；对他人之尊重，不是出于求私利而利用，不是出于畏惧，故在此制度下的人不同于君主专制与贵族制度中之人，其服从统治者之动机中没有不合理性的成分。

8. 依人之权力欲受限制之程度多及人之理性活动能普遍化的程度多，确定民主政制优于其他政制

一个民主国家之政府组织，有立法、行政、司法三权之分立，目的纯在互相制衡。这是民主政制中，政府之组织之必要如此。人之权力欲受到限制，其政治活动才能达到最大的合理性。

二、民主制度的不足及完善

1. 民主政制下的社会政治状态不必然优于其他政制下的社会政治状态

说民主政治优于君主专制及贵族政制，此是就其中所有人民，尤其是当政者，其权力欲都受到限制说。但这不等于说，民主政制下的社会政治状态必然优于其他政制的社会政治状态。在君主专制、贵族政制下，当政者的权力虽多不受法律之限制，但他们仍可在舆论与忠告或其个人之道德意识下，自动地自我限制。当政者也可通过与人民集会而集思广益，又或用贤能者为辅助，如此则在君主专制或贵族政制下，可以有明君贤相之出现，其社会政治非常优良而胜于民主政制者。

又在此君主专制、贵族政制中，当政者可念及自己的权力比一般人的大，则责任亦大，他可心中生起自尊自信而做事。故在历史上常见气象上涵育万民

之圣王君主，以及品格高贵而有担当的贵族政治人物，这些人物，一般上是民主政制下所不易见到的。

2. 民主政制下的当政者之肯定民主制度，不能排除他可能专从个人之权力利益之得到保障上着眼

若如此，则当政者之肯定民主政治，根本上是出于其私利之心，其个人之权能得到保障，他之为人做事，亦只是为私利而已。当政者在民主政制下，其从政或只在求个人得到最多利益，当其求私利而又怕法律制裁，便会行事隐秘，精神格局易趋猥琐。

在民主政制下的社会，未必为合于普遍理性的善良社会。人之理性意志或道德意志，在民主制度下也不是必然有所促进，故人所表达的政治意见也未必全出于善良意志，为政者即使折中群言，结果也未必能获得为政之善策。

3. 民主政制仍优于其他政制之理由

民主政制下的社会政治未必完善，但有真正的民主政制，则任何人滥权就必不为人所许可，故在民主政治中的为政者就不敢像君主专制、贵族政制下的当政者，明目张胆违背法律。民主政制有普遍的法律，有大家共认的权位承继法，不会采用血缘，也不依个人之权力发出指示，只依客观理性以选贤能为政，此在原则上仍优于其他制度。

4. 民主政制要施行得美善，就要同时以教育改进人民之道德质量

要对人加以改进，并不能单靠法律之制定。法律不论如何严密，皆不能绝对防止人之私利之心。欲补民主政治之不及，除培养法律意识外，更要提高人民之道德意识及行为操守，这有赖教育、文化工作。故民主政治之能完善的基础，仍落在文化、教育之推行。

三、礼治、人治与德治

由"良善的民主政制"到"理想的民主政制"。

1. 建立"良善的民主政制"

须由"民主政制"进一步建立"良善的民主政制"，良善的民主政制是一种兼以道德文化之陶养改进人民之政治意识之民主政治。良善的民主政制是一种能为人民寄托其愿望于贤者之政治。

2. 培养并促进人民的法律意识

以道德文化改进人民之政治意识，使人知道法律的价值不在保障我的权利，而在表现人之普遍客观理性。故培养人之法律意识，也等于在培养人尊重理性之意识，由尊重理性之意识而尊重各种由理性而来的文化、教育，由此使人超拔于权利观念，形成一道德人格，并尊重一切道德人格，因此诚心推崇贤者主持政治。此种政治意识有别于当前民主政制下之人的政治社会意识。

3. 由推选贤能以恢弘政治领袖之志气

人既能诚心推选贤者来主持实际的政治，就能尊重在政治上负责任之人，如此则在位者真知自己之在位，实为人民之真正推贤让能而来。这可使他感受他人之拥戴而增强其道德意识及政治责任感。在这种民主政制下，加上人民之真诚的重贤能的意识，在政治之位者才能显发出在君主专制下的圣君贤相的那种恢宏气度，成为领袖人物之典范。

4. 中国传统言礼治、人治与德治的理想，可由"良善的民主政制"来实现

中国传统所言礼治、人治及德治之政治理想，原则上比西方人所讲的法治及一般民主政制之政治理想为高。但因偏讲礼治、人治及德治，对于基础的"法治"有所忽略，故它的社会政治效果不彰，看起来就不及今日之民主政制。

5. 由"良善的民主政制"到"理想的民主政制"

中国古代欲实现德治、人治及礼治的社会，都依赖治国者的道德意志。此道德意志全在己，为主观的。治国者之道德意志不能懈弛，一懈弛即道德意志降落，权力欲就会放恣。简言之，礼治、人治、德治而不缺少客观的法律及客观的公共意志之审察，统治者之权力欲有了制度上的限制，就能由根上防止人治、德治及礼治下，当政者的权力欲之放恣。

故而由"理想的民主政制"看，中国应保留礼治、德治与人治之优点与理想，又同时有制度来防止治国者权力欲之放恣。这有两方面工作要做：

（1）将人之普遍客观意志发展出来，建立起客观的"法治"（法制）与"民治"之制度，防止政府中人政治道德意志之降落；

（2）使所有国民都受理性原则之引导，故须培养出道德意志，由理性原则来支持并促进政府中人之道德意志。

中国之德治、人治及礼治之理想，非不可能真实现于当世。

论唐君毅的爱情病理学

廖俊裕*

内容摘要：关于外遇、性、爱情和婚姻等问题，一直是社会上普遍的问题。如果人遇到类似问题，在还没触犯道德或法律的红线之前，求助于讲究"生命的学问"——儒学，儒学可以提供什么解决的资源？当代儒学的时代课题之一是"情欲"范畴问题的响应，唐君毅先生的爱情学恰逢其时的响应当代之时代精神问题。以往探讨唐君毅爱情哲学偏重于爱情的本质面、理想面。本文探讨爱情学中的病理学部分：性欲歧出、劈腿、外遇、怀疑不信任、负心而内疚等问题。文本以唐君毅《爱情之福音》为主。透过"凡现实即合理，凡合理即现实"的辩证讨论，而给予唐君毅精神哲学的响应，提供解决爱情病理的途径。

关键词：唐君毅　爱情　病理学

一、前　言

近日台师大翻译所博士生王年恺因不满女友分手，愤而将女友性爱影片上传网络，遭判刑；辅仁大学疑似性侵事件，沸沸扬扬，一位系主任、一位院长已经因此事而下台，满城风雨，甚至已经进入了维基百科的词条。再往前回溯，学运领袖陈为廷公开在记者会自承"在面对孤独时找错了出口"，于是有累次的性骚扰袭胸事件发生。在更前些时候，台大土木系毕业高才生张姓男子当街杀害欲分手女友事件，也震惊社会。事实上，在个人成长的历程上，情爱

---

* 作者简介：廖俊裕，南华大学生死学系副教授，系主任。

及由此引发而出的性、婚姻上等问题，都是成为一个独立自主君子的内圣学上无法避免的课题，社会学家也观察得到"性实在是人生极为重要的课题"的判断①。如果儒学的目标是格物、致知、诚意、正心、修身、齐家、治国、平天下之内圣外王、己立立人、己达达人的实践历程，我们就无法否认，性爱、情欲等课题是道德实践者都会面临的情境。如果一个人在成长过程中，遇到类似陈为廷、张姓男子之问题时，求助于传统儒学内圣学的资源，将发现没有什么资源可以提供，于是转向其他领域，甚至像陈为廷一样累犯的现象。于此，可以了解到，如果儒学还要保有其内圣外王的道德实践，爱情、情欲等课题就必然是儒学要开发的领域之一。

当代新儒学的时代任务中，有一项就是爱情学、性学的开拓，这是从唐君毅、曾昭旭学脉下关注的重点。在唐君毅先生的著作中，除了《爱情之福音》有关爱情、性爱专著外，早期《人生之体验》中，就已论述男女之爱、婚姻、男女之爱的超越等主题。② 同样的，曾昭旭先生从现代文明中，人权保障、人性解放、女性启蒙、两性平等的发展，也力主"爱情学"为当代儒学所应注意、正视的课题。③ 在民国初年，这些都显示出唐君毅先生在当代关于爱情、性爱文化研究中先行者的角色，曾昭旭先生的观察也是如此，也曾经为文论述唐君毅先生在当代爱情学中的先驱位置。这些都表示唐君毅爱情学是值得予以挖掘研究的。④

关于唐君毅先生的爱情学历来已经有些讨论，如曾昭旭、何仁富、黄兆强、张灿辉、吴有能、赵敬邦、张韶文等学者都有研究⑤，笔者以往也有相关论述，这些都较偏于正面陈述。所谓正面陈述是说，对于爱情、婚姻、性爱等思想做正面本质的探索研究，如人为何要有爱情，人为何有性冲动，人为何要有婚姻，人为何会有性行为，人为何要生育等问题，做理想上、本质上的回

① 张瑞珊：《性爱是大事——饮食男女的中西比较》，立绪出版社 2014 年版，第 9 页。
② 唐君毅：《人生之体验》，台湾学生书局 1985 年版，第 93－97 页。
③ 曾昭旭：《论以爱情为本的现代新儒教》，《良心教与人文教》，台湾商务印书馆 2003 年版，第 82－92 页。
④ 曾昭旭：《论唐君毅先生在爱情学上的先驱地位》，《鹅湖》第 381 期，2007 年 3 月。廖俊裕：《从爱情到灵魂——论唐君毅的爱情神秘主义》，《天府新论》2014 年第 6 期，第 33－34 页。
⑤ 诸学者相关论文，见后面参考文献。

答，从形上意义、道德意义、精神意义来论述。这些在曾昭旭先生爱情学的区分中，属于爱情的生理学部分，所谓爱情的生理学部分并非就是指爱情引起的身体、生理上的变化的学问，曾昭旭先生说：

"爱情生理学的层面。它的主题乃是陈示：一个真实的爱情境界是怎样的？他理当如何发生？一份合理的爱情生活应当怎样去经营？总之它的重心是在应然的层面，他所要建立的是一个有关爱情的典范……至于实际处理感情的问题，疗治爱情的病痛，则是爱情病理学的层次……针对普遍常见的感情经验，加以分析，厘清其间真实的成份与虚妄的杂染，并对此种种虚妄的病痛，剔出其病征，追寻其病源，确定其病因，并试拟诊治修养的途径。"①

因此所谓爱情生理学，原来不是爱情"生理学"，而是爱情"生之理"的学问，属于正面表述，阐扬关于爱情的本质、理想、历程等。爱情病理学，则是爱情历程有病痛产生，如何找出病因、病源的诊断治疗之学。

本文准备要回答的问题是，在唐君毅先生关于爱情的精神哲学中，理想落实于现实上，何以产生歧出，这些歧出有何意义，如何解决这些歧出。这些歧出现象，包含现代人所谓的劈腿现象、外遇现象；爱情中的不信任、怀疑；一直觉得别人的太太好，感受不到自己太太的好；外遇了该如何；发现不爱另一半，离婚的合理性；过去很花心，觉得对不起现在的情人……这些问题都是爱情、婚姻历程中常见的现象。因此本文的重要性，可以为现代人提供关于儒学如何面对爱、婚姻、家庭历程中的种种歧出现象的精神哲学上的回应。这种响应跟主流心理学不同，很显出儒家解决的独特性。主流心理学因为研究方法限于科学的认知，因此对于灵魂、心灵等高层次精神层面较为忽略，唐先生的儒学在此就显出他的擅长之处，正如同唐先生的爱情哲学正面的阐述，是从生命本体、宇宙灵魂、精神实在、他重视的现象上的形上意义、道德意义、精神意义，给有关这些问题的疑惑者某种讨论的材料与刺激。这方面，相对于由"社会生物学"来论述婚姻、外遇等问题的解决路向之名著《爱欲——婚姻、外遇与离婚的自然史》来说②，社会生物学主张人的性爱、婚姻问题，由考察

---

① 曾昭旭：《爱情功夫》，张老师出版社 1996 年版，第 10 - 11 页。
② Helen Fisher 著、刁筱华译：《爱欲——婚姻、外遇与离婚的自然史》，时报文化公司 1994 年版。

生物的社会性现象，再来推论到人的社会如何解决的研究路向，这对于向来主张"人是动物，但人不只是动物"命题的唐君毅哲学来说，"社会生物学"只看到"人是动物"的这个层次，但"人不只是动物"的这个层次就被忽略了。唐君毅先生儒学的这种解决，很能显现出其特殊性，对于多元观点的提供而言，很可以凸显出本文的重要性。

二、唐君毅爱情学目前的学术文献回顾

目前相关唐君毅先生爱情学之研究，已有部分成绩，但大部分都是集中在阐述唐君毅爱情学中的本质部分，或者说爱情生理学部分。列之如下：

1. 何仁富：《〈爱情之福音〉及唐君毅的情爱哲学——唐君毅早期思想研究之一》，《宜宾学院学报》2001年第1期。

何仁富：《唐君毅的情爱形而上学》，《孔子研究》2004年第1期。

何仁富：《唐君毅的情爱哲学》，《毅圃》（香港）2001年第1期。

以上诸文整理后，以《情爱形而上学》收入何仁富《儒家人文与中国人生——唐君毅人文人生思想研究》，由中国文史出版社出版于2006年。

此诸文是大陆学者中，首先注意到唐君毅先生的爱情学之著作，所以有先驱的地位。此数篇论文间有少部分差异，所以可以一起评论。数篇都从先讨论《爱情之福音》的作者开始，然后分成"爱情的形上本质——爱情的灵与肉"、"爱情的形上转化：爱情中的源与流"、结论来论述，主张唐君毅在《爱情之福音》一书中提出了一种形而上的爱情理论。男女之间的爱情不只是生理欲望的现象，而是精神的表现，是超越个体生命而直通宇宙真实的道路。人类之爱是源自宇宙本体的分化合一的精神现象，男女之爱以及人类一切的爱情，都是这种形而上的爱的不同模式；爱是一种精神上的渴求，它包括超越自我有限而归回无限的渴求和分化者要求合一的渴求；爱是实现人类各种崇高价值的根本源泉。

2. 汪丽华、何仁富：《爱与生死——唐君毅的生命智慧》，中国广播电视出版社2014年版。

这本书非常特别，它是由生命教育的观点来看唐君毅哲学，所以选出了爱与生死为主题，论述了唐先生的智慧学、青年学、爱情学、家庭学、人伦学、

人生学、人格学、生死学，很全面地讨论了唐先生关于"爱与生死"的议题。其中唐先生爱情学部分用三章来完成，分别为爱情哲学与爱情道德、爱情实现与爱情体验、爱情实践与性情教育。叙述实在，诠释得宜，可以算是目前唐先生爱情学中，最全面详细探讨的成果，除了正面地表述唐先生关于爱情学的本质、理想外，关于爱情历程中产生的歧出现象，这本书也罕见地探讨了。

3. 吴有能：《唐君毅先生的爱情哲学》，发表于 1997 年 4 月 "儒学与世界文明国际学术研讨会"（新加坡国立大学中文系），后收入吴有能的《对比的视野——当代港台哲学论衡》，由文史哲出版社出版于 2009 年。

此文讨论了唐先生眼中的爱的本质，爱的形上向度、爱的功能，都属于爱情学上的本质意义部分。此文和其他论文不同的是，它对于唐先生的爱情学有负面评价，认为唐先生的爱情学有四个部分可供评论。一是唐先生强调爱的责任，忽略了爱自身的价值。二是唐先生强调由爱来接触一个普遍统一的精神，忽略了爱情的个体性。三是唐先生的爱情哲学无法处理同性恋的问题，也没有说明为何完整是值得追求的。四是唐先生是儒家，儒家是强调差等的爱，但唐先生的爱情哲学呈现的是普遍的爱，这中间如何统一。[1]

关于吴先生的成果，很可以成为我们吸收的垫脚石。不过这些负面评价论点大都很难成立，例如以第一点 "唐先生强调爱的责任，忽略了爱自身的价值" 而言，唐先生正是注意到爱的自身价值，才写《爱情之福音》一书，《爱情之福音》中也说："孩子们，我决不轻视男女之爱之价值。"[2] 又如第三点，同志（同性恋）问题，笔者前导研究讨论唐先生说明为何爱情事件只有两性时，曾经论述：

"关于世间为何只有两性的问题，或者再引申为德拉斯后面回答的为何男女两性成就爱情。这问题如果拿到现在来看，似乎是很迂腐的问题，因为在后现代的社会中，同志（同性恋）很多，何必拘泥在两性呢？这个问题似乎可以从两方面来回答。一是同志（同性恋）间没有男女之别吗？生理上的性别

---

① 吴有能：《对比的视野——当代港台哲学论衡》，文史哲出版社 2009 年版，第 144 – 150 页。

② 唐君毅：《爱情之福音》，台湾学生书局 1991 年版，第 10 页。本文《爱情之福音》版本以《唐君毅全集》第 2 卷之二，台湾学生书局 1991 年版为依据，下文所说《爱情之福音》页数皆依此版本。

相同，但一般还是有心理上性别的区分。因此这没有否定问题。二是同志（同性恋）的问题牵涉的正是这小节要处理的问题：生小孩有没有精神上的意义？生小孩有其精神的意义，还是原始本能的传宗接代的冲动呢？依照唐先生的精神哲学，当有其精神意义。"[1]

同志之间，还有个别的、心理意义上的性别，并非就是以生理意义上来说，以唐先生的重视本质来看，不能只看表面上的生物性别。另外，唐先生强调生育的精神意义，而同志，依目前的科技来说，是无法生育的。换言之，就爱来说，以唐先生的理论而言，可以说明同志本身爱的成立就像是异性恋的本质，但他也注意其不足，就是无法生育问题，而这生育对唐先生来说当然也有其精神意义的。唐先生理论是可以说明同性恋问题的。

另外，就吴先生第四点"唐先生是儒家，儒家是强调差等的爱，但唐先生的爱情哲学呈现的是普遍的爱，这中间如何统一？"这个问题的答案在《爱情之福音》一书中便有解答，唐先生说：

"人生最高的理想并不是绝灭男女之爱，只是在男女之爱以外发展出其他的爱。而其他的爱之发展也并不是要另外一爱之泉源，而只是将男女家庭之爱扩充出去。因为一切的爱只有一条根。不过因个人都由父母而生，所以人之爱自然是以家庭之爱为中心。爱光之放射自然是由近及远，于近者总要亲些，于远者总要疏些。这并不是表示我们所放出的爱之不公平，而正是表示爱之真正的公平。这一种于近者亲些似乎是私，但这私是本于宇宙灵魂之要绵延它所表现的一切生命。这私本于宇宙灵魂之要普遍继续的表现，所以这私即宇宙之普遍律则，即是公。人类要担负使宇宙灵魂继续表现之责任，所以把本来可以对一切人平等的爱，变为有亲疏远近的爱。犹如池水本是平平地躺在池中，但是它要通过水管而向四面放射时，便自然会依距一中心点之远近，而散落之水，有多少之不同。所以，孩子们，你们之爱家庭中人过于其他的人，正是天理而非人欲。人欲在你只知家庭之爱而不求扩充。只要你去扩充而发展出其他的爱，人欲即解除。"[2]

---

① 廖俊裕：《从爱情到灵魂——论唐君毅的爱情神秘主义》，《天府新论》2014 年第 6 期，第 40 页。

② 唐君毅：《爱情之福音》，台湾学生书局 1991 年版，第 27－28 页。

在这引文中，可以看出唐先生受《中庸》中所说的"君子之道，造端乎夫妇"的理念影响，因此唐先生说其他的爱，只是男女之爱扩充出去，如果只是陷在男女家庭之爱，这就是人欲，还没提升到天理的层次，而所谓提升到天理层次，并不是"绝灭了男女之爱"，而是要发展、扩充男女之爱。因此这里就产生了吴有能先生所说的"唐先生是儒家，儒家是强调差等的爱"，而近者先爱，再慢慢扩大到爱其他人上，唐先生说，这看是"私"，但其实是"公"，这是宇宙灵魂绝对精神要表现它自己在世界上的必然呈现，表现在人类身上，就是"把本来可以对一切人平等的爱，变为有亲疏远近的爱"。这样唐先生就把男女之爱和其他的爱统一起来了，而没有吴先生所说的缺点。

吴先生第四点"唐先生是儒家，儒家是强调差等的爱，但唐先生的爱情哲学呈现的是普遍的爱，这中间如何统一？"还可以从另一方向来回答，就是从爱的性质差异来回答。唐先生虽然主张，一切存在是由宇宙灵魂精神本体表达其自己的杂多，但这一切存在的杂多并非就是无差异的统一，它还有其特殊的差异。廖俊裕说：

唐先生认为存在来自于一原始的太一，即永恒的生命本体、精神实在、宇宙灵魂、神之自身等名。这精神实在、宇宙灵魂、神之自身有其理则，它的理则就是"精神必然表现于人文化成的世界"，精神有客观化它自己的本质，它必然要表现为世界。因此它表现为世界的杂多，但这杂多的存在，也有其使命，它的使命便是实践无限，体证永恒，而这只有那永恒的宇宙灵魂、精神实在具备，因此一切存在便要回归那宇宙灵魂、神之自身，要求合一。而只有人能有自觉，自觉的要求人神合一这种神秘经验。[1]

杂多虽然是杂多，它还是有其统一性，便是与精神实在合一，但这合一在历程中，有许多的不同。以吴先生所说的唐先生之爱是普遍的爱来达成合一，其中儒家所强调的差等的爱和普遍的爱如何统一？唐先生由爱的表现形式不同来回答。唐先生说：

"因为家庭中个人与个人间之爱，都有自然的保障，而男女关系间是最无自然保障的。父子之爱、兄弟姊妹之爱是与生俱生，父子永远是父子，兄弟永

---

① 廖俊裕：《从爱情到灵魂——论唐君毅的爱情神秘主义》，《天府新论》2014 年第 6 期，第 38 页。

远是兄弟，无论中间有多大的裂痕，血统将他们关系联系，他们可一朝恢复他们的感情。朋友之爱与君臣之爱，是纯以道义结合，合则为朋友君臣，不合则分道扬镳，并不会使大家感受很多的烦恼。只有男女关系是如此之神秘，男女来自不同的家庭，他们之间原无血统之联系，某一男与一女之爱不是与生俱生，他们有与生俱生的本能，然而这本能，在本质上是可以任何异性为目标的。"①

在这段引文中，唐先生说到虽然他们都是爱的表现，关系合一的达成，但是就其本质中还是有其不同，就自由度来说，父子、兄弟姊妹的爱有血缘关系，无论有多大的冲突，永远就是父子、兄弟姊妹，没办法决裂，有其自然的保障；朋友或君臣之爱，以道义结合，很自由，合则来不合则去，是暂时的结合，不会以恒久相聚为目标；不像男女之爱，毫无血缘关系，原则上可以以任何异性为原则，但又要像父子之爱那样，以永远在一起为原则。这就是唐先生说都是爱的表现，但形式不同，有其差异性的统一。

唐先生在另外的地方又说道：

"人间的结合，最高的，是爱的结合。爱是相爱的人的生命间之渗融者，贯通者。人类个人与个人间之爱，最真挚有力的，是父母对子女之爱，因为这是生命原始爱流之顺流而下。最肫恳可贵的，是子女对父母之爱，因为这是生命原始爱流之逆流而上。最深长隽永的，是兄弟姊妹之爱，因为这是生命原始爱流之枝分派衍。最细密曲折的，是夫妇之爱，因为这是一生命原始爱流，与另一生命原始爱流之宛转融汇。最复杂丰富的，是朋友之爱，因为这是不定数的生命原始爱流之纵横错综。"②

在这段引文中，唐先生强调虽然说这些都是普遍的爱，一种人与人间生命的贯通，但他们爱的流向和特点也都不同。亲子间的爱，上一代对下一代的爱，是爱的能量的顺流，最真挚有力，我们在很多母爱身上很容易看到，"为女则弱，为母则强"的俗谚可以看出它的强而有力；子女对父母的爱是爱的能量的逆流，最肫恳可贵；兄弟姐妹的爱是爱的能量的旁流，最深长隽永。这应该是指兄弟姐妹的爱，时间的向度最久；而夫妇之爱是两个生命原始爱的能

① 唐君毅：《爱情之福音》，台湾学生书局 1991 年版，第 31 页。
② 唐君毅：《人生之体验》，台湾学生书局 1985 年版，第 78 页。

量的融合，说生命原始爱的能量融合是因为还包含性这种原始冲动，而男女在交往中，种种的关系成分都会汇流其中，因此最细密曲折。如此唐先生解决了吴有能先生的第四点负面评价。

另外，吴有能先生关于唐先生爱情哲学的第二点负面评论：唐先生强调由爱来接触一个普遍统一的精神，忽略了爱情的个体性。这点也是不成立的，唐先生在论及爱情对象的成立时，因为爱情的发生，我们自动会分辨出对方彼此的独特性，以男性来说，在这世界中的女性爱情对象而言，已经分成"妳/非妳"的区分，而"妳"便可取代其他所有的爱情女性对象，这样是非常强调爱情的个体性的，唐先生曰：

"德拉斯道：我可以答复你这疑问。我首先同你们解释，当你与人定情时，由无数中择一。一能代替无数，一便等于无数。真正的定情者当他自无数中择一时，他对他的对方说：'从今以后，任凭弱水三千，我只取一瓢饮。'这句话尚待修正，因为你真正饮一瓢时，一瓢代替三千，一瓢即是三千。"①

这是《爱情之福音》中德拉斯回答青年问的问题"人为何要专一时"的答复，唐先生的意见是：任凭弱水三千，我只取一瓢饮。但一瓢不是三千分之一，而是一瓢就是三千。这要从其个人的个体性来看，才能看出这点，纯从个人如果只是某些条件的组合来看，是看不出其个体性而来的"一即一切"的。只有从唯一性中②，才可以见得，因此可以知道唐先生的爱情哲学是非常重视个体性的。

4. 张灿辉：《唐君毅先生之情爱哲学》，收入江日新编《牟宗三哲学与唐君毅哲学论》，由文津出版社出版于1997年。

此文分成作者问题、爱情的形上意义、男女爱情的形上转化、克尔罗斯基与德拉斯之谜来论述，也属于阐述唐先生关于爱情的本质意义上的讨论。跟上面几篇类似。

---

① 唐君毅：《爱情之福音》，台湾学生书局1991年版，第41-42页。
② 唐先生的哲学很重视个体的唯一性、个体性，在《人生之体验》中就强调"唯一的自己"，参见唐君毅：《人生之体验》，台湾学生书局1985年版，第51-52页。他的晚年集大成之作《生命存在与心灵境界》更是从"万物散殊境"中每个独立不同的个体开始出发，创造寻找每个人的真实存在，作为人生命的旅程。参见廖俊裕：《自我真实存在的历程——唐君毅〈生命存在与心灵境界〉之研究》，花木兰出版社2010年版。

5. 黄兆强：《敬悼唐君毅先生六周年逝世纪念——"爱情之福音"读后》，《鹅湖》第 105 期，1984 年第 3 期。

黄兆强：《唐君毅先生及其爱情哲学析述》，收入黄兆强主编《二〇世纪人文大师的风范与思想——中叶》，由台湾学生书局出版于 2007 年。后定稿收入黄兆强《学术与经世——唐君毅的历史哲学及其终极关怀》，由台湾学生书局出版于 2010 年。

黄兆强：《从〈爱情之福音〉看唐君毅先生的爱情观》，《宜宾学院学报》第 14 卷第 1 期，2014 年 1 月。

黄兆强先生属于很早就注意到唐先生的爱情哲学之学者，时序上，我们可以看到 1984 年即有相关著作，属于唐先生爱情学的开疆之作。第一篇中，以示人以理想境界、爱情与真善美的关系、男女之爱不是一种私、爱情之路是无穷尽的、爱情是责任还是幸福、男女之爱有条件吗等诸多面向来讨论唐先生的爱情哲学，结语时，说其目的乃希望读者进而阅读唐先生之爱情书。第二篇，以唐先生的文化事业与生命情怀、《爱情之福音》之作者、唐先生的爱情观等面向来论述《爱情之福音》之重点摘要，颇精准扼要。第三篇，依《爱情之福音》五章论述书中精华，也颇可参看，也属于阐述唐先生关于爱情的本质意义上的讨论。

6. 曾昭旭：《论唐君毅先生在爱情学上的先驱地位》，《鹅湖》第 381 期，2007 年 3 月。

此文从时代精神的发展来说明唐先生高瞻远瞩，首先撰述《爱情之福音》，标举出唐先生在当代新儒家中所开拓的独特区块。

7. 赵敬邦：《爱在理想与现实之间——重构唐君毅先生爱情哲学》，《鹅湖》第 417 期，2010 年 3 月。

此文一开始就以叔本华的极端现实主张——爱情其实是为了性欲的满足来论述爱情，应在理想与现实间讨论爱情，不过分理想，也不极端现实，作者认为唐先生的爱情学可说是如此之作。接着以爱情的形上意义、实现无条件爱的途径、从形上角度审视人伦关系等，再利用两个图，重构唐先生爱情哲学，纲举目张。

8. 张韶文：《当代儒学的爱情哲学研究》，南华大学生死学研究所 2011 年硕士论文。

这是第一本关于当代儒学的爱情哲学硕士论文，以唐君毅、曾昭旭两学者作为当代儒学爱情哲学的代表。说明其二人皆居于以体验为主、认知为辅的哲学家，擅长由生命史中提炼出哲学智慧，由此归纳出当代儒学之实践的爱情学特色。在唐先生部分，论述《爱情之福音》之作者、爱情的本质、形上意义的转化、爱情的幸福，以此论述唐先生爱情哲学。

以上，我们可以知道，关于唐先生爱情学中，以往的成绩大多偏于爱情的生理学部分，对于爱情的病理学部分，即爱情实践历程中歧出的部分，大多没有置入研究的重点（除了《爱与生死》外）。重视"明体"部分，至于"达用"部分，常常付之阙如。

三、唐君毅爱情病理学的解决策略

当一个人的爱情实践历程出了问题，来问德拉斯唐先生时[1]，唐先生用什么策略来回答呢？唐先生的这个策略可以作为哲学咨商的方法。

唐君毅先生受黑格尔的影响，接受"凡现实即合理，凡合理即现实"的命题。因此他在《爱情之福音》中，以先知德拉斯角色，回答青年人有关爱情、情欲、婚姻等问题时，通常是先从"凡现实即合理"下手解释为何有这些歧出？这些歧出现象中，当事者得到了什么？例如以外遇而言，必须先问当事者在外遇中得到什么，如此，才可以同情地理解当事人的身心状态，唐君毅先生性好圆融，因此总是认为人发生此事件总有其理可论。其次，他再从"凡合理即现实"出发，凡合理性的，便有其实现的动力而现实化。说明这样的歧出现象下，如何从其他正常的管道提供他歧出时所获得的，而将其歧出现象消除。底下以《爱情之福音》一书中，第45页人们所问"我愿意相信他不变心，但他一旦变心，我会很失落，该怎么办？"为例来说明。某人问：

我不是不愿意相信他人，不过当我一往地相信他人时，我倾我整个的心，系在他人身上，如果他人一朝负我，我的心将被抛掷，便将落陷于无尽的空虚，所以我不敢相信。但是我虽不敢相信对方，我对她总是谨守我的约言，这

---

① 目前已经知道《爱情之福音》的作者就是唐先生，在阅读唐先生《爱情之福音》时，偶有感想，为何先知叫作"德拉斯"呢？谐音颇似"唐老师"。

只是我自己尽我的义务，我别无所求。①

这边的问题是接续之前问者所问的问题"我知道我可以保证不会变心，但我对情人会不会变心毫无把握"后的讨论。德拉斯回答先肯定他的"我自己尽我的义务"，然后再说明原来不敢相信他人的原因根本是不敢真正地相信自己，所以对他人总有疑虑，无法信任。

你只尽自己的义务别无所求是对的，因为实践义务者本是别无所求的。但是你能别无所求地尽你的义务。你何以不推你的心，而相信别人亦能别无所求地尽他对你之义务呢？你要知道真正爱情中的彼此相信，你之倾你的心系托于他人，并不是真把你的心从内取出而送之以外，这只是你自然地扩充你自己对你自己之相信而及之与别人，如同你之扩充你之爱自己的心，而及于他人……你之相信他人，只是以你之信心包摄他人于你自己之内，同时把你自己包摄于他人的信心之内，这是信心之彼此系托。所以有真正的信心者，一方相信人之不至负我，一方纵然被人负，亦不致觉信心之失落。因为他之信心，自始自他本心发出，虽系托于他人，却并不曾离开他自己。②

唐先生先用同理地理解对方，使对方也感受到被肯定，所以他先从肯定对方的"先求自己尽义务，别无所求"开始，肯定对方这个行为、接受对方这个行为，然后在接受中，再来促进对方的改变。前面的肯定就是"凡现实即合理"问者活到现在的状态，总有其合理性存在，我们必须去帮他找出来，这找出来的地方就是对方肯定了"先求自己尽义务，别无所求"；后面的促进改变就是"凡合理即现实"，就是促进他敢真正地相信对方也不会变心。

唐先生认为，既然你已经"能别无所求地尽你的义务"，可以相信自己有信心不会变心，那么当你能别无所求地尽你的义务，你也就可以推扩你的信心到爱情的对象上，如果有虚歉，那就推不过去，无法互相信任。因此必须反求诸己，建立真正对自己的信心，由此就敢真正地相信对方。但这相信真的会有对方不会变心的结果吗？唐先生不是冬烘先生，当然知道，一个真正有自信的人，在谈恋爱时，他也许会遇到负心的人。因此唐先生在最后说，"先求自己尽义务，别无所求"。有真自信者，就算被人辜负，他也不会有失落，因为他

---

① 唐君毅：《爱情之福音》，台湾学生书局 1991 年版，第 45－46 页。
② 同上，第 46 页。

的信心是从他自己的本心发出，而不是把信任放在他人身上，以怀疑心出发考察对方可信才信，这样是不可能建立互信的。一定要先有自信、有勇气敢先去相信对方，互信才可能产生。如果没有勇气，而怀疑的话，唐先生说：

"你之此怕，表示你之怀疑，她感触了，她便也会怀疑她自己，也许真会负你。如果你相信她不会负你，她便自然更不会负你。因为如果她负了你，便不特负了你，而且负了你这番真诚的相信，这就使她更不忍负你了。所以你真能冒险去相信，你有一分信心，你将增多一分你爱情之保障，你的信心会不断创造使你更相信之事实，犹如你的怀疑。所以，孩子，我告诉你，如果你真是对你的对方有绝对的信心，你们的关系便有绝对的保障。你为什么不拿出胆量来相信你的对方呢？孩子，我要告诉你，男女间最高的道德即在互信，互信才把你们真正结合为一体……这样你们的爱情，便在一互相反映的绝对信心中，而得到绝对保障了。可是这互信，只能由你先有勇气去信对方，然后才能建立起来。"①

唐先生强调有真自信，就敢冒险去相信对方，如果以怀疑心态去考察，很像《列子·说符》中的"疑邻盗斧""邻人偷斧"的故事，以怀疑的心去看人，就越怀疑。有真自信敢去相信别人，就会看到更多可信的事实。而有互信，真爱结成一体才有可能，因此对于爱情的成长来说非常重要，唐先生下结论说，只能先有勇气去信对方，才能建立互信。

四、唐君毅爱情病理学：以外遇或劈腿为线索

限于篇幅，下面先举唐先生爱情病理学中的外遇问题来讨论，但不局限于婚姻中，爱情中的劈腿现象也包括在其中。唐先生爱情病理学中，恋爱中的怀疑与信任，在日常生活中很常见，笔者在大学教学，同学常常反映男（女）朋友是夺命连环叩者，每每一定要紧迫盯人，美其名叫作"关心"，"我爱你，所以我关心你，当然要知道你的行踪"，其实正是对对方没有信心的举动，担心对方和男（女）孩子出去，就有问题。所以就算是跟他说，"我现在跟谁在一起"，男（女）朋友还要说，"那你请他听电话"。现在有手机更方便了，还

---

① 唐君毅：《爱情之福音》，台湾学生书局 1991 年版，第 47 页。

有视讯，对方还要求："那你把手机环绕照一下四周"，来做情人说话的可信度考验。关于爱情中互信、怀疑、猜忌等问题，在上一小节我们已经借着唐先生爱情病理学的解决策略"凡现实即合理，凡合理即现实"讨论过了。

下面以外遇或劈腿为线索。唐先生在写《爱情之福音》时，时代背景跟现代不同，因此他很少讨论婚姻的外遇，他把问题截住在爱情过程尚未进入婚姻状态，不仅如此，按照他的设想，只要把问题截在初期的起心动念上，这个阶段止住了劈腿念头就没问题了。因此他没有讨论如果有女朋友，同时又交了另个女朋友（就是劈腿），这时很觉得不对，该怎么办。他讨论有女朋友，但发现有更爱的人，这该怎么办？如下：

另一青年又起立道："先知，我有一个问题，我过去曾爱一人，但现在觉得他人更可爱，我可以辜负她吗？我并不需要道德的教训，只需要哲学的理由。"①

问者的问题，显然有情人，但发现更爱其他的人，因此产生要不要辜负原来的情人，而去追求新人？他还在设想犹豫之中。在现实中，通常会有三种结果，一是同时交两个，形成劈腿；二是辜负原有情人，追求新人；三是回头来到现有情人上面，而断掉非分之想。唐先生比较偏向第三种，但有前提。唐先生说：

"老人道：'孩子，这问题的关键，是你过去曾否真与她定情。如果定了情，你便绝对不可另爱别人，不管你们之间有无社会的仪式、法律的根据。这理由是因为当你同人定情的顷刻之间，你必觉你的对方代替了无数的异性，你这时只有对方一人在你心目中，你已把其它一切异性排开了。孩子，我要告诉你，人类是能自觉的动物，自觉的心灵是贯通过去未来和现在的……孩子，你要知道在那心境中，你之表示永远爱她，你之能自信你之能永远爱她，表示你的心是超越时间的限制的心，主宰着你全生命史的心。超越时间限制的心，不应当随时间之变化而变化，应当是在变化中表示永恒的心，所以你不应当辜负曾与你定情的人！'"②

唐先生主张如果当时没有"定情"，便可以再爱其他人。如果当时有"定

---

① 唐君毅：《爱情之福音》，台湾学生书局 1991 年版，第 43 页。

② 同上，第 43－44 页。

情"，那就要"莫忘初衷"。唐先生在《爱情之福音》中没有特别解释"定情"，诸多以往的研究文献也没有对此"定情"特别解释，从这段引文看，显然"定情"是个很重要的阶段，他不只是"约定当情人"的意思，还有其他的意涵，在这段引文中，"定情"至少有两层意思：

（1）对方已代替了"无数的异性"。在"定情"时，心目中只有对方一人，已经把所有其他的异性都排开了。

（2）自觉地贯通过去、现在和未来。"定情"还有"自觉地将情感固定下来，直到未来"的含意，所以唐先生在引文中，强调人是"自觉"的动物，而这种自觉心是贯通过去、现在和未来的，当时和人定情表示永远爱她，心便有超越时间限制的意义。

因此在"定情"这两个意义下，唐先生认为这时候辜负了原有的情人，而和新情人在一起，是会自我否定和自我怀疑的。因为就"莫忘初衷"，回到当初定情的时刻，强烈地感到对方已代替了"无数的异性"，且心目中只有对方一人。而且也和对方自觉的表示永远爱对方。那么这时候，再对新情人也这样感觉，那么就会自我怀疑：我真的爱现在这个新的情人吗？如果我以前对原有的情人"定情"是错觉，那么现在对现在这个新情人也可能会是个错觉吧。而我现在对新情人"定情"表达永远爱她，是否过段时间，又有可能有更新的情人出现，那我该怎么办？重蹈覆辙再来一次吗？所以唐先生认为要回到当初，感受当初的情境、生命，"莫忘初衷"而不和这个更可爱的新情人有爱情上的关系，因此应当采取第三种策略和结果。

唐先生这样的解决是选在未婚还在交往阶段，如果是已婚发现自己的另一半不可爱该如何？或者发现别人的妻子更好，该怎么办呢？

一个岁数似乎比较大的青年立起来发问他的问题了。他说道："刚才发问题的朋友们大概都是未结婚的，但是我是一个已婚的，我想在此还有许多已结婚的朋友，有他们的问题待问，现在我便来引起一问题，就是当我未结婚时，我觉得我妻子是最高无上，结婚后便发现了她的平凡。我不满意于我的妻子，我总觉别人的妻子比我的好，这究竟是怎样一回事？"①

这个青年的问题是未婚时，觉得女朋友很完美，婚后很平凡，觉得别人太

---

① 唐君毅：《爱情之福音》，台湾学生书局1991年版，第57页。

太更好，为什么？他并没有要辜负元配，去外遇，只是觉得很奇怪，想了解，所以他问"这究竟是怎样一回事？"唐先生的《爱情之福音》重视防患未然，尤其是没有造成外遇之前的状态。从这个问题也可以得到印证。唐先生从拉开距离来着手响应：

"妻子同你太近了，你总以现实的态度与她接触，现实永远是不会使人满足的。你不满足于现实，所以你不满足于你妻子。不是你妻子不好，是人类不满于现实的心理，使你去发现她的不好，不是其他的女子好，是你追求遥远理想的精神动机，使你去发现其他女子的好，其他女子之好，是由你之理想所赋与，好不在她，而在你理想之自身；好不外在于她，而内在于你，你为什么要去求她呢？所以，你的妻子也不是真不好，只因为你以现实的态度与她接触，而人类根本是想超脱现实奔赴理想的，所以使你觉她不好。可是你何以现在要用现实的态度看你妻子呢？你最初不曾以理想的眼光看她吗？这唯一的原因，只在你觉得她现在是属于你了，属于你的东西永远是现实。然而你要知道，人永远是不能属于人的，每一个人永远是一独立而直接通于那无尽渊深的精神实在的。所以，孩子，你的妻子的身体虽同你至近，你要把她的灵魂看到至远，你真能如此，你便可以恢复你婚前对她的看法，觉得她仍是至高无上了。"①

唐先生从"凡现实即合理"来说，现在的现实状况，在当初也是曾经用"理想"的眼光来看到现在的太太，但一旦成为问者的妻子时，理想的某一部分已经成为现实。而爱情的本身本来就是和对方"相连属为一体的愿望、行动和结果"②。就是把浪漫理想的爱情落实到现实的日常生活，而达到人我合一的一体感，而理想一旦落实到现实生活，就马上变成有限的，因此很容易就局限在此有限的现实中，而忽略了曾经的理想已经有些落实。然后再从"凡合理即现实"来看，我们的理想的精神动机，总有要落实在现实生活的动力，相对于自己的妻子而言，因为已经落实了某些部分，因此容易觉得就这样而已；相对于别人的妻子而言，因为不是日常生活的频繁相处，有相处的距离感，唐先生认为，一般人很容易把爱情的理想放在别人的妻子上面，而有遐想，胡思乱想。因此就有这个问题者的问题产生。综合起来，统一"凡现实

---

① 唐君毅：《爱情之福音》，台湾学生书局 1991 年版，第 57－58 页。
② 曾昭旭：《永远的浪漫爱》，张老师出版社 1993 年版，第 5－6 页。

即合理，凡合理即现实"，唐先生主张，创造随时把妻子的灵魂看到至远，推出去而有的距离感，好像他就是别人的妻子；然后在日常生活中，因为"妻子的身体虽同你至近"，所以还要把她拉近成为一体的感觉，既亲密又生疏，就可以解决这个问题者的问题。

唐先生因为秉持着这样的远近交替合一，来解决爱情婚姻中的长久相处而来的厌烦感、无感或平凡感，因此他的爱情学中，不像一般心理学家，对于处于平淡的爱情生活，通常的建议就是来个吵架，或强调建设性的吵架，再来制造重新一次的亲密感。唐先生不走此路，他的方法就是远近交替合一。如此可以长久下来，既生疏又亲密，既陌生又熟悉，两种感觉矛盾地统一在一起，亘古而弥新，因此就不会有上述觉得自己妻子太平凡，而别人的妻子总比自己的妻子好。要如何达到这个境界，除了上述身体至近、灵魂至远的方法外①，他还提供一个方法，这个方法比心理学家的建议来得更佳，就是把敬放到爱中，唐先生说：

"在你们未结婚时，你们的爱情总是继长增高，而且其中常自然包含敬。因为你们精神之合一，还不曾获得它实际的象征，所以你总觉对方在你之外，你的精神视线总是自下而上，所以你的爱中常自然的包含敬，你敬对方之精神，你可以只求与对方精神有更深之合一。在你们结婚后，你们精神之合一，有了它实际的象征，它便可不进而求精神更深的合一，而以实际的象征——那身体的结合日常生活的共同——来代替求更深的精神合一之要求，同时敬可为爱的掩没。但实际象征又不能真代替那种精神上求更深合一的要求，因为人根本是精神的存在，是要求精神之进步，要求与他人更进步的精神有更深的合一的。所以婚后的生活，必然使人渐渐厌倦，同时使人感到原来的爱情上到了坟墓。"②

唐先生在此用了另一个观点来解释为什么一般人会有"婚姻是爱情的坟墓"现象。唐先生那个年代婚前性行为很不普遍，他说，在还没结婚之前，

---

① 这里的"身体至近、灵魂至远"论点，必须善解，否则会以为唐先生是灵肉分离主义者，事实上，唐先生是主张灵肉合一者，《爱情之福音》第一章就是强调此点。身体也是"生命精神的表现"。参见《爱情之福音》，第14页；廖俊裕：《从爱情到灵魂——论唐君毅的爱情神秘主义》，第39页。

② 唐君毅：《爱情之福音》，台湾学生书局1991年版，第34－35页。

因为身体的接触还没到达最高之性的结合，因此没有"实际的象征"，所以对对方还有种自然的"敬"，觉得对方在我之外。结婚后，有了身体彻底的结合为一，把对方视为与我一体，因此"敬"就容易消失，以为已经彻底合一，而更丧失了更高的心灵上的合一、人格的兼容，因此就容易停留在身体的合一上，而产生了厌倦，是故有婚姻为爱情之坟墓的说法。如何解决这种"婚姻为爱情之坟墓"的现象，就是重新把"敬"放进去。唐先生说：

"唯一避免厌倦之感发生的办法，便是大家自动的再承认彼此间人格之距离，认为我们尚未达最高的精神合一，大家的精神须更求进步。这就是说在爱之外，需要敬来肯定人格之距离，而促进对方人格之进步，精神之进步，以求更深的精神人格之结合。如是，则回到我们前段所说以敬来完成爱之发展的话。婚后的爱，最必需有敬来使之发展，所以我们说敬是爱之灵魂，尤其是婚后的爱之灵魂。"①

爱是把对方拉近来变成一体，敬是把对方推出去，尊重对方人格。爱敬合一，是避免厌倦唯一的方法，于是有爱，人我的合一；有敬，人我的互相独立。既独立又合一，爱敬合一，在结婚后，可不耽溺在身体的结合合一，还更可以创造精神人格的结合，如此，就不会有"婚姻为爱情之坟墓"的现象发生。

在这样的爱敬合一，爱中有敬、敬中有爱的爱情学下，唐先生认为许多爱情婚姻的问题都是可以解决与创造爱情的经验的。例如：对方太丑没任何长处②、没有一点可爱、没有热情③、脾气很坏常发怒④、奉命成婚没有爱⑤等都不是不能创造爱情的理由，因为对唐先生而言，爱情的发生本身就是没有条件的，爱情的发生有些机缘，但这些发生的机缘并不是条件。

---

① 唐君毅：《爱情之福音》，台湾学生书局1991年版，第35页。
② 一男子起立道："先知论到美与妆饰，使我联想到我的妻子。她不特不能由妆饰增加她的美，而且她本身就不能使人生一点美感。她根本就很丑，此外亦无任何长处，这样我不知如何能爱她？"参见《爱情之福音》，第64页。
③ 那青年道："不错，爱情可以创造，这话我已听得许多了。但是我觉得她的灵魂没有一点可爱处，她没有热情，我不知如何创造起。"参见《爱情之福音》，第60页。
④ 她道："我是结了婚的女子，但是我的丈夫脾气非常坏，常常发怒，常与我争吵，我觉得他的心太缺乏柔软的部分，太硬了。请问先知，我将怎样办？"参见《爱情之福音》，第61页。
⑤ 又一青年道："我也是已婚的青年，我有一妻子，并不是我自己的选择而是父母替我定的，我觉得她很可怜，但是我并不爱她，请问我可不可以离婚？"参见《爱情之福音》，第58页。

一青年起立问道："如果异性身体之美不是爱情所必需的条件，请问爱情是否必需其它之条件，爱情究竟是否有条件？"德拉斯说："孩子，你问得很好，我可斩截的告诉你，说到最后，爱情是无条件的，犹如人间一切的爱。孩子，世间一切所谓爱情的条件，无论是学问、地位，以至可指出的道德、品性，都同美貌一样，都是心灵自身之外围，都只是一种引导你去爱对方的心灵自身之工具，使你经验你们的爱情生活之工具。孩子，如果你是爱对方的学问，你何不只去当他们的学生？如果你爱对方的地位，你何不只去当他的部属？如果你是只爱他的道德品性，你何不只去当他的朋友？为何你一定要当他的伴侣？……爱情生活本身是一切条件的超一切条件，那唯一的条件，只是你们之如何使彼此的爱情变为更深细更悠久，使你们的心灵自身有更息息相关之同情的振动。"①

唐先生主张，究极来说，爱情是无条件的，因为所谓爱情的条件就唐先生来说，都是一种接引我们去爱对方"心灵自身"的机缘，进而进入宇宙灵魂、精神本体，它是机缘不是条件，如果是条件，意思是说没有这个因素，我们便会、便可不爱他，犹如我们因为对方的学问或地位发现了对他的爱，但有一天对方因为某些意外（如车祸之类），而失去了他的学问或地位，通常我们还是对对方有爱，这就表示这些我们认为的条件不是条件，而只是某种进入对方心灵、与对方有爱的一体感发生的机缘，机缘是当下发生的某个导引线，但不一定必然，只是在当下那个时空，恰巧地发生的某个现象之一。因此唐先生在这段引文的最后说道，爱情生活的"唯一条件"就是使彼此的爱情"更深细更悠久"，而这更深细悠久的关键还是来自爱与敬的辩证合一。

五、结　论

本文站在时代背景和儒学发展的时代任务下，基于经世致用，儒家爱情学在当代发展的必要性，由此说明唐君毅先生的爱情学有其可探讨之处。

唐先生爱情学已往的学术成果集中在爱情学的生理学部分，就是本质部分、理想层次。本文较为特殊的是处理唐先生的爱情病理学部分。

———————————

① 唐君毅：《爱情之福音》，台湾学生书局1991年版，第66－67页。

唐先生爱情病理学的解决策略是"凡现实即合理，凡合理即现实"，在现实中探讨其价值之处；在理性中、理想中找寻其现实化的动力。在现实与理想中辩证发展讨论爱情病理学的个案。

最后本文以劈腿或外遇为线索来讨论唐先生爱情病理学的一部分，解决了爱情生活中为何无法互信的问题。对于互信的建立，唐先生主张要有真自信而勇敢地去信任对方才有可能互信，否则就像"疑邻盗斧"般不可能建立互信。

就心中有更爱的对象产生时该如何处理，唐先生主张为了不陷入自我否定或自我怀疑的存在情境，还是要回到"定情"时的初衷来做自我确立的存在抉择。

结婚后发现自己的妻子平凡无趣、别人的妻子感觉较好的厌烦感如何解决，唐先生用"至远至近""爱敬合一"等观念来做"婚姻是爱情坟墓"现象的解决办法，强调爱情的发生是无条件的。

未来，就唐先生爱情学而言，在病理学部分，还有些主题可以研究，如我过去很花心，觉得对不起现在的情人，该怎么办？如何面对配偶的死亡失落？再婚的意义等，都还是可继续发展的面向。唐先生的爱情学和其他爱情学主张，如弗洛伊德、弗洛姆、罗洛梅、弗兰克等大家的，也是可以对比的研究方向。

论人的极限之境与最高境界

雷爱民[*]

内容摘要：最高境界是境界论哲学中常常会设想的，然而不管人们对最高境界如何设想，无论认为最高境界为固定的，还是认为最高境界是流转变易的，即所有境界无高下优劣之分，最高境界之判定仍存在各种问题。当把最高境界与人的极限之境联系起来，透过人的极限之境，退去个体生命中的各种细碎无益之事，剩下的不能被放弃，又能够支撑个体生命价值、信念等的就是个体生命的极致。无论这种不可放弃、能够支撑个体生命的东西是什么，它的呈现和出场就托起了个体生命的存在和价值，因此，这种东西的呈现和出场就是个体生命所能达到的最高境界。

关键词：极限之境　最高境界　人　安顿

对于每个人而言，遭遇极限之境是人生中几乎必然的事情。此处所谓极限之境是指超出了个体生命、能力、预期、价值体系、人生图景等之外的处境或设想，从而对个人造成压迫和威胁的情况。在人们所遇到的极限之境中，遭遇死亡威胁或者面对死亡问题或许是人的极限之境中最困难、最长久，也是最难以释怀的处境之一。在死亡这样一个极限之境的逼近之下，人们如何化解由死亡问题带来的威胁、恐惧、意义世界的幻灭？在中国近现代哲学中，境界论哲学提供了一种解释思路和视角，即通过境界论体系及最高境界设想和人生境界

---

* 作者简介：雷爱民，男，北京大学中国哲学专业博士，现为清华大学人文学院哲学系博士后。研究兴趣：中国哲学、伦理学、知识论、死亡学等。

的圆成来化解极限之境的困扰。那么，我们的问题就是：中国近现代哲学中的境界论者，或者说更为广义的境界论思想通过提供最高境界承诺可否化解人的极限之境所带来的困扰？更简单地说：最高境界之承诺是否能够化解个体面临死亡时的各种威胁和恐惧？或者说面临死亡之境时，个体怎样理解境界方可最简便地安顿人极限之境的困扰？本文将主要考察对个体而言，面对死亡这样一个极限处境时，怎样理解最高境界和境界论，即境界设定可以在什么意义上对人的极限安顿有所帮助。

一、人的极限之境及其安顿问题

如果我们围绕死亡这个极限之境来展开，那么由死亡恐惧而来的问题就是人们处于此类极限之境时不得不面对的问题，死亡恐惧的消除和化解就是人们面对极限之境的安顿过程。卢梭说："谁要是自称面对死亡无所畏惧，他便是撒谎。人皆怕死，这是有感觉的生物的重要规律，没有这个规律，整个人类很快就要毁灭"，如果卢梭的判断是正确的，那么人会怕死，人类面对死亡这个必然的极限之境时，就需要得到充分的安顿。

1. 缘起：身处险境和危局的性命之忧

无论是和平年代还是战争时期，无论是圣贤英豪还是平民大众，面对生命的终结或者面对个体的性命之忧，恐惧总是难免的。在当今社会，人们遭遇疾病困扰而陷入生命危局是个体生命终结的常见形式，即便疾病困扰没有夺走个体生命，从死亡边缘折回的险境也常常令人印象深刻。当代著名的生死学研究专家傅伟勋先生在面对自身的癌症危机及其治疗之时，他提出从中国传统的"心性体认"视域出发去参透生死智慧，通达形上终极实在，从而达到生死解脱境界，消除死亡恐惧。① 傅伟勋先生在身处生死边缘、面对死亡极限之时，没有选择从宗教角度来化解其死亡危机②，而是认为可以从中国传统"心性体

---

① 参见傅伟勋：《死亡的尊严与生命的尊严——从临终精神医学到现代生死学》，北京大学出版社 2006 年版。

② 死亡对宗教来说，当然是最核心的关切，明憨山大师在《梦游集》中说："从上古人出家本为生死大事，即佛祖出世，亦特为开示此事而已。非于生死之外别有佛法，非于佛法之外别有生死。"

认"的立场来参透生死智慧，从而解除个体身陷危局和性命之忧带来的危机和恐惧。事实上，我们从傅先生书中描述的心路历程可以看到：即便是长期讲述生死学课程和中国传统文化，即便生死智慧在傅伟勋先生看来他已多少有所体认和确信，然而，在临近生死危局与突如其来的性命之忧时，仍不免有引起心中不安乃至性情的变化。可见，身陷生命危局，即便对于长期试图超克死亡恐惧的人们来说，死亡这个极限之境仍然是非常难以面对的事情。同时，傅伟勋先生提出一种非宗教性的超克死亡恐惧之路径，即用"心性体认"的方法来超越死亡问题。

2. 问题：体认什么？

傅伟勋先生认为"心性体认"可以超越死亡问题，换句话说，"心性体认"可以化解由死亡带来的恐惧和威胁，即最终使体认到某种东西的个体能够从容地面对死亡，进而与死亡达成和解，最终一举解决死亡问题。如果确如傅伟勋先生所说，"心性体认"可以超越死亡问题，那么进一步的问题就是：心性体认到底体认到了什么？它为什么可以化解死亡恐惧、安顿极限之境中的个体？在傅先生看来，这个被体认到的对象就是"形而上的终极真实"。傅伟勋认为"终极实存[1]、终极关怀[2]、终极真实"是个体面对死亡问题必须面对的三个内容（包括宗教在内）。终极实存是死亡问题的承担者（主体），终极关怀是死亡承担者对死亡结局所带来的后果之顾虑，终极真实是死亡承担者面

---

[1]　参见傅伟勋：《死亡的尊严与生命的尊严——从临终精神医学到现代生死学》，北京大学出版社 2006 年版。李聪在《傅伟勋"现代生死学"的意义》中认为：傅伟勋曾提出"生命的十大层面及其价值取向"模型理论，这十大层面由低至高依次为身体层面、心理层面、政治社会层面、历史文化层面、知性探索层面、审美经验层面、伦理道德层面、实存主体层面、终极关怀或生死解脱层面，以及终极真实层面，以此来解读人之生命存在的整全意义。现代生死学揭示了实存主体对于死亡问题之探索与超克的宗教性。在现代生死学中，傅伟勋从哲学和宗教（学）的高度来研究与探索"死亡问题"。在他看来，最直接关涉死亡问题的应属人的实存主体、终极关怀和终极真实三个层面。（李聪：《傅伟勋"现代生死学"的意义》，《医学与哲学》2012 年 7 月。）

[2]　彭兰闵的《从"念佛救度"和"中阴得度"看佛教死亡教育》中说：保罗·蒂利希（Paul Tillich）在他的名著《信仰的原动力》（*Dynamics of Faith*）一书中提出了"终极关怀"的概念。蒂利希认为，真正的宗教信仰是一种面对宇宙人生的终极关怀，这种终极关怀是超越世俗与物质层面的，而宗教信仰的原动力就是终极关怀的原动力。基于这种终极关怀，宗教信仰成为一种涉及整个人格的核心行为与活动。而宗教信仰的源头，在于我们自觉到可以超越有限生命束缚的可能性。因此，人类的宗教需求与探索是我们面对宇宙人生时的本然反应，也是探求究竟真实与追寻彻底解脱的终极关怀。（彭兰闵：《从"念佛救度"和"中阴得度"看佛教死亡教育》，《法音》2009 年第 8 期。）

对死亡结局时呈现出来的接受死亡承担者的终极承诺与最终承载者。因此，心性体认，在面对死亡这个极限之境时，人们所体认到的就是死亡"悬临"时呈现出来的终极真实。在这个终极真实的处境之下，人们获得的生死解脱之境界，就可谓是个体达到的最高境界。也就是说，在傅伟勋先生看来，人们对最高境界的把握不是别的，就是对终极真实的呈现之体认与确信。① 我们虽然不能把死亡问题的化解和死亡恐惧的超克当作人达到最高境界的全部内容，但是无论如何，当一个境界论者或者心性体认者宣称有最高境界或描述最高境界为何时，最高境界对死亡问题的安顿和处理必定存在和有效——即最高境界中的人，或者说如果人们体证到了最高境界，那么个体的死亡恐惧应已化解，个体应当已然与死亡达成和解。否则，我们可以断然否定这样的最高境界。

二、极限安顿与最高境界问题

如果说最高境界必然可以化解个体极限之境的困扰，那么达到最高境界对于个体而言就是非常有意义的事情，甚至可以说它是人生独一无二的方向和目标。中国近现代以来，从传统的心性之学出发说，提出了不同境界论体系的哲学家们，大多都设想了一个境界层级体系与最高境界。也就是说，像傅伟勋先生一样，中国近现代境界论哲学家认为境界论可以安顿个体人生是无疑的，境界论哲学所设想的最高境界可以对应和解除个体极限之境的困扰，包括死亡问题。因此，简单地说，如果人们试图通过心性体认的方式来超越死亡问题，那么达到最高境界就是个体超克死亡危机与安顿死亡问题的主要方式。如此一来，最高境界就必然关涉极限之境的安顿问题，最高境界的设定就不是一个任意可为的事情，而是一个非常严肃和应该谨慎的事情，因为它事关个体的生死安顿。因此，如何理解最高境界和澄清最高境界问题就显得非常重要。

----

① 张乃芳在《傅伟勋生死哲学研究》中说：傅伟勋生死哲学的境界论问题，传统儒家以"天/天道"为终极真实，追求合道的乐境；道家以"道"为终极真实，追求合道的逍遥；大乘佛学以"诸法空相""一切如如"为终极真实，追求生死即涅槃的解脱，其共同的理路是：认可超形上学的终极真实，追求本然的心性体认的生死解脱境界。（张乃芳：《傅伟勋生死哲学研究》，河北大学博士论文，2012 年。）

中国近现代以来产生了不少境界论哲学①，著名的有如冯友兰先生的"四境界说"、唐君毅先生的"九境界说"，不同境界论哲学家对境界论体系的设想有所不同，甚至人们对于同一境界也有不同看法，对境界的性质与特点之论断也各不相同，更为关键的是：他们对最高境界的设想是不同的。也就是说，似乎不同境界论体系中的最高境界都可以安顿个体人生，即最高境界安顿个体人生和化解人们的极限之境可以有所不同，而不必一模一样。因此，最高境界就成了相对的了，最高境界的获得也成了因人而异的事情。这个结论看起来很合理，但是令人疑惑的是：最高境界到底是怎样的？有没有可能有些哲学家所谓的最高境界是有问题的？最高境界可否任意设想？最高境界如何达到？这些问题的逼迫会把我们拉向一个更基本的问题：最高境界是否可能？如何可能？总的来说，在中国近现代哲学家中，他们对最高境界的看法大体可以分为两种类型：一种为固定境界和特定的最高境界，一种为流转的境界和变化的最高境界。甚至我们可以说，他们对于境界的看法也表现为两种类型：一种为正面的肯定境界，一种为负面的否定境界。多半以固定境界为最高境界者会认为境界是一种正面的、积极的东西，境界有高下之分，高层级的境界优于低层级的境界，最高境界是存在的，是人们值得追求的终极目标；而以流转变易作为最高境界特性者多半认为境界并不具有特别的意义，境界在障碍和障蔽的意义上是需要打破的，最高境界只是一种个人设想而已，它或许是暂时的。那么总的来说，对于不同性质的境界之判定，它们在极限之境时起的作用如何？

1. 极限安顿与固定境界的关联

所谓固定境界，就是在一些哲学家看来，人生境界或说心灵境界是有不同层级的，人们达到的和体认到的境界是可以确切区分的，境界的区分按照特定

---

① 中国近现代以境界论著称的思想家有王国维、宗白华、朱光潜、方东美、冯友兰、唐君毅等人，除了冯友兰、唐君毅之外，中国近现代的境界论主要有：（1）王国维在《人间词话》中频繁使用"境界"一词，他从美学角度开启了中国近现代境界论研究的端绪，之后，不少学者继续对境界论进行探讨。（2）宗白华在《美学散步》中把"境界"视为大自然的生命节奏与人内心的生命节奏之契合，视境界为有限与无限的直接统一，在《艺境》中把境界分为"功利境界、伦理境界、政治境界、学术境界、宗教境界、艺术境界"六种。（3）朱光潜在《文艺心理学》中已涉及境界问题，在后来的《诗论》中仍述及境界，他认为诗的境界是"意象与情趣的契合"。（4）方东美在《生生之德》《原始儒家道家哲学》中认为"哲学思想起于境的认识"，将境界划分为"物质境界、生命境界、心灵境界、艺术境界、道德境界、宗教境界"六类。

观点构成一个境界论体系。其中，最高境界具有特别重要的意义，它是这类境界论者设想的理想人生之结局，最高境界之圆成就是人生的终极安顿。最高境界在他们看来基本上是固定的，能否体认到最高境界是个体的问题，而最高境界的存有与确定是没有问题的。比如在冯友兰的"四境界说"中，"天地境界"的存有在冯氏看来是可以肯定的，"天地境界"的达到就是圣人之境的获得，在"天地境界"中，人们自然就可以获得极限之境的安顿。虽然如冯友兰先生一类的境界论者会极力推崇特定的境界作为最高境界，对于最高境界，在他们看来也是无须质疑的，但是，当他们把最高境界与固定境界联系起来，就会面临这样一个挑战：如果除了冯友兰先生的"天地境界"之外，还存在其他最高境界的论述[①]，那么到底谁的最高境界才是真正的最高境界？假定冯友兰认为他的最高境界是确定无疑的、唯一的最高境界，那么，实际上就必然排除了其他最高境界成为最高境界的可能——除非冯友兰的最高境界不是真正的最高境界。这样一来，任何主张最高境界并试图把他的最高境界与特定境界联系起来的人，他的最高境界就成了唯一的最高境界，并且不允许其他最高境界与之同时并存。两个不同的最高境界主张者不能同时为真。因此，把最高境界与固定境界联系起来的境界论者就面临一个何者为真的问题。这是此类最高境界论者在提出其主张时面对的第一个问题，换句话说，此类最高境界论观点要成立，他们必须证明其最高境界的唯一性以及提出相应的评价标准。

除了上面提到的问题，通常认为：当人们在面对极限之境时，此类最高境界论者所提出的最高境界应当能安顿人的极限之境，比如化解人的死亡恐惧等，否则，我们有理由拒绝这种最高境界之主张。如果这个观点能够成立，那么身处危局或身陷险境的人们获得固定的最高境界就是化解人的极限之境的主要方式。因此，固定的最高境界之获得就是人们必须要努力争取的。反之，当我们没有认识到或者没有获得固定的最高境界时，人们面对极限之境就可能出现一些问题。假如固定的最高境界之获得是人们化解极限之境困扰的主要方式，那么，我们可以肯定的是：世上必有许多未曾领悟或获得固定最高境界者不能最终化解个体极限之境的困扰。从本文讨论的死亡这个极限之境来看，也就是说，它意味着只要人们不能领悟或获得固定的最高境界，就不可能安顿个

---

① 如宗白华的"艺术境界"、方东美的"宗教境界"、唐君毅的"天德流行境"等。

体的死亡问题、化解个体的死亡恐惧。这个结论是沿着此类最高境界的主张者之思路推导出来的，但显然这个看法有违事实，世上安顿极限之境的方式或许有多种，至少在真正的宗教信仰者看来，他们并不需要达到固定的最高境界就可以安顿死亡问题、化解死亡恐惧。对于把固定的最高境界与化解人们的极限之境的危机联系起来，有的人可能会反驳：最高境界可以化解极限之境的危机，但是最高境界也并不一定需要承担化解极限之境的危机的全部责任，即更低的境界层级中也可以化解极限之境的困扰，包括死亡危机。这个反驳认为非最高境界也可以化解极限之境的困扰，我并不否认存在这种可能，只是如果更低层级的境界都可以化解极限之境的困扰，包括死亡危机，那么最高境界必定可以解除一切极限之境的困扰就是合理的推断。更何况更低层级的境界之获得就已然化解了极限之境的困扰，那么我们就无须最高境界来解除极限之境的困扰，如此一来，最高境界中极限之境的困扰就不能存在了，因此，所谓最高境界与极限之境的安顿就没有关系了。这个结论对固定最高境界论者而言确实有点出乎意料：固定的最高境界如果与极限之境的安顿没有关系，那么，人们极力追求最高境界似乎就是多余的，这样的最高境界又有何意义？

从我们上面的分析来看，把固定境界当作最高境界，它首先面临何种境界为最高境界的问题；其次，最高境界一旦确立，那么对尚未认知或尚未达到最高境界的人们来说就被排除在了可以自行安顿个体极限之境，包括死亡危机的行列之外；最后，一旦我们认为极限之境的安顿可以不需要在最高境界中完成，那么最高境界其实就与极限之境的安顿没有关系了。以上三个方面，无论哪个方面都让我们有理由怀疑"把最高境界与固定的境界联系起来"是有问题的。如果固定的最高境界之看法是有问题的，那么要用固定的最高境界来安顿和化解个体极限之境的困扰就是有问题的。从这个意义上来看，我们常常会发现这样一个事实：当人们主张他们所说的境界是唯一的最高境界时，在真正面对极限之境的困扰时，比如死亡恐惧来临之时，他们并不能很好地应对和化解其中的危机——这其中的原因或许就是他们把固定境界当作最高境界的看法有问题，而对于真正可以当下安顿个体极限之困的因素却被其视而不见。

2. 极限安顿与流转境界的关联

从以上分析可知，把固定境界作为最高境界是有问题的，因此，固定的最高境界就难以对极限之境的安顿产生相应的效果。那么，相对固定的最高境界而言，把最高境界当作是流转变易的，认为极限安顿可以与流转变易的最高境界联系起来，即流转变易的最高境界可以安顿个体的极限之境，这种观点是否会好一点呢？我们认为这种观点仍然尚待考察。

境界的流转变易被认为优于境界的僵化固守，并且常有人把流转变易当作心灵活动与宇宙大化的基本面貌，认为心灵的超越与境界的流转基本上是同一回事。在这种观点之下，人们会认为所有境界都是平等的，境界只是由于不同的"观照"角度而导致，境界的相对性暗示了并不存在一个所谓的最高境界。因此，所有的境界都可能是心灵的障碍，人们能够做的事情就是不局限于特定的观察视角，即不局限于特定的境界，而是让心灵流转变易成为唯一的境界追求。这种观点在唐君毅先生的"心灵九境论"中表现得非常充分，在唐先生看来，心灵三向九进所形成的境界都只是心灵"观照"外物和自身"体、相、用"之错位而形成的。虽然对特定境界之形成，唐先生在《生命存在与心灵境界》①中有极尽详细之描述与论证，但是即便是唐先生所说的"天德流行境"，作为"心灵九境"的最后一境，它也并不具有终极意义，唐先生甚至在其书中明确地认为还可能存在其他境界。②在九境当中，前三境为客观境界，中三境为主观境界，后三境为超主客观境界，而前、中、后三境里面又各有三境，这里面的三境又有"观体、观相、观用"的区别，因此，唐先生会同意《大乘起信论》中所谓"观体、观相、观用"而分别有"体大、相大、用大"的分判③，从而视一切境界为平等境界。因此，从流转变易的不同境界出发，就很难判定何者为最高境界。这一点与固定最高境界的看法不同，因而它没有"何种境界为最高境界"的判定问题。

虽然流转变易的境界规定避免了"何为最高境界"的质疑，但是，当人们把流转变易的境界与极限之境的安顿联系起来时，问题就变得复杂了。当我

---

① 唐君毅：《生命存在与心灵境界》，社会科学出版社 2006 年版。

② 同上。

③ 《大乘起信论》："已说因缘分，次说立义分。摩诃衍者，总说有二种。云何为二？一者法，二者义。所言法者，谓众生心。是心则摄一切世间法出世间法，依于此心显示摩诃衍义。何以故？是心真如相，即示摩诃衍体故。是心生灭因缘相，能示摩诃衍自体相用故。所言义者，则有三种。云何为三？一者体大，谓一切法真如平等不增减故。二者相大，谓如来藏具足无量性功德故。三者用大，能生一切世间出世间善因果故，一切诸佛本所乘故，一切菩萨皆乘此法到如来地故。"〔（梁）真谛译，高振农校释：《大乘起信论》，中华书局 1992 年版，第 12 页。〕

们遇到死亡这种极限之境时，流转变易的境界意味着什么呢？《心经》有所谓"心无挂碍，无有恐怖"，也就是说，在他们看来，执着什么或者留恋什么，就会因为害怕失去它们而感到恐惧和痛苦，比如留恋生命和执着于活命，就会害怕死亡和失去生命。因此，这种境界论者通常主张避免对特定对象和某种境物产生留恋和执着，甚至对心中一切观念、一切法作空观、作平等观。这种思路自有其宗教背景与修行方法的考虑，此处不展开讨论，我们只提出一个相反的看法：流转变易如果意味着对一切境物、法相等都无执着、无挂碍，那么有执着、有挂碍是否就必定无法安顿个体的极限之困？事实上，现实中很多事情并不如此，比如说有人临终了，开始可能惶恐失措，但最终他又能够与死亡达成和解，而和解的方式或许并不是抛却一切，而是对某种安顿的观念和想法坚信不疑，比如相信去世以后他会去往天国或与死去的亲人团聚，或者只是等待某人到面前来送终，看其一眼就安然离去等。这种情况下，人们倒不是抛却了一切，相反，而是对一些东西更加执着。对这种极限之境有死亡学家认为：一般而言，临终之际的人的心理通常会有五个发展阶段，分别为"否认与隔离、愤怒、交涉、抑郁、接受"①，而接受死亡是个体人生可以普遍实现的最后一个阶段。也就是说，即便在通常意义上来看，极限之境的安顿也并非一定要通过全无执着和空无所有来达到，恰恰相反，只有当人们对心中关切的东西坚信不疑时，他才可能真正渡过危局，解除极限之境的困扰。因此，当我们把流转变易当作终极性的追求时，我们仍然不需要极端地抛却一切，恰恰相反，对于普通人来说，有所关怀、有所留恋正是人们安顿自身，走出极限之困的主要视角。

三、人极限之境下的境界开显与最高境界

人处于极限之境中，或身陷危局，或有性命之忧，如何化解个体极限之境的困扰，安顿个体人生，从"心性体认"的角度出发，或许我们不需要一开始就设想最高境界，而是可以从人们面对极限之境时托起个体生命意义的内容与重大关切出发来加以理解和阐释。

---

① ［美］罗斯著，邱谨译：《论死亡与濒死》，广东经济出版社 2005 年版。

1. 极限之境与极限体验

当人们身于极限之境当中，比如身陷囹圄，或危在旦夕，通常，个体的处境非当事人之前所料想或曾遭遇过，不是当事人也不能切身体会其中滋味，处于极限之境中的人们常常受到来自身心两方面的冲击和痛苦，因此，极限处境中的人很难以平淡无奇的方式去劝慰或告诫，甚至他们的各种想法与担忧会令旁人无所适从。比方说，有人得了重病，生命垂危，在这种情况下，有时候病人会莫名地愤怒、莫名地怨恨、极端地恐惧，甚至对并无责任的亲朋和护理人员发火和责难，等等，诸如此类。一般人认为这种情况不可理解，这些反应和情绪在常人看来似乎有点不能接受，但是对于身处极限之境中的人却是常有的事情。那么，身处极限之境中的人们如何加以安顿？这个问题牵涉到两个方面：一是身处极限之境中的人们的自我安顿；二是面对身处极限之境的人们，外人如何帮助极限之境中的个体脱困。由于本文讨论的是极限之境与最高境界的问题，因此，如何帮助极限之境中的个体脱困不能展开讨论，我们此处着重关注极限之境中的个体如何自我超越、自我安顿的话题。

个体身处极限之境，面对的情况十分艰难，对于个人来说可谓前所未有，因此，极限之境中的个体感到茫然失措、无所适从是常有的事。在这种情况下，个体之前所形成的认知方式、道德观念、审美体验与基本信念等顷刻之间就要面临严峻考验。举例来说，当人们察觉到死亡来临，它可能取消与个体相关的一切——除了个体生命，还有个体长期形成的观念、价值、信仰等，似乎一切在死亡面前都不堪一击。也就是说，死亡结局将彻底改变个体的处境，把个体推向一个无处立身的境地，即在死亡面前，个体现世的一切努力与挣扎貌似都是毫无意义的。

极限之境的遭遇迫使人们不得不重新审视个体生命中原有的一切，因此，极限之境的遭遇自然就把人带到了一个完全陌生的处境之中。这种处境把个体抛进了令人无法自持的境遇，当这种境遇不能简单地依靠现世的任何东西来加以承担和化解时，一切极端的情绪与莫名的恐惧就是再正常不过的事情了。我们如果把这种极限之境中的体验叫作极限体验，那么，极限体验可谓打碎了常人自以为是的各种幻想与生活节奏，直接把个体抛到一个无处容身的异乡人境地。这种情况在许多身患绝症的病人身上时有体现，当病人自以为还可以活很久，或者认为医生可以让自己康复时，但医学却告诉他：你马上就要临终了——这种巨大反差对于从来没有想过死亡，从来不考虑生命之限的人来说无疑是灾难。然而，事情常常这样不经意间就发生了，当我们以为自己明天的各种计划会圆满实现时，却不知取消一切的死亡要悄然降临了。极限之境的降临不会向人妥协，它只会让人措手不及。因此，面对这种僵硬的事实，人们唯一能做的事情就是在极限之境中重新展开自己的生命境界。

2. 极限体验与最高境界

当极限体验敲碎人们的一切幻想与旧的观念之时，极限体验中的个体被迫要回答的问题就是：在此处境中，到底有什么可以支持和重建个体生存信念？换句话说，在极限之境面前，对于个体而言，什么是可以留下的，不会因为极限之困而消失？如果这个问题十分迫切，那么对于极限之境中的人们来说，问题的答案更像是一个极限之境中的援手，它肩负着把个体从极限危局中解救出来的使命。我们虽然不能罗列这个援手是什么，但是可以肯定的是：极限之境把人逼入一个领地，这个领地让我们抛弃一切不实的幻想，直达生命中不能放弃和丢掉的信念、立场、原则等东西。也就是说，只有这样一个东西的出场，才能让极限之境中的人们放弃旧有观念体系、甚至现实一切（包括生命）。当极限之境把人们昔日认为都比较重要的内容件件层层地剥去，最终可能留下的，或者个体认为即便极限之境降临也不可以放弃的东西在心中呈现时，这时候我们就可以说极限之境中的生机出现了。因为个体认为即便极限之境也不能夺走某种东西，那么，实际上人们就肯定了有某种东西不会随死亡等极限之境而消失。这种东西无论是什么，也不管它多么令人难以置信，只要它在极限之境中出现了，它就立即起到重要的安顿和宽慰作用。我们认为，极限之境中的极限体验或许是揭示个体生命价值的绝佳机会，通过极限之境的逼迫，使得人们直面个体心灵中最直接、最基本、最重要的东西得以可能。

如果极限体验确实发生过，极限体验也能够把个体逼入某种境地，那么，在极限体验中所获得的、不能被极限之境否定的、支持个体生命价值的东西，它就是个体生命所能依存和达到的极致之境，我们认为个体生命所能达到的极致之境就是人们能够获得的最高境界。因此，本文认为所谓最高境界不是别的，就是支持个体生命活下去、不能被放弃的最后一道防线所开显出的心灵处境和生命境遇。所谓最高境界也不是相对别人而言的最高境界，而是相对个体生命自身而言的，否则心性体认的根基就可能失去。极限处境中体验到的极致之境就可谓个体生命和心灵所能够通达的最大可能。所以，我们主张不需要把最高境界理解得非常玄虚，而是可以从极限之境中的极限体验出发去理解和阐发。

四、结　论

个体遇到极限之境是人生中再正常不过的事情了，而当我们面对极限之境时到底何者可以支撑自己，或者说什么是人们在极限之境中不可放弃的内容，这种逼问和考察会使我们直接面对和发现生命本身的意义及通达人生价值的源头。如果境界可以理解为人们在特定处境中的心灵状态与生命状态，那么，最高境界在本文看来就是人们在面对极限之境时发现的个体生命所能达到的极致之处，也就是特定个体终其一生所能设想和体验到的生命之全部深广度。

"一心开二门"与牟宗三"圆善论"的建构[*]

刘昆[**]

内容摘要：牟宗三晚年用佛教的"圆教"模式来重新诠释"最高善"中的"德福一致"问题。他用佛教中的"一心开二门"思想作为框架，由作为最高本体的"自由无限心"开出"德"与"福"两个层面的存有，并运用中国实践哲学思想，使二者成为一种"即"的关系，使"德"与"福"成为最高本体的"良知"的"同体异用"，也就是说"德"与"福"是"良知"的一体两面。从而在中国儒、释、道三教中找到了使"德福一致"成为人间之可能的"圆善论"思想。

关键字：圆教　最高善　德福　一心开二门　圆善

牟宗三先生在晚年谈起自己对于中西方哲学对比的看法，曾这样评价西方哲学："希腊'哲学'之古义，康德名之曰：'实践的智慧学'，这个词语用得很恰当。但这样的哲学古义，在西方已经被遗忘了，现在的哲学只剩下高度文明下的语言分析，讲逻辑变成应用电脑，这其实不算是哲学，只是哲学之沦落为技术。"[①] 牟宗三认为，若要进入哲学之堂奥，就必须有以上所说的"爱智慧"——"向往最高善"之向往。西方已经遗忘了追寻"实践的智慧"的希

---

　* 本文系安徽高校人文社科重点项目"牟宗三的道家思想研究"（SK2016A0773）的阶段性成果。

　** 作者简介：刘昆，女，河北邢台人，哲学博士，合肥学院思政部讲师，研究方向为现代新儒学。

　① 牟宗三：《牟宗三先生晚期文集》，联经出版事业股份有限公司2003年版，第432页。

腊哲学和康德哲学，而这种哲学，还保存在中国的哲学传统中，即是中国古人所谓的"教"。他认为，此"教"不是现代学校教育的"教"。因为现代学校教育是以知识为标准，而中国古人的"教"，则是"哲学"的意思，是"向往最高善"的"实践的智慧学"。在牟宗三看来，中国哲学的三大教儒释道都是实践的学问，都是追求"最高善"智慧的哲学。

一、"圆教"与"圆善"

在西方哲学中，苏格拉底首先提出"最高善"问题。善是苏格拉底的最高哲学范畴，苏格拉底的全部哲学都是对善的讨论和对善的普遍性的追求。苏格拉底把善当作人生的最高目的，同时他把人们在生活中对善的追求和实现称为美德。[①] 苏格拉底发现人们在追求"善"的过程中，常常是"德行"与"幸福"并不一致，由此他提出质疑，并开启了西方哲学史中关于"德福一致"问题的探讨。而斯多亚派认为，拥有美德的人是幸福的，人的唯一追求应该是美德，除此以外的追求都是恶；伊壁鸠鲁派则相反，它认为有福的人一定有德，认为快乐才是最高的善，人生最高的追求应该是快乐。斯多亚派与伊壁鸠鲁派都相信"德福一致"，但斯多亚派从德推导出福，伊壁鸠鲁派从福推导出德。在此之后，近两千年之中，再没有哲学家提过这个伦理学问题，直到康德又重新开启了此问题的讨论。在康德看来，"最高善"应该是"德"与"福"的统一，最终是一个德福综合而成的实践问题。他认为，斯多亚派和伊壁鸠鲁派对"最高善"问题的研究只是停留在分析层面上。由此，康德将"最高善"这个伦理学问题的探讨推进了一大步，把此问题的研究由理论分析推向了实践哲学领域。

而对于"至善"问题的探讨，则是中国哲学的终极问题。在中国传统文化中"天人合一"的一元论背景下，无论是儒家的"极高明而道中庸"、佛教的"般若智心"，还是道家的"和光同尘"，都不同于西方哲学心物二分的认

---

① "美德"一词（希腊文为 arete）的含义很广泛，它不仅指人的优良品质，也指各种事物的优点、长处和美好的本性。苏格拉底将人的所有优秀善良的品质，诸如自制、正义、智慧、勇敢、友爱、虔诚等，都称为人的 arete，英译为 virtue（汉译为"美德"）。

识论传统，中国哲学天生走的就是一条直觉体悟之路，是一种来自生活世界并在生活世界里最终"止于至善"的实践哲学。因为人们相信，只要坚持对心性的自我修炼，在人间世就能够实现"最高善"，达到真善美的统一。

近代西学东渐以来，中国哲学人开始关注、学习和反思西方哲学思想。在承接中国心性哲学传统和学习康德哲学的基础上，牟宗三先生继续对"最高善"问题进行探究。牟宗三首先给予康德哲学极高的评价，因为康德指出了斯多亚派和伊壁鸠鲁派的片面，它们在讲最高善时，虽然都提到德行和幸福两面，但是结果却只剩下一面。牟宗三说："康德不但正视了这个问题，并且把它推进了一步，指出这关系是综合关系；进而言之，虽然是综合关系，但却不是平列的、无本末之分的……这是个大进步。他能将这问题讲到这个程度，已经很不错了。"[1] 但牟宗三并不赞同康德对"最高善"问题的论证。在牟宗三看来，康德最终是以"上帝存在"来保住"最高善"，这说明了康德哲学缺乏彻底的实践性，这与康德提倡的"道德自律"相反，是"道德他律"，因此他认为康德的"纯粹实践理性"并不"纯粹"。而依牟宗三之见，中国哲学儒、释、道三教都相信人可以拥有"智的直觉"（即康德哲学中的"知性直观"）。在他看来，儒家哲学的最高本体是人的"良知"，作为本体的"良知"可以统摄一切，并开出道德界、本体与知性。由此，牟宗三希望将康德哲学的人生之"最高善"问题转化成人生之"圆善"问题，他的转化思路是用中国儒、释、道三家的实践哲学思想来修正康德的道德哲学并继续推进。牟宗三用"自由无限心"来替代康德道德哲学中的"上帝存在"，这样，"圆善"无须另有"上帝"之保障而可成立。

牟宗三师承熊十力，其思想受佛教"圆教"思想的影响很深。圆教，原本佛学术语，中国佛教之天台宗智𫖳始讲。牟宗三认为，"教"有许多种，而且不仅有不同的派别，每一派别内又有不同的支系，而只有佛教产生了"判教"的思想，也就是说，佛教将其内部诸宗派诸支系进行了系统的梳理与排列：将佛教划分为四个层次，分别是"藏""通""别""圆"，其中最高级别是"圆"，即"圆教"。"圆教"之"圆"，其根本涵义在于"圆满无尽"。"圆教"是一个系统但并无系统之相，且必须通过"非分别说"的方式其意蕴才

---

① 牟宗三：《中国哲学十九讲·序言》，联经出版事业股份有限公司 2003 年版，第 291 页。

能呈现出来。牟宗三认为，"圆教"思想不仅在佛教中可以彰显，在中国哲学之儒、道两家中亦有各自的"圆教"思想。

在牟宗三看来，佛教的"般若智心"、道家的"道心"、儒家的"知体明觉"都是最高本体"自由无限心"，三教都认为人虽有限而可无限，人生虽短，但能够在人世间达到"最高善"。这正是中国哲学中"圆教"的核心路径："反求诸己"。在儒家表现为"慎独"，在佛教表现为"止观"，在道家表现为"致虚守静"。三教都认为，人们可以通过在世修行，即自己在生活世界中的实践，从而达至"自由无限心"的境界。

因此牟宗三认为，相对于西方二元对立的基督教，中国哲学儒、释、道三教都是"盈教"，即圆盈之教；而西方基督教是"离教"，即隔离之教。因为基督教是二元对立的宗教，认为人是肉身性的、有限的存在，只有超验的神才是永恒而无限的存在，人神之间的鸿沟不可跨越。

二、"坎陷"路径的再诠释——"一心开二门" 与"两层存有论"

在对"最高善"的追寻之中，牟宗三用中国心性哲学改造了康德哲学，将坚持二元论的"离教"康德哲学改造为德福真正圆满一致的"圆教"，最终创立了"圆善论"思想。

此改造的关键之处，是牟宗三借用了佛教"一心开二门"思想作为圆善论的思想框架，从而用"一心"将"二门"与"万法"融摄起来。

"一心开二门"源于《大乘起信论》①，其中讲道："依一心法，有二种门。云何为二？一者心真如门，二者心生灭门；是二种门皆各总摄一切法。"（《大乘起信论》大三二·五七六上）《大乘起信论》也是天台宗的基本典籍，

---

① 《大乘起信论》是印度佛教中大乘唯心论的哲学著作，阐述了万法唯心的哲学体系，其中心思想是"一心三大""一心二门"。一心，谓众生心即如来藏心，万法源出于此，最终复归于此。二门为心真如门与心生灭门，它包摄一切世间法（经验世界）和出世间法（超验世界）。《大乘起信论》的哲学体系兼有中观派和瑜伽行派的哲学观点，因此有些学者认为此论并非马鸣原著，而是伪托之书。《大乘起信论》在中国产生过很大的影响，尤其是贤首宗和天台宗视其为基本典籍。

其主要思想是万法唯心，即"万法"由"一心"统摄，"一心"可开"心真如门"和"心生灭门"。①"一心"和"二门"的关系是双向的："一心"开出"二门"，并统摄"二门"；"二门"又是"一心"的丰富与展开，是"一心"在现象中的呈现。

牟宗三晚年对此思想框架非常赞赏，他认为，"一心开二门"不仅在佛教思想内具有普适性，在佛教之外也具有普适性，可以在中西哲学的断崖之间架起一座桥。在此基础上，牟宗三将佛教之"一心"换为儒家心性论之"良知"，将"心真如门"和"心生灭门"换为他自己创造的两个概念"无执的存有论"和"执的存有论"。从而使得"良知"替换了"一心"而作为内在超越，以代替康德哲学中上帝的外在超越；使得"物之在其自己"替换了"真如门"，对应"无执的存有论"；使得"现象"替换了"生灭门"，对应"执的存有论"。这样既解决了康德因稳不住物自身而只能再次请出作为外在超越之上帝的无奈，又在中国哲学中将"良知"置于先验的、内在超越性的无上地位。

从另一面来看，"良知"作为儒家的先验道德也就成为内在而非外在的超越，被牟宗三束之高阁于"一心"的地位上，这样，"二门"与"万法"之形而下层面的政治制度就可以解开意识形态造成的束缚，去放开手脚选择最先进

---

① 就此：《大乘起信论义记》卷中（本）曾对如来藏心之体相做解释，谓自性清净之如来藏心含摄真、生二门。就其体而言，如来藏心乃平等一味，其性无差别，非染非净、非生非灭，故称心真如门；就其相而言，如来藏心随熏起动，染净诸相不同，故称之为心生灭门。《大乘义章》卷三（末）所说亦同，其文云（大正44·525c）："次就体相分以为二，如起信论说，一心真如门，是心体性，二心生灭门，是其心相。就真论体，真体常寂，平等一味，名心真如。又如论释，于此心中，无法可坏，故名为真，无法可存，故说为如，据妄摄真，真与妄合，缘集起尽，名心生灭。"另摘录［日］汤次了荣《大乘起信论解题》对此处的注疏："在本论中，又把这一心称为众生心。所谓一心，所谓众生心，其实体毫无差别。若以一心为宇宙精神，则众生心是个体精神，即由宇宙精神形造出来的个体精神。换言之，可说是所谓一心，是理论的哲学的命名；所谓众生心，是伦理的宗教的名称。所谓二门，即心真如门和心生灭门，是把一心开出为体和相两方面。即心真如门是一心的体，是从绝对无限的本体方面观察说明一心。心生灭门是一心的相，是从相对差别的现象方面观察说明一心。在心真如门的绝对界，宇宙无染净之别，无真妄之别，无佛凡之别，无物心之别，是平等无差别的。在心生灭门的相对界，宇宙截然地具有染净、真妄、佛凡、物心的差别。所谓三大，即体大、相大、用大。既就一心二门的大乘的法体说明了其性状，接着再来说明这一心二门的法体何故名为大的理由。即从体上观看这一心二门之法，但见遍满宇宙万有，佛陀、众生、饿鬼、畜生、猫、犬，没有一个不是此一心二门之法，故名为体大。又，从相上观看这一心二门之法，则有无量数恒河沙数的功德，故名为相大。又，从用上观看这一心二门之法，则一切力皆有用，普遍摄化众生，故名为用大。这样，从体说来，从相说来，从用说来，三者都是大，所以称一心二门为大。"

的现代政治制度与治理模式。只要能够治理得当，在制度层面的"治道"中就可以解放思想，采取"万法"灵活模式来改革发展。这样也能够得到政权层面的"政道"的支持，而先验并内在超越的形而上之"良知"，更是乐意开此善法而就此"坎陷"自己。

"两层存有论"，包括"无执的存有论"与"执的存有论"。这一思想是牟宗三在《现象与物自身》一书中提出的概念，也依然是按照康德哲学而展开的。

何谓"存有论"？牟宗三指出："存有论就是成就遍计执以为经验知识底可能立基础。因此，这个存有论就是执的存有论，因而亦就是现象界的存有论，因为现象本亦就是执成的。"① 与康德所建立之"形而上的本体"对应，牟宗三发展出"现象界的本体"，此即牟宗三所谓之"知性的存有论性格"，亦可称之为"现象界的存有论"或"执的存有论"，此处之存有论是狭义的理解，而"存有论"一词，牟宗三认为应取广义。他说："'存有论的'一词取广义……'存有论的'一词不表示所说的纯粹概念是指一形而上的实体之实有说。在此等纯粹概念所成的范围内，吾人固亦可名之曰形上学，但此形上学是'内在形上学'（immanent metaphysics），不是'超绝形上学'（transcendent metaphysics）。英人 Paton 名曰'经验底形上学'（metaphysics of experience），即示此形上学是在知识范畴内，以上所说的存有论意义的概念去成就经验，去说明经验可能底先验条件以及经验对象（现象）所以可能底先验条件。"②

何谓"执"？在牟宗三看来，我们首先要肯定人拥有先验道德意识，人的先验道德意识就是形而上的最高本体。在此基础上，人由先验道德意识显露出"自由无限心"，其就是先验道德意识的实体，因此"自由无限心"又是形而上的实体，从此开出存在论，存在论之存在就是"物之在其自己"（即"物自体"或"物自身"）之存在，因为自由无限心是无执无着之故。"物之在其自己"之概念是带有价值意味的概念，不是事实性质的概念，即物之本来面目、实相。随后，由自由无限心之开存在论成为一本体意义的存有论，此即"无执的存有论"。牟宗三说："自由无限心既朗现，我们进而即由自由无限心开

---

① 牟宗三：《智的直觉与中国哲学》，联经出版事业股份有限公司 2003 年版，第 413 页。
② 同上，第 3 页。

'知性'。这一步开显名曰知性之辩证的开显。知性，认知主体，是由自由无限心之自我坎陷而成，它本身本质上就是一种'执'。它执持它自己而静处一边，成为认知主体，它同时亦把'物之在其自己'之物推出去而视为它的对象，因而亦成为现象。现象根本是由知性之执而执成的，就物之在其自己而绉起或挑起的。知性之执，我们随佛家名之曰识心之执。识心是通名，知性是识心之一形态。知性、想象以及感性所发的感触直觉，此三者俱是识心之形态。"① 也就是说，识心包涵知性、想象以及感触直觉，而识心与智心相对，即智的直觉。从知性形态之执起，直到感性而止，统统是为"现象界的存有论"，亦即"执的存有论"。

由此两层存有论，牟宗三开始着手构建他认为康德所未完成的"无执的存有论"。应该说，在牟宗三与康德继"智的直觉"产生分歧而出现拐点之后，"无执的存有论"这个概念实际上成为他构建中国哲学之圆善论的第一块理论基石。牟宗三是这样设想的："我们根据中国的智慧方面消化康德，把康德所说的超越的观念与经验的实在论那个形态，转成两层存有论：'执的存有论'和'无执的存有论'。前者是识心，后者就是智心，这就是彻底的唯心论。彻底的唯心论就从'无执的存有论'透出来，这在西方是透不出来的。由无执的存有论透出的彻底的唯心论，亦称彻底的实在论。因为智心与物如同时吾显（智如不二），智心是绝对的心，物如是绝对的实在；故同时是彻底的唯心论②，同时亦即是彻底的实在论。"③ 由此可见，牟宗三是要在"无执的存有论"这第一块基石上，重新构建现代形态的中国哲学之心性论系统，亦即重立心性论为中国哲学之形而上学，进而将内在于心之仁义道德尊为中国哲学之形而上学。

---

① 牟宗三：《智的直觉与中国哲学·序》，联经出版事业股份有限公司 2003 年版，第 8－9 页。

② 河北大学程志华教授认为，此处"唯心论"的涵义就是中国哲学的心性论，而非西方的唯心论（idealism），因 idealism 是以"idea"（理念）为研究对象的，是关于"idea"的学说。而中国的唯心论（即心性论），是以"心"为研究对象的，是关于"心"的学说。他说："就认识论来讲，在西方哲学，'idea'是知识的来源，而在中国哲学，'心'是知识的主体。就本体论来讲，在中国哲学（心性儒学），'心'是本体，而'idea'只是'心'本体的发用。"他以王阳明之"心之所发便是意"为例，指出 idealism 与唯心论不可相提并论，更不能相互替代。（参见程志华：《牟宗三哲学研究——道德的形上学之可能》，人民出版社 2009 年版，第 195 页。）

③ 蔡仁厚：《牟宗三先生学思年谱》，联经出版事业股份有限公司 2003 年版，第 86 页。

牟宗三认为，以感性所发的感触直觉为基础的经验知识都是执的知识。他说："若说这种知识不能及于物自身，这是当然的。若说吾人只有这一种知识，那便成问题；若说吾人不能有不以感触直觉为底子的无执的知识，那更成问题。"① 在他看来，康德哲学有两个核心的理论命题：一是现象与物自身之超越的区分；二是人之有限性。② 但是从对物自身的论述中看，牟宗三认为康德的道德哲学并不能"稳住"物自身，而是使它在有限与无限之间来回游移。他指出："康德亦说人的实践理性，道德法则，可以把我展露于一有真正无限性的世界中，它可以无限地升举我的价值，它可以显示一独立不依于一切动物性，甚至独立不依于全部感触世界的生命。"③ 但是康德只承认人有认识现象的能力，即人只能认识"执的存有论"一种知识。

这在牟宗三看来是源于康德不承认人有智的直觉，而认为智的直觉只属于上帝，也就是说康德否认人有无限性。牟宗三指出："但康德终于那样说，这是因为他终始不能承认吾人可有不以感触直觉为底子而以智的直觉为底子的'智知'。如果人真地不能有这种智知，则由道德法则所显露的无限性必是虚的，即康德所谓只在知性上为可理解，意即对之不能有直觉。如果道德不是虚的，无限性不是虚的，则必须承认这种智知。因此，康德既承认道德可显露人的无限性，而又不承认人可有智知，其分析必有问题。"④ 在牟宗三看来，人的感触直觉以及逻辑辩解的知性很显然都不能及于自由、不朽与上帝，但是如果说它们也不及于物自身，这就难以将物自身的超越意义的区分"稳定"住。他说："你的知性之存有论的性格所决定的对象为现象，这现象义亦不能充分被证成，即充分被稳定住。但是现象与物之在其自己之超越的区分是康德哲学底全部系统底重大关键，几乎其书中每一页俱见到。这就是其最高而有最根源

---

① 牟宗三：《智的直觉与中国哲学》，联经出版事业股份有限公司 2003 年版，第 413 页。

② 在《现象与物自身》的开篇，牟宗三就指出："康德的《纯粹理性批判》，甚至其哲学底全部系统，隐含着两个预设：（1）现象与物自身之超越的区分；（2）人是有限的存在（人之有限性）。第一预设函蕴（implies）第二预设，第二预设包含（includes）第一预设。是则第二预设更为根本。"（参见牟宗三：《智的直觉与中国哲学》，联经出版事业股份有限公司 2003 年版，第 1 页。）在此，"超越的"一词，康德著作的英文版原文是"transcendental"，通译是"先验的"，而与之相对的"transcent"，通译是"超验的"。牟宗三有时会混淆二者。

③ 牟宗三：《智的直觉与中国哲学》，联经出版事业股份有限公司 2003 年版，第 413 页。

④ 同上，第 413－414 页。

的洞见。以如此重大之洞见，而若不能充分证成之，这是很可憾的事。其关键唯在'人类不能有智的直觉'一主断。"① 于此，牟宗三提出其中国式的解决办法，即将物自身转化成一个价值性的概念，即让上帝退场，让物自身不再模棱两可，而等于价值领域之先验道德。如此一来，牟宗三就将康德的道德律令绝对化、彻底化，在道德自律的先验原则下，物自身就"稳住"了，现象与物自身之不可跨越的区分也就被"稳住"了。而这一转身，即将这个价值性的概念覆盖物自身，让先验的道德统一了上帝与物自身两个角色，等于是用中国哲学的仁义内在之道德的形而上学统一了康德的纯粹理性与纯粹实践理性两个视域，使得道德具备了至高无上的超越性，而且是内在的超越性，那么作为外在超越的上帝也就失去在场的必要了。所以，牟宗三认为自己的构想比犹疑摇摆的康德道德哲学更彻底。

牟宗三用"圆教"模式来诠释"最高善"中的"德福一致"问题，他认为"德"与"福"不是康德的"综合关系"，而是"圆善"。他认为，可以用佛教中的"一心开二门"思想作为框架，由作为最高本体的"自由无限心"即"良知"开出"德"与"福"两个层面的存有，并运用中国实践哲学思想，使二者成为一种"即"的关系，使"德"与"福"成为最高本体的"良知"的"同体异用"，也就是说"德"与"福"是"良知"的一体两面。从而使"德"不离"福"，"福"不离"德"，在"德"之中函有"福"，在"福"之中亦函有"德"。从此不必再综合"德""福"二者，牟宗三在中国儒、释、道中寻到了使"德福一致"成为人间之可能的办法，而这既是对中国哲学的实践传统的发展，又使得中国哲学在面对西方哲学的强势浪潮时彰显出中哲自身之独具的价值和意义。

三、结　语

由此可见，牟宗三虽然对存有论的讨论是就着康德哲学进行的，但其理论资源与问题意识却是来自中国哲学。他只是借用康德的道德哲学为现代尺度与工具，以便将孟子至陆王一脉的儒家心性论传统，甚而将整个中国文化儒、

---

① 牟宗三：《智的直觉与中国哲学·序》，联经出版事业股份有限公司 2003 年版，第 6 页。

释、道三家之传统，用西方哲学的话语梳理出来而使其呈现西方哲学架构的现代形态。而他的真实目的并非是要进行以西方哲学为话语权的中西古今之比较，而是在坚守中国传统价值观的基础上，推进中国传统文化的哲学现代性构建。如此看来，牟宗三绝非文化保守死硬派。可以说，他虽然在传统文化的衣钵传承中称得上是"文化保守主义"，但在政治上应该是践行了"自由主义"。他这样煞费苦心，虽然仍逃不开"中体西用"之老套，但毕竟在中体与西用之间的天堑搭起一座"一心开二门"之"不二"桥梁。他依照中国传统哲学的心性论改造了康德的道德哲学，打通了中国传统哲学中的"内圣"与西方现代政治制度的"外王"之间的隔阂，让孔孟陆王之"良知"能够自我"坎陷"出民主、自由。

"感通的形上学"

——晚年唐君毅对心性问题的论证

刘乐恒[*]

"心性"问题是中国传统哲学的主要论题之一。战国时期的诸子思想，已经对心性问题有着深度的探析。20 世纪末出土的郭店楚简，也有大量的内容讨论心与性的义涵。尔后经过儒、佛、道三家的互动，心性之论在宋明时期更显精密系统，成为宋明理学关键性、基础性的论题。但是，经过清代思想家的质疑，同时更重要的是，近代以来经过中西哲学的碰撞之后，中国学界如何通过哲学的方式来揭示与论证心性之维，便成为迫切的问题。这个问题之所以迫切，是因为一方面心性问题是中国传统哲学的关键、基础的论题之一；而另一方面，在西方哲学中，心性之维并不显朗。综合这两方面，近现代的中国哲学界便需要完成一个艰难的任务：如何在中西哲学的脉络下，对心性之维做出论证与揭示，以显出中国哲学所应有的位置与价值。

这个任务在现代新儒家处更显迫切与必须，因为现代新儒家特别是第一代的马一浮、熊十力和第二代的唐君毅、牟宗三，皆以心性之学作为其自身思想的基础与源泉，以及中国哲学的根基所在。[①] 因此，如何在现代的语境与脉络下，呈现出心性的位置与价值，更成为现代新儒家的自觉性的任务。不过，第一代的马一浮、熊十力等多通过传统的方式，显出心性之学与西方哲学的实质

---

* 作者简介：刘乐恒，武汉大学哲学学院副教授。

① 1958 年由牟宗三、徐复观、张君劢、唐君毅四人所联署的《中国文化与世界——我们对中国学术研究及中国文化与世界文化前途之共同认识》（简称《新儒家宣言》或《中国文化宣言》）便明确指出"心性之学"是"中国之学术文化之核心所在"。参见唐君毅：《为中国文化敬告世界人士宣言》，《唐君毅全集》第 9 卷，九州出版社 2016 年版，第 18 页。

当代儒学 | 第13辑　185

性差异。例如，马一浮便植根于其心证与体会，通过诠释的方式，直接显出中土六艺之学（即《诗》《书》《礼》《乐》《易》《春秋》）作为义理之学，与西方哲学有着根本的差异，这一差异在于前者是"见性"之学，后者则不能"见性"。而见性与否，是评判一种学问能否通至最真实的存在的判准。① 这导致马一浮甘于通过传统的方式，道出他对于心性之维的心证，而不通过西方哲学的脉络以做出论证。相比马一浮，熊十力在哲学思辨上显胜一筹。他在《新唯识论》中揭示出哲学的根本旨趣就在明见本体，并以此为线索，对比《周易》哲学与印度唯识旧论，通过"翕辟成变"与"体用不二"之义，揭示出本心性体之健动性与真实性。不过，作为第一代新儒家，熊十力尚囿于传统儒佛之学，他对西方哲学的态度与马一浮接近，即直接拒斥之意多，深度对话之意少，这当然也使得其对心性之维的揭示与论证，具有一定的局限性。

与马、熊等第一代儒家相比，唐君毅和牟宗三则能够进一步通过西方哲学特别是德国观念论哲学的脉络，充分显出中国哲学中心性问题的位置与意义。这无疑是对其前辈思想的实质性推进。在这当中，牟宗三所证立的"道德的形上学"（moral metaphysis）最受关注。牟宗三试图将宋明理学与康德哲学沟通起来，并论证出前者更可超越后者。他认为，西方哲学到了康德才开始严肃地认识道德意识本身，而康德强调道德的自律性而非他律性，则与宋明理学有相通之处。牟氏指出，通过康德的论证，道德自律是与意志自由相关联的，但在康德处意志自由是一个不可解明的设准，非人类理性可答。但在牟宗三看来，意志自由因为是实践问题而非认知问题，所以其并非理论上的设准，而是真实存在意义上的呈现。而中国哲学特别是宋明理学的"寂感真幾"之说，则通过体证的方式，直接地呈现出心体、性体既是主观的，又是客观的，最终还是绝对的，从而证立道德的形上学，也即道德通于形上界、存在界之理。相比之下，康德因为将自由意识局限为设准，而不明其实践义涵，因此只能证成其道德的神学，而难以证成其道德的形上学。在牟氏看来，只有道德的形上学才是道德的真实根基，而康德的自由意志与道德神学之说，因为是预设而非呈

---

① 马一浮指出："东土大哲之言，皆从性分流出。若欧洲哲学，不论古近，悉因习气安排，故无一字道着。"参见马一浮：《与曹赤霞》，《马一浮全集》第2册，浙江古籍出版社2013年版，第414页。关于这方面的更为具体的内容，可参阅刘乐恒：《马一浮六艺论新诠》，上海古籍出版社2015年版，第208－222页。

现，所以难以保证其真实性，而最终会腐蚀康德的道德哲学，使之全部落空。据此，牟宗三通过对道德的形上学的证立，揭示出中国哲学背景下的心性之维具有本体论、存在论的义涵，其与康德的道德哲学有相通之处，同时更可将其道德哲学引向更深一层，以真实证立道德的存在论、形上学义涵。①

　　牟宗三通过将宋明理学对心体与性体的心证之说与康德哲学对比，显出两者的相通性与差异性，证立道德的形上学，为心性问题的界定提供出一个论证的角度，受到当今学界的重视。不过，在笔者看来，牟宗三的论证应是诸多论证角度中的一个，而且他的论证方式有"截断众流"的意味，也即他通过直接对比康德道德哲学与宋明理学，指出宋明理学能够如此如此心证，较之康德之不能如此如此，显得更根本与圆融。这种论证方式的优胜之处在于醒目清晰，让人一看即明；但它的不足之处则在于其推论的力度不一定充分饱满，甚至有所"断裂"，因为人们可以问为何宋明理学的如此如此的心证是真实和必然的，而非随意与偶然的，这当中的环节是如何论证出来的？对此，牟宗三的道德形上学之论似乎显得力度不足。而唐君毅的相关论证则可以补充这方面的不足。在笔者看来，唐君毅固然与牟宗三持有相近的哲学立场，他也肯定赞同牟氏的道德形上学之说，但唐君毅并不采取"截断众流"之论，而是采取"随波逐流"之法，也即一开始并不将心性之学与其他哲学形态区分出来，而且是从最具常识性、直观性的哲学问题出发，通过一步一步的论证，不断论证出不同的哲学问题及其解决方式，都有其层位与价值，但是最终这些问题与解决方式都不得不向心性之维而趋，以心性之维作为最终极、基础、真实的意义之源泉所在。笔者认为，通过这样的论证，唐君毅证立其"感通的形上学"。通过感通的形上学，唐君毅提供出对于心性问题的另一种论证角度与方式。唐君毅的感通形上学与牟宗三的道德形上学构成一种既互通又对比的关系。当代学界重视牟氏道德的形上学，而不太关注唐氏感通的形上学，未免遗憾。本文的旨趣，即在系统疏通唐氏感通的形上学的若干方面论题，呈现出唐君毅在对心性问题的论证上，曾有相当可贵的探索。

---

　　① 具体论证参见牟宗三：《心体与性体（一）》，《牟宗三先生全集》第 5 册，联经出版事业股份有限公司 2003 年版，第 119－196 页。

一、"感通的形上学"

宋明理学与现代新儒家大多皆认为"心性"体现为最真实的存在，是天地人生的本体，是天地人生之所以为天地人生的根据所在。因此，在他们看来，心性与存在、本体相关联，一切哲学问题如认知、道德、形上等问题，无不与心性问题相关，而且心性问题对这些问题更有基础性的意义。不过，如何深入认知、道德、形上等哲学问题上，论证出心性之维的基础性意义，则殊非易事。唐君毅一生的哲学探索，便是围绕这一问题而推进的。在笔者看来，唐君毅的哲学思想分为青年、中年、晚年三个逐渐深化的阶段。他的《道德自我之建立》《文化意识与道德理性》《生命存在与心灵境界》三书，分别是这三个阶段的代表著作。而这三个阶段及其代表著作，皆能正面系统地论证心性的问题。而在笔者看来，唐氏对心性问题的论证，其最深入、系统、丰富、成熟者无过于其晚年的《生命存在与心灵境界》。

笔者认为，在《生命存在与心灵境界》中，唐君毅通过其"感通的形上学"，从知识论问题通至道德实践问题，最后归于形上境界问题；或历客观境，而折回主观境，终达绝对境。而贯穿诸问题、诸境界的内在线索与环节，即是仁心、性情的感通机制。据此，知识论问题、道德实践问题、形上境界问题的真实、最终的疏导，离不开感通的作用。正因为各种层面的哲学问题皆离不开感通，以能否感通作为各种哲学问题能够得到真实、根本的疏导与解决的依据，而同时感通最终乃是仁心、性情、心性的作用与体现，据此就可以证成，一切哲学问题无不与心性问题有关，而同时心性问题对于这些问题更具"基础性"的意义。

唐君毅在三个方面奠立其感通形上学的方向与基调。首先，在其哲学的预持上，唐君毅将心对境的感通作为其感通形上学的预持。通过这个预持，唐君毅展开了他的第一哲学。在他看来，有心则必有境与之相对，有境则必有心与之相对，心境俱现俱起，无无境之心，亦无无心之境。此心与境的俱现俱起、相互为用的互通互摄关系，用中国哲学的术语来说，即是自我与他人他境的浑然一体、感通无隔之"仁"。他指出，中土儒家以此为人心的最原初的状态，但西方哲人则往往冒过这个原创的状态，而直接从比较后起的状态作为其哲学预设，则未免遗憾。① 这种原初的心境浑然感通的仁的状态，又可具体体现为性情之德。这是因为，心与境在其浑然感通的状态中，自然地蕴涵着不忍心与境、理想与现实、当然（或应然）与实然的分裂，从而流出本源的恻怛之性情。这种恻怛之性情是心境感通的集中体现。而正因为此性情之德是求心与境、理想与现实、当然与实然的内在感通而避免其分裂之德，因此唐君毅认为他的心境感通的预持在一开始就避免了理性主义与经验主义的相互对峙，而表现为情与理的相即相融。而在这个预持中，心境感通之仁或性情之德，实际上就是本心、本性、心性的直接体现，此可说为"心性之体"。由此，便可证心性对一切哲学问题具有"奠基性"的意义。

其次，心与境的感通有其内部结构。在唐君毅看来，心与境的感通作用，不但有心对境的认知的作用，同时当然也有心对境的感受、感应的作用。心对境的认知，为知之事；其感受、感应，则分别为情、意之事。据此，心境感通的预设中，蕴涵着知、情、意三者或知、行二者（情、意可摄归为行之事）的相涵互摄的关系。因此心境感通的结构，就是知情意之互摄或知行之互摄的结构。唐氏另指出，心与境的感通互动过程，实即知情意的相继相涵的过程。此中，人们往往认为知为先，情意为后。实际上若无情意的发动，则知不生；而知既生，若无情意之行以继此知，则此知的活动难以落实。这种情意—知—情意的结构，使得知必须归为一种与情意共行之知，知必有行以成之，这样的知才是真正而真实之知，如果我们将知孤提而论，以此求纯知识之事，则此纯知识必然是不如实的虚妄戏论。② 据此，知情意三者构成了心境感通的状态与过程中的内在结构，因此知情意之相继相成则可说为"心性之相"，而对知情意及其关系的考察，其实就是对心性之相状的辨析。

最后，心与境的感通有其自然机制。唐君毅指出，心与境感通的动态过程，蕴涵着自身的节律。这个节律就是心灵或心境的活动，必然是先虚后实、先阴后阳、先隐后显、先屈后伸、先消极后积极，然后再虚实相生、阴阳互构、隐显相依、屈伸相感、正反相继相承，互动无穷。这是一种最简易的辩证

---

① 参见唐君毅：《文化意识与道德理性》，《唐君毅全集》第 12 卷，九州出版社 2016 年版，第 407－409 页。

② 参见唐君毅：《生命存在与心灵境界》上册，《唐君毅全集》第 25 卷，九州出版社 2016 年版，第 11－13 页。

作用。通过心境感通的辩证作用，天地间的万殊之境得以呈现出来，而要处理天地间的一切哲学问题，皆可以同时也理应回到心境感通的这个辩证机制上，对之做出消化、疏导、归位。这一自然的机制，可以通过《易传》的"一阴一阳之谓道"做出概括。① 图表表示如下：

心灵活动的阴阳感通机制	
第一步	先虚后实、先阴后阳、先隐后显、先屈后伸、先消极后积极
第二步	虚实相生、阴阳互构、隐显相依、屈伸相感、正反相继相承

唐君毅之所以确信心境感通机制是这样的一阴一阳互动的机制，一方面是受到黑格尔、怀特海、《易传》等的哲学的启发，另一方面则是他认为盈天地间的一切本来无不如是如是，同时也不得不如是如是。我们看到或直观到的最基本和原初的机制就是一阴一阳的辩证节律。如果有一种哲学，无论是认知哲学还是道德哲学还是形上学，如果对于这个自然的机制有所窒碍，那么其自身就难以顺利而真实地完成自身的哲学任务。由上可见，唐君毅通过这个"一阴一阳之谓道"的机制，实际上已经展示出"心性之用"，从而呈现出心性不仅是天地人生的"本体"与"根据"，同时也与一切的哲学问题内在相通，即一切哲学问题因"心性之用"而得以有所通、有所成。

综上，唐君毅以心境感通为其哲学的基本预持，成立"心性之体"；以心境感通中蕴涵知情意三者（或知行二者）及其相继相成，作为心境感通的内部结构，成立"心性之相"；以一阴一阳的辩证次第作为心境感通的自然机制，成立"心性之用"。通过这样的感通哲学，他依次消化和疏导知识论的问题以及道德实践的问题，并最终归于对形上境界的问题的思考，以儒家的天德流行、尽性立命的形上之义为最终归宿。据此我们可以说，唐君毅的感通哲学实际上就是"感通的形上学"。通过感通形上学，他论证出心性之维的基础性位置，展示出心性通于并可疏导一切哲学问题，故能与牟宗三的"道德的形上学"构成对比与互补的关系。在下文，我们即分别通过知识论、道德实践、形上境界三方面，概述唐君毅是如何通过其感通形上学来呈现出心性之维的位置与意义的。

---

① 参见唐君毅：《生命存在与心灵境界》上册，《唐君毅全集》第25卷，九州出版社2016年版，第35－36页。

二、"感知"作为"心性之用"

在唐君毅的感通形上学中，既然心境感通以知情意（或知行）及其相继相成作为其内部的结构，那么知、情、意（或知、行）中的任一方，最终皆不能孤悬而论。如果最终孤悬而论，那么其知则不能自我完成而成为真知，其行则不能完成而成为真行。同时，因为知、情、意或知、行本来就是相继相涵的感通关系，所以真正之知最终必然向着情、意而开放，反之亦然。由此，根据笔者的理解，知最终应是"感知"，情最终应是"感受"，意最终应是"感应"，而知情意或知行的一体感通，则可说为终极意义上的"感通"，而成就"感通的形上学"。若如此，则知识论的问题，可说为"感知"的问题；道德实践的问题，可说为"感受"与"感应"的问题；形上境界的问题，则可说为"感通"的问题。通过对"感知""感受""感应""感通"问题的深入系统疏导，则自然可以揭示出"心性"的位置与意义。本节先概述"感知"与认知的问题。

在唐君毅看来，中国传统哲学因为一上手便侧重在知、情、意之一体感通上，所以一开始便展示出本心、本性、心性的形上境，因此未能充分重视认知与求知活动的相对独立性，让心灵作静观以使得求知活动自然而顺利地延展，因而未能真正开发出认知主体，这是中国传统哲学之所短所缺。不过，从另一方面来说，中国传统哲学因为蕴涵心境感通的洞见，所以能够直接理解到知必须是感知，也即知必须向着情意（或行）开放并将知摄归于情意之行，才算是知之真正完成。相对之下，西方及现代许多人认为我们应该本着为求知而求知、为真理而求知的态度而求知，应该完全切断认知与道德、性情、情意的关联，不然就是混淆。唐君毅指出，这样的态度其实最终会造成求知活动的中止甚至退堕。早在其撰写《文化意识与道德理性》一书时，唐君毅便已指出求知活动是与道德理性内在关联的：

"……故真理之客观性之肯定，与当使真理普遍被人知之道德的要求，乃不可分者。而吾人求知客观真理之要求中，即原包含使所知真理普遍被人知之要求。纯为求知真理而求知真理之要求，于是即为不能独立存在者。其本性即为须发展出：使所知真理普遍被人知之道德要求者，而亦包含使真理普遍被人知之道德性者。而此道德性之所以可不发展出，或若可不呈现而未尝存在，实原于吾人在自以为已知客观对象之真理之后，即以真理在吾人之观念知识中，而失去真理客观性之肯定。然当吾人失去真理之客观性之肯定时，即吾人忘掉观念知识之所对之客观对象之存在之时。而当吾人忘掉知识观念所对对象之存在时，即吾人不复以知识观念判断对象时。亦即吾人求知之活动停止，而只反省吾人已往求知之结果，吾人已成之知识，而自陷于其中之时。"①

而在《生命存在与心灵境界》一书中，唐君毅在此基础上有更为圆融的思考。他认为，求知活动过程中的运用概念以做判断之事，其自身如果得以顺畅运行，也即从一个概念判断顺利过渡到另一个概念判断，都需要认知活动成为与性情、情意相感通的心灵活动，方得以超越原有概念、判断而过渡到另一个概念判断。换言之，"认知活动"需要成为"感知活动"，认知活动才成为真正的认知活动。但侧重在认知活动过程中的人往往忽略这一点。其云：

"今更当说此人之所用概念以判断之事之中，亦有思想活动之超越性与思想活动中之善之表现。因人之用概念以判断之事，乃人之自选择概念，或更迭的运用概念，以成一对事物之适合之判断之事。此人之选择概念，或更迭的运用概念之事中，即有其所用之概念，在思想历程中之不断的隐显、屈伸、进退、往来。而此隐显、屈伸、进退、往来，即人之思想之能自己超越其自己之性之表现，亦此思想所在之生命之自己超越其自己之性之表现。此以前文所论者观之，固当说其是一善之流行也……然此中关连于人之心灵生命之性之善否之一根本问题，亦在人之以概念判断分别人我，以更成分别我执，是否为人之心灵生命活动自始即有之事，此则显见不然。因人之有概念判断之思想活动之形成，以分别人我，乃后起之心灵生命之活动；人之心灵生命之原始活动，乃一感觉情意之活动。在此人之感觉情意活动中，人有所感，在此感中，初不知有人我之分别，亦未形成概念判断，以分别人我，则此感中，不能说已有分别我执之表现也。"②

他认为，感觉情意活动在其原创的状态中是心境浑然一体的仁的状态，此

① 唐君毅：《文化意识与道德理性》，《唐君毅全集》第 12 卷，九州出版社 2016 年版，第 283－284 页。

② 唐君毅：《生命存在与心灵境界》下册，《唐君毅全集》第 26 卷，九州出版社 2016 年版，第 132－133 页。

状态尚未形成概念判断；但是，概念判断的认知活动一旦生起，则是感觉情意活动直接而顺畅地体现为认知、感知的活动。据此，认知活动在开始时并不自我封闭，而体现为感觉情意活动的通畅流行，也即一善的流行。而当认知、感知活动继续顺畅地进行，即人更迭运用概念判断的过程中，其所用的概念是依次地经历从隐到显、又从显入隐的一阴一阳的过程。这当中也体现为一善的流行。因此，真实的认知活动自始至终都是与性情、情意互通相感的感知活动。

在"心通九境"的体系中，唐君毅依次疏导了知识论层面上的"个体""类""因果""心身关系与时空""意义"等问题。对于这些问题，他都通过一阴一阳之次第相继的心境感通机制，将西方、中国、印度哲学中的相关观点与论证做出物各付物的疏导，显其殊胜，释其滞碍，最终归于感通，获得卓著的成果。

现举"个体"义为例，以具体看看唐君毅是如何将对个体的认知活动理解为感知活动的。简单地说，个体的问题是指如何理解"个体"和"个体性"的问题，以及真实的个体性如何确立的问题。而西方哲学对个体问题则素有研探。在唐君毅看来，西哲对于个体的观省，分别有外、内、上、下四个角度之观，相当丰富系统。不过，西方哲学对于个体的各种考察，多是心灵活动错置淆乱的结果，并促使其多将"个体"观成"实体"。这当中，所谓"外观个体"，以柏拉图、亚里士多德为代表，他们认为观物之形相则见其皆为普遍者（如方物的方形），而这些普遍者会聚成为一个实体之物，则必有赖于此普遍者之外的根据做出说明，这根据就在于"物质"，物质使得普遍性相个体化。而所谓的"内观个体"，则以莱布尼茨、康德为代表，莱氏认为个体物作为实体，必具统一性，此统一性初为人心所见，因此他设想物之实体皆有似人心之单子，单子的统一性是物之实体的根据。康德也多少继承了莱布尼茨的思路，而有自己系统的思考。所谓"上观个体"，以德国唯心论者如费希特、黑格尔等为代表，他们将此个体消融并上移至绝对的个体或上帝，如客观精神等。所谓"下观个体"，则以罗素、怀特海为代表，他们欲取消上述实体观，并以事之相续代替实体之常存。对于上述四种观法，唐君毅充分让其思路显朗，使尽其辞，然后延伸出来，观照其困境矛盾所在；据此，他在此基础上，通过心与境的阴阳感通之理，再观其局限并示以其所理解的疏导之方。

首先，他指出生命存在以心境的直接感通为始，感通是心开出境而自通之的感通，是心与境并起并现的感通。放在知识论的层面上说，这感通是感觉、感知意义上的感通，即感于感相（如冷热声色）而通过之，从而化感相之实为感通之虚。可以说，心灵感通活动就是心对境的虚实相生、屈伸进退、隐显起伏的次第流行过程。以此为基础，他批判了西方哲学的上述观个体法。因篇幅所限，本论文仅概述其对外观个体与内观个体之说的批判。就外观个体中"物质"的问题，他指出人心对境物有感通之知，其初是心与物俱起俱有的，但心与物俱起而不一定俱息，因为人心有望与求之情，此望与求并连于心知，则容易贪著于物并形成法执，当求之不得时，更引致主客对立。但人心有化除此对立而求统一的愿求，而此愿求在现实中失败时，人们对此物会有障碍和限制之感，最终此物被视为有物质性者。因此，物质实体的观念只是感通之不通所造成的，而当我们反观心物感通之初始，则可超化此论。

而就内观个体的问题，唐君毅考察了莱布尼茨与康德的观个体之法，指出莱布尼茨若以心灵/单子所具的统一性（此统一性无论是现成事实还是统一机能）为证，是不能成立心灵的实体性的。而康德则在此基础上，特别强调心灵的统一性是指心灵的统一的机能作用，这种作用具体体现在超越性的统觉的不断统摄可能经验，并通过自身的先验范畴，而不断形成知识。唐君毅将此理解为心灵不断超越已成经验而进进不已的体现，但同时他认为，康德在此只能指出心灵顺着经验之进行而运用范畴以规定经验，但他不能逆反过来，用此范畴来思构心灵的机能作用之体，以形成对于"单一""实体"等的知识。这种知识因为是逆反之用，所以必然是虚妄的知识。可见，如果康德要通过这样的方式证成心灵的实体义或个体义，是注定失败的。这是唐氏对康德哲学中关于个体性问题的第一个批评。其次，康德的内观个体的进路，又有另一种方向，此即通过主观经验中有对于物之自体的无数表象（这类似于莱布尼茨的心子论），以及这些表象的可重复性，而论证其通于物之自体，而由此可证立个体原则。唐君毅认为，这样的一种进路是要求从经验表象而直接视此表象为物之自体的表现，而不只是将之视作主观之心或超越统觉而已。这是值得肯定的地方。不过，这里康德的问题则在于，他将物之表象本身视作实有，观之为实。这使得他与莱布尼茨陷入同一错误，即不知表象未显，其对心为空；表象既显，其对心亦为空。因此心显表象的过程其实是心灵的虚实隐显的过程。因此心可透过表象之有此虚空义，而超于表象之相之外，形成由内通外、内外感通之观。这是康德内观个体的进路所不能理解到的地方。这是唐氏对康德哲学中关于个体性问题的第二个批评。正因为康德未能理解到心灵之能感通于虚空的状态，而只能理解到心灵能够次第贯通所感之实而形成表象的系列，因此他必然视时空为感性范畴，即以感性范畴来说空间存有。康德进而由此论空间之有限和无限的二律背反问题。唐君毅指出，空间之为有限还是无限，究其实乃是根于心灵的情意感通过程中的屈伸之理。具体地说，就是心灵的感通屈伸过程，体现出心灵自身的一种"望"的作用。这种心灵之"望"的作用，使得心灵对于已知的色相本身形成一种执持性。有此对色相的执持，则成有限空间。而如果我们望色相于色相之外而不可得，才会有色相之外为空的想法，这种想法则导出空间无限。因此这个空间无限之说，实质上就是心灵的失所望、失其望而有。据此，空间之有限与无限，其实就是植根于心灵之望的机制，也即心灵感知过程中的望之退屈与望之伸展的不同状态。因此，以心灵感知之望论时空，乃先于康德论时空所持的感性范畴之说。这是唐氏对康德哲学中关于个体性问题的第三个批评。通过上述对康德的三个批评，唐君毅也就疏导了西方哲学的内观个体之说。

那么，真正的个体境应该如何建立起来？他指出，个体界具有常在性，这常在性的基础在于感知（心境感通之知）的指向性活动。这种心境感知的指向活动，具有透入性、曲折性、超越性、次第性、历程性。它开始时是先自开朗的，也即先体现为一个消极、被动、虚明的状态，以此摄受物之相（现象），并形成直觉境。其后，心境感知的指向活动复又超越此相而转摄他相。而当其转摄他相时，此前之相则隐退而化为此相之性（体性）。而此相之性则可因感知之指向活动的再次指向它、透入它，而可自性而重现为相。就是通过心境感知的指向活动，个体之物乃自性转而为相，又自相转而为性，出性入相，出相入性，由相知性，由性知相。我们就是通过心境感知的指向活动的阴阳隐显之相依，而望见个体物之重复。就是这种性相的阴阳隐显之相依，常在个体物的客观境因而得到证成与确立。因此，心境感知之活动其实是通透出入境物之性相的曲折回旋、阴阳流行、隐显互具的历程性活动，从而透通万物散殊的个体境而不执碍。因此，西方将个体实体化的做法未透入个体的真实义涵，而对于个体的表象、概念、判断等事，也是建立在感知的指向活动的基础上才是可能的。①

综上，本文以唐君毅论个体为具体之例，展示出唐君毅是通过心对境的感知活动所蕴涵的一阴一阳的次第流行的过程，展示出认知活动实际上即是感知的活动。因为认知是感知，而感知意味着认知活动并不是自我封闭的心灵活动，而是向着情意、性情开放的感通活动。另外，感知活动是有其一阴一阳次第互动的感通节律的，任何知识论哲学如果对这个自然的感通节律或其中的任一环节有所执有所隔，就意味着其认知的活动得不到顺畅伸展，而难以完成真实的认知。而正因为认知本为感知，而感知之感则又是心性之直接发用，因此我们便可以说，唐君毅通过其对知识论问题的考察，充分论证和展示出真实的认知活动其实就是本心、本性、心性在知之层面的直接表现与直接作用。据此，唐君毅亦确证出心性与知性、认知、知识有着内在的关联，我们不可能全然离开"心性"而谈"知识"。

唐君毅这一以"感知"为特色的知识论思想，与牟宗三以"识心之执"为特色的知识论思想，构成有趣的对比。牟宗三立足其道德的形上学，在其晚年更发展出"两层存有论"的知识论。牟氏以康德的现象与物自身的区分为论证的背景，指出这种区分属于超越的区分，可与中国哲学做出会通。但是，康德因为不将物自身视作价值概念，而倾向于视作事实概念，因此弱化了物自身对于现象的超越性意义，使得他的这种超越的区分受到侵蚀与动摇。同时，与物自身的层面相关的上帝、灵魂不朽、自由意识三个预设，也晦暗不明，难显真章。据此，牟宗三揭示出，现象与物自身之分可引申为现象界的存有论与本体界的存有论二层。本体界的存有论通过"智的直觉"或"自由无限心"而显出，中国哲学特别是宋明理学所说的心体、性体、本心、本性之说即显出本体界的存有论，因为本心、性体、心性是自由无限心，为无所执着、自由无碍者，所以本体界的存有论是"无执的存有论"。而现象界的存有论，则是自本体界之存有即本心、性体从自身有所曲折，并对对象有所执着而显出，所以现象界的存有论是"执的存有论"。这种"执"是心性之体自身从周流无碍的状态中显出停滞之相，形成某种"法执"，实现心性本体的"自我坎陷"，然

<hr>

① 参见唐君毅:《生命存在与心灵境界》上册，《唐君毅全集》第25卷，九州出版社2016年版，第48–90页。

后方得以实现出来。① 据此，牟宗三认为，知性主体的确立，并非由心性本体所直接作用而成，而是心性本体经过一曲折的"法执"而有。但对比之下，唐君毅的知识论思想则没有牟宗三所论证的这种曲折与法执，如上所述，他恰恰是要论证真实的认知活动是心性本体的直接自由的作用与呈现，同时他也论证出运用概念以判断等事其自身原非法执。显而易见，牟宗三与唐君毅的知识论思想，一是"方以智"，一是"圆而神"；一是"平地起土堆"，一是"骏马奔平川"；一是"吹皱一池春风"，一是"江水悠悠自在流"，颇值得当代学界讨论。就笔者的理解，唐君毅的知识论思想要更为合理一些。

三、"感受""感应"作为"心性之相"

心通九境的第六境是"道德实践境"。我们往往将"道德"与"心性"关联起来，并将"道德"作为"心性"的主要体现。特别是我们若以先秦孔孟儒学与宋明理学的心性论为心性之学之"正宗"的话，"道德""德性"与"心性"的关联更为密切。这是为什么呢？唐君毅在"道德实践境"中论说得较为充分。

根据笔者对唐君毅的哲学思想的理解，道德意识、道德理性、道德实践之所以能够产生，是心灵之感通机制不满足于心灵之只有认知、感知，如果心灵只有认知，那么心灵将会封闭在认知的领域中而虚悬浮荡，无所归结。而事实上，因为认知是感知，此感知因为有所感，因此心灵如果是真实的心灵，则有将此所知与情意相感相通并将知摄归于情意的自然倾向。心灵之所以有此自然倾向，无疑是心灵在其原初的时候便是心与境浑然一体感通的仁的状态。心与境、知与情意、知与性、理想与现实如果有所隔阂、分裂，那么处在感通状态中的心灵便会有所不安，进而自我要求将所知摄归于行，将感知升进至"感受"之情与"感应"之意，从而谋求知、情、意三者的一体感通。而当自我心灵内在、自觉地有要求知与情意之行相感相通的一念之生起时，道德意识便涌现出来。因此，道德意识是感知指向并归摄至感受之情与感应之意的过程中

---

① 参见牟宗三：《现象与物自身》，《牟宗三先生全集》第 21 册，联经出版事业股份有限公司 2003 年版，第 126 - 133 页。

而自然地呈现出来的。同时，如前文所述，知情意之感通相继，体现为"心性之相"。因此，道德意识因为是感知求与感情感应相通、感知求摄归于感情感应而有，因此道德意识自身即是"心性之相"。由此，人们往往将"道德"与"心性"关联起来，甚至进而将"道德"视作"心性"的最主要体现，则是不无道理的。

为了论证道德为"心性之相"，呈现出道德意识是知与情意之行结合而所呈现出来的意识，唐君毅通过分析《孟子》见孺子将入于井而生起怵惕恻隐之心的故事而做出说明。其云：

"此中，知情意是三位一体。知是由外达内，意与行是由内达外。此中是才有外达内，而内动恻隐之心，即有内达外。故于此历程中，吾人之内心，只是外达内、内达外之中枢。此内心中，可并无'对外来者之自觉的貌之（引者按：貌之意谓认取物之相貌以形成印象观念）而有所摄取'之一回事。此貌物而有所摄取，乃有如外来者之滞留于内。一般认识心、理智心，初即依于此外来者之滞留于内，以有所认识；而此恻隐之心中，则可并无此留滞。唯以在此中，心无所滞留，而直感直应，方见此恻隐之心为一表里洞然之真恻隐心。此外一切性情心，亦皆以能达此表里洞然之一境，为最高标准。而人之理智心与认识心之形成知识，则初正不要此表里之洞然；而是要吾人与物接时所摄取者，滞留于内。此所滞留者愈多，人之印象观念愈多，而人后本之以从事判断之事愈多，所形成之概念愈多，对物之判断论说亦愈多。此是墨子之认识心、理智心与孟子之性情心、德性心之根本性质之不同所在。"①

这段话是说，有人看到孺子将入于井的一刹那，此人顿然生起怵惕恻隐之心之性情，这种不安之心之情，是本心、本性、心性真实呈现而为道德的意识、道德的"觉情"（牟宗三语）。而此心此情之所以能够生起，则是知直接摄归于感受之情与感应之意而引发出来的，从而此人自觉而无条件地有不忍孺子入井而有救人的冲动与行为。这当中的知，是看到、知道孺子将掉进井里这一物理性的运动，但因为此人看到这个情景，则立即不滞留在其所知之境中以作理智的研究（如研究孺子将入井的抛物线运动、研究井的位置与形状等），而是当下便将所

---

① 唐君毅：《中国哲学原论·导论篇》，《唐君毅全集》第 17 卷，九州出版社 2016 年版，第 73－74 页。

知化入感受之情与感应之意中，从而自内而达外，感知化入感受、感应，当下便生出道德的意识、道德的觉情，从而呈现出"心性之相"。唐君毅的上述分析，可谓发前人之所未发，值得深入研探。

可见，认知之境通过感知而"间接"地与性情相通，而道德意识、道德理性、道德实践之境是"直接"地与性情、情意相通，因此道德实践乃是"仁"的直接体现与呈现。但是，道德实践殊非易事。这是因为一方面人的心灵容易沉溺、执着在认知之境而成自我封闭，因此不能摄知于情意、性情之行中；另一方面，人心因习气所蔽，难以融合知与行、理想与现实。但是，鉴于知与行、理想与现实因分裂而造成的问题，有自觉的人便不得不内在地要求自我改过迁善，以自己为战场，克服封闭与分裂，回到知情意一体感通的本源状态，从而不但形成自觉的道德意识，兼有自觉的道德实践。自觉的道德实践，是要从不德之中，提升至有德。这需要不断地扩充心灵的感通，使得感知与感受感应如如相通、纯粹通透，从而不断地呈现出"心性之相"的各方面的义涵和内容。在唐君毅看来，这当中有不断提升的三个步骤：一是"同情共感"；二是"境界超升"；三是"道德生活"。首先，人们如要超拔出虚妄的生活，则须寻求自我与他人的同情共感。这时人们将发现他人的表现有与我类同之处，由此我不但无意征服他人，而且将他人的情意行为视为无异于我的行为，故能善与人同、成人之美、互动互助。这互助之德是心灵共感的原始表现。此后，以此为基础，我更有超越互助之德的感恩、惭愧、谦逊、礼敬、忠信、智勇等德目，诸种德目复又凝聚成不息不已的恒德。这些德目皆先有他人出现，然后对他人呈显，并通过相互共感而实现。这种相互感通、感受、感应其实就是心性、性情之"仁"的体现，故上述德目皆可摄归为仁德之德相。唐氏指出，我们不应忽视仁德的感通作用，因为仁德其始也庸常平实，其极也广大深远。其次，由人与人之间的同情共感、彼此互助为基础，更可开出"自己""他人""世界"三方面的扩大超升之机，从而扩展心性、性情之相。对"自己"而言，因为共同共感互助之事，是双方各自推己于外所达致的，故就每个人而言，这种推己作用能推出并超越自我保存个体性存在之限；对"他人"而言，对于物质施予与身体情感上的推衣、推食、推手等事，他人即受者并不视为只是物质接受、身体感受，而更有心灵情意之实感，这心灵情意之感是真实存在的，因为我与他人在施受中或之后，能感受到此心之灵明的存在。换言之，即他人感我之情意动作，并非只是感此情意动作之形象，而是感此形象而归于无形象的我的心灵的过程，从而有此实感而生感谢之德。这无疑是对心灵世界存在的肯认以及对他人心灵境界的超升；而对"世界"而言，因为在同情共感互助过程中，人们对他人心灵之实有的肯定，无异是对自身与他人所共知的事物所合成的世界的实在之肯定，从而展示出不断超升扩大的生活境界。合言之，在同情共感互助中，道德心灵是无定限地自动生长的，从而带来自己、他人、世界三方面的扩大超升，使得"心性之相"得到充分的呈现。最后，通过道德心灵的扩大超升，人们将养成道德生活、树立道德人格。不过这是相当困难的事。这是因为一方面人不容易克服生命的堕落，另一方面真实而持续的道德生活不但需要将感知化入感受、感应，同时因为在生活中的许多事情属于问题境，这时候则又需要心灵之感应、感受的道德意识退隐，而将之重新化入感知之境。因此，知、情、意三者不断地互感互通，道德生活方得以持续坚固，同时这样也方得以将心性之相的全幅之蕴展示无遗。①

　　唐君毅上述论证与展示，体现出他对道德实践境的真实理解与体会。这种理解与体会，是以知、情、意的相感相通为基础的。这种知、情、意的相感相通，就是心性、性情之"仁"的体现。因此，仁是最基本、最根本的德性。相对之下，西方哲学传统未能重视"仁"的根本性意义，从而便不能充分建立起真实的道德哲学。而康德哲学，其能够以道德自身为目的，只见其理性自我的当然性，不像之前的西方哲学家以其为某种手段，其义甚美。但康德所谓依理性而定的道德律甚为平庸（如不自暴自弃、助人之急等）；而且康德的"尊敬"之说，相对于作为同情共感的"仁"，并不是最基本的德性。因为"尊敬"是我们有了一种独立人格、独立个体的自觉，然后才形成的道德，而"仁爱"则是人与我各自为独立人格独立个体的观念尚未显豁出来之前的一种原始的道德感。这种道德感唯儒家体认得最为真切，同时亦唯有如此，方能充分显豁出心性、性情之真实相状。在这一点上，整个西方哲学的传统确实及不上中土儒家哲学的传统。

---

　　①　具体论证参见唐君毅：《生命存在与心灵境界》上册，《唐君毅全集》第25卷，九州出版社2016年版，第445－487页。

四、"感通"与"心性之体"

如果说求知活动侧重在知，道德实践侧重在化知而入情意的话，那么进入存在、形上、生命之真实之境，乃是全然融合知、情、意并使之一气流通、一体感通之事。在唐君毅的思想中，心与境的浑然感通之仁是其感通形上学的预持，人心最原创的状态就是这种浑然一体之仁之心性之性情。但是，人心的这种原创状态可以是不自觉的。经过后天的各种现实生活，人心因为有所侧重、有所执着，而造成知、情、意的分裂与破裂。但与此同时，人的心灵可以内在其自我要求知、情、意在全新的状态与层次上回归互感互通。当心灵最终重新达致知、情、意的一体感通的时候，心灵似乎是重回原初的感通之仁，但其实这时候心灵的仁的状态已经是自觉的状态。心灵此时已自觉地通过知情意的一体感通而进至生命、存在、形上的真实之境中；同时，因为这种真实之境是自觉的知情意一体感通、互摄互涵的无穷无尽之境，因此这种感通之无穷无尽之境已经自觉地将"心性之体"揭示出来。

在唐君毅看来，基督一神之教、慈悲观空之佛教以及中土儒家的人文之教，皆多少能够体认到心与境的自觉、全幅、无尽的感通状态，但三者当中有正有偏，其中最为圆融中正者莫过于儒家的"天德流行境"与"尽性立命境"。这是因为儒家观生命与存在是采取顺成之观的方式，也即顺着生命、存在、生死的始终过程，而观其自然的流行变化。因此，儒家对于生命、存在、生死问题，首先采取的是积极、正面的肯定态度。但是，儒家的这种顺成之观很容易被人所忽略，因为儒家之顺观侧重在阐发生命、存在、生死之常道。这一常道因为过于平常，所以往往为贤者所过之，而使得高明者首先冒过平常之道而寻求非常之境。事实上，在他看来，只有儒家之精神才能揭示最为真实的心性、性情、性命之"体"。其云：

"至于由感觉之现量之无我与非我之分别，而有之我对所感非我之存在状态之同情共感言，则更显然为一善之流行。中国儒家即于此人之生命心灵，自始可在一无我与非我之分别之境中，以我之生命存在与非我之生命存在同情共感，言人之生命心灵中之原始之性情，此即人之原始的仁心中之性情也。"①

"哲学之思维之所以能开启此信心，在人可由哲学的思想以知理想之有一必然趣向于实现之动力。此动力，乃通主观与客观世界之一形而上之生命存在与心灵，自求一切合理之理想之实现之动力。此动力，是一能、一用；其如何去除不合此理想者，以有理想之实现，是其相，而由此能此用之相续不断，即见其有原。此原即名为体。对此体，中国先哲名之为天人合一之本心、本性、本情。其生起一当实现而必然趣向于实现之理想时，此理想即显为一呼召、一命令之相。此命令是人之自命，亦天之命。此一天人合一之形而上之动力、实体，或命令之为实有，人可由其道德生活之反省而自证知。"②

第一段引文总结出儒家的形上学体现为一无尽的善的"天德流行"之境，从而形成人文之教，揭示出生命与存在之真谛，明确了"心性之体"；第二段引文则总结出此"心性之体"，成为本心、本性、本情、天性、天心、天情，此心此性此情，让心灵自觉地自尽其性、自立其命，成立"尽性立命"之境，以贞定生命存在的全幅蕴义。唐君毅对此感通形上学之二义都有精彩的阐发，本文现就其对"天德流行境"的阐发做一概述，以见其是如何展示"心性之体"的。

如前所述，唐君毅认为，儒家"天德流行境"的殊胜之处，在于儒家注重通过当下生命存在与当前世界而显出其义蕴，因此儒家对生命存在本身首先持有真实的肯定之态度。但是儒家这种平实的顺观生命与世界之法，容易被基督教与佛教所误解。因此在此境中，唐君毅特别将儒佛对显而观。就佛教而言，佛家很容易将儒教判为生命之俱生我执（即妄执为我而与身俱生）与分别我执（即执持属我与非我的分别），而不知生命自始为执而成负面的无明与苦痛。实际上，依儒道二家之义，生命自身可为非执之事，因为生命本是一隐显往复、有无出入、阴阳屈伸的历程。这个历程在开始时未必是负面之苦，因为生命存在活动之屈伸进退，乃真实地体现出其对他物之容让，求与和谐共处，这是善而非苦的历程。进而，这生命历程必然联系到生死的问题。根据儒

---

① 唐君毅：《生命存在与心灵境界》下册，《唐君毅全集》第 26 卷，九州出版社 2016 年版，第 134 页。
② 同上。

家的生死观，生则顺没则宁。生命之有而生，乃超忘前生，先有所虚，以显新生，初非无明之芒；生命之无而死，乃息机归寂，超化旧有，留待继者，初非痛苦之事。因此生命初非全然为无明与苦痛所主宰而成为俱生我执，整个生命存在其实是自然地相继相成、屈伸进退、隐显相依的超越的善之阴阳感通历程。可见，生命的历程是先虚后实、先阴后阳、先超忘而后创生，而其后则显示为虚实相生、阴阳相感、屈伸进退的无尽过程。生命与存在的这一无尽历程，即是本心本性的自然体现。

同时，儒家论生命历程，除了初始不从俱生我执着眼之外，它也不从分别我执着眼。按照佛教的观点，分别我执是由于人们用概念判断人我之事，并连于俱生我执而生起。而在唐君毅看来，人用概念判断以分别事情初非分别我执，因为运用概念即是心灵活动隐显屈伸、自我超越的历程的体现，一般人更迭用概念以成更迭判断的时候，其中也有概念判断自归于虚寂的时节，人们只是多不自觉到这一点而已，这在前文论认知活动的部分已述。因此，心灵如果处在知情意感通一体的形上境中的话，那么此心灵之知必为一天知、良知，此心灵之能必为一天能、良能。同时，分别我执其实是后起之事，因为心灵活动原初是不知人我分别的感觉情意活动，而这一活动其实蕴涵着人我内外感通之善。因此，感觉情意活动就是同情共感的善之流行，而无我与非我之分别执着。而这同情共感，是连于生命存在来说的，是人们原初具有的性情之善的表现；具言之，即是同情共感之仁，恭敬奉承之礼，平等待人之礼，清明能知之智。通过仁义礼智，人们在生活中展示出人我互动之善，而不必有分别之执。因此，儒家的顺成之教，因为采取顺观之法，因此能够正面地揭示出生命存在的历程性、非执性、感通性、超越性、美善性。

正因为儒家本着顺成之教，所以它能够打开生命存在初始时的仁心感通之机，并使之充润、成长、推扩以极其广大，成为"天德流行"之境。具言之，仁心感通的顺成生长，开始时体现在人伦中的孝悌慈爱之心。仁心表现在子对父、弟对兄的感通之中，则体现为孝与悌；仁心表现在父对子、兄对弟的感通之中，则体现为慈与友。这都体现出生命存在自身通过相互感通的作用而不断超越的历程。通过仁心孝悌的作用，家庭关系在感通互动中养深积厚，并且外推至天地万物而极其广大、博爱普施。这种以人伦为基础的心灵感通的顺成之教，为基督教与佛教所缺乏者。总而言之，儒家人文之教的义涵就是人我内外的全幅感通。自内而言，是展示出生命原初的无执之善；自外而言，是植根于家庭人伦的孝悌慈爱之教；从而达致圆满的内外感通、天德流行。

据此，唐君毅通过"天德流行"之境，将心灵所自觉出来的仁德之体性做全幅的展开与论证。通过上述的展开与论证，唐君毅认为"心性"确乎为天地人生之最真实的存在，是天地人生之本体，同时亦可作为一切哲学之"本体"与"根源"所在。

五、总结与启示

本文概述了唐君毅通过"感通的形上学"而对"心性"的问题做出系统的论证与阐发。本文首先指出，如果牟宗三通过"道德的形上学"以论证心性问题的话，那么唐君毅则通过笔者所总结的"感通的形上学"，与牟氏的"道德的形上学"构成对比与互补的关系。两者有同有异，但皆对心性问题做出目前为止最具哲学性的研探。以此为背景，本文指出，唐氏感通的形上学是通过三个大方面而建立起来的。第一，感通形上学以心与境之感通之仁为其最基础的预持；第二，心境之感通以知与情、意（或知与行）及其相继相成作为其内在的结构；第三，心境之感通有其自然的机制，这一机制可通过"一阴一阳之谓道"做出概括。

通过感通形上学的三大方面线索，唐君毅分别通过"认知""道德""形上"三层面，以扩发心性之蕴。在感通形上学的观照下，他指出真实的"认知"应是"感知"，感知活动是心性的"直接"作用，因此"感知""认知"则是"心性之用"，这就论证了心性与知识的内在关联性。其次，"认知"作为"感知"，其自身并非处在孤悬封闭的状态中，认知活动之真正完成，需要将知化入情意之行中。而"感知"化入"感受"之情与"感应"之意的时候，即是道德意识、道德实践之始。此道德意识、道德实践则是"心性之相"。最后，心灵作"感知"（知）、"感受"（情）、"感应"（意）之自觉感通，并通至无限，则可以将心境感通的状态升进至形上、存在之境。此境的最圆融中正之义，则是儒家所揭示出来的"天德流行""尽性立命"二义。通过此二义，唐君毅力求证成"天德流行""尽性立命"所显出的仁心、本心、性情，即是"心性之体"，据此，他有理由可说"心性"是天地人生之"本体"，是一切哲学问题的最终"根据"所在。

唐君毅以其感通形上学处理与证立心性之维，在现代新儒家乃至现代哲学中相当独特。但究其实，仍是植根于儒学的"仁"的核心精神，并通过将之与中、印、西三大哲学传统的脉络与问题进行磨合，引申触类而成。同时，正因为唐君毅以仁说心性，以感通说仁，所以在唐君毅的思想中，感通的形上学虽然是其"第一哲学""底层哲学"，但是它并无任何"宰制性"与"封闭性"。在他看来，"心性"虽然是天地人生之"本体"、一切哲学问题之"根基"，并与包括知识在内的任何学问内在相关，但因为"心性"从根本上说是仁心之"感通"，因此，"心性"对于一切哲学的意义，乃在于让一切哲学问题得以真正地成就自身，当哲学问题自身得以真正落实与完成之后，"心性"的作用乃"退藏于密"，"息机归寂"，"空空如也"，并摄归为浑然一体的感通之仁。因此，他的心通九境的大系统、大哲学，只不过是不同哲学问题中的"桥梁"与"道路"而已。从这个角度上说，他的感通形上学必然具有无穷与永恒的意义，而为永不磨灭者。

改革开放以来的宋育仁研究述评

孙卫华*

内容摘要：宋育仁可以称得上是一位晚清维新派的著名人物，四川近代史上"睁眼看世界"的第一人。民国成立后，宋育仁的政治立场和相关思想显得较为落后，尤其在其退隐之后，他逐步被世人所遗忘。改革开放后，宋育仁不断得到学界关注，其研究重心主要集中于两方面：一是对宋育仁传奇人生和学术思想的研究；二是对其维新思想中的政治、经济、法律、新闻等方面，进行了深入探讨。虽取得了一定的成果，但因宋育仁著作尚未得到很好整理，诸多研究使用的材料有限，致使难以反映宋氏思想原貌。为此，加大宋育仁著作的整理力度，撰写翔实的年谱等，将是深化相关研究的新方向。

关键词：宋育仁　维新变法运动　政治思想

宋育仁（1858—1931），字芸子，别号问琴阁主，晚年号道复，四川富顺人。他被誉为蜀地维新运动领导者，四川历史上"睁眼看世界"的第一人。1894年，他出使英、法、意、比四国，任公使参赞。出使期间，依据见闻，写成《泰西各国采风记》，详细介绍西方的政教风俗。甲午战争爆发，他密谋贷款购买外国军舰，组建一支"奇兵"，欲突袭日本。值清廷惨败，其计划流产。旋即回国，参加了维新组织"强学会"，任都讲，宣扬变法思想。1896年，宋育仁在重庆设立四川商务局，兴办玻璃、煤油等各类商业公司，成为四川绅商业领袖。1897年，创办了重庆历史上第一份期刊——《渝报》；1898

---

* 作者简介：孙卫华，中南民族大学法学院副教授。

年春末，在成都创办《蜀学报》。这些报刊的创办，在蜀地树起了维新变法的旗帜，兴起了蜀地近代史上第一次思想解放的潮流。戊戌变法失败后，宋育仁逐步退出政治舞台，潜心著述，成为成都著名的"五老七贤"① 之一。1931年12月，宋育仁逝世，葬于故居"东山草堂"对面的竹林中。宋育仁一生著作颇丰，治学涉及经学、史学、政治学、经济学、财政学、法学、文字学、文学、音乐等诸领域，然而因其在民国时期的晚清遗民身份及一些落后言论，导致相关研究未有突破性进展，成为清末民初研究领域中的薄弱环节。

一、宋育仁研究的低迷现状有望改变

宋育仁早已被学界关注。1962年郭沫若主编《近代史稿》时，"第一次提到了宋育仁及其《时务论》"②。美国学者费正清编写的《剑桥中国晚清史》认为："十九世纪九十年代初一些有志改革的中国学者所出版的政治著作，他们当中最著名的是宋育仁、陈虬、汤震、郑观应、陈炽和何启［垣］。"③ 该书虽给予了宋氏很高的评价，但因不是专门研究宋育仁的专著，仍显得过于简略。张灏在《中国近代思想史的转型时代》一文中也论及了宋育仁，但着墨甚少。④ 葛兆光的《中国思想史》中论及"1895年的中国：思想史上的象征意义"时，对宋育仁亦有一定的论述。⑤ 尽管如此，从整体上讲，学界对宋育仁研究一直处于一个较为低迷的状况。朱从兵、孙凯的《改革开放以来晚清人物研究述评》专门针对1978年至2008年的30年间，各类期刊刊发晚清人物研究论文数量进行了统计，在统计的68位晚清人物中，涉及宋育仁研究的论文为16篇，被研究的热度在所列人物中排在倒数第四位。⑥ 当然，尽管此

---

① "五老七贤"泛指一百年前四川的一个传统文化群体。清朝末期，成都汇集了大批的文人学士，他们中有不少人都受到了当时四川省官员的礼遇，其中的佼佼者即为"五老七贤"。主要人物有赵熙、颜楷、骆成骧、方旭、宋育仁等。

② 徐溥：《早期改良思想家宋育仁》，《社会科学研究》1979年第5期。

③ ［美］费正清、刘广京编：《剑桥中国晚清史1800—1911年》下卷，中国社会科学出版社1993年版，第328页。

④ 张灏：《中国近代思想史的转型时代》，许纪霖、宋宏编：《现代中国思想的核心观念》，上海人民出版社2010年版，第7页。

⑤ 葛兆光：《中国思想史》第二卷，复旦大学出版社2001年版，第539–546页。

⑥ 朱从兵、孙凯：《改革开放以来晚清人物研究述评》，《史学月刊》2010年第4期。

文所统计的范围不包括集刊或相关学术著作中散见的论文，结论认为宋育仁研究热度不高，处于低迷的现状，较符合现实。

对于宋育仁研究的低迷现状，今人已有觉察。为了改变这种现状，宋育仁家乡乃至一些宋育仁研究者或爱好者曾尝试着举办一些学术展览或学术会议，以期扩大宋育仁的影响。比如2008年12月，"宋育仁学术思想研讨会"在四川自贡沿滩举行，同时北京朝阳区举办了"宋育仁先生诞辰150周年纪念北京展"。这些活动虽对于宋育仁在学界乃至在民间的影响有一定程度的扩大，但因仍是在现有所知的宋育仁资料基础上进行宣传或研讨，大量的沉睡在图书馆里的宋育仁著作尚未进入研究者视野，造成学界未能准确评估其重要性，甚至导致对宋育仁学术地位的定位出现偏差，故而未能掀起宋育仁研究热潮。

在著作方面，到目前为止，仅有黄宗凯、刘菊素等几位学者合写的《宋育仁思想评传》（西南交通大学出版社2007年版）和武奕、多一木编写的《宋育仁——隐没的传奇》（成都时代出版社2013年版）两部。《宋育仁思想评传》一书，是第一本研究宋育仁思想的专著。该书将宋育仁的思想体系分为政治、法律、经济、军事外交、文化教育五个方面进行了详细的解读和研究，填补了宋育仁研究方面的空白，有首倡之功，但该书因材料搜集存在一定程度的缺陷，有待进一步深化。《宋育仁——隐没的传奇》以叙述的方式，详细介绍了宋育仁富有传奇色彩的一生。书中给予了宋育仁"睁眼看世界，巴蜀第一人"的极高评价，对宋育仁寻求救国救民道路的过程和经历，尤其是对其在蜀地任职期间对该地区经济文化发展所做贡献有非常细致的描述。该书语言精练，通俗易懂，对于了解宋育仁的人生经历及其思想变化过程有很大帮助。该书近似为一种普及性的读物，还不能算是严格意义上的学术著作。

近几年，除学术论文发表数量有不断增加的趋势，作为引起学界更大关注，并能培养有生力量的硕博士学位论文，以宋育仁为研究对象也有所突破。比如，董凌锋就曾在2005年，以宋育仁维新运动期间的思想为研究对象，撰写了硕士学位论文。之后，在此研究基础上，又于2008年完成了博士论文。[①]笔者指导的硕士研究生杨坤也专门以宋育仁编订的《正本学社类钞》为研究

---

① 董凌锋：《宋育仁维新思想研究》，中国人民大学2008年博士学位论文。

对象，初步探讨了宋育仁的思想，取得了一定的成绩。① 据了解，台湾"中研院"魏_:莹博士，正在以宋育仁思想为题进行其博士后的研究工作，因其工作尚未完成，研究成果有待来日。

另外，从学者们研究的课题中亦能看到学界对宋育仁的不断关注。四川大学彭华教授主持的 2010 年立项的国家社会科学基金重大委托项目"《巴蜀全书》"，也十分重视宋育仁的著作，他撰写的《宋育仁与近代蜀学略论》② 一文，讨论了宋育仁受张之洞拟定的尊经书院办学理念影响，在经史方面在蜀学发展中所处的地位。从发表论文来看，宋育仁的著作将被课题组收入《巴蜀全书》之中。2018 年，笔者申报的国家社科基金一般项目"宋育仁经学著作的整理和研究"，获批立项。稍晚点公示的教育部人文社会科学研究西部和边疆地区项目中，四川理工学院黄宗凯的几乎与笔者同名的课题也获批立项。由此来看，无论是国家社科基金的评审专家还是教育部课题的评审专家，显然均对宋育仁研究表现出极大的关注和支持。

如果说 48 万字的《宋育仁卷》（中国人民大学出版社 2015 年版）的问世，引起了学界对宋育仁的普遍关注的话，那么，刚刚由国家图书馆出版社影印的《宋育仁文集》（国家图书馆出版社 2016 年版）的出版，无疑更会掀起研究宋育仁的热潮。此次由董凌锋选编的《宋育仁文集》共十四册，影印了国内所能见到的宋育仁的绝大部分资料。可以预测，《宋育仁文集》的出版必将迎来宋育仁研究的热潮。

二、宋育仁研究已取得的成绩

回顾以往的宋育仁研究，成果大致分为两类：一类是有关宋育仁的评传及其学术成就；一类是有关宋育仁维新思想的研究。此外，还有一些其他方面的零星研究。

1. 有关宋育仁的评传及其学术成就

欲研究一个思想家，首先必须了解其生平事迹。宋育仁生前曾对民国政治

---

① 杨坤：《〈正本学社类钞〉研究》，中南民族大学 2015 年硕士学位论文。
② 彭华：《宋育仁与近代蜀学略论》，《历史教学问题》2011 年第 2 期。

多有批评，再加上他长期过着归隐的生活，致使长期被学界忽视，甚至被误解。1931年12月5日，宋育仁病逝。尽管讣告对其一生中较为辉煌的经历有所介绍，但仍无法改变学界的认识现状。之后，萧月高撰写的《宋芸子先生传》，欲力图改变这种现状，对宋育仁传奇的一生进行了赞颂，但也未能引起更多的关注。

上述这种现状一直到改革开放以后，才慢慢有所改变。欲改变学界对其认识的定式，需大力挖掘宋育仁思想中具有积极进步的方面，然后才可对其进行公正而客观的评价。为了澄清历史的事实真相，消除某些误解，改革开放之初，徐溥率先对宋育仁不平凡且充满传奇的一生进行了评介，《宋育仁》一文开启了改革开放之后研究宋育仁的先河。①易公度先生曾跟随宋育仁读书问学，十分倾慕宋育仁。易先生撰写的《宋育仁先生传略》《宋育仁先生传略补遗》②，以及他与刘海声、徐溥合著的《晚清政治家、学者宋育仁事略》③，是较为全面而系统地介绍宋育仁生平的具有代表性的文章。由彭珏执笔撰写的《宋育仁》一文，着重对宋育仁的政治思想进行了介绍。该文收录于《中国近代思想家评传》一书，由此可见评传编者对宋育仁的历史地位的看重。④

此后，在研究四川或重庆的重要历史人物的著作之中，大多增设了介绍宋育仁的章节或条目。比如，在《四川近现代文化人物》一书中，收录了荀实（张秀熟）的《力倡变法图强的宋育仁》一文。⑤在《重庆古今风云人物》一书中，收录了由黄炳琛执笔的《宋育仁》一文。⑥《巴蜀百贤》以"宋育仁：

① 徐溥：《宋育仁》，四川省地方志编纂委员会省志人物志编辑组编：《四川近现代人物传》第2辑，四川省社会科学院出版社1986年版，第185－190页。

② 易公度：《宋育仁先生传略》，中国人民政治协商会议四川省富顺县文史资料委员会：《富顺县文史资料选辑》第1辑，出版地不详，1986年，第19－30页。

③ 易公度、刘海声、徐溥：《晚清政治家、学者宋育仁事略》，中国人民政治协商会议四川省委员会四川省省志编辑委员会编：《四川文史资料选辑》第29辑，出版地不详，1983年，第28－38页。

④ 彭珏：《宋育仁》，涂明皋主编：《中国近代政治思想家评传》，重庆出版社1988年版，第201－216页。《重庆地方志资料丛刊·重庆辛亥革命时期人物·辛亥革命暨重庆蜀军政府成立七十五周年纪念专辑》，出版地不详，1986年，第163－166页。

⑤ 荀实：《力倡变法图强的宋育仁》，政协四川省文史资料研究委员会、四川省文史馆编：《四川近现代文化人物》，四川人民出版社1989年版，第23－38页。

⑥ 郑洪泉主编：《重庆古今风云人物》，重庆大学出版社1989年版，第44－45页。

主张向西方学习的改良主义思想家"为题，介绍了宋育仁。① 同样是就巴蜀百贤为介绍主题的《巴蜀高劭振玄风——巴蜀百贤》一书，也用大量篇幅介绍了宋育仁。②《四川简史》以"变法思想家宋育仁"为题，介绍了宋育仁的变法思想。③《四川通史》中有"'新学巨子'宋育仁"一节。④

除了宋育仁的生平介绍以外，对其学术成就进行研究也是一个重点。宋育仁是一个博学多才的思想家，尽管其学术领域十分广博，但相关研究却主要集中于文学和诗词歌赋等方面。《巴蜀散文史稿》一书对宋育仁的文学成就进行了介绍，认为宋育仁的著作多以散文形式出现。而这些散文以宣传维新变法为中心，可以分为三类，即议论散文和考察报告、抒情序跋、文评诗话。⑤ 文成英以宋育仁、杨锐、刘光第为研究对象，探讨了鸦片战争以后，涌现了一批具有资产阶级民主革命思想的散文家。⑥

学界对宋育仁的词作和诗歌方面的研究已有一定的进展，主要研究了《庚子秋词》《哀怨集》《三唐诗品》。徐溥对宋育仁参与创作的《庚子秋词》一书进行了述评，分析了宋育仁未能得到国内学界重视的原因。该文明确地肯定了宋育仁的文学成就，以及宋育仁文学作品的研究价值。⑦ 台湾学者卓清芬也以《庚子秋词》为研究对象，讨论宋育仁等四位词人在庚子事变困居于北京城中，将战争之感慨写入词中，认为他们的词不仅反映了时事，也响应了时代对于"词史"的呼唤。⑧ 宋育仁的曾外孙王端诚以《哀怨集》为中心，探讨

---

① 何俊华、李殿元著：《巴蜀百贤》，四川人民出版社 2010 年版，第 180－184 页。

② 李殿元、李松涛著：《巴蜀高劭振玄风——巴蜀百贤》，四川人民出版社 2001 年版，第 229－234 页。

③ 《四川简史》编写组：《四川简史》，四川省社会科学院出版社 1986 年版，第 242－243 页。

④ 陈世松、贾大泉等著：《四川通史》第 6 册，四川大学出版社 1994 年版，第 378－383 页。

⑤ 傅德岷主编：《巴蜀散文史稿》，重庆出版社 2001 年版，第 439－444 页。

⑥ 文成英：《近代巴蜀的"变法"散文》，《渝州大学学报》（社会科学版）2000 年第 2 期。

⑦ 徐溥：《宋育仁与〈庚子秋词〉》，《文史杂志》1985 年第 1 期。

⑧ 卓清芬：《王鹏运等〈庚子秋词〉在"词史"上的意义》，《河南大学学报》（社会科学版）2010 年第 3 期。

了甲午庚子巨变中的宋育仁心理历程，认为这些诗是"诗人自身形象的再现"①。程彦霞指出：《三唐诗品》是晚清一部纯粹关于唐诗的批评著作，该书大胆地把传统的初、盛、中、晚唐的四唐分期方法改为初、盛、晚三个阶段，从而把韩愈、白居易等传统意义上的中唐诗人和盛唐诗人并举，不仅重新建构了晚清唐诗学，而且也从艺术审美和社会功用两个层面调和了以王闿运为主的汉魏六朝诗派和以曾国藩等为首的宗宋诗派之间的诗学矛盾。② 台湾陈文采教授在前人的基础上，对宋育仁、刘沅、何志高等一大批蜀地学者的文学作品进行了归纳和收录，并对宋育仁等蜀地诗人、词人对蜀地文化的发展所做的贡献，给予了高度的肯定。③

除文学外，宋育仁的经学成就也得到了一定的关注。《四川通史》卷六专门介绍了宋育仁的"经学"与"西学'之关系。④ 台湾学者程克雅将宋育仁与吴之英、张慎仪三人的经学思想进行比较，探讨了晚清四川经学家们的三礼学成就。⑤《雅学由传统向现代的转变》介绍了宋育仁的《尔雅今释》，作者指出："宋育仁因有到过西方诸国的考察实践和西学知识，所以在《尔雅今释》中，他不断引用西方的理论，进行中西比较，强调《尔雅》在古代为古小学教科书，现代亦为语言知识、社会常识、博物之学的教科书。"⑥

2. 宋育仁维新思想的研究

宋育仁思想十分丰赡，涉及诸多领域。对于这样一位享有"奇杰"⑦ 声誉的思想家，学界主要对其维新思想，尤其是戊戌变法时期的维新思想进行了研

① 王端诚：《从〈哀怨集〉看甲午、庚子巨变中的宋育仁》，《微斋笔影》，中国三峡出版社1997年版，第119－128页。还见于《重庆诗词》1996年总第3期；《又见东山一树花》，《南山风》1996年第3期。

② 程彦霞：《〈三唐诗品〉与晚清唐诗学》，《浙江工业大学学报》（社会科学版）2010年第5期。

③ 陈文采：《晚清四川地区〈诗经〉学述略》，舒大刚主编：《儒藏论坛》（第二辑），四川大学出版社2007年版。

④ 贾大泉、陈世松主编：《四川通史》卷六，四川人民出版社2010年版，第579－584页。

⑤ 程克雅：《晚清四川经学家的三礼学研究——以宋育仁、吴之英、张慎仪为中心》，舒大刚主编：《儒藏论坛》（第二辑），四川大学出版社2007年版，第159－170页。

⑥ 窦秀艳：《中国雅学史》，齐鲁书社2004年版，第332页。

⑦ 陈义杰整理：《翁同龢日记》，中华书局1989年版，第2669页。

究。代表性的总论性文章有王端诚《宋育仁维新思想试探》①，《戊戌百年祭》中收录了《宋育仁的追求》②，《四川近代史》中的《宋育仁的变法维新思想》③ 等。除了总论外，分论文章较多，主要集中于政治思想、经济思想、法律思想、新闻思想等方面。

关于宋育仁的政治思想。宋育仁一生最为辉煌的时期大概要属19世纪最后十年。1894年，宋育仁出使英、法、意、比四国，根据见闻撰写了《泰西各国采风记》，该书成为那个时代少有的几部放眼看世界的著作之一。在该书中，宋育仁对西方国家的政治、教育等进行了详细的介绍。这对以后的维新运动产生了巨大的影响。改革开放之初，自徐溥撰写了《早期改良主义思想家宋育仁》④ 一文始，之后，彭珏执笔撰写的《宋育仁》⑤、李时岳的《维新思想史上的症结："议院"与"民权"》⑥ 等，这些文章都着重对宋育仁的政治思想进行了探讨。钟叔河着重阐述了《泰西各国采风记》中蕴含的宋育仁离奇的思维方式。⑦ 林顿等学者还将宋育仁与杨锐、刘光第等进行比较，从而肯定宋育仁政治维新思想的研究价值。⑧

1998年，朱维铮、王立诚编校的《郭嵩焘等使西记六种》（生活·读书·新知三联书店1998年版）中收录了《泰西各国采风记》，宋育仁与学界早已熟知的郭嵩焘、刘锡鸿、薛福成等人齐名，导致其迅速受到关注。郭双林指出："就黄遵宪、宋育仁等人实践活动来看，他们在维新运动中虽不能像吕海寰、伍廷芳、张荫桓等人那样，引起光绪皇帝的重视，但对推动运动的发展，扩大运动的声势，仍起到了重要的作用。"⑨ 足见宋育仁在当时的社会影响力并不比张荫桓、伍廷芳等著名维新大臣低。龙晦则着重探讨了宋育仁在出使期

① 王端诚：《宋育仁维新思想试探》，中国人民政治协商会议四川省富顺县文史资料委员会：《富顺文史资料选辑》第13辑，出版地不详，1999年，第107—119页。
② 李济琛等编著：《戊戌百年祭1898—1998》，华文出版社1998年版，第681—688页。
③ 隗瀛涛等主编：《四川近代史》，四川省社会科学院出版社1985年版，第226—233页。
④ 董凌锋：《维新运动时期宋育仁思想研究》，内蒙古大学2005年硕士学位论文。
⑤ 涂明皋主编：《中国近代政治思想家评传》，重庆出版社1988年版，第201—216页。
⑥ 李时岳：《维新思想史上的症结："议院"与"民权"》，《学术研究》1989年第2期。
⑦ 钟叔河：《书前书后》，海南出版社1992年版，第179—182页。
⑧ 林顿：《杨锐、刘光第、宋育仁爱国主义思想浅探——兼及维新派与光绪帝之双向依赖》，《成都大学学报》（社科版）1990年第1期。
⑨ 郭双林：《晚清驻外使领与维新运动》，《河南大学学报》（社会科学版）1999年第3期。

间接触的外国学术名流、所读之书，分析了《泰西各国采风记》中涉及的政法、办报、财税以及语言文字等内容，认为宋育仁是站在洋务派立场，反对清流派的。①

宋育仁的政治思想，以其议院制主张为核心，这一观点在其著作《泰西各国采风记》中有明确体现。这一主张成了学者们研究的重点。刘菊素从政治学角度进行分析和评价："宋育仁倡设的议院制度，其目的在于'君恩下施'，'民隐上达'……因此它对于君权没有丝毫的制约作用，只能成为专制统治的润滑剂。宋育仁所处的时代，人们对议会制的了解普遍比较肤浅，民主思想仍处于萌芽阶段，但在当时条件下敢于提出议会政治和'君民共主'的政治主张，毕竟是向民主的道路上跨出了一大步。"② 此外，张朋园的《议会思想之进入中国》③、薛恒的《甲午之前士人对西方议会制的认识》④ 等文也涉及了宋育仁的这一看法。王尔敏以"宋育仁之旅英探索新知及其富强建策"为题，介绍了宋育仁的人生经历、政治活动及其政治主张和思想。⑤ 董凌锋的《维新运动期间宋育仁政治思想研究》⑥ 及其硕士论文都涉及宋育仁政治思想问题。

近几年来，在近代思想史研究中，提及宋育仁的著作也有所增多，对其评价也有所变化。比如侯宜杰所著的《二十世纪初中国政治改革风潮——清末立宪运动史》一书，便将宋育仁与郑观应、冯桂芬、洪仁玕等一并列入中国早期资产阶级理论家、改革家，肯定了宋育仁的研究价值。⑦

关于宋育仁的经济思想。清朝晚期，巨额的战争赔款、战争支出，加上巨大贸易逆差，使得清政府的财政状况变得极为严峻。经济是国家的命脉，为了挽救国家的危亡，宋育仁向清政府提出了一系列经济改革建议，还专门撰写了《经世财政学》《会议银价说帖》等著作。钟祥财较早对《经世财政学》进行

① 龙晦：《宋育仁与其〈泰西各国采风记〉》，西华大学、四川省文史馆蜀学研究中心主编：《蜀学》第五辑，巴蜀书社 2010 年版，第 11－22 页。
② 刘菊素：《宋育仁对西方议会制的追求》，《历史档案》2008 年第 3 期。
③ 张朋园：《议会思想之进入中国》，《华东师范大学学报》2004 年第 6 期。
④ 薛恒：《甲午之前士人对西方议会制的认识》，《南京社会科学》2007 年第 1 期。
⑤ 王尔敏：《近代经世小儒》，广西师范大学出版社 2008 年版，第 239－264 页。
⑥ 董凌锋：《维新运动期间宋育仁政治思想研究》，《太原师范学院学报》2007 年第 1 期。
⑦ 侯宜杰：《二十世纪初中国政治改革风潮》，中国人民大学出版社 2011 年版，第 3 页。

了深入研究。他认为宋育仁的经济思想可以概括为本农食论、权工商论、钱币论及其他。① 他为《经世财政学》撰写的提要收录在《中国学术名著提要·经济卷》② 一书中，作为经济学资料汇编，此提要在经济学界所产生的影响可想而知。《中国近代货币理论》下编有一节专门介绍宋育仁的货币论。③

董凌锋对维新运动期间的宋育仁的经济思想进行研究时，着重分析了其经济思想主张产生的历史背景。④ 黄宗凯、刘菊素合写的《清末维新思想家宋育仁兴商思想探析》一文指出，宋育仁在《时务论》《经术公理学》《经世财政学》中，对资本主义商业地位、公司治理、兴商学等进行了阐述，并提出了一些兴商的具体主张与建议。⑤ 刘海声亦对宋育仁的银行设想进行了探讨。⑥

关于宋育仁的法律思想。作为维新变法运动的代表人物之一，宋育仁的法制思想亦具独特性和先进性。黄宗凯、刘菊素从法制、法理等方面对宋育仁政治思想中的法制部分做了细致的研究和探讨。他们认为，作为清末变法修律的代表人物，宋育仁"对法制思想的起源、依据、功能等问题的探讨……其中不乏真知灼见，对当代法制建设有一定的启发、借鉴价值"⑦。唐丹在介绍《借筹记》所述宋育仁的相关事迹基础上，从传统法文化赋予古代中国书生以信仰的角度，分析宋育仁欲袭日壮举的原因，进而以信仰为切入点，对现代中国法律人信仰的缺失进行原因探析和对策构想。⑧ 此外，何云鹏等学者也专门针对宋育仁的法律思想进行了论述。⑨

关于宋育仁的新闻思想。宋育仁在蜀期间，正值国内维新运动如火如荼之

① 钟祥财：《宋育仁的经济思想》，《经济科学》1994 年第 2 期。

② 周谷城、叶世昌主编：《中国学术名著提要·经济卷》，复旦大学出版社 1994 年版，第 552－556 页。

③ 叶世昌等著：《中国近代货币理论》，厦门大学出版社 2003 年版，第 354－360 页。

④ 董凌锋：《维新运动期间宋育仁的经济思想研究》，《兰州学刊》2006 年第 5 期。

⑤ 黄宗凯、刘菊素：《清末维新思想家宋育仁兴商思想探析》，《商场现代化》2008 年 12 月（下旬刊）。

⑥ 刘海声：《宋育仁在四川创办银行》，政协四川省自贡市委员会文史委《自贡文史资料选辑》编委会编：《自贡文史资料选辑》第 22 辑，出版地、出版时间均不详，第 91－94 页。

⑦ 刘菊素、黄宗凯：《宋育仁的法制思想研究》，《四川理工学院学报》（社会科学版）2007 年第 5 期。

⑧ 唐丹：《宋育仁先生〈借筹记〉的法文化解读》，《地方文化研究辑刊》第九辑，四川大学出版社 2015 年版，第 121－125 页。

⑨ 何云鹏：《早期维新派法律思想述评》，《中外法学》1997 年第 1 期。

时。为了响应维新运动，他先后在蜀地兴办了《渝报》《蜀学报》等维新报刊，这些刊物对蜀地的思想解放起到了直接的推动作用。早在 1979 年，荀实就针对宋育仁创办的《渝报》《蜀学报》进行研究，认为它们是"四川第一家报刊"①。这一看法逐步成为学界共识。周勇针对《渝报》的发展、基本内容、时代背景等进行了研究。② 何承朴介绍了《蜀学报》的创立过程以及内容，深入分析了宋育仁创办该报的主旨及背景，并对其给予了高度赞扬："宋育仁在成都创办的《蜀学报》和'蜀学会'……对新思想和现代科技知识在全省的传播起了十分积极的作用。"③

之后，不断有学者针对这两份刊物进行研究。比如徐登明认为："《渝报》是四川期刊史上的第一家刊物。"④ 罗毅等学者也认为：宋育仁是清末著名维新思想家，他积极地投身于新闻出版业，是四川第一家近代报纸《渝报》的创始人。《渝报》是宋育仁维新事业的重要组成部分，宋育仁在《渝报》上发表了一系列文章，鼓吹维新变法思想，这些文章有助于我们了解宋育仁其人维新思想的主要内容及其特点。⑤ 此外，一些相关书籍中也多有介绍宋育仁办刊的文字，比如《辛亥革命时期人物》一书介绍了宋育仁在山城办《渝报》的过程。⑥《近代史》（上）在第十二章"维新思潮与改良运动"第一节"维新思潮的传播"中，介绍了宋育仁和《渝报》的创办。⑦

曹德权对宋育仁办报的宗旨、体现的思想进行了探讨和研究，他总结道："在宋育仁的办报指导思想中，兴论变法，倡扬西学是其要旨……而归重以教为先，明政为要。"⑧ 张杰以"宋育仁：成都办报第一人"为题，也介绍了宋育仁在成都创办报纸的经历及其新闻思想。⑨

---

① 中国人民政治协商会议四川省委员会文史资料研究委员会编：《四川文史资料选辑》第20 辑，四川人民出版社 1980 年版，第 10－25 页。

② 周勇：《论〈渝报〉》，《社会科学研究》1983 年第 12 期。

③ 何承朴：《川西鼓吹维新变法的号角——蜀学报》，《四川大学学报》（哲学社会科学版）1982 年第 3 期。

④ 徐登明：《四川期刊发展史略》，《新闻界》1997 年第 1 期。

⑤ 罗毅、钟盛：《〈渝报〉与宋育仁的维新事业》，《中华文化论坛》2008 年第 8 期。

⑥ 傅德岷、文成英等著：《重庆与名人》，重庆出版社 2001 年版，第 89－92 页。

⑦ 周勇：《近代史》（上），《重庆通史》第 2 卷，重庆出版社 2002 年版，第 557－567 页。

⑧ 曹德权：《宋育仁——四川报业第一人》，《自贡日报》2005 年 5 月 1 日。

⑨ 张杰：《宋育仁：成都办报第一人》，《成都日报》2005 年 10 月 24 日。

其他方面的研究。除了上面一些较为集中的讨论外，还有较少一部分零星主题的讨论，比如孙山从教育目的、教育内容、学校教育制度、教师、学生、人才选拔六个方面，重点分析了宋育仁教育思想的构成。① 刘菊素、黄宗凯探讨了宋育仁出使英、法、意、比四国期间，通过研究外国政教和社会风俗，以及国与国之间的外交关系，由此提出了处理近代外交关系的一些准则等问题。②《成都市志·总志》中以"宋育仁与西学东渐"为题③，《四川近代史稿》中以"宋育仁对西方的追求"为题，介绍了宋育仁向西方学习的贡献。④钟祥财专门对宋育仁的农业思想进行了论述。⑤ 这些论述虽然没有形成一定的系统性，但仍旧值得关注。还有学者对宋育仁的边疆思想、公司思想、军事思想等也进行了探讨。

值得一提的是，钟永新考证了宋育仁在英期间与麦克斯·穆勒之间的学术交往⑥，李树民考证了宋育仁与赵熙之间的交往⑦，李晓宇则着重考察了辛亥革命前后宋育仁与西方人士之间的交往⑧，等等。上述的这些研究或考证，为日后综合性地研究宋育仁的生平及其思想奠定了坚实的基础。

还比如对宋育仁历史地位的重新认定。1964 年，刘望龄在《张勋与"丁巳复辟"》一文中，将宋育仁列为"顽固的守旧派"⑨。之后，很长一段时间，宋育仁是被学界视为一个保皇守旧的反面教材来对待的。而如今，越来越多的学者开始正视其历史地位和价值，将其作为一个有着"敢为人先的勇气，强烈的爱国情愫，高度的历史责任感"⑩ 的维新思想家来看待。

① 孙山：《宋育仁教育思想研究》，《教育评论》2009 年第 6 期。

② 刘菊素、黄宗凯：《宋育仁的外交思想》，《中华文化论坛》2009 年第 3 期。

③ 成都市地方志编纂委员会编纂：《成都市志·总志》，成都时代出版社 2009 年版，第 146 -147 页。

④ 何一民等撰稿：《四川近代史稿》，四川人民出版社 1990 年版，第 278－287 页。

⑤ 钟祥财：《中国农业思想史》，上海社会科学院出版社 1997 年版，第 456－460 页。

⑥ 钟永新：《麦克斯·穆勒与宋育仁的学术交往录》，《宜宾学院学报》2011 年第 10 期。

⑦ 李树民：《宋育仁与赵熙交游考略》，《盐业史研究》2014 年第 1 期。

⑧ 李晓宇：《岂有文章惊海外：辛亥革命前后宋育仁与西方人的交往》，《党政研究》2014 年第 1 期。

⑨ 刘望龄：《张勋与"丁巳复辟"》，《历史教学》1964 年第 6 期。

⑩ 黄宗凯、刘菊素等著：《宋育仁思想评传》，西南交通大学出版社 2007 年版，第 3 页。

三、宋育仁研究的不足及其瞻望

虽然近些年来，学界对宋育仁的关注度有所加强，但仍存在着一些问题：

对宋育仁的系统性研究著述尚不够丰富，且研究队伍多集中于四川学界。就笔者搜集到的资料来看，研究论文中出自四川省的占了一多半，比如，《宋育仁思想评传》《宋育仁——隐没的传奇》两部著作均出自四川作者之手。

研究领域多集中于其政治思想、经济思想、法律思想、新闻思想、文学诗词成就等方面，且不够深入。比如，对宋育仁政治思想的研究，大多集中在《泰西各国采风记》《时务论》等较为出名的著作中所体现的思想上，而对于《经术公理学》《宋芸子先生政法讲义》《宋评明夷待访录》等尚未涉猎。探讨其经济思想时，《会议银价说帖》等主要文献尚未涉及；分析其法律思想时，《宋芸子先生政法讲义》未必提及。民国时期，宋育仁主办了《国学月刊》，专门针对该刊物的研究尚未开始，仅有少数文章略有提及而已。①

针对以上分析，笔者认为，宋育仁研究虽然取得了一定的成绩，但不能与作为大师身份的宋育仁的历史地位相匹配。因此，加大对宋育仁思想的研究十分重要，它不仅有助于加深对中国近代政治制度发展历程的理解，弥补当前近代史研究领域的缺憾，而且还可以通过对宋育仁思想的系统分析，了解其时代局限性和进步之处，对当代社会政治制度的改革和发展有着重要的理论和实践意义。针对上述研究存在的不足，笔者认为未来的宋育仁的研究，大致可从以下几个方面突破：

（1）加大宋育仁著作的整理力度。宋育仁的著作生前即已流布，但传播不广，《续修四库全书总目提要》的经部仅对宋育仁的《说文部首笺正》《同文略例小篆通古文举要》《经术公理学》有所介绍。② 显然，这些介绍并不能展现宋育仁著作的较为重要的内容。其著作零星藏于各大图书馆，这造成了搜集之难，故而少有学者关注之。可喜的是，国家图书馆出版社刚刚将宋育仁著作影印出版，弥补了搜集宋氏著作的困难。但问题是，这些著作多没有标点，

---

① 宋小庆：《近代"国学热"的兴衰》，《高校理论战线》1995 年第 9 期。

② 《续修四库全书总目提要·经部》，中华书局 1993 年版，第 1127、1162、1424 页。

且为繁体，对于很多读者仍然存在一定的阅读困难。之前，宋育仁的著作仅有少量被整理出来。除《宋育仁卷》（2015）外，《郭嵩焘等使西记六种》（1998）中收录了节选《泰西各国采风记》、《近代蜀四家词》（1987）中收录了《庚子秋词》、《说文解字研究文献集成》（2006）中收录了《说文解字部首笺正》等，《问琴阁诗录》也已整理编印（2013），另有少量散见于友人著作之中的诗作、序言、书札，等等，还不足形成系统。目前整理的内容难以反映宋育仁思想学术的真相。《宋育仁卷》收录的多为宋氏的政治或时评类著作，遗漏了其经学、史学、小学、文学等内容。鉴于此，应加大宋育仁著作的搜集、辑佚、辨伪、整理的力度，争取早日整理出一部较为完备的《宋育仁集》或《宋育仁全集》。

（2）撰写一部较为翔实的宋育仁年谱或学术长编，显得十分重要。尽管学界对宋育仁的生平事迹和学术贡献通过一些小传类文字有了初步的了解，但这并不能让那些不熟悉宋育仁的研究者正确地评价或看待宋育仁的贡献，或者说不能正确地对其进行历史定位。刘海声撰写的《宋育仁年谱》以及《宋育仁卷》后所附的宋育仁年谱，都还显得十分单薄，有些考订还值得商榷。史实前后倒置的情况依然存在。本着知人论世的学术精神，编写一部较为翔实的年谱或年谱长编，对于全面了解宋育仁丰富多彩的一生，客观公正地评价其历史贡献，都显得十分有必要。

（3）扩大宋育仁研究的范围。扩大宋育仁研究的范围，可以从两方面同时进行。一方面是指专门针对宋育仁本人思想的著作方面进行拓展。就目前研究来看，学界针对宋育仁的研究，主要集中于其政治和时务类著作。黄宗凯等所著的《宋育仁思想评传》，对宋育仁的变法思想、吏治思想、法制思想、理财思想、币制改革思想、兴商思想、外交思想、教育思想等进行了较为全面的论述，有填补空缺之功，但因所用材料的不足，尚有待深化相关研究。《宋育仁——隐没的传奇》将宋育仁看作中国最后一批传统书生，通过追溯他的成长、理想、奋斗和失落，以及不得不陷入时代漩涡的充满纠结的人生经历，展现宋育仁离奇的一生。① 该书并非学术论著，只能算是通俗读物。董凌锋自硕士起就研究宋育仁思想，虽然其博士论文取得了一定的成绩，但宋育仁的许多

---

① 武奕、多一木编：《宋育仁——隐没的传奇》，成都时代出版社 2013 年版。

珍贵资料，董文并未涉及。上述研究虽然都有一定的创获，但因主客观等方面原因，尤其是研究者们在未能尽可能多地掌握宋育仁著作时，得出的结论不仅会存在偏颇之处，而且也难以推进宋育仁相关研究在深度上或广度上发展。

另一方面将宋育仁放到他生活的那个特定年代里，考察他与同期历史人物的思想异同，从而彰显宋育仁思想的特质。在维新变法时期，宋育仁的思想特质与康有为、梁启超等维新思想家有何不同，可以进行比较，从而突出其特质。民国时期，宋育仁的思想又发生了哪些变化，亦需进行详细考察，他和梁启超、胡适等在学术观点上有何不同，尤其在对待国学问题方面，存在哪些区别等问题，值得进一步探讨。透过这些比较研究，还可为当前的国学研究提供某些启示。

由唐君毅论理先气后说观其哲学意义（其一）

苏子敬[*]

内容摘要：哲学之探求最终会归到存有与价值两大面向及其统贯的问题。当代中国哲学界大抵认为以儒、道两家为主的中国哲学，基本上乃以价值的慧眼观看或点化存有界，亦即"以价值摄存有"，为一"价值论中心的形上学"或"道德的形上学"。然而，如何客观地辨明"以价值摄存有"之合理性？当代新儒家大师唐君毅先生即其荦荦大者。唐先生除"将气高看"之说所启发出的"形上气学"之道论形态，以及其始终尊崇的陆王"心学"，两者皆可直接肯定"形上之气"而可谓"理气一元"外，其论朱子理气论时，虽肯定某种意义的理气"不相离"，然亦未否定理气上下层次而"不相杂"的关系，并倾力破除其间表面上的矛盾，以及破斥近代学者以"逻辑上之先后"解释"理先气后"的说法，而认为其乃"形上学的先后"，可见唐先生并非混漫形上形下者。只是，依程朱理学，理气是否二元？"理在气先"究竟如何谛解？其哲学方法进路与宗旨为何？乃至"人心当然之理"与"万物存在之理"如何可说为一？此"理一"其背后的哲学意义为何？凡此等等问题，唐先生皆有其相应于程朱理学之精微深刻的创造性诠释。本文暂只就其《由朱子之言理先气后，论当然之理与存在之理》此一可震古烁今之作阐扬之，凸显其哲学意义。全文分五节阐述之：一、前言；二、该文论述之动机目的、方式策略与论证大段过程；三、就义务意识之分析以展示理先气后乃形上学的先后；四、论证如何可说当然之理即存在之理而得解"理一"；五、结语。此次会议暂先就第一、二节发表就教。

---

* 作者简介：苏子敬，嘉义大学中文系教授。

一、前　言

哲学在于总括宇宙（自然）与人生（人事）两大侧面而彻底反省之，诉诸思辨与实践的理性进路，追溯其终极根源，探索其普遍原理，而处于一切分殊的知与行之际以求综合统一之、贯通之。简言之，哲学之探求最终会归到存有与价值两大面向及其统贯的问题。当代中国哲学界有一普遍的看法，认为以儒、道两家为主的中国哲学，基本上乃以价值的慧眼观看或点化存有界，亦即"以价值摄存有"，为一"价值论中心的形上学"或"道德的形上学"，此如当代新儒家代表唐君毅、牟宗三先生以及一代大哲方东美先生等皆然。近代启蒙运动的高峰德哲康德，依理性之理论思辨运用与道德实践运用，将哲学划分为"理论哲学"与"实践哲学"两大领域，而主张"实践理性优位"，与上述中国哲学界的看法，亦有异曲同工之妙。然而，有些学者（尤其英美哲学背景者）则持保留态度，认为存有论与价值论分属不同领域，不可混为一谈，如研究希腊哲学的大师陈康先生亦曾有过类似的疑问。姑不论主观上赞同"以价值摄存有"与否，如何客观地在实践工夫上或理论思辨上说明其合理性，甚至证成之，确实是一大哲学工程，而将大有功于中国哲学之传布于现代世界。于此，我们看到了 20 世纪中国两位卓有贡献的大哲——唐君毅与牟宗三。

唐君毅与牟宗三两位哲学大师，皆是当代（现代）新儒家的代表人物，学贯中西，兼综中西印哲学，返本开新，归宗儒学而开创新局。就传统哲学儒、释、道三家之诠释阐扬而言，两位皆有独创而闳深的相应见解，启发后世深远，尤其作为中国历史上第五阶段儒学的代表，其对第三阶段儒学——宋明理学——的阐述与接续发展更为学者所宗仰，李泽厚先生等甚至以"新宋明理学"定位现代新儒家。

唐、牟齐名并称，然唐先生到香港后创办新亚书院，除一段时候走访世界哲人进行深度交流与短期来台讲学外，多在香港办学与研究著述，又较牟先生早逝十几年，加上"博大圆融，无径可循"，其著述思维多层层辩证，一般读者较难掌握其理论脉络，不像牟先生概念分析之井然划分并长期在台任教。故牟先生之学在台传扬甚广，其宋明理学三系说几乎长期主宰了台湾理学研究的局面，反之，唐先生闳深精微的理学内涵则较少为人所明晰。直至牟先生逝后多年，有所谓的"后牟宗三时代"，学者开始反省牟学，而注意与正视唐学与牟学同中之异，对牟学略有迟疑者，或转就唐学取经。如林安梧即主张要由牟宗三转到唐君毅，再由唐君毅上溯熊十力，最终回归王船山。一种固有传统已具，于今却显得崭新的"气学"呼之欲出。

仅就宋明理学之诠释来说，牟先生三系说将明道与伊川二程兄弟之洛学划分为二，小程子伊川与朱子归为狭义的程朱理学（"理宗"），乃"他律道德"之学，相较于先秦孔孟"自律道德"的儒学正宗已有所歧出，而判过去视为集理学大成的朱子"别子为宗"，所开乃一真正别有新义的"新儒学"，其理"只存有而不活动"，道德实践动力大大减杀，故其所重工夫在"后天的涵养"与"认知的横摄"，非纯粹道德之本质工夫，而仅是道德儒学之辅助的工夫。①但唐先生则认为伊川学与明道学本质仍一，伊川之发展只是明道学之延续与补充，工夫更为细密，非转而歧出，朱子更是如此。牟先生将北宋周濂溪、张横渠、程明道与南宋初期胡五峰、晚明刘蕺山归为"对越在天"而"以心着性"的"性宗"，乃与陆王纯然"一心之朗现、申展、遍润"的"心宗"，同为儒学之正统，然对于横渠与蕺山言"气"而不合其诠释理路处，则总以"滞辞"视之。于此等论气处，大陆学者过去多未取牟先生之说，而依其"唯物辩证法"的立场，朝向"气本论"或"惟气论"的观点以释之，此则又不为一般港台学者所接受。因此，既不赞同大陆学界的"惟气论"之见，又疑惑于牟先生"滞辞"之解者，乃图另寻适切的诠释出路。而唐先生"高看此气"②而可说"理气一元"的诠释观点，既不同于大陆"惟气论"，又不落入"滞辞"的诠释困局，遂又为学者所关注，而直接或间接开启"形上气学"的哲学形态。如兼借镜现代西方"身体观"以论中哲的杨儒宾，其区分"先天之气"与"后天之气"的气论学说③，即此中之代表；其他如刘又铭亦有类似说法，提出"神圣气本论"（又分跟理本论或心本论相结合两型）与"自然气本论"

---

① 牟先生三系说可简参见牟宗三：《心体与性体（一）》，正中书局1999年版，第49－51页。

② 参见唐君毅：《中国哲学原论——原教篇》，《唐君毅全集》第17卷，台湾学生书局1991年版，第99页。

③ 可参见杨儒宾：《异议的意义——近世东亚的反理学思潮》，台湾大学出版中心2012年版，第124－125页。

的划分。① 甚且，即使"后天气论"或"自然气本论"，他们亦不将之等同唯物论形态。② 其实，非独今日学者始然，唐先生早年论张横渠之学，即已拈出非唯物论的"气学"之形态，而与程朱"理学"、陆王"心学"并列为三了。③ 不过，仍有如邓秀梅氏，拥护牟先生而延续其"理气上下二元""本体界对现象界"之思维模式，以观唐说或气学而有所反省批评者。

其实，唐先生除所启发出的"形上气学"之道论形态，以及其始终尊崇的陆王"心学"，两者皆可直接肯定"形上之气"而可谓"理气一元"外，其论朱子理气论时，虽肯定某种意义的理气"不相离"，然亦未否定理气上下层次而"不相杂"的关系，并曾倾力从哲学理论思辨上披荆斩棘，破除其间表面上的矛盾④，以及剔析近现代流行之本西方哲学"形相与质能"以论"理先气后"乃"逻辑上之先后"的说法，斥其弥近理而大乱真。⑤ 由此一端即可见唐先生并非混漫形上形下者。只是，依程朱理学，理气是否二元？"理在气先"究竟如何谛解？其哲学方法进路与宗旨为何？乃至"人心当然之理"与"万物存在之理"如何可说为一？此"理一"其背后的哲学意义为何？凡此等等问题，唐先生皆有其相应于程朱理学之精微深刻的创造性诠释耳。

唐先生多所论及程朱理气论，如《中国哲学原论——导论篇》《中国哲学原论——原性篇》《中国哲学原论——原道篇（三）·附录》《中国哲学原论——原教篇》《唐君毅全集卷十八·哲学论集》等，本文即暂先锁定唐先生早年所撰《朱子理先气后论疏释——朱子道德形上学之进路》一文以述之。该文原发表于民国三十六年，虽已年代久远，然于今观之，仍可震古烁今。后来唐先生撰成《中国哲学原论——原道篇（三）》，所论述止于唐代佛学，而专论宋明儒之道的《中国哲学原论——原教篇》尚未完成，恐读者以为中国哲学慧命之流至佛学而极，更不向前开拓，故先将其昔年所著有关宋明儒学之

---

① 参见刘又铭：《宋明清气本论研究的若干问题》，收于杨儒宾、祝平次编：《儒学的气论与工夫论》，台湾大学出版中心 2005 年版，第 206 - 208 页。

② 同上，第 212 页。

③ 参见唐君毅：《张横渠之心性论及其形上学之根据》，《唐君毅全集》第 18 卷，台湾学生书局 1991 年版，第 211、217 - 224 页。

④ 唐先生论朱子理气不离不杂说之表面矛盾处，可参见唐君毅：《中国哲学原论——原道篇（三）》，《唐君毅全集》第 16 卷，台湾学生书局 1991 年版，第 445 页。

⑤ 可先简参见唐君毅：《中国哲学原论——原道篇（三）》，第 418 - 419、447 页。

二文附录于《中国哲学原论——原道篇（三）》之末，该文即其中之第二文，只删去约四分之一，字句稍有改正，余皆照旧重印，并更名为《由朱子之言理先气后，论当然之理与存在之理》。① 原名凸显了朱子论"理先气后"其背后的思想进路或哲学方法以及道德形上学属性，更名后则似更凸显"道德与自然"或"价值与存有"之关系的哲学问题。

二、该文论述之动机目的、方式策略与论证大段过程

唐先生回顾当年撰写该文之动机目的云：

"吾意在说明宋明儒学之理，应由其为当然之理兼存在之理契入。此文要在反对当时冯友兰、金岳霖二氏所为之《新理学》及《论道》二书，本西方哲学以由逻辑分析而出之共相形式，为宋明儒学中之理，以质或能为气，以逻辑上之先后，论理先气后之说。"②

唐先生早慧，青年时思想折中于中西印哲学之间，于西方思想曾受机械论、实在论、经验现象论等的影响；又一度有所契于英美新实在论，主张多元思想、无数潜在共相，而批判形上本体为抽象的执着；稍后又经由德国唯心论，知有层层向上升高的哲学境界，并由对创造进化论的反省转进，自思得心灵必为超越的主体，遂摆脱新实在论一往平铺的哲学观，而贴近德国唯心论，更卓有新见某种理体而自得；复又回观东方哲学，发现儒、释、道超越西方唯心论处，乃终回归儒、释，宗主孔孟。③ 既然其早已扬弃新实在论，领悟儒学之胜义，自然忧心冯、金二氏以类似新实在论观点诠释理学之乱真误导，故着力破斥其谬，而层层辩证程朱理学之为道德形上学的进路。

唐先生更具体说明其撰写目的或者所要解决的哲学问题：

"朱子之论理气，为后世所不满，且不易解者有二。一为理气为二，理先气后之说。此不特为王阳明学派及清代之反理学者所反对，亦且为明清之宗朱

---

① 参见唐君毅：《中国哲学原论——原道篇（三）》，第418－419页。

② 唐君毅：《中国哲学原论——原道篇（三）》，《唐君毅全集》第16卷，台湾学生书局1991年版，第418－419页。

③ 可参苏子敬：《唐君毅孟学诠释之系统研究》，收在《中国学术思想研究辑刊》四编第二十五册，花木兰文化出版社2009年版，第16－18页。

名儒，如薛文清、罗整庵、陆桴亭所訾议。二为其所谓理是人心当然之理，故穷物理于外，即穷此内心之理。然此二种理，如何可说为一？如其不一，则穷物理于外，便成逐物，与圣学背道而驰。阳明即于此反对朱子。而此问题之核心，在如何可真说理是一。若真可说理是一，则穷物之存在之理于外，即穷此内心当然之理，亦有可说。本文即旨在指出当依何意义，朱子所谓'理先气后'及'理一'之义，可得其解。"①

此虽是在谈哲学史上朱子学所遭遇的批评，实则乃"即哲学史以论哲学"或"本哲学以言哲学史"②，指出其核心哲学问题所在。如何不会落入人间万事万物之世界的"实然"与道德人心义理之世界的"当然"截然二分无法贯通之困局，不致存在与价值始终二元对立，而又能维持道德的超越理想性与动能主宰性，非下堕成形下唯物形态的一元"惟气论"，使得穷世界万物存在之理并非即是逐物外求，而即是穷内心当然之理，亦即真可说"理一"，又使"理先气后"得其相应于道德圣学的善解，或者如"实践理性优位"下的"自然与道德合一"之说，这便是唐先生该文用心之所在。

至于论述方式，唐先生晚年自言该文：

"不足言佳善，但亦大致不差……依西方式哲学思辨而为之，乃今我所不肯为。"③

"吾年来所论宋明儒学之文，皆重其如何化除气质、偏蔽等工夫论，故与吾在为此附录之二文时，多着眼在形上学之问题者，颇有不同。人类思想言说，总在发展中，个人亦然，只须不相矛盾，则今固可是，而昔亦未必非。"④

而当年写该文时也说：

"吾在此文，则将循今日之思想方式，以疏释此了解朱子思想之凝滞。此

---

① 唐君毅：《中国哲学原论——原道篇（三）》，《唐君毅全集》第16卷，台湾学生书局1991年版，第440页。

② 参见《中国哲学原论——原性篇》，《唐君毅全集》第13卷，台湾学生书局1991年版，第6页；《中国哲学原论——原教篇·自序》，《唐君毅全集》第17卷，台湾学生书局1991年版，第9页。此等论述方式乃"唯是即哲学思想之发展，以言哲学义理之种种方面，与其关联"（前书第6页）。

③ 唐君毅：《中国哲学原论——原道篇（三）》，《唐君毅全集》第16卷，台湾学生书局1991年版，第419页。

④ 同上，第421页。

凝滞恒顺问题之发展，而自然孳生，而吾将随波逐浪，以一一扫荡之，由建立朱子之义，以说明朱子义。故此种疏释之方式，非一般哲学史之寻文绎义之疏释，而同于佛家所谓密义之疏释。吾文中所陈之论辩，多非朱子之言中所已有，而唯是朱子理论系统中所当涵。"①

可见唐先生虽后来着重成圣之道德实践工夫的发明、诠释，然于此较早年的形上学思辨之作，亦觉有其难取代性，具备扫荡吾人了解朱子思想之凝滞或破除他人误导的价值，且自认其疏释犹如潜入朱子学背后深沉的密义，非一般哲学史寻文绎义，只根据文献做演绎分析与归纳之类。吾人或可说此如傅伟勋所提出"创造的诠释学"之"当谓"与"必谓"（"创谓"）的层次。② 于此，唐先生乃循今日哲学思辨的方式，就其中哲学问题之提出与解答的辩证发展过程，将一一孳生的思想凝滞毫不逃避地辨破扫荡，以去除可能之质疑与摇摆。此不同于直接诉诸体证或慧见之断言命题，如第一代当代新儒家熊十力先生所为者，故唐先生有言：

"熊先生新唯识论以本体说理，以用说气，以立体呈用，即用显体，说理先气后，此是截断众流句，非针对今日之哲学问题以释朱子。"③

由此亦见，唐先生在肯定如熊十力等先儒之高明卓绝的"上达"慧识外，有意地面对今日哲学问题之搅扰所孳生的对中国传统朱子理学的不解或误解，不惮从"下学"曲折地一一厘清辩破，层层辩证"上达"，以挺立朱子"理先气后"说的真实密意。而其展现出来的实际论述策略与曲折论证的大段过程，约略如下：

首先，如哲学史之疏释，先罗列朱子论理气之言，加以排比，分析归纳核心论点为五义，以为讨论辩证之文献准备。此乃为一般读者计所作之导言，非其用以疏释朱子之正文。④ 其引据朱子原典，简切精要地分析其义理脉络与核心要义⑤，而后归纳朱子理气论之五义为：

① 唐君毅：《中国哲学原论——原道篇（三）》，《唐君毅全集》第16卷，台湾学生书局1991年版，第441页。

② 详参见傅伟勋：《创造的诠释学及其运用——中国哲学方法论建构试论之一》，《从创造的诠释学到大乘佛学》，东大图书股份有限公司1999年版，第1—46页。

③ 唐君毅：《中国哲学原论——原道篇（三）》，《唐君毅全集》第16卷，台湾学生书局1991年版，第441页。

④ 同上。

⑤ 同上，第441—443页。

"一、在物上看，理气浑沦，理在气中。二、自物之理一方面看，理可超乎气而观，无气亦可有理。三、自气一方面看，气不能离理，必有理而后有气，理先而气后，理主而气从。四、气以聚散、有无不定而无常，故于气不言实气。理不以气之聚散而有无，故不移而有常，故于理言实理。五、必理先气从而气后，而后理可为主，以为必实现于气之理，乃可说'有理必有气'。理实现于气，而后可说'有气必有理'，更可说'有物'、说'物有理'。故气之若为直接生物者，根据于理之为必实现于气之理，故理为真正生物之本。于是在究竟义上，理与气既不相杂，亦不相离。"①

简言之，唐先生认为：在存有范畴上，朱子设定普遍而上下有分"不杂"的形上之理、形下之气二者，前者为生成万物之最终本源根据，后者为生成万物之实际形质资具，而若就实际存在或万物的世界言，则理气浑沦"不离"；在存有次序上，朱子主张"理先气后"，盖理主气从、理常故实而可超乎气（理不杂于气），气则聚散变化无常，不能真离理而言其独立实在性（气不离于理）；在实践设准上，朱子肯定"气之从理、随理而行"②（"有气必有理""气不离于理"），理为"必有气实现之"之理③（"有理必有气""理不离于气"）。综言之，"理先故不杂，气必后故不离"④，于是成"理气不离不杂"之说。

其次，统整该五义为若正、反、合之对立的统一，亦即：说明不离者一组，说明不杂者一组，以及此两组似对立者之综合统贯：

"此五义，一、三两义为一组，乃说明理气之不离者。二、四两义为一组，乃说明理气不相杂，理可超乎气而观，仍为真实之理者。第五义为此二者之综合或圆融。"⑤

进而指出其中表面之矛盾：

"然此中实表面有矛盾。因如理可超乎气，而为实理，则理不待气之真

① 唐君毅：《中国哲学原论——原道篇（三）》，《唐君毅全集》第16卷，台湾学生书局1991年版，第444页。
② 同上，第443页。
③ 同上。
④ 同上，第444页。
⑤ 同上。

实，而真实，则理气虽不相杂，而可相离。如理与气不可相离，则有气处皆有理，唯有气处乃有理，则理不能超乎气而为实理，理气虽不相离，而可相杂。唯理气可不相杂，乃可成就理先；唯理气不相离，乃可成就气之必后。然自理先以观，则理气可相离。自气之必后以观，则可但见理气之相杂。有理必有气，则理不得单独肯定，而似无所谓理先。理先而理可单独肯定，则有理不必有气，而似无所谓气之必后。故理气不相离，亦不相杂，既谓理先又谓气必后，乃不易同时肯定，而似有矛盾者。然如吾人不能同时肯定此二者，则综合与圆融，成矛盾之拼凑。"①

然而，此中看似之矛盾，若欲去之将如何？过去和今日哲人提出两种路径：一者如明清反朱子学之气本论者所为，以气为根本，反对有所谓超越的本体之理，只承认有气之规律条理，故理不在气先，而后于气；二者，如今人持潜存的先验理型或形式共相以说理的说法。此二路径盖皆非唐先生所满意的答案，因为此二路径皆未能把握朱子之衷曲真意：

"今欲去其矛盾，似必走入一端，或谓理只为气之理，而理后于气，如明清反朱学者之所为。或只谓理先于气，而理可离气，自为潜在，如今人之所为。信乎中道之难持，朱子之意之不易得，而此矛盾之不易避免也。然吾人今若不先正视此矛盾，亦终不能圆融此矛盾，而得朱子之真意。"②

于是，在唐先生认为上述欲去朱子理先气后之矛盾的两种路径理论未得朱子真意之后，乃另述唐先生自己领悟之密义，且回溯北宋理学之"理"的原本意义③以为印证，由此展开其千回百转的层层辩证说明。他先点出：

"当先辩朱子所谓理先气后之先后，为何种之先后，然后再由道德意识之现象学的解析，以明当然之理之先于实现此理之气，且有形上学之真实意义，以使理先气后之言有意义者。此为本文正文之上篇。然后再说明当然之理即存在之理，说明理先气后之言，可运用于一切存在之理，此为下篇。上篇重在明理气之不杂，而重在理先。下篇重在说明理气之不离，而重在气之必后。"④

---

① 唐君毅：《中国哲学原论——原道篇（三）》，《唐君毅全集》第 16 卷，台湾学生书局 1991 年版，第 445 页。

② 同上。

③ 同上，第 456－457 页。

④ 同上，第 445 页。

唐先生先辩五种先后义，而一一排除前四种皆非理先气后之先后，尤其着力先批驳以第四种"逻辑之先后"解朱子"理先气后"之似近理而大乱真，亦即先辩驳流行的冯、金之以"逻辑上的先后"解释朱子"理先气后"之说。① 接着展开一系列曲折细密的思辨论证：先说明理先气后"可首于当然之理之先于实现此理之气上，得其解"②。再显示"当然之理"之"超主观的形上真实"意义，阐明"当然之理"即蕴含一种"存在之理"，且为"存在者所以存在之根据"之一种，更"本仁者之道德意识与要求作一先验推论，以肯定万物必有仁之理"，而"仁之理"即是去成就一切存在物（气之具体特殊的展现）生成变化之理，故"仁之理"即是"生之理"，可超个体自觉，而为万物生生之形上根据，并说明"一切特殊之理皆本于一生之理"，故"无不仁不生之理"③。于是存在之理与当然之理合一，而当然之理为优位。

---

① 唐君毅：《中国哲学原论——原道篇（三）》，《唐君毅全集》第16卷，台湾学生书局1991年版，第446－450页。

② 同上，第440－441页。

③ 同上，第505－511页。

如何了解孔子的人格精神[*]

——唐君毅的人格比较研究方法略论

王兴国[**]

一、引　言

　　孔子是世界公认的伟大思想家、教育家、中国的圣人和中国文化的奠基人。2018 年是孔子诞辰 2567 周年，是一个纪念孔子与表彰孔子的好时机。近年来，以孔子为代表的中国传统文化的重要价值逐渐得到国人的承认与重视，百年以来叠压在孔子头上的阴云雾霾终于渐渐消散，云开日见，孔子的正面形象开始重新确立，并将重新走进中国人的心灵。"儒学复兴""中国文化复兴"的浪潮伴随着中国的崛起而一波接一波地掀起，以儒学为代表的中国传统文化出现了复兴之兆。但是，不能不看到，反对儒学、诬蔑儒学、诋毁与诽谤孔孟的事情仍然时有发生，甚至有人公然把以孔孟为代表的儒学视为中国社会"腐败的根源"，主张再次打倒儒学、捣毁儒学，完成所谓的"二次启蒙""新启蒙"，混淆视听，乘水未澄清之际大肆搅局，成为儒学复兴的拦路虎、绊脚石。因此，我们不能不充分地认识到复兴儒学、复兴中国文化的艰巨性、复杂性、长期性与斗争性。为了彻底扫除与廓清儒学复兴、中国文化复兴的障碍，固然需要对一切诬蔑儒学、诋毁与诽谤孔孟的思想言论进行批判与肃清，但同

---

　　* 作者附言：原来写的论文题目是"唐君毅论孔子与孔子在中国历史文化中的地位之形成"，因篇幅过长，未能按时完成，现提交的此文为从原文中节出的一部分，并有修改。欢迎交流与批评指正！

　　** 作者简介：王兴国，深圳大学国学研究所、哲学系教授，博士生导师。

时也需要正本清源，让国人重新了解孔子，真正地认识孔子的光辉与美大神圣，以生命的契入与感通去呼应孔子的生命、呼应与把持儒学的精神和智慧，重新树立中国人的文化之根与文化自信，勇敢地面对现实与未来的挑战，真正地与全面地实现孔子所向往的"富而有教"的社会愿景，这就需要我们能真实地理解孔子在中国历史文化中的崇高地位究竟是如何形成的，孔子人格精神的美大神圣究竟在哪里，孔子为什么是中国文化精神与智慧的源头活水，孔子为什么在现在与未来仍然具有不可抛弃与不可估量的永恒价值。而与牟宗三先生并称且被牟宗三先生称为"'文化意识宇宙'中之巨人"① 的唐君毅先生，作为当代新儒家最重要的代表人物与哲学大师之一，一生宗奉孔子，继承与弘扬孔子精神，与牟宗三先生一道哲学地重建中国哲学，不仅创建了与牟宗三的"道德的形上学"比肩而立的"心通九境"的庞大哲学体系，把现代中国哲学的发展推向了世界水准的高峰，而且留下了许多篇论述孔子的重要文献。尤其是其中关于"孔子在中国历史文化中的地位的形成"的论述，写于 20 世纪 70 年代，适值大陆"批林批孔"时期，而香港亦有刊物闻风起舞，咒孔骂唐②，唐君毅先生的鸿文拨云雾而见青天，不仅真实地"还原"了孔子在中国历史文化中的崇高地位形成的历史事实与理据，而且澄清与驳斥了民国以来对于孔子的种种误解、诬蔑与不实之词，"再现"了"孔子的历史"与"历史的孔子"，呈现出一个历史的真实的孔子以及孔子的美大神圣。因此今天我们纪念孔子的时候，重温唐君毅先生对于孔子人格精神的论述，并对唐君毅先生提倡的探索孔子人格世界的人格比较研究方法给予关注和探讨，对我们重新认识与理解孔子，消除对于孔子的莫大误解与诬蔑，仍然大有裨益，如沐春风，而且犹如醍醐灌顶，是一面最好的"照妖镜"。

---

① 见牟宗三《悼念唐君毅先生》，《唐君毅全集卷三十·纪念集》，台湾学生书局 1993 年（校订）版，第 26－28 页，以及《"文化意识宇宙"一词之释义》，《唐君毅全集卷三十·纪念集》，第 29－34 页。

② 见徐复观：《悼唐君毅先生》，《唐君毅全集卷三十·纪念集》，台湾学生书局 1993 年（校订）版，第 19－20 页。

二、研究孔子与孔子崇高地位形成的方法

根据人类的生活经验与学术研究的历史经验可知，知人不易，知伟人更难。孔子乃是人类历史中的伟人之伟人。那么，欲知孔子则难上加难了！然而，孔子是中国文化的最大代表，不知孔子则不知中国文化。凡孔子以后的人，欲知中国文化，则必知孔子。那么，究竟如何去了解孔子与孔子在中国历史文化中的地位呢？在今天，这一问题不意重新成为中国人的一项历史文化之使命。

唐君毅先生指出，了解孔子最难，原因在于孔子是中国历史文化人物中最难讲的一个人物。之所以如此，盖因孔子代表中国文化原型之大全。凡讲孔子皆不能无漏，不能臻全。无论谁讲孔子，都不能不具体地讲孔子的具体事情。但一落到具体地讲孔子的具体事情的事实上，则无法全面地把握与彰显孔子之作为中国文化原型之大全。唐君毅先生说："这不仅由于孔子思想与对中国社会文化历史之贡献之伟大，使我们难以抽象的几点意见包括之，而且我们先自孔子之对社会历史文化贡献与学术思想去了解孔子，亦本非最妥当的办法。"① 所以，对于孔子来说，无论如何讲，无论谁讲，都是不能圆满的。唐君毅先生对他人所讲的孔子不甚满意，同时对自己所讲的孔子也是不满意的②，根源在于孔子身上所体现的精神乃是一种无待无外的绝对的化育涵摄一切而不露精彩的无限性之精神，这种精神是现代人凑泊不上且日益与之疏远的。唐先生说：

"现代人一切生活事业，皆在紧张中，奋斗中，对抗中。处处要求显力量，露精彩。一切都要在鲜明的对照中，才看得见。然而孔子之精神，在根柢上正是超一切对待的。孔子亦很严正，很刚健，然而此严正与刚健，即在一太和元气中。此时代人，在情调上，实难凑泊得上。所以孔子之无限的精神，在

---

① 唐君毅：《孔子与人格世界》，《唐君毅全集卷五·人文精神之重建》，台湾学生书局1989年版，第210页。

② 参阅同上。

今日实亦难提出。"①

　　但是孔子是必须讲的，那么我们别无选择，唯一地只能在不能讲中去求能讲，从不圆满中去求圆满，诚如孔子的"知不可而为之"，勉力而行了。事实上，唐君毅先生作为"文化意识宇宙中的巨人"，其"仁者哲学家"之生命精神最能与孔子的生命精神相呼应与契接，因此唐君毅先生是最具有资格讲孔子与孔子在中国历史文化中之地位的当代大儒，并且唐君毅先生所讲的孔子亦最能表现孔子的生命精神与智慧情态，最具传神的精彩洞见，而唐君毅先生所勾勒出来的孔子在中国历史文化中之地位，则真实地与多角度地展现与解释了孔子在中国历史文化中的无与伦比的至高无上的地位之形成的纷繁复杂的历史事实与峰回路转、蜿蜒跌宕的曲折过程，成为民国以来的现代中国人了解与研究孔子的一面镜子和一个重要的典范。在反复多次宣讲孔子与探索孔子的伟大人格以及孔子在中国历史文化中的地位之形成的历程中，唐君毅先生发现与提出了一套讲孔子与孔子在中国历史文化中的地位之形成的方法。具体可以总结和概括为以下五种研究方法：（1）人格类型比较法；（2）思想文化历史源流考察法；（3）哲学思想研究法；（4）历史文化综合考察与诠释法；（5）贯通生命精神体验法。唐君毅先生将这些方法综合连贯地运用在他一生对于孔子之人格精神世界的探索中，在历史地、文化地、哲学地、宗教地多维视野与进路中凸显出孔子之高明厚博的天地精神与涵盖且持载一切而超越一切之圆满的圣人型人格，历史地"还原"与"再现"了孔子在中国历史文化中的地位之形成历程，推倒了自民国以来加在孔子头上的种种不实之词，尤其是那些龌龊下流的污圣侮圣的无耻谰言，澄清了世人对于孔子的误解，为孔子洗刷了无数的历史冤屈，捍卫了孔子的人格尊严以及孔子之人格所代表的人的尊严、人的文化的尊严与价值的尊严，维护了孔子在中国历史文化中的至圣先师的崇高地位，并自觉地与孔子的生命精神相呼应相契接，奋力继承与弘扬孔子的伟大精神与智慧。在当代新儒家所极力提倡而掀起推动的"儒学第三期的展开"即"当代新儒学运动"中，与他的师友、同人和学生们一道把孔子所开创的千秋伟业再次推向了世界，也推向了思想史上的一个伟大时代和巅峰，树立起一个学

---

　　① 唐君毅：《孔子与人格世界》，《唐君毅全集卷五·人文精神之重建》，台湾学生书局1989年版，第215页。

习孔子、探究孔子、承续与推进孔子的榜样。唐君毅先生以生命的试练所求索与活用的这些方法均各具特色，互有连属，至今仍然是我们去接近与了解孔子之伟大人格精神世界和孔子在中国历史文化中之崇高地位之形成的绝佳津梁与必由之路，值得我们重视、研究、借鉴并继承和发扬，以促进我们对孔子的重新认识以及对世界其他伟大的历史文化人物的研究。

由于时间和篇幅的限制，本文只能仅就唐君毅先生的人格类型比较法做一简要的绍述与评论，对于其他四种方法的研究和论述，将由另文去完成，这是有必要交代的。

三、人格类型比较法

唐君毅先生认为，人格研究方法乃是了解古今第一流大人物的必由之路，了解耶稣、释迦、穆罕默德、甘地，需要如此；了解孔子，亦需要如此。他指出："直接自对其人格之崇敬，以了解其思想事业，乃了解古今第一流之大人物，一必由之路"[1]，"这一种直接依于对其人格先存畏敬之心，以了解孔子，乃中国以前人了解孔子之一普遍方式"[2]，"这一种依于一纯粹之崇敬之心，通过此类古人对孔子之赞叹，以了解孔子之态度，在中国过去读书人常是有的"[3]。然而，不幸的是，由于中国文化精神之堕落，这一方法已经丧失数十年了。职是之故，唐君毅先生必将把这一方法重建与复苏起来。然而，在今日之东西文化、世界文化与经济交流日益频繁而使世界文化在交往中连为一体的"地球村"时代，对现代人来说，仅仅依赖传统的以人格观人的方法即人格研究方法是有其不足的，必须对这一方法加以拓展与充实。在此一基础上，唐君毅先生提出了人格比较研究的方法。他写道：

"所以我们现在要讲孔子之人格与思想，仍只好将孔子与其他人类崇敬之人格与思想，相对照比较的讲。由对照，以将孔子之人格与思想，似平凡之伟大凸显出来。我们将说明，人类崇拜之一切显露精神之人格，皆如在大地之上

① 唐君毅：《孔子与人格世界》，《唐君毅全集卷五·人文精神之重建》，台湾学生书局1989年版，第212页。

② 同上。

③ 同上，第215页。

矗立之高山峻岭，故人皆可见得。但是程明道先生已一语道破：'泰山为高矣，然泰山顶上，已不属泰山。'王阳明先生亦说：'泰山不如平地大。平地有何可见？'孔子之大，大在他是如平地，如天地。泰山有对照，显得出其大。平地或天地，绝对无外，反至大而显不出其大。然而我们却可自泰山之上不属泰山一语，指明一般人所崇拜之泰山，并不真高真大，以显出天地之大。由此而将不与泰山相对之天地，对照地显示出来。同样，我们可以从对于人们所崇拜之泰山式之人格思想，加以了解透过，而将孔子之人格思想，对照的显示出来。这将是我们在今日昭示孔之人格与思想于今日之世界之一条大路。"①

不难看出，这一方法实已包含了人格比较的纵横两个方面或方向之维度。在纵向上，唐先生以高山平地之喻，说明孔子之大犹如天地，而非一般人眼中的泰山之大或崇山峻岭之大。这一纵向的比较，并不排除将孔子的人格与中国历史文化中的其他人格的比较，并彰显出孔子人格对中国历史文化中伟大人格的影响。在横向上，唐先生提出要将孔子与其他人类崇敬之人格与思想，相对照比较地讲，才能从看似平凡中凸显孔子的伟大。纵向比较与横向比较固然都很重要，但对唐君毅来说，二者绝非是孤立的存在，因此必须相互交错地贯彻在孔子人格与世界其他伟大人格的比较之中，这就是透过孔子以外的思想与人格形态之伟大，由比较中去深层地认识与理解孔子的伟大之不可及。唐君毅指出：

"依这条路去，泰山比天地为低小之一点了解了而落到平地，人便知天地之高大了。荀子说：'不登高山，不知天之高也。不临深溪，不知地之厚也。'我们现在亦将说，不了解孔子以外之思想与人格而透过之，则其所见之孔子，亦不过平地。平地由你践踏，亦如你之可觉孔子平凡，而轻藐之。但是在思想上翻过博大精深之佛学的宋明儒者，乃真知孔子之不可及。而现代人真能翻过西方之柏拉图、亚里士多德、康德、黑格尔之庞大系统，亦将真知孔子与宋明思想之伟大。而能了解世界其他伟大人格之形态者，亦将重认识孔子之不可及。如其不然，你一定只是站在泰山之旁，羡慕其高峻，而未尝登泰山，便不

---

① 唐君毅：《孔子与人格世界》，《唐君毅全集卷五·人文精神之重建》，台湾学生书局1989年版，第216页。

能了解泰山之上不属泰山，而属孔子者，在何处也。"①

由此可知，唐君毅先生的人格比较研究方法其实是一种纵横交错的人格比较研究方法，这一方法是以中外哲学、宗教、文化之比较为背景的人格比较方法。这一方法本身还是一种历史地比较方法，它强调对于伟大人格的比较要放在不同的世界文化历史发展中去展开与进行，而这一比较的具体过程不是直线的，而是以婉转的曲线的方式来实现的，它虽然是直接从对于孔子人格的崇敬开始并作为起点，但是必须从孔子绕出去，攀越了世界历史文化中一座座人格伟岸的高峰，再回到平地，最终再回到孔子，完成一终始的圆转，始能圆满地见孔子的伟大乃天地之伟大，不是任何山峰之所能及的。唐君毅赞叹："孔子的精神，真天地也。"② 确实，珠穆朗玛峰再高也不是珠穆朗玛山的，而是属于天空大地的。这便是唐君毅先生由人格纵横比较而历史地圆转展开而看到的孔子之精神与孔子之人格。

有必要强调与说明的是，唐君毅先生这里所论述的"人格"，与一般西方文化中所讲的"假面"或"颜面"的 persona（人格）有所不同。在英文中，"人格"一词为 personality，即源自拉丁语中的 persona，意思即为"面具"。犹如笔者所曾经指出的那样，无论 persona 或 personality，在西方文化中都偏重于指个人的自我存在状态，或人的个体性的内在精神，即人的个体内在精神气质或精神品质。③ 唐君毅先生所讲的人格固然含有人的个体性的内在精神之义，但并不限于此义，意义委实要丰富与广泛得多了。此外，唐君毅先生的人格概念与一般汉语中把"人格"理解或解释为"人的个体的才性、气质、品质、德性、能力等内在特征的规定性"总称④也不尽相同。虽然唐君毅先生对于他所使用的"人格"这一概念没有定义，但是根据他对于各种人格类型的论述，则不难看出，唐君毅先生所言的人格固然含有上述所指出的"人的个体的才性、气质、品质、德性、能力等内在特征"，但是出于对孔子人格的论述，便

---

① 唐君毅：《孔子与人格世界》，《唐君毅全集卷五·人文精神之重建》，台湾学生书局 1989 年版，第 216－217 页。

② 同上，第 240 页。

③ 参见王兴国、孙利：《论中西人格的深层差异》，《云南社会科学》2002 年第 2 期，第 8 页。

④ 同上。

主要指向对于世界历史文化中的伟大人物的人格之论谓。进而可知，唐君毅先生在此所论究的人格，乃是人类历史文化中一切伟大人物的超越的精神世界及其所产生的历史影响。换言之，唐君毅先生所谓的"人格"或"人格世界"，着重于历史文化中之伟人所特有的或在特定的历史文化环境中所形成的超拔出众的才情、气性、道德、智慧、能力、修为、实践所散发出来的巨大魅力以及它们所产生的积极的历史效应，并以圣贤型人格、豪杰型人格、天才型人格、英雄型人格、学问家型人格、事业家型人格为代表。在这一切类型的人格中，唐君毅先生以儒家心性论的立场为一中心支点，尤为强调、突出与高扬即内在即超越的完满的圣人型人格。在唐君毅先生的心目中，即内在即超越的完满的圣人型人格正是人类人格精神之向上发展的最高理想与鹄的。唐君毅先生在以人格比较研究方法对孔子人格世界的探究中，充分地展现了这一人格观念的旨趣。这是必须加以提示与需要注重的！

在唐君毅先生的这一人格比较研究方法中，以六种人格类型与孔子的人格进行比较，具体如下：

1. 纯粹之学者、纯粹之事业家型，如康德、苏格拉底等，此种人物堪崇敬者甚多。

2. 天才型，此指文学艺术哲学上之天才，如贝多芬、莎士比亚、歌德、李白等。

3. 英雄型，此可谓一种在政治上军事上创业之天才，如刘邦、唐太宗、亚历山大、拿破仑等。

4. 豪杰型，如屈原、墨子、玄奘、鲁仲连、荆轲、马丁路德等。

5. 超越的圣贤型，如穆罕默德、耶稣、释迦、甘地、武训等。

6. 完满的圣贤型，如孔子及孔子教化下之圣贤等。[①]

对此，唐君毅先生解释说："我们之目的，只在显示如此去了解孔子之人格与思想之路向，而不在作最后的定论。讨论亦不求太细密严格，读者心领神会，存其大体可也。"[②] 在"此六种人格型中，在后者之价值，不必皆较在前

① 唐君毅：《孔子与人格世界》，《唐君毅全集卷五·人文精神之重建》，台湾学生书局1989年版，第217页。

② 同上。

者为高，但可以依次加以解释，此逐渐凑泊到对孔子人格之了解"①。无疑，这是要在上述的六种人格类型的比较中突出与显见孔子的人格。由纯粹的学者与事业家型的人格而一层层进至超越的圣贤型人格，最后则由超越的圣贤型人格进至完满的圣贤型人格，且在这两种人格类型的比较中凸显出孔子的人格乃为一圆满的圣贤型人格。

在唐君毅先生看来，圣贤人格精神之伟大，主要表现在其绝对忘我的无限精神，圣贤不一定非要有凡人之所长不可，譬如精于拉弓射箭、驭马驾车，或擅长于高科技，能发明原子弹，发射人造卫星与运载火箭之类，关键即在于他们真有一种超越的绝对忘我的无限精神，诸如穆罕默德、耶稣、释迦、甘地、武训，都是世所公认的伟大圣贤型人物，人们都是在了解了他们人格中有一种凡人所难于企及的超越的绝对忘我的无限精神后，而不能不对他们人格的伟大油然而生崇敬之心并对他们进行顶礼膜拜的。"故一切圣贤，皆注定为一切有向上精神之人所崇拜。"②

与此同时，唐君毅先生在具体地比较分析中指出，圣贤人格在耶教与佛教，尤其是耶教中具有一大缺陷，即是其绝对精神只有超越性而无内在性，故上帝的超越性与内在性分离，进而则天德与性德一分为二，天与人裂离暌隔而不能合一。然而，在圆满型的人格中，则全无此弊，孔子的圣人人格是由内在而显现超越性的，所以是天德与性德不分，天与人合德，一而不二的。③

依唐君毅先生之见，圣贤型人格的绝对忘我的精神一方面表现在"他们不与一切人相敌对，亦不与世间一切人格相对较"④，然而他们所表现的"不与一切敌对之绝对精神"本身却被人们视为至高无上而神圣不可超越；另一方面，他们永远总是只依照上帝的启示立教，并宣称"上帝在他们与一切人

---

① 唐君毅：《孔子与人格世界》，《唐君毅全集卷五·人文精神之重建》，台湾学生书局1989年版。案：引文中序号原为汉文数字的"一"至"六"，现改为阿拉伯数字1至6。

② 同上，第230页。

③ 唐君毅先生说："……如果我们说，一切圣贤，都是上帝之化身，则上帝化身为耶稣、穆罕默德等，只显一天德，而其化身为孔子，则由天德中开出地德。天德只成始，地德乃成终。终始条理，金声玉振，而后大成。'天之高也，星晨之远也。'人皆知其尊矣。人孰知地之厚德载物，似至卑而实至尊，即天德之最高表现者乎？孰知孔子之至平常而不见颜色，不见精彩，乃上帝之精光毕露之所在乎？"（唐君毅：《孔子与人格世界》，《唐君毅全集卷五·人文精神之重建》，台湾学生书局1989年版，第238页。）

④ 唐君毅：《孔子与人格世界》，《唐君毅全集卷五·人文精神之重建》，台湾学生书局1989年版，第231页。

（们）之上"，结果人们视上帝为绝对的超越之境，而把他们看成异于常人的人类的救世主和先知。殊不知，在圣贤人格超越的绝对忘我的无限精神中不仅业已显见上帝的存在，而且同时上帝亦已当体呈露于他们的身上。如果说上帝能当体呈露于圣贤，那么上帝就能当体呈露于一切人。我们必须自觉地承认这一真理，必须自觉地承认"上帝在人之中，天在人之中"①。

对唐君毅来说，"上帝"无非是一绝对忘我、绝对无限的精神，这一超越精神的积极一面，耶稣名之曰"爱"，释迦名之曰"慈悲"。而自觉这一无限之爱与慈悲，本来就在人的心中。

由此去看，那么爱与慈悲不只是情，且是性。此性在儒家即名为"仁"。然在耶教与佛教说，爱与慈悲只是显现于外的表象；在儒家说，则仁彻费隐，通内外。尽管无限之爱与慈悲，不能说人人皆有，但是可以说人都有显露无限之爱与慈悲之仁性，具有仁性之心（亦即精神）。由肯定人人皆有仁性，乃真知上帝的精神并非超越而高悬在上，而是本来就在人人现成之心中的。那么，有了此仁是仁，则知此仁便是智。倘若由知得此仁而自觉此仁即是人之性，则无论上帝之精神是否先已为我们所体现，都不过是诉诸一念而返求可得的事情；反是，则"上帝超越而不内在，天德与性德为二，则天人裂而离矣"②。

唐君毅先生指出，"仁远乎哉，我欲仁，斯仁至矣"之语所传达的精神，即是孔子之极高明而道中庸之智慧的无尽藏的核心③，这一精神正是内在而超越的。如果直接从孔子学问本身讲，那么说爱与慈悲，只是从仁之见乎情而及于物之上而立言。其实，这是"依情说性，未真能直接明示仁之全貌"④。在唐君毅先生看来，"真正说仁，还是王阳明依《中庸》《孟子》而言，所谓真诚恻怛，最为直接"⑤。换言之，真诚恻怛最能代表与体现孔子之人格精神。因为真诚恻怛或至诚恻怛即是一绝对无限的超越精神。唐君毅先生说：

"夫孔子之精神，即超越的涵盖持载精神，亦即一绝对之真诚恻怛。诚之

---

① 唐君毅：《孔子与人格世界》，《唐君毅全集卷五·人文精神之重建》，台湾学生书局 1989 年版，第 232 页。

② 同上，第 233 页。

③ 同上，第 232 页。

④ 同上，第 233 页。

⑤ 同上。

所至，即涵盖持载之所至，亦即超越有限之自我，以体现无限之精神之所至。"①

由此可见，这种至诚之精神，即是自己超越自己，破除有限，忘掉自己，实际上乃是成就真正的自己，使自己一个人的精神与他人的精神以及世界的精神直接贯通，以超现实而成就现实，这就是一种涵盖而持载的精神。而恻怛就是此至诚所呈现的状态，包含了爱与慈悲。所以，诚如唐君毅先生所揭示与指出的那样：

"至诚恻怛，即是性，即是情。即是天，即是人。即是内，即是外。即是乾知，即是坤能。最易知易行。所谓'夫妇之愚，可以与知'。然'及其至也，虽圣人亦有所不知焉'。包涵无穷的深远、广大与高明。"②

从进一步地综合比较中，可以看出，耶稣、释迦、穆罕默德的人格超越了世间的一切学问家、事业家、天才、英雄、豪杰型的人格境界。对他们来说，一切人生之文化事业到了他们的跟前，皆如浮云过太虚，如"大江东去，浪淘尽，千古风流人物"。这些圣者销尽了人世间的精彩，把他们之为圣者型人格的超越神圣性淋漓尽致地烘托出来，然而这些超越神圣性本身，对世人来说，又不免是在显示精彩。

然而，就孔子来说，则连这些精彩都不需要，都统统加以销掉，可谓圣人无迹，一切归于顺适与平常。这正是孔子之为圆满型的圣人人格与耶稣、释迦、穆罕默德之为超越型的圣贤人格之所不同。③ 由孔子的圣贤人格境界，一方面可以超越一切学问家、事业家、天才、英雄、豪杰的人格境界；一方面也可以知道一切学问家、事业家、天才、英雄、豪杰的努力以及其才情和志愿，无不具有一番真诚在其中，并皆直接间接地皆依赖于性情。如此一来，则能对一切人生文化事业，都加以承认，所见皆实而无一为虚；同时对一切庸人、学问家、事业家、天才、英雄、豪杰，圣者的精神，大凡真有价值而不相碍，则

---

① 唐君毅：《孔子与人格世界》，《唐君毅全集卷五·人文精神之重建》，台湾学生书局1989年版，第240页。

② 同上，第233页。

③ 唐君毅先生说："孔子之大，大在高明与博厚。释迦、耶稣之教，总只向高明处去，故人只觉其神圣尊严。孔子之大则大在极高明而归博厚，以持载一切，肯定一切，承认一切。所以孔子教化各类型的人，亦佩服尊崇各类型之人格。他不仅佩服与他相近的人，而且佩服与他似精神相反的人。"（唐君毅：《孔子与人格世界》，《唐君毅全集卷五·人文精神之重建》，台湾学生书局1989年版，第234－235页。）

皆能加以尊重和赞许。可见，中国的圣人之道，以赞天地化育之心，持载人文世界、人格世界之一切人生。因为中国的圣人精神，不仅是超越地涵盖了宇宙人生人格与文化，而且是以赞天地化育之心，对所有的这一切加以持载，所以不仅有高明的一面，而且有博厚的一面。

总之，"孔子之真诚恻怛，一面是如天之高明而涵盖一切之超越精神，一面是如地之博厚而承认一切之持载精神"①。"此天地之所以为大也"（《中庸》）。

四、简　评

唐君毅先生以人格比较研究的方法，向我们展现了孔子真诚恻怛的内在超越的绝对无限精神，这正是孔子高明如天与博厚如地的人格世界之概括与写照，确实十分传神地把孔子人格的美大神圣凸显出来了，此足以证明由唐君毅先生所极力倡导与主张的这一人格比较研究方法，在对孔子的研究中，的确不失为进入孔子的人格世界以了解孔子的一个很好的方法；与此同时，不难看出，在这一过程中，唐君毅先生的儒家心性论立场一显无遗，毫无掩饰，因为唐君毅先生在对耶教、佛教与伊斯兰教抱着充满敬意与同情的理解的态度中，从不避讳自己是儒家、是孔子的信徒与传承者的立场与信念，尤其是在孔子自清中后期以来所遭受与正在遭受到种种误解、歪曲、诬蔑、侮辱、攻讦、诅咒、谩骂、打倒与毁灭的时候，唐君毅先生壁立千仞，像当年的梁漱溟先生一样挺身而出，力挽狂澜于既倒，为"痛哭于九泉之下"的孔子②鸣冤打不平，极力彰显与推崇孔子伟大的人格精神与孔子在中国历史文化中至高无上的神圣之地位，声情并茂而溢于言表，这非常感人，令人充满敬佩之情，不禁而生同情之心；然而也不能不看到，并无须讳言，恰因如此，唐君毅先生却终于难免在这一人格比较研究方法中打上了传统的判教烙印，在世界之超越圣贤型人格中以孔子的人格为一完满的圣人型人格而胜出，尽管这有自觉地积极回应来自

---

① 唐君毅：《孔子与人格世界》，《唐君毅全集卷五·人文精神之重建》，台湾学生书局1989年版，第234－235页。

② 唐君毅：《孔子在中国历史文化中的地位之形成》，《唐君毅全集卷九·中华人文与当今世界补编》（上），台湾学生书局1988年版，第329－330页。

西方文化的压力与冲击的反应之原因在内，但是未免为矫枉而求正，用情过甚，这本身已经成为他的人格比较研究方法的内在限制，并使他未能自觉地逾越各大宗教传统的判教之窠臼。对于此中的问题，唐君毅先生自己不是毫无察觉，他说：

"吾人今之推尊孔子之遗教中所已言者甚明。然吾人之不自封自限，正是学孔子之人格精神。孔子之人格精神之伟大，诚不可不学也。唯本文因痛今人对孔子之不敬，故行文或有不免露精彩处，便不能与孔子之精神相应。然亦未敢对孔子之精神有所增益而妄说。我们只要真平心把世界其他人物之伟大处，细心识取。再三复程明道所谓'泰山为高矣，然泰山顶上已不属泰山'之言，以观限制，再推进一层，以见孔子之精神所包涵。便知孔子之精神，真天地也。但此决非要你只佩服崇拜孔子一人。这又不仅因孔子之教，即要你去佩服一切有价值的人。在一阶段你佩服他人过于孔子，亦孔子之所许；而同时因你未佩服过比孔子为低之其他人，使你向上之精神提升，亦不能真佩服崇拜超一切层级之孔子。"①

尤其是其中反复指出与论及程明道"泰山为高矣，然泰山顶上已不属泰山"与王阳明"泰山不如平地大"之言，更具有警觉之意。然而，遗憾的是，唐君毅先生的问题，不在于他绍述孔子显露了"精彩处"，更不存在他"不能与孔子之精神相应"，而是他始终未能打破与超越宗教传统的判教之藩篱。虽然说学孔子就不应该有所封限，但是执持判教中的绝对的"圆满"与"第一"，本身就是最大的封限。

在各宗教的传统判教中，无不以自己的教主为最高而位居第一，其他宗教文化中的教主或圣人则必位居其下，不可等而视之，诚如唐君毅先生所指出的：在佛教徒心目中，释迦之位第一，孔子只居第二；在道教徒心目中，老子居第一，孔子只居第二；后来（明末清初）基督教传入中国，在基督徒的心目中，仍然以耶稣居第一位，孔子只能居第二位。② 实际上，这是一切传统宗教判教的陋习与通病。唐君毅先生出于宽大包容的胸襟，等闲视之，不以为然，并给

---

① 唐君毅：《孔子与人格世界》，《唐君毅全集卷五·人文精神之重建》，台湾学生书局1989年版，第240页。

② 唐君毅：《孔子在中国历史文化中的地位之形成》，《唐君毅全集卷九·中华人文与当今世界补编》（上），台湾学生书局1988年版，第321页。

予欣赏而感激和接受。唐君毅先生说：

"……在孔子之徒看来，则于此等事，可并不以为怪；亦可以加以容许，加以欣赏。佛教徒当然应以释迦为主，为第一；道教徒当然要以老子为主，为第一；基督教亦当然要以耶稣为主，为第一。孔子对此诸教徒之言，自非主而为宾，宾则为第二……故此中国佛教徒、道教徒与后来之基督教徒，于其教主之外之推尊孔子，同有助于孔子在中国历史文化中的地位之建立。所以由魏晋南北朝至隋唐之佛道二教之盛兴，而孔子在此二教中屈居第二之位，孔子之徒亦不必以为即孔子之地位受贬抑之证，而致其叹惜。孔子之徒，原当有此雅量，到了佛寺、道观、教堂，即自视为宾客，任和尚、道士与神父、牧师为主，自居于第二之位。这才能表现孔子之教中视'道并行而不悖'，而'无所不容'的风度与气概，同时我们还要知：此亦正是孔子在中国历史文化中得居中心的第一地位之理由之所在，而当更对佛教、道教、基督教徒，皆以第二之宾位待孔子，加以感谢才是。"[①]

其实，当以孔子为代表的中国文化走向世界而迎来一个世界文明对话的时代，无论是作为儒家或中国人，我们只需在了解孔子的时候，向中国与世界阐明孔子人格精神的伟大与价值，历史地"还原"与"再现"孔子对于中国乃至世界人类历史文化的伟大贡献与极大影响，证明孔子的人格和思想之伟大并且地位之崇高绝不在穆罕默德、耶稣、释迦之下，也绝不逊色于世界历史文化中的其他伟大人物，便已足够了，实在没有必要为孔子去争个上帝或皇帝一般的第一，孔子不是上帝，孔子没想过要做皇帝，也不必成为皇帝。这不是说我们不能汲取与借鉴判教的方法，而是必须对判教进行必要的解构与重新阐释。

就人格比较方法而言，判教不过是在比较中，对世界历史文化中的一切伟大的人格，给予一种人格世界（系统）中的合理安排、说明与恰当的历史之定位，以便于人们能做恰当而相应的了解而已。

在笔者看来，唯有这样的判教，才是适应于世界文明对话与迎接未来的新"轴心文明"时代之需要的判教，才是值得提倡的判教——一种新判教。由这种新的判教方式出发，不妨对唐君毅先生的人格比较研究方法做一番翻新的工

---

① 唐君毅：《孔子在中国历史文化中的地位之形成》，《唐君毅全集卷九·中华人文与当今世界补编》（上），台湾学生书局 1988 年版，第 321－322 页。

作，这当为唐君毅先生所许可与欣慰。由此，我们正可以顺着唐君毅先生所指示的方向，去领略与感受孔子人格精神世界的光辉，以求知为什么孔门弟子以及孔子以后的无数天才、英雄、豪杰之士，对孔子精神之心悦诚服绝不做第二人想；为什么从中国到东亚，从东亚到世界，皆不得不推尊孔子。

无疑，推尊孔子，就要学习孔子的真精神。如果今天的中国，真要能推尊孔子，则当有一点孔子的真精神，"而真有孔子之精神，正须随时随地开展心量，致其诚敬，以学他人之长。此即中国文化之宗孔子，而过去未尝排拆外来文化，今亦不能故步自封之故"①。

---

① 唐君毅：《孔子与人格世界》，《唐君毅全集卷五·人文精神之重建》，台湾学生书局1989年版，第239－240页。

唐君毅与当代气学

——以张载气学性格之论辩为核心

王雪卿*

内容摘要：张载哲学性格的归属乃是当代儒学研究中最具争议性的问题。20 世纪后半叶以来，张载研究的争议焦点集中在大陆唯物论与当代新儒家心性论间的论辩，其中又分成唯物论、牟宗三与唐君毅三种诠释模式；晚近台湾学界的张载研究最值得注意的发展，则是当代气学与新儒家心性论模式间的对话。论者将张载气学放进当代台湾儒学研究中的"二王之争"（王阳明心学与王夫之气学），也就是"心性论"与"气化论"的两种思想道路的潜在争论来谈，张载由于联结着王夫之，也被赋予不少期待。其中杨儒宾以"先天型气学"、何乏笔以"兼体无累气学"来探讨张载气学，此二说最具有不可忽略的当代意义。整体而言，当代气学以牟宗三心性论为最重要的对话对象，但唐君毅的"气"是"存在之流行，流行之存在"之说，指出"气"通形上与形下，应被视为张载的核心概念；以及看出张载与王船山之间的连贯性，提出"张、王气学"应被视为独立一系的提法等，这些洞见对于张载研究极具启发性，也为当代儒家气学的发展提供了极为重要的养分。

关键词：张载　唐君毅　牟宗三　气　当代气学　太虚即气

一、前言：张载学术性格的争议及其潜力

"气"是张载最显题化也是最有争议的思想。唐君毅先生说："宋明理学

---

* 作者简介：王雪卿，台湾吴凤科技大学副教授。

中，我们通常分为程朱、陆王二派，而实则张横渠乃自成一派。程朱一派之中心概念是理。陆王一派之中心概念是心。张横渠之中心概念是气。"① 主张应高看张载的"气"，并且提出张载、王夫之应被视为是"理学""心学"之外自成一派的"气学"。②"气"在张载思想体系中的核心位置可见一斑。张载气学的复杂性在宋明理学中独树一帜，不易理解，以至于在理学史上长期被边缘化，明末王夫之继承并发展张载气学，作为批判阳明心学的利器，形成格局开阔而且动能特强的"张、王气学"。从大陆唯物论与当代新儒家心性论之间的论辩，到当代台湾儒学研究中的"二王之争"（王阳明心学与王夫之气学)③ ——"心性论"与"气化论"的两种思想道路的潜在争论，张载都占据一席之地，此说明了张载气学具有不可忽略的当代性。④

张载的儒学重建过程中，由气论来阐述儒家天道性命之学是极为鲜明的特色。大量的气论文字曾经使得张载在程朱理学与陆王心学轮流当家做主的理学史上备受质疑，甚至长期被边缘化。1949 年后，此情形有明显的突破⑤，这和

---

① 唐君毅：《张横渠之心性论及其形上学之根据》，《哲学论集》，台湾学生书局 1990 年版，第 211 页。

② 唐君毅以程朱理学、陆王心学与张王气学鼎足为三之说，到了杨儒宾则更进一步地厘析张王气学与自然主义气学之不同。参见杨儒宾：《检证气学——理学史脉络下的观点》与《两种气学，两种儒学》，《异议的意义——近世东亚的反理学思潮》，台大出版中心 2012 年版，第 85 - 126 页、第 127 - 172 页。

③ "二王之争"语见杨儒宾、何乏笔：《两岸儒家·前言》，收入钱永祥主编：《思想 (29)：动物与社会》，联经出版事业股份有限公司 2015 年版，第 271 页。另见何乏笔：《新儒家、自由主义与社会主义能否会通》，《思想 (29)：动物与社会》，联经出版事业股份有限公司 2015 年版，第 300 页。王阳明与王夫之所谓"二王之争"，乃是晚近部分学者对"心性论"有所保留，试图藉由"气化论"来反省当代新儒家所面临的问题。其讨论脉络"大体离不开港台当代新儒家对中国现代化的哲学反思，试图在批判性继承的原则下，促使当代新儒家形成别开生面的发展"。杨儒宾、何乏笔：《两岸儒家·前言》，《思想 (29)：动物与社会》，联经出版事业股份有限公司 2015 年版，第 271 页。

④ 如何乏笔认为："当代新儒家在肯定自律主体的基础上，能接纳自由民主，能接纳社群主义，但殊难思考社会主义与唯物论的关联性。在这方面，儒家气学（尤其是张载和王夫之）可能扮演着重要的桥梁角色。"何乏笔：《新儒家、自由主义与社会主义能否会通》，《思想 (29)：动物与社会》，联经出版事业股份有限公司 2015 年版，第 300 页。

⑤ 林乐昌："可以说，20 世纪前 50 年的张载哲学研究没有什么大的波澜，断裂性转向及多次阶段性变化主要集中于后 50 年。"林乐昌：《20 世纪张载哲学研究的主要趋向反思》，《哲学研究》2004 年第 12 期，第 16 页。

"气学"① 的提出有关。大陆学界由张岱年先生首发，后来得到冯友兰、侯外庐诸家支持，其论点主张在心学、理学二分架构外，要再加上气学一系，宋明理学的图像才完整。但由于张、冯站在唯物主义的立场，将张载判定为"唯物主义气论哲学家"，张载哲学的本质被定调为"唯物论""气一元论""形下论"；其历史定位也由"理学宗师"，摇身一变成了"气学之祖"②。港台则以当代新儒家牟宗三、唐君毅先生的诠释最具影响力。唐、牟的诠释则和前者显得针锋相对，他们的哲学立场一致以反对唯物论为主调而展开，并且将唯物论等同唯气论，肯定张载之学乃儒家传统意义下的道德心性论与道德形上学，致力于将张载从唯物主义气论哲学家的阵营中再度拉回到理学传统之中。不同于唯物论者取消张载思想的形上性格，牟先生坚持"太虚"作为创生义的形上实体之根源义与超越性，他的诠释系统没有赋予"气"正面的意义，仅视之为形下材质义；可是张载以气说道的字眼却又随处可见。张载的气论文字为牟先生带来解释上的麻烦，他因此经常使用"滞辞"说来批评张载。③ 不断批评原作者说法有缺陷背后隐藏的问题，除了说明其诠释系统和张载哲学间存在着某些歧异，而此歧异恰巧忽略了张载气论可能蕴含的存有论与伦理学的潜力。唐先生则正面肯定"气"在张载哲学中的地位，认为应高看、上看此气。④ 并且提出张、王气学一系的独立性，此一见解如何与反唯气论立场取得一致性也

---

① 关于"气学"一词的用法，杨儒宾指出："'气学'一词目前还没有固定下来，学界的用法还没有得到普遍的共识。类似的词语有'气论''气本论''气的哲学''气一元论'之说"，"选用'气学'，乃因可和'理学''心学'形成对照系统"。参见杨儒宾：《检证气学——理学史脉络下的观点》，《异议的意义——近世东亚的反理学思潮》，台大出版中心 2012 年版，第 85 页。

② 张岱年："应该肯定张载的自然观是气一元论……气一元论是中国古代形下论的重要形式"，"论证了虚空无物的太虚、运于无形的道都是物质性的，太虚、道、神都统一于气，这样初步论证了世界的统一性在于物质性的原理"。认定张载被视为"理学大师之一"乃朱熹"按照自己的意图涂抹历史……事实上，张载没有把'理'作为他的学说的中心观念。到了明清时代，王廷相、王夫之、戴震才特别发挥了张载的气一元论哲学"。张岱年：《关于张载的思想和著作》，收入《张载集》，汉京文化 1983 年版，第 3、6、14 页。冯友兰：《中国哲学史新编》第 5 册，人民出版社 1984 年版，第 126 页。

③ 牟宗三："然圆融之故极，常不能令人无滞窒之辞，而横渠之措辞亦常能不能无令人生误解之滞辞。当时有二程之误解，稍后有朱子之起误解，而近人又误解为唯气论。然细会其意，并衡诸儒家天道性命之至论，横渠绝非唯气论，亦而非误以形而下为而上者。"牟宗三：《心体与性体》第 1 册，台湾学生书局 1984 年版，第 470 页。

④ 唐君毅：《中国哲学原论——原教篇》，台湾学生书局 1984 年版，第 87－90、479－485 页。

受到质疑。① 唯物论、牟宗三与唐君毅构成张载气论的三种基本类型，而当中又以"太虚即气"命题为核心而展开。三者对张载气学诠释的重大歧异及其延伸的问题，成为当代学界研究张载思想最关注的论题，并且被频繁、反复地作为研究题材。何以一个思想家可以被诠释为完全不同的架构？张载并不像其他核心理学家一样容易被归类，如程朱之为理学，陆王之为心学，学者尽管依傍的理论不同，但基本上都有一致性的看法。在中国哲学史的研究中张载的学术性格极为特殊，而此与张载的"气"如何诠释关系至为密切。大陆唯物论与当代新儒家心性论在张载气论性格上的针锋相对，此间的张力却也隐隐透露张载学术的潜力。进入21世纪后，除了在三种基本类型之中进行更细致的处理与调和之外，随着气学的发展，学者也逐渐意识到唯气论与唯物论之间不必然要画上等号。不少学者已提出为了避免讨论上的纠葛，不应仅是笼统的使用"气学"或"唯气论""气本论"这样的说法，而应在"气学"的用法中进一步做更精细的分判与类型的区分。② 在晚近台湾的张载气学研究中，杨儒宾以"先天型气学"定位张载气学的性格，何乏笔以"兼体无累气学"来谈张王气学，都是值得注意的发展。当中有着对新儒家"心性之学"的主体概念与形

---

① 如陈荣灼说："然而与牟宗三一致，唐氏亦反对以'唯气论'来解释横渠之学。相当清楚，唐氏亦将'唯气论'理解为'唯物论'之同义词。显然，于此一场合中，'气'一词只被唐氏了解为'形物'或'物质'义。由此可见其在'气'一词之使用上实存有歧义。"陈荣灼：《气与力："唯气论"新诠》，收入杨儒宾、祝平次主编：《儒家的气论与工夫论》，台大出版中心2005年版，第53页。

② "气学"的精细区分，如刘又铭主张分为"神圣气本论"（又分为与"理本论"兼容——王夫之代表；与"心本论"兼容——刘蕺山、黄宗羲代表）与"自然气本论"两类三型。参见刘又铭：《宋明清气本论研究的若干问题》，收入杨儒宾、祝平次主编：《儒家的气论与工夫论》，台大出版中心2005年版，第206-207页。王俊彦分为"以气为本""理气是一""心理气是一""有易说气"四种。参见王俊彦：《王廷相与明代气学》，秀威科技信息公司2005年版。马昌渊也主张分为"性善说—本来圣人—朱子学系的气的哲学"（罗钦顺代表）、"性善说—本来圣人—心学系的气的哲学"（湛若水代表）、"非本来圣人—非性善说的气的哲学"（王廷相代表）三种。参见马昌渊也：《明代后期"气"的哲学之三种类型与陈确的新思想》，收入杨儒宾、祝平次主编：《儒家的气论与工夫论》，台大出版中心2005年版，第161-202页。笔者认为马昌渊也的分法与"性善说—本来圣人"气学与"非性善说—非本来圣人"气学的提法，其实看法与刘又铭主张"神圣气本论""自然气本论"十分接近，也同样具有两类三型的架构。至于杨儒宾，也认为应该有这两种不同类型的"气学"区分，他选择了使用"先天类型气学"（也包括张载与刘蕺山两型）、"后天类型气学"的说法。参见杨儒宾：《检证气学——理学史脉络下的观点》，《异议的意义——近世东亚的反理学思潮》，台大出版中心2012年版，第85-126页。

上学的优先性的反思。① 在这些立场歧异的张载气论诠释中，呈现出张载思想的丰富意涵与当代学术潜力。

从唯物论、新儒家到当代气学的发展，张载学术性格的归属一直是学者论辩的重要儒学问题之一。牟先生的诠释固然是当代张载研究中不能略过的重量级对话对象，但唐先生主张应高看、上看张载的"气"，指出"张横渠所谓气，不是一物质，而是能虚以与他物相感通以相涵摄的"②。其说则形成另外一个重要的诠释典范。唐先生对于张载气学性格的判断，除了能说明张载在理学有其合法性地位外，他对张载气学的讨论在当代儒家伦理学与工夫论的思考上极具启发性。新儒家一向重视"天道性命相贯通"的道德形上学，所开展出来的伦理学模式基本上是倾向于凸显主体—本体间纵贯面高度的内向型超越论伦理学，这本是无可非议的儒家心性学至论。但还有一横摄面向度的伦理关怀应被同等关注——奠基在人与人、人与物、人与自然间的交互共感，必须主体超出其主体性之外，与他人同情共感才能够完成，此为一"伦际性"道德哲学。唐先生看出在横摄面伦理学向度中，"气"可以是"感通"的重要媒介。他认为重视"感通"是《易传》传统，张载的贡献在于他进一步指出互相渗透、感通、涵摄的根据在于有虚灵之气流动其间。唐先生认为张载超过周敦颐之处在能于横摄面向度上关注到主体与他人共感的重要性，其视角是将人平放于万物之间，作为万物之一的人如何在真实的、具体的与万物共感共通中扩充主体性的内涵，以此作为伦理学与工夫论的起点。儒家伦理学除了是纵贯面向度的一个道德主体面对超越天理的体证外，真正的道德也应该要在主体与他人间的互动同情、交感共振中产生。唐先生对张载思想的诠释，所勾勒出的气学所蕴涵的主体性、伦理学与工夫论的格局与方向，对于张载研究极具贡献与价值，也为当代儒家气学的发展提供了极为重要的养分。

---

① 何乏笔指出，对牟宗三来说，"气论与工夫论显然构成负面的关系，工夫的目的在于限制与控管气能的活动"。但这样的说法却忽视了气论在当代哲学的潜力。透过"气论"的研究与其价值的重新肯认，他指出"气论"不是负面的因素，相反的非常具有潜力，不论是在解决形上学与创造性的对立，或是工夫论的方向上。何乏笔：《何谓"兼体无累"的工夫——论牟宗三与创造性的问题化》，《儒家的气论与工夫论》，台大出版中心 2005 年版，第 101－102 页。

② 唐君毅：《张横渠之心性论及其形上学之根据》，《哲学论集》，台湾学生书局 1990 年版，第 225 页。

二、张载"太虚即气"说的三种类型：
唯物论、牟宗三与唐君毅

"太虚即气"是张载思想的核心议题之一，"太虚即气"如何诠释，往往影响学者对张载思想的整体理解。关于当代"太虚即气"说的类型，陈政扬说：

"有学者认为，若要厘清这个问题，则首先需要辨析'太虚即气'之'即'应当理解成'就是'，或者当理解为'相即不离之即'。若将'即'理解为'相即'之义，则太虚是天道创化之本体（体），而气是创化之行迹（用），太虚与气是体用圆融之异质关系。若将'即'理解为'就是'，则又可继续追问：太虚与气是同质同层的均为形下之物质？又或者当跳脱'唯心/唯物'之框架，将太虚与气皆视为'流行的存在'或'存在的流行'？由此可知，对于'太虚即气'的理解，根本的影响了吾人对张载思想的诠释。"[①]

陈政扬认为依"太虚即气"之"即"理解不同，究竟是将"即"视为"相即"或"就是"（等同），形成当代"太虚即气"说的三种重要诠释系统，即："唯物说"、牟先生"体用圆融说"、唐先生"虚气不二说"。依"唯物说"论"太虚即气"者主张太虚"就是"（等同）气，主要代表人物为冯友兰、张岱年、陈俊民等，其说以唯物主义立场检视张载哲学，不论称张载为"气本论""唯气论"或"气一元论"，他们共同的立场是"将张载所言之'气'视为构成宇宙的基本物质，并将太虚视为物质性的气之本来面貌（存在状态）"，"太虚与气是同质的关系，均为形下的物质，二者的差别仅在于存在状态的不同"。[②] 由"体用圆融说"论"太虚即气"者为牟先生，牟先生突显张载的本体论思想，在"天道性命相贯通"的义理架构中，彰显道体、性体、心体的通一无二，使张载作为北宋理学先驱的地位更加明确。因此，牟先生坚持太虚不等同于气，而只能是一个体用"相即"的关系，对牟先生而言，

---

① 陈政扬：《张载"太虚即气"说辨析》，《张载思想的哲学诠释》，文史哲出版社 2007 年版，第 23 页。

② 同上，第 24－26 页。

"'太虚'是清通无迹之神，是道德创造润身践形所以可能之超越根据，而'气'是能体现、终成（具体化）天道之创生的'材质'。由于太虚是气之本体，故可知太虚与气有形上与形下之别"①。相较于牟先生强调太虚的本体地位（太虚神体）②，凸显太虚与气不离而实际上有别的异质关系，唐君毅先生则侧重于张载的"两一思想"③，合两义相对者已见一义，由此主张"虚气不二"。唐先生主张应跳出"唯心/唯物""精神/物质"的诠释框架，重新探讨"气"概念在张载思想中的意义。④ 他提出"气"应被高看、上看为一"真实存在之义"。⑤ 而太虚是指"清通之神"，太虚并非指一包含万物的无限空间，而是由天之虚明以照鉴万物之神而言"太虚"。在唐先生看来，"太虚无形，气之本体"乃是"体性之体而非本体之体，气实以虚为其体性"⑥。气以其虚，故能消融已然凝聚之形，而再次化生为另有形质之他物，此是从纵的一面证成"虚气不二"；而另一方面，正是因为气的虚灵性，物与物之间得以相互感通与涵摄，此是从横摄面而言"虚气不二"。依陈政扬的分类，相较于牟先生以"相即"义，视"太虚即气"为形上与形下两层的异质关系，唐先生与唯物论虽然同样都将"即"视为"就是"的关系，但二说实质的内涵并不相同。

除了陈政扬以"即"的"就是"或"相即"两种不同解读方式，将"太虚即气"诠释分成唯物论、牟宗三、唐君毅三说之外；大陆学者李晓春考察当代对于"太虚即气"命题，将研究者分成"是"系学派、"即"系学派、"即是"系学派三系，并且将当代张载研究者的诠释立场分别纳入三系中做定位。⑦ 李晓春认为其中第一种"是"系学派认为："'太虚即气'中的'即'

① 陈政扬：《张载"太虚即气"说辨析》，《张载思想的哲学诠释》，文史哲出版社2007年版，第24-26页。牟宗三说法见《心体与性体》第1册，台湾学生书局1984年版，第440-446页。

② 牟宗三因此常将太虚称为"太虚神体"或"太虚常体"。牟宗三：《心体与性体》第1册，台湾学生书局1984年版，第446、455页。

③ 张载："两不立，则一不可见；一不可见，则两之用息。"（《正蒙·太和篇》，《张子全书》，第3页。）

④ 唐君毅：《张横渠之心性论及其形上学之根据》，《哲学论集》，台湾学生书局1990年版，第217-218页。

⑤ 唐君毅：《中国哲学原论——原教篇》，台湾学生书局1984年版，第99页。

⑥ 唐君毅：《张横渠之心性论及其形上学之根据》，《哲学论集》，台湾学生书局1984年版，第220页。

⑦ 李晓春：《张载哲学与中国古代思维方式研究》，中华书局2012年版，第248-267页。

应该解释为现代汉语的系词'是'，从而认为太虚与气是同质的，并认为太虚是气的本然状态，这一系的代表是冯友兰、张岱年、姜国柱、陈俊民、陈来、杨立华。"① 第二种"即"系学派首推牟先生之"体用圆融""神体气化不即不离"，反对将"即"理解为"是"，认为"即"有"不即"和"不等"两个意义。同意牟先生主张者，除了台湾的蔡仁厚与胡元玲外；大陆学者丁为祥深受牟先生影响，否定太虚与气的同构性，认为二者是异质的本体与现象、本体论与宇宙论的关系。林乐昌也深受"即"系学派的影响，"将'即'解释为'合'，与不离义有别而相距不远"。并且强调"'合异'与'非有异则无合'是张载论'合'的原则，这意味着相合的虚与气二者必然是异质的而不是同质的"。在强调太虚与气之异质性的同时，林乐昌认为张载宇宙论具有两层的结构，在宇宙本体论层次上强调太虚本体的超越性与先在性；在宇宙生成论层次强调太虚与气的关联性与共在性。此做法实质上更加凸显"太虚不一定非要'即'气，太虚作为与气不同的异质本体，有一个可以脱离气的超脱地位"②。第三种"即是"系学派的主要代表人物是唐先生。此说相较于"是"系学派倾向"气"，"即"系学派倾向"太虚"，主张太虚与气应合两义以见一义，在"即"字的理解上，李晓春认为"这一派对虚气关系的理解可称为'即是'派，这里的'即'与'是'是并列平等的，两种理解都有，并且有将两者融为一体的趋势"。唐先生重新阐释"气"的意义，将气视为"存在的流行""流行的存在"，"张载的太虚与气就是存在之流行的两面，是统一的，而不是分离的关系"。陈政扬服膺唐先生之说，同样认为太虚与气非异质的两者，延续唐先生视气为存在之流行、气贯通形上形下之说，但强调一气流行转化的结果，"气虽有清浊之别，太虚与散殊可象之气皆是气"，因此，延续唐

---

① 李晓春：《张载哲学与中国古代思维方式研究》，中华书局 2012 年版，第 248 页。

② 同上，第 252－258 页。诸家之说见蔡仁厚：《宋明理学·北宋篇》，台湾学生书局 1989 年版。胡元玲：《张载易学与道学：以〈横渠易说〉及〈正蒙〉为主之探讨》，台湾学生书局 2004 年版，第 141 页。丁为祥：《虚气相即——张载哲学体系及其定位》，人民出版社 2000 年版，第 63－68 页。林乐昌：《20 世纪张载哲学研究的主要趋向反思》，《哲学研究》2004 年第 12 期，第 20－22 页。

先生说法之外，陈政扬主张太虚与气是"一而有分"的关系。① 整体而言，李晓春"是"系学派、"即"系学派、"即是"系学派三系之"太虚即气"类型说，将更多当代张载研究学者纳入讨论，对于三系之中内部的差异有较详细的分疏，但基本上李晓春的"太虚"与"气"关系之三系说与陈政扬的"唯物说"、牟宗三"体用圆融说"、唐君毅"虚气不二说"三种诠释系统的架构大致相同。"是"系学派重"气"，其系谱基本上可视为"唯物说"学者；"即"系学派重视"太虚"，除牟先生新儒家系统外，将大陆学者丁为祥、林乐昌列入其中，他们的共同点是透过体用"相即"但不"等同"，凸显太虚与气实为形上本体与形下之气的异质关系，虽然所论不尽相同，但和牟先生一样，对于太虚与气都是采用"两层存有论"的立场。"即是"系学派很明显的即是唐先生"虚气不二说"，对于"太虚"与"气"采取平等并列的立场。此说论"即"字立场介于前二者之间，最大的不同在于并不似前二说视"气"为形下材质义，而是具有形上意涵的真实存在。如此气与太虚可同为最高本体的不同表述。但由于张载论气亦有散殊可象的形下之气，陈政扬在继承唐先生"虚气不二说"的前提下，提出"虚气一而有分"说。张载"太虚即气"的三种类型说，大致概括了张载思想在 20 世纪下半叶的面貌。

张载"太虚即气"的唯物论、牟宗三、唐君毅三种诠释系统，又分属唯物论气学与当代新儒家心性论两个立场截然不同、彼此针锋相对的阵营。张、冯、侯的"气学"将张载判定为"唯物主义气论哲学家"，张载思想的此一定位，引起了广泛的争论。② 早有学者指出，将张载视为唯物主义者往往会出现

---

① 李晓春：《张载哲学与中国古代思维方式研究》，中华书局 2012 年版，第 258 - 267 页。唐君毅之说见《中国哲学原论——原教篇》。陈政扬之说见《张载"太虚即气"说辨析》，《张载思想的哲学诠释》，文史哲出版社 2007 年版，第 47 - 55 页。

② 如吕世骧、郑冰夷、陈玉森等人与张岱年针锋相对，认为张载其实是一唯心论者。然不论唯心论或唯物论，都是落入简单、固定判断框架，皆不足以尽张载学。此一情形，丁为祥总结指出："就大陆半个世纪以来的张载研究来看，80 年代以前，基本上是唯物唯心式的定性研究，故有张载是唯物还是唯心亦或是二元论的争论。80 年代中期以后，学界开始摆脱'两军对战'的简单化模式而采取范畴系列式的研究，这对于张载哲学范畴之间的逻辑关系，固然是一种接近或深入，但由于这里的'逻辑'并不来自理学，因而仍存在着按图索骥之嫌。直到 90 年代，当人们对传统文化经历近一个世纪大起大落的两极性评价之后……终于开始从传统文化自身的历史与逻辑出发来理解传统文化了。"丁为祥：《虚气相即——张载哲学体系及其定位》，人民出版社2000 年版，第 4 - 5 页。

难以完整一致的诠释张载思想的困境。① 由于相关评论已多，笔者不再赘述。港台的张载学，以当代新儒家牟宗三、唐君毅先生最具影响力。二先生的哲学立场一致以反对唯物论、唯气论为主调而展开，将其定调为儒家心性论与道德形上学，致力于将张载从唯物主义气论哲学家的阵营中再度拉回到理学传统之中。在这样的共同思想架构下，唐、牟对张载的诠释却出现十分不同的内容，这些歧异主要集中在对张载"太虚"与"气"之关系，尤其是"气"的看法上。牟先生坚持本体的根源义与超越性，超越性崩溃的哲学将会陷入毫无道德理想的自然主义唯气论，他因此主张"太虚即气"说所欲陈述者，乃是一超越的形上"太虚本体"与形而下的"气"，体用圆融相即（"即"非等同义，而是不即不离）的"道德的形上学"。透过将"太虚"上提为气化活动的本体，进而判定张载学仍是符合宋明儒学大宗旨，属于"即存有即活动"说的"本体宇宙论的实体之道德地创生的直贯之系统"（纵贯系统）。② 牟先生认为太虚与气是一清楚的严分形上、形下两层的体用论模式下的关系，太虚是形上之本体，气只能是形下的"材质之观念（material）"③，因此，将"气"视为宇宙创造之实体是错误的。牟先生没有赋予"气"正面的意义，表现当代新儒家自觉不同于唯物论的一致性立场。基本上，不管同不同意牟先生的解读，其细致的分析与创新的建构，都刷新了学界对张载的理解，不论是对新儒家后学或气学学者而言，牟先生是最重要的对话对象。虽然牟先生堪称当代"太虚即气"说最重要的诠释典范，但由于在理解张载的气与太虚时，频繁出现批评原作者说法有缺陷的"滞辞"说相当明显，不少当代研究者针对牟先生的"滞辞"说提出批评。④ 认为其中所隐藏的诠释系统问题，可能是来自使用

---

① 个中因素，杨儒宾指出："冯友兰的批评有种理路，但此一理路恰恰好不是张载的理路。根本的关键在于冯友兰的理论是依唯心—唯物主义对分的模式立论的，没有东方体验哲学中一切现成的本地风光之内涵，冯友兰使用的架构极不适用于张载一系的理学，笔者相信这套标准只要检证从张载到熊十力之间的体证型的体用论哲学，无一不会碰壁。"杨儒宾：《检证气学——理学史脉络下的观点》，《异议的意义——近世东亚的反理学思潮》，台大出版中心2012年版，第121页。

② 牟宗三：《心体与性体》第1册，台湾学生书局1984年版，第59页。

③ 同上，第471页。

④ 如杨立华："牟宗三在《心体与性体》中每以所谓'滞辞'立言，此种做法不是要依某一思想原本的脉络加以诠释和展开，倒似要教导古人应该要如何道说。"杨立华：《气本与神化——张载哲学述论》，北京大学出版社2008年版，第56页。

现象与物自身二分的康德道德形上学理路，和中国传统哲学之间，在"格义"过程中产生的扞格与困境。① 如陈荣灼指出：

"牟氏抱怨横渠常有'不谛之滞辞'，'措辞多有别扭不通畅处'，但其实此并非横渠原有之过；而这只是牟氏以康德式立场理解横渠所产生之不良结果而已。其次，牟宗三亦言'性'之动态义，但他一方面忽视了横渠所重之物与物间之'互动相感'，另方面又未能进而阐明船山言'阴阳二气'之'流行不息'。职是之故，牟氏似没有意识到'太和'作为一'统一性原则'之方法论涵义。其源自康德式偏重'区分'的进路颇难与横渠强调'物无孤立之理'的立场相吻合。"②

陈荣灼认为，牟先生的诠释问题除了以康德分析进路对张载进行格义的结果，在方法论上产生某些隔阂之外；他在物的相感义与气的流行义上并没有做很好的发挥。何乏笔则认为："牟宗三对于《正蒙》的批注的确结合细致的分析与创新的重建，但因为形上学与唯物论的对立主张，便忽视儒家气论对当代哲学的重要潜力。"③ 牟先生的形上学与唯物论对立模式，造成他将气论等同唯物论，视气论为负面因素，无法发挥气论在当代哲学的潜力与价值，透露出"当代儒学在思想上的'偏滞'"④。

唐先生的儒家道德形上学性格同样鲜明，同样对唯物论怀有高度戒心，他的论述也在强调不能将张载视为唯物论的基调下展开，但对于张载"气"的涵义与存在位阶，却有着截然不同的判断。牟先生严分形上、形下两层，即使体用再圆融，虚（神）在气之外，不在气之中；唐先生则断言太虚在气之中，

---

① 袁保新说："即令当代新儒家的前辈学者，筚路蓝缕，以其学贯中西的学养，严选康德道德形上学的理路、架构、语言，为中国种道德实践的心性之学赋予了现代意义，并回归文本，找到大量文献的印证与支持；但是，康德哲学作为近代西方哲学的产物，一方面背负着西方古典哲学思维最原始的烙印，即将世界断裂为两橛，永恒的非时间领域与变动的时间领域；另一方面，又未加反省的接受了近代西方文明诸多二分性的预设，如：心/物二分，价值/事实二分，理性/感性二分等，故而在哲学思维的基本调性上，其实与中国哲学仍有许多扞格不入的情形。"袁保新：《从海德格尔、老子、孟子到当代新儒学》，台湾学生书局 2008 年版，第 viii 页。

② 陈荣灼：《气与力："唯气论"新诠》，见杨儒宾、祝平次主编：《儒家的气论与工夫论》，台大出版中心 2005 年版，第 67 页。

③ 何乏笔：《何谓"兼体无累"的工夫——论牟宗三与创造性的问题化》，《儒家的气论与工夫论》，台大出版中心 2005 年版，第 100 页。

④ 同上。

没有离开气之外别有一作为本体的太虚或神，此为其"虚气不二"论。① "虚气不二""太和一气"，如果太虚、太和是张载的本体，而气具有极度贴近本体的位阶，那么要如何论证张载不是"唯气论"者？相较于牟先生设法消融、拉开大量《正蒙》文本中"气"太靠近形上本体的干扰，唐先生提供另一种思考方向：如果"气"不是形下物质义，那么张载以"气"说道，也不等于是唯物论气学。唐先生说："如要亲切理会，当说其气只是一流行的存在或存在的流行，而不更问其是吾人所谓的物质或精神"②，"于此吾人应高看此气，而视之如孟子之浩然之气之类，以更视其义同于一形上之真实存在，其虚明即以此一形上真实存在或此气之神德为体，所显之用"③。此外，唐先生主张程朱理学、陆王心学与张王气学应鼎足为三，视为宋明理学的三系，他说："西洋哲学之主要概念有三，曰理性，曰意识，曰存在……中国哲学之主要概念亦有三，曰理，曰心，曰气……唯船山生于宋明理学极盛之时期之后，承数百年理学中之问题，入乎其中，出乎其外，于横渠之重气，独有会于心。"④ 陈荣灼对于唐先生使用黑格尔"绝对唯心论"之形上学立场对宋明理学进行格义有所保留，他认为唐君毅的张载气学研究，"偏重'绝对精神'的'唯心论'观点出发，虽然他也很能揭露张载与怀德海之间的相近之处，但其论整个'气之哲学'却充满黑格尔之色彩"⑤，"唐氏之解过于偏重'气'之'精神'义，从而未能完全照顾其属于'自然'之根本的一面"⑥。但陈荣灼同时肯定唐先生看出张载与王船山之间的连贯性⑦，"能够避免上述牟氏解释中的种种

---

① 唐君毅说："张横渠所谓虚气不二之太和，自其实在性方面言之，实只是一气。其所谓'虚'，一方面看似在气化之外，而实在气之中。"参见唐君毅：《张横渠之心性论及其形上学之根据》，《哲学论集》，台湾学生书局1990年版，第217页。

② 唐君毅：《中国哲学原论——原教篇》，台湾学生书局1984年版，第91页。

③ 同上，第97页。

④ 唐君毅：《王船山之人文化成论（下）》，《中国哲学原论——原教篇》，台湾学生书局1984年版，第664－665页。

⑤ 陈荣灼：《气与力："唯气论"新诠》，见杨儒宾、祝平次主编：《儒家的气论与工夫论》，台大出版中心2005年版，第66页。

⑥ 同上，第67页。

⑦ 陈荣灼："即使唐牟二氏都将船山与黑格尔相提并论，于牟宗三之解释中却不易见出横渠与船山间之一致性。另一方面，由于在唐君毅的眼中，横渠与船山或隐或显地均迈向于一'绝对唯心论'之立场，所以二者之连贯性可以无疑地表露出来。"陈荣灼：《气与力："唯气论"新诠》，见杨儒宾、祝平次主编：《儒家的气论与工夫论》，台大出版中心2005年版，第66页。

困难，而且于相当之程度上忠实于横渠与船山之原有特色"①。整体而言，唐先生最具有启发性的重要论断是：由"气"是"存在之流行，流行之存在"之说，指出"气"通形上与形下，应被视为张载的核心概念；以及"张、王气学"应被视为独立一系的提法。唐先生此二说，对于当代的张载气学研究极具启发性。

唯物论、牟宗三与唐君毅构成 20 世纪后半叶张载"太虚即气"说的三种主要诠释系统。唯物论气学使用"唯心—唯物主义对分的模式立论"，被认为此架构极不适用于张载一系的理学外；牟先生之说"需要大幅拆解张载思想中的关键概念（例如'神''虚'及'清'等）以符合其诠释理路，并将不符合体用圆融说之诠释的张载原文视为'滞辞'"②的诠释结果，也被认为其诠释系统与张载之间具有某些扞格。除了唯物论气学诠释下的张载思想唯心/唯物"矛盾说""不一致说"与牟先生的"滞辞说""不谛说"所产生的诠释问题，唐先生之说则被认为较能忠实于张载气学原有特色，但高举张载气学，却又反对视张载为"唯气论"，二说之间如何取得理论的一致性，也连带使唐先生之说受到质疑。③ 可以说，他们各有支持者，却也各自遭遇批评。

三、"太虚即气"说的当代气学诠释：
先天型气学与兼体无累气学

如果以笔者所在的台湾作为出发点来看，那么晚近张载气学的发展，一则是在牟先生与唐先生的诠释模式之中做进一步的解释或修正；一则是"气学"定义的再诠释与"气学"潜力的再思考。如果说 20 世纪后半叶张载气论的争

---

① 陈荣灼：《气与力："唯气论"新诠》，见杨儒宾、祝平次主编：《儒家的气论与工夫论》，台大出版中心 2005 年版，第 67 页。

② 陈政扬：《张载"太虚即气"说辨析》，《张载思想的哲学诠释》，文史哲出版社 2007 年版，第 55 页。

③ 如陈荣灼指出："然而与牟宗三一致，唐氏亦反对以'唯气论'来解释横渠之学。相当清楚，唐氏亦将'唯气论'理解为'唯物论'之同义词。显然，于此一场合中，'气'一词只被唐氏了解为'形物'或'物质'义。由此可见其在'气'一词之使用上实存有歧义。"陈荣灼：《气与力："唯气论"新诠》，见杨儒宾、祝平次主编：《儒家的气论与工夫论》，台大出版中心 2005 年版，第 53 页。

议焦点是放在大陆唯物论与当代新儒家心性论之间的论辩，那么，晚近张载气论论辩的焦点当是当代气学与新儒家心性论模式之间的对话。其中最值得注意的发展，在笔者看来应将张载气学，放进当代台湾儒学研究中的"二王之争"（王阳明心学与王夫之气学）①，也就是"心性论"与"气化论"的两种思想道路的潜在争论来看。儒学内部"二王之争"，乃是晚近部分学者对"心性论"有所保留，试图藉由"气化论"来反省当代新儒家所面临的问题；其讨论脉络"大体离不开港台当代新儒家对中国现代化的哲学反思，试图在批判性继承的原则下，促使当代新儒家形成别开生面的发展"②。由于唐先生的洞见，张载与王夫之被视为宋明理学中应自成一系的"张王气学"，在"二王之争"中张载由于联结着王夫之，也被赋予不少期待。③ 晚近学界与当代新儒家心性论模式（主要是牟先生）之间的对话发展下的张载气学研究，笔者认为以杨儒宾的"先天型气学"与何乏笔的"兼体无累气学"二说，最具有不可忽略的当代意义。

在"太虚其气"三说的再解释与内部修正上，以唐先生的"虚气不二"说而言，陈政扬在"虚气不二"的基础上，提出太虚与气乃是"一而有分"之关系。他认为唐先生重视太虚与气的同一性，着力于"合两义相对者以见一义"的精神，较少厘析虚气相异之处，因此进一步主张："由'气'表示'真实存在之义'，则太虚是气之本然，太虚与气是一；而由气化生物的活动而言，太虚（清通无碍之气）是无限的造化自身，有限的具体个物与散殊现象虽皆是气，但因其有限性仅能名之气，而不能称为太虚。此为太虚与气之

---

① "二王之争"语见杨儒宾、何乏笔：《两岸儒家·前言》，收入钱永祥主编：《思想（29）：动物与社会》，联经出版事业股份有限公司 2015 年版，第 271 页。另见何乏笔：《新儒家、自由主义与社会主义能否会通》，见钱永祥主编：《思想（29）：动物与社会》，联经出版事业股份有限公司 2015 年版，第 300 页。

② 杨儒宾、何乏笔：《两岸儒家·前言》，收入钱永祥主编：《思想（29）：动物与社会》，联经出版事业股份有限公司 2015 年版，第 271 页。

③ 如何乏笔认为："当代新儒家在肯定自律主体的基础上，能接纳自由民主，能接纳社群主义，但殊难思考社会主义与唯物论的关联性。在这方面，儒家气学（尤其是张载和王夫之）可能扮演着重要的桥梁角色。"何乏笔：《新儒家、自由主义与社会主义能否会通》，收入钱永祥主编：《思想（29）：动物与社会》，联经出版事业股份有限公司 2015 年版，第 300 页。

别。由此可知，太虚与气乃是'一而有分'的关系。"① 如就牟先生虚气"体用圆融相即"说而言，杨儒宾亦有"太虚即气"应被视为是"相即"而非"同一"的关系之说。② 张载"太虚即气"之"即"字如何理解，杨儒宾的说法如下：

　　气论学者所使用的语言往往带有"A 即 B"的语式，"即"字容易造成混淆。因为"即"所联结之双方可以意谓意涵（sense）不同，但指示者（reference）相同之义，所以"虚空即气"意指"虚空"与"气"的语词内涵有异，但本质相同。但"即"字不一定做"等于"解释，"A 即 B"的 A 与 B 可以不是平面的相等，而是立体差异性的同一，这是中国体验哲学中体用论的语言。说得更明确些，近世儒学拥有体用论的自然哲学与自然主义的自然哲学两种，两者在用语上常有近似之处。但后者所说的"即"字所联结之主述词，两者的实质内涵是相等的。前者有超越的本体的概念之介入，因此，当他们使用"即"此概念解释现实存在时，会因强调体用不二，本体现象不二，而有时会强调现象（气）的首出性。但也因"本体"在本体论上具有独立性与优位性，它不可能沦为"气"的述词，因此，他们有时又会强调本体与气的差别，而本体又具有首出性。换句话说，"体用不二"固然是体用论自然哲学的一个面向，它的另一个面向却是"体用不一"。"即"事实上兼具"即"与"不即"（或"即非"）二义。③

　　杨儒宾说太虚与气二者不是"平面的等同"，而是"立体差异性的同一"，这样的表述方式，如果要在唯物论、牟宗三与唐君毅三种"即"字的诠释中择一的话，那么杨儒宾以"立体差异的同一"解释太虚与气的关系，其说法似乎较接近牟先生"体用圆融相即"说之"此'即'字是圆融之'即'，不离之'即'，'通一无二'之'即'，非等同之即，亦非谓词之即"④。但二者

　　① 陈政扬：《张载"太虚即气"说辨析》，《张载思想的哲学诠释》，文史哲出版社 2007 年版，第 56 页。

　　② 杨儒宾表示："张载的'虚''气'关系并不同位，是相即，而非同一"，"丁为祥先生讨论张载哲学专书以《虚气相即》名之，可谓得其要"。杨儒宾：《检证气学——理学史脉络下的观点》，《异议的意义——近世东亚的反理学思潮》，台大出版中心 2012 年版，第 120 页。

　　③ 杨儒宾：《检证气学——理学史脉络下的观点》，《异议的意义——近世东亚的反理学思潮》，台大出版中心 2012 年版，第 119－120 页。

　　④ 牟宗三：《心体与性体》第 1 册，台湾学生书局 1984 年版，第 459 页。

乍看相似，实质内容并不相同。其中的关键是在对"气"的看法上，以及由此对主体的理解亦有不同。由于牟先生将气论视为负面的消极因素，所谓的太虚与气之"即"有"即"与"不即"义，牟先生真正重视的是"不即"义，其中"即"并不具有同一性，顶多只是"不离"而已。牟宗三"相即说"底子是形上、形下异质的"两层存有论"架构，太虚与气实质上只能是异质的。而对杨儒宾来说则不然，"气"一词所承载的涵义极其丰富、多变，他提出"气"至少可以包括四层涵义：自然哲学的用法意义下的"气"、中国医学或生理学用法的"气"、修炼传统下精微身体语汇的"气"，以及第四种最特别的"形上之气"：

"最重要的，气也可以有形上学的义涵，形上之气指的是一种动而未动的存在之流行，这是一种更严格的先天之气。先天之气漫天盖地，它实质的内涵乃是'体用一如''承体起用'的'用'的涵意……严格意义的先天气是非经验性格的，是'本体'此概念的属性。"①

杨儒宾认同唐先生对"气"的判断，他说："唐君毅先生讨论宋明儒的形上学时，已一再指出其中的'气'当高看、上看，不可视作物质的，而是具有形上的意涵。笔者认为唐先生的判断非常精确。他的断语用于宋明儒固可，用于先秦的'浩然之气''精气'之说，一样也可以成立。这种气可上下其讲的情况早就存在。"② 因此，杨儒宾认为张载"太虚即气"所说的"气"，即是第四种"作为'本体'概念属性的'先天之气'"。在此看法上，杨儒宾认为张载有超越的本体概念介入，但由于"气"本身即具有形上性格，他对张载的理解并不是牟先生"两层存有论"式的结构，而主张应将张载视为"先天型气学"。关于"先天型气学"，他说："两种不同意义的气学，一种是先天型的，一种是后天型的。'先天''后天'之语出自《易经》，在本文的用法中，其意义类似'超越'与'经验'之分。"③

杨儒宾"先天型气学"肯定"太虚即气"是具有本体的、超越性的"先

---

① 杨儒宾：《两种气学、两种儒学》，《异议的意义——近世东亚的反理学思潮》，台大出版中心 2012 年版，第 132 - 133 页。

② 杨儒宾：《检证气学——理学史脉络下的观点》，《异议的意义——近世东亚的反理学思潮》，台大出版中心 2012 年版，第 94 页。

③ 杨儒宾：《两种气学、两种儒学》，《异议的意义——近世东亚的反理学思潮》，台大出版中心 2012 年版，第 127 - 128 页。

天之气"，此诠释系统主要的对话对象是牟先生。但牟先生之外，杨儒宾也使用"两种气学"的区分对唯物论气学的误释提出修正；同时也补充了唐先生何以肯定张、王气学在宋明理学中具有合法性，却又坚持它不是"唯气论"，没有充分厘析清楚的部分。"先天型气学"的提法，在上述"太虚即气"说的三种诠释上都分别做了修正。杨儒宾"两种气学"说主张，"1949 年以后，新中国的中国哲学史家所编排的气学系统基本上混淆了两种不同意义的气学，一种是先天型的，一种是后天型的"①。杨儒宾说：

"新中国的中国哲学史家将张载、罗钦顺、刘宗周划归到他们认可的气学阵营，恐怕是种误解。不管就主流的历史传承或就理论体系着眼，都没有这样的系谱。先天型气学与后天型气学既然貌合神离，本质不同，系谱互异，因此，自然不宜混为一谈。但近世儒学中的这两支气学对气都有经营的模式，换言之，对构成主体核心的气皆有所转化。因此，也都有转化现实主体为理想主体的一套机制，用传统的术语来讲，也都有工夫论。先天型气学的工夫论之主轴旨在唤醒此心气同流的本真状态（此一状态也可称为'先天气'），使学者向超越的自我回归。后天型气学的工夫论主轴则落在促使此人身上之气精致化、分殊化、能量化，以促使实践者横向的完成自我的人格。先天型气学预设学者有向上一机，此系的'气学'一向受到正统儒家学者的重视（虽然不用'气学'一词）。"②

除了杨儒宾以"先天型气学""后天型气学"的区分，处理唯物论气学学者对张载气学性格的误释之外，晚近亦有不少学者提出不应仅是笼统地使用"气学"或"唯气论""气本论"；应对"气学"一词的用法做更精细的类型分判之说。这些学者立场未必相同，使用词语有别；但多主张在"气学"系谱中不仅存在着"一种气学"，而是"两种气学"。杨儒宾说：

"我们可以说它（笔者按：先天型气学）具有追求存在的本源之本体论的概念，同时也蕴含了'转换意识以证本体'的工夫论构造。而且前者的呈显要建立在后者的基础上，此之谓天道性命相贯通。相对之下，'后物理学'乃

---

① 杨儒宾：《两种气学、两种儒学》，《异议的意义——近世东亚的反理学思潮》，台大出版中心 2012 年版，第 127 页。

② 同上，第 129 页。

是对自然作后设的反省，完全没有天道性命相贯通的关怀。"①

也就是说，前者是超越义的气学，后者是自然主义的气学，他主张此二者"分则两利"，由此切割气学在 1949 年后因为特殊的历史因缘与唯物论连体共生、关系过于密切所带来的干扰与疑虑。杨儒宾提出两种气学本质的差异在于有没有"天道性命相贯通"此一核心因素，作为气学分流检择的判准。既然"先天型气学"同样具有"天道性命相贯通"的关联，那么气学的发展并不会有等同于唯物论的疑虑，由此肯定"先天型气学"在宋明理学中的合法性。杨儒宾说："在现实的存在状态上来讲，两者无从分别，先天之气即体现于后天之气中，但两者仍有本体论位阶的区别，异质异层。从先天之气超越的性质以即不离后天之气的圆融性质来看，我们也可以合理的认为：先天型气学并没有脱离理学主流，它是理学（尤其是程朱理学）的谏臣，而非叛徒。"②

杨儒宾以张、王气学当属"先天型气学"，响应牟先生两层存有论、心性论模式下的"体用圆融相即"说，但其用意不仅如此。杨儒宾的气学思考具有挑战典范、转移典范的心意，透过赖锡三对杨儒宾的思想评介将可勾勒出更清楚的面貌，赖锡三说：

"杨先生早年已从气论身体观新说、情境心存有论观点，欲挑战或补充（尤以牟宗三为代表的）当代新儒家心性论典范、无限心存有论观点。其《儒家身体观》之名作和《中国古代思想中的气论及身体观》之编著，明白突显他异于当代新儒家偏向心性主体（相应于德国观念论和佛教真常心传统），并转从'形气主体''气化主体'来重讲儒学思想系谱与儒家工夫实践之尝试。换言之，杨先生最核心关怀的儒学研究，早已突显他与当代新儒家主流诠释系统的差异，以及提出新实践主体的反思。耐人寻味的是，专研儒家的学者们或许知道杨儒宾的气论身体观是一种对新儒家论述的补充新论，却未必深知这项补充带来的典范挑战之强度。"③

---

① 杨儒宾：《检证气学——理学史脉络下的观点》，《异议的意义——近世东亚的反理学思潮》，台大出版中心 2012 年版，第 125 页。
② 杨儒宾：《两种气学、两种儒学》，《异议的意义——近世东亚的反理学思潮》，台大出版中心 2012 年版，第 141 页。
③ 赖锡三：《〈儒门内的庄子〉与"台湾庄子学"——儒怀、史识、文心之景观》，发表于"中研院"文哲所举办的"杨儒宾《儒门内的庄子》新书座谈会"，2016 年 9 月 9 日，第 2 - 3 页。

可见，杨儒宾延续他气论与身体观的关注，通过对牟先生心性主体的反思，而提出一个"新主体模式"的理解。牟先生受康德与《大乘起信论》的影响，其体证的主体是观念论式的意识主体，其中同时深藏一种真常心的唯心诠释传统，也就是"一心开二门"的"一心"。由此牟先生以两层存有论的体用论模式，向上谈心体、性体、道体三体纵贯为一的无限心之无执存有论；向下谈道德良知的坎陷而开出民主科学之外王学，形成牟先生由儒家"心性之学"所开出的内圣外王学模型。宋明理学家们以体用论不一不二话语的诡谲论述消化相偶论，将心性天道本体的高明，与本体对社会政治之发用，两头都拉住，以之超克佛老，同时深化伦常；透过"不一不二"之"即"的诡谲论述，由此理学家可以使用体用论维系儒学的命脉。牟先生同样以体用论做两头的论述，以心性主体超克唯物论，并由此开出民主、科学之外的事业，响应儒学的现代化问题。但宋明理学家与牟先生两代儒者的体用论及其主体模式，并不尽相同，因为"对于《大乘起信论》或牟宗三等人而言，体证的主体是一心，故只要能证得般若之智或德性之知，就已经是觉悟了；但对理学家而言，工夫修养由于是全身心的参与，故体证时除了会有万物一体的经验外，在身体上同时也会产生某些表征"①。理学家在建构体用论时，话语系统背后有来自本体与工夫的实感在支撑，此实感乃是儒者在本体与发用时能两头提住，不致落空的关键所在，而身体正是参与体证的重要环节。在此过程中，除了心性修养外，不可能忽略身体的修炼，理学家谈养气、变化气质时对于身体与气的描述等，都常见于理学的文献记载中。如果将道德主体视为"一心"，而忽视身体、形气的参与过程，则无法理解理学家思想的全貌。杨儒宾"先天型气学"的提法，主张道德主体不只是心性主体，而必须同时是形气主体，此"形—气—心"三元一体的新主体的提出，正是在牟先生心性之学的两层存有论的主体模式，切割了形气、身体，将道德主体视为心性主体、意识主体，因而无法充分正视气论与身体、气论与工夫论在儒学系统的正当性与积极价值之后进行的反思，乃是针对心性论诠释中所造成的本体与工夫的遗漏而说。杨儒宾以"先天型气学"谈张、王气学，肯定儒学中"先天之气"带着本体动能的哲学

---

① 林永胜：《张载"太虚即气"说重释》，《易诠释中的儒道互动》，台大出版中心 2012 年版，第 265 页。

性格，在当代儒学存有的遗忘与实践的脱落之危机中扮演重要的角色，其在儒学传统的价值应该被正视。

"先天型气学"与"后天型气学"两种气学的分合之间，也带着儒家纵贯体用论要如何响应相偶论的挑战之思考。唯物论所说的"气学"在杨儒宾"两种气学"的划分中是"后天型气学"；而"后天型气学"在杨儒宾《异议的意义》一书中被放到反理学阵营中。理学的思考是体用论式的纵贯向度之关怀，而反理学者的思考则是相偶论的，他们更在意横向向度的同情共感与社会关系、政治制度，杨儒宾认为相偶性的关怀与要求在儒学传统中有其正当性，而且其近代性格特浓，他说：

我们在米德的"泛化的他人"、巴赫金的"对话论"、马丁布伯的"我与汝论"，马克思论人的"关系"之本质性、勒维纳斯的"他者"论当中，都可以看到反单子论的个体性、重视人与他者共在性的本质联系。如果我们再将"人与他者的共在性"往外扩充为"人与世界的共在性"，那么，相呼应的理论就更多了，海德格尔论"此在"的"与世同在性"、梅洛庞蒂论身体主体与世界的"逆回性"，皆为个中赫赫有名的论点。在今日世界，一种单子论式、认识论导向的世界图像，也就是一种想象中的透明的主体学说似乎越来越孤寂。上述的不管"与他者共在"与"与世界共在"的论点都有打破意识哲学的意图，人确实是意识的体现者，但却很难说是意识的拥有者，人的意识越来越不被认为是位坐落在孤子城堡中的主体。①

这些著名的理论在杨儒宾看来都是相偶论的同道，他们所提出的问题也是当代儒学的发展很难回避的；虽然在儒家正宗思想中往往批评相偶论儒者之说为"不见道"，但是他主张应该肯定相偶论在儒家伦理学的重要价值。"两种气学"的划分，不否定"后天型气学"的伦理学意义，并且主张儒家体用论本来就应是能包含相偶论的。他说："由于儒学的基本关怀使然，我们有理由认定，先天型气学必须包含后天型气学，两者可视为有机而辩证的一体。理由很简单：因为体用论意味着即体即用，所以先天型气学的展现不能不落在后天

---

① 杨儒宾：《从体用论到相偶论》，《异议的意义——近世东亚的反理学思潮》，台大出版中心 2012 年版，第 77 页。

型气学的展现中，二者一体难分。"① 杨儒宾以"先天型气学"诠释张载的气论性格，此是一种具有超越的本体概念与儒学传统天道性命相贯通的关怀的体用论气学，在宋明理学传统的共同信念下，它的体用论是能够包含相偶论的体用论，因此，具有实质打开儒家伦理学格局的可能，在儒学与当代哲学对话过程中是最有潜力的一种儒学形态。

在张载的当代气学诠释中，同样以牟先生的诠释作为主要对话对象的还有何乏笔的"兼体无累气学"。"兼体无累气学"的提法乃是何乏笔在《何谓"兼体无累"的工夫——论牟宗三与创造性的问题化》一文中，以王船山《正蒙注》对张载"兼体无累"之说的诠释，与牟先生进行对话而提出的概念。② 何乏笔认为牟先生反驳将张载视为唯物论、唯气论、自然主义的论点，是因为对牟先生来说真正的创造性是基于标准的形上学，因而全面否定《正蒙》的气学诠释。但是，"《正蒙》的'气'含有相当程度的不确定性，因而引起了许多截然不同的诠释方向。为了驳斥宋明儒学的唯物解释，牟先生认同将气论视为唯物论的论点，而无法深入《正蒙》所指的辩证思想"③。来自欧洲哲学背景对形上学的反感，何乏笔对"形上学"（包括东方的儒家道德心性形上学）采取批判的立场。何乏笔说："到了黑格尔后学，形上学与辩证法已成为两种可相互对立的理论模式，而某种后（非）形上学的、物质的及历史的本体论（material and historical ontology）便成为可能。由创造性的系谱学来看，肯定身体、物质、历史、感性、特殊性、差异等的哲学地位乃是开发创造力的重要因素。"④ 他反对在精神/物质、心灵/身体、本质/现象等之间建立起一种形上化的等级差异，要求重构两者之间的关系。这使得何乏笔对气学的关注，要求的是"去等级化"，不赞成过度强调精神的优先性，而将理论朝"非形上学"模式发展，但这"并非意味将更强化其唯物论内涵，因为唯物论（形下

---

① 杨儒宾：《两种气学、两种儒学》，《异议的意义——近世东亚的反理学思潮》，台大出版中心 2012 年版，第 171－172 页。

② 何乏笔：《何谓"兼体无累"的工夫——论牟宗三与创造性的问题化》，见杨儒宾、祝平次主编：《儒家的气论与工夫论》，台大出版中心 2005 年版，第 79－102 页。此外，何乏笔的张载气学研究另见《能量本体论的美学解读：从德语的张载研究谈起》，《中国文哲研究通讯》第 17 卷第 2 期（《德语之中国哲学研究专辑》，2007 年 6 月），第 29－41 页。

③ 同上，第 100 页。

④ 同上，第 80 页。

学）只不过是一种倒置的形上学"①。何乏笔批评牟先生因为形上学与唯物论的对立主张，便忽视儒家气论对当代哲学的重要潜力。儒家气学与唯物论、心性论形上学都存在着差异性，但也存在着某些联系，就突破形上学与唯物论的僵局而言，他认为王夫之的《正蒙》诠释则提供了一个新的可能。虽然王夫之也坚持"道德的创造性"与"自然生命的创造性"之间的落差，但在解释《正蒙》的神—气关系时，他并不像牟先生采取"气外别有神"的看法，而是认为"神在气中""理在气中"。这并不意谓着他认为气高于神，或放弃精神的优先性。王夫之和牟先生解释《正蒙》存在着差异，二者在建构太虚或"神"的超越性时，他们的方式具有本质上的不同。② 不同于牟先生形上学的道德论述，王夫之将"气"本体化后，神—气关系便倾向于某种非形上学的关系。王夫之的《正蒙》解释强调气的重要性，又保持了神的优先性；此一做法能够避开形上学在气论中的消失，并将此理论朝非形上学模式的方向发展。何乏笔则认为，气论的潜力在于提供唯神论与唯物论（精神优先或物质优先）之外的另一种可能性，因此，"为了发展气论的潜力，突破形上学与唯物论的僵局是必要的。同时必须构想出气论与工夫论的另类关系，也就是'兼体无累'工夫的当代模式"③。而王夫之的《正蒙》解释在这里扮演了重要的角色。

何乏笔对张载的关注一向连着王船山并言，他将张载的研究放到当代问题场域之中，从跨文化哲学的角度探索张载、王夫之与儒家式气论的当代性。他希望藉由比较牟先生与王夫之对于《正蒙》的诠释，试图初步地探究一种既是非形上学的又是道德的创造性之可能。何乏笔说：

---

① 何乏笔：《何谓"兼体无累"的工夫——论牟宗三与创造性的问题化》，见杨儒宾、祝平次主编：《儒家的气论与工夫论》，台大出版中心 2005 年版，第 99 页。

② 何乏笔认为对王夫之来说，"气本身具有活动性及创造力，因此'气'不需要'神'来'始活之'。在此情况下'神'则可变成气化内部的条理原则。可见王夫之与牟宗三相反，以气为体，以神为用"。王夫之将张载学说作为自身的理论根据，并且将张载思想往"气的本体化"方向再发展；在神—气—形的关系中，王夫之的哲学表现了"去等级化"的倾向，"气"在形与神之间的位置与作用特别值得注意，"神"被降低为"气"的形上层面，而"形"则被提高为"气"的形下层面，"气"一方面构成形与神之间的连续性，而且三者的关系之中，中心的概念是"气"而不是"神"。何乏笔：《何谓"兼体无累"的工夫——论牟宗三与创造性的问题化》，见杨儒宾、祝平次主编：《儒家的气论与工夫论》，台大出版中心 2005 年版，第 94 页。

③ 何乏笔：《何谓"兼体无累"的工夫——论牟宗三与创造性的问题化》，见杨儒宾、祝平次主编：《儒家的气论与工夫论》，台大出版中心 2005 年版，第 100 页。

"在台湾，许多亲近当代新儒学的人士早已注意到：心性主体的唯心论陷阱，与新儒家在思考政治现代化的困难息息相关。心性之学的重构，是不容忽视的贡献，但若要面对当前的历史挑战，不得不思索应如何突破心性主体的形上学基础所面临的松动，俾以促进新主体范式的产生。"①

在这方面，儒家气学（尤其是张载和王夫之）可能扮演着重要的角色。这并非意味着，儒家气学"具有神奇的功效，能包治百病"，但藉由沟通心物之间的气化论，来思考"形（心）—气—物（形）"的主体概念，或能有助于革新心性论的主体范式，也有助于新儒家会通社会主义的唯物论向度。②

何乏笔关心张、王"兼体无累气学"的当代潜力，就在于主体与政治的关系之上。在主体的思考上，何乏笔与杨儒宾同样以"气化主体"来批判"心性主体"的局限，认为"心性主体"的局限在处理现代性，面对当代政治实践时出现不小的难题。对于杨儒宾与何乏笔的关怀，透过赖锡三的论述将可以被更清晰地理解，赖锡三说：

"以心性主体的局限来说，牟先生'内圣开外王'的理路，会使主体过度单一化为道德主体，将使得以'多元化'为立基的民主政治与道德主体的关系，容易产生扁平化的紧张关系。而所谓的民主内涵和民主形式也在不断的生成变化，我们不大可能用一套泛道德心性的实践论述，一定永定地面对不断迎面而来的历史挑战。随着冷战结束，唯心／唯物之争可以划下一道休止符，而气化主体做为不偏于唯心与唯物的新主体想象，甚至可以在'形—气—神'的三元架构下，做为平等沟通形（易偏物）和神（易偏心）的运动桥梁。《庄子》影响下的张载和王夫之的气论儒学，是否可能提供当代儒学新的社会实践模型以参考，正在蕴酿其可能性。"③

张载的唯物论解释或唯神论解释，有唯心／唯物之争的历史背景。但是随着历史因缘的转移，气化论沟通心物的性格，在革新"心性论"的单一主体模式，建构"形—气—神"或"神（心）—气—物（形）"主体模式的思考

① 何乏笔：《新儒家、自由主义与社会主义能否会通》，见钱永祥主编：《思想（29）：动物与社会》，联经出版事业股份有限公司 2015 年版，第 299 页。
② 同上，第 300 页。
③ 赖锡三：《〈儒门内的庄子〉与"台湾庄子学"——儒怀、史识、文心之景观》，发表于"中研院"文哲所举办"杨儒宾《儒门内的庄子》新书座谈会"，2016 年 9 月 9 日，第 5 页。

中，被赋予高度的期待。除了主体之外，新儒家心性之学与唯物论在心物之间的对峙形态也应该画下休止符，如果要突破"当代新儒家在肯定自律主体的基础上，能接纳自由民主，能接纳社群主义，但殊难思考社会主义与唯物论的关联性"①。何乏笔认为张王儒家气学的积极意义，可能"有助于新儒家会通社会主义的唯物论向度"。

何乏笔与杨儒宾对张载气学的诠释，在气化主体的思考上有重叠之处，但也有不同的关怀，杨儒宾有着来自儒学传统下纵贯向度体用论的坚持，尽管他肯定相偶论的价值；张载的"先天型气学"说并没有取消"精神的优先性"与体用之间存在着形上本体的概念，因此杨儒宾谈体用论摄相偶论。何乏笔跨文化的、当代视域下的兼体无累气学，更要朝着一种去形上学、去等级化的"平等的辩证法"发展，他应被视为是相偶论的。"气"不仅是如牟先生所思考的，仅属于康德的现象界，何乏笔以王夫之来诠释张载，由此挖掘儒家的张王气学在当代的潜力。虽然没有针对"太虚即气"概念进行语词的解释，但他的思考在张载气学的当代发展中有其重要意义。只是在去形上学、去等级化的同时，此做法是否溢出张载文本的解释？张载与王夫之当中存在的差别也必须被审视，他说："王夫之与牟宗三相反，以气为体，以神为用。但这是否符合《正蒙》的'原义'在此无法深入讨论。王夫之确以张载学说为自身理论的主要根据"②，"《正蒙》论阴阳二气关系时（以及虚实、动静、刚柔、聚散、屈伸等关系）首先将其理解为平等的辩证关系，不过，一旦从自然气化的本体论转到要奠基道德秩序的形上学，理论结构则往等级化的方向发展。王夫之显然没有放弃辩证法的双重逻辑（即是横向向度和纵向向度的调解），但从王夫之到张载可发现辩证思维的转化。此转化方向对思考王夫之哲学的当代意涵颇为重要"③。张载与王夫之当中的差别，何乏笔并非不察觉于此，但张、王并言下的儒家"兼体无累气学"有其更重要的关怀。张王气学的提法有其学理根据，王夫之确实是以张载学说作为自身的理论根据，因此，可将其视为

① 何乏笔：《新儒家、自由主义与社会主义能否会通》，见钱永祥主编：《思想（29）：动物与社会》，联经出版事业股份有限公司2015年版，第300页。

② 何乏笔：《何谓"兼体无累"的工夫——论牟宗三与创造性的问题化》，见杨儒宾、祝平次主编：《儒家的气论与工夫论》，台大出版中心2005年版，第91页。

③ 同上，第97页。

张载思想的再发展。

四、唐君毅"张王气学"的提法

唐君毅"张王气学"的提法为当代儒家气学研究提供了重要的养分。

回顾了 20 世纪后半叶以来的张载学术性格的争论，张载究竟应被视为"天道性命相贯通"的宋明理学之至论，还是应被视为"气学之祖"呢？当代新儒家心性论模式与唯物论气学诠释二者对于张载学术性格的看法，其间存在着重大的歧异。21 世纪开始，随着"气学"的发展（"气学"不等于唯物论）与儒学内部对"心性论"诠释模式的反思，逐渐形成当代台湾儒学研究中的"二王之争"（王阳明心学与王夫之气学），即"心性论"与"气化论"的两种思想道路的潜在争论。后者要求平视心、物，主张道德主体不仅是心性主体，而是"形—气—心"三体一体的形气主体，儒家的伦理学与工夫论的方向不应仅突显"天道性命相贯通"此一纵贯轴向度，而应更重视思考、开展主体与他者的关联性此一水平轴向度，此为当代儒家气学的要求。当代气学要求应重新正视"气"的潜力与"身体"的价值，这当中有着一个新主体范式与伦理学、工夫论方向的构想。

回到唐先生对张载气学的研究来看，唐先生在此曾别具只眼地指出：

"在濂溪之系统中，有一太极之诚，立于万物之各自正命处，然未尝言万物之间，皆原有一依其气之清通，以相体合一之性。此中便只有'一本散为万殊，而立于万殊中'之一度向，而无'万殊间，亦彼此能依其气之清通，而互体，以使万物相保合，为一太和'之一度向。此即横渠言性与天道之进于濂溪者也。"①

唐先生认为这是因为"中国传统思想从《易经》一系统下来之自然观，都是以物之互相影响关系，为一感通而相涵摄之关系。但直到张横渠，才更明白确切的指出此感通而涵摄之可能，本于气之原有虚于其内部；此气之虚，即

---

① 唐君毅：《由佛再入儒之性论》，《中国哲学原论——原性篇》，台湾学生书局 1989 年版，第 346 页。

物与物互相感通涵摄之根据"①。气的流动性除了具有可以贯通形上、形下的功能外，也能够作为横摄面的主体与主体间互相感通、涵摄的根据。在唐先生看来，周濂溪的太极说虽是天道性命相贯通的理学至论，但是其进路乃是一个"'由上而下'的进路（top-down approach）"，所采取只是一"纵贯的向度"；而张载由气论讨论天道性命，却能够进一步在"纵贯的向度"之外，兼顾"横摄的向度"。②"横摄的向度"在儒家伦理学中有其重要意义，它的视角是将人平放于万物之间，作为万物之一的人如何在真实的、具体的与万物共感共通中扩充主体性的内涵，以此作为伦理学的起点，同时也是作为工夫论的起点。因此，唐先生肯定就儒家伦理学横摄面的向度来看张载有超过周濂溪之处。儒家伦理学除了是纵贯面向度的一个道德主体面对超越天理的体证外，真正的道德也应该要在主体与他人间的互动同情、交感共振中产生，在横摄面伦理学向度中，"气"可以是"感通"的重要媒介。在气化世界观之下，除了身与心，人与人、人与万物、人与自然之间，因为气的虚灵、清通，它们之间自然而然地会有一种本质上的联系，形成绵延不绝的、生机连续的网脉。唐先生的张载气学研究，对于儒家伦理学方向之贡献，笔者拟透过陈荣灼的评论来谈。陈荣灼说：

"唐君毅并且进一步从这种'以能论物'的立场出发，重申'张横渠所谓气，不是一物质，而是能虚以与他物相感通以相涵摄的'。他认为在本质上横渠其实如怀德海般紧扣一'相觉摄之关系'（prehension）来论物之为物……准此横渠明言：'感者性之神，性者感之体。'（《干称篇》）此中可谓有一十字打开的格局：'立体'而言，是基于'天地之性'的统合力量将万物贯通起来。'平面'地说，则每一物藉其特殊之'气质之性'与其他一切之物相互交往而贞定其本身之个体性。"③

陈荣灼因此高度评价唐先生此说的贡献为："唐氏此一'辩道论'式分解可

---

① 唐君毅：《张横渠之心性论及其形上学之根据》，《哲学论集》，台湾学生书局1990年版，第222页。

② 此为陈荣灼对唐君毅讨论张载气论价值之贡献所做的综述。陈荣灼：《气与力："唯气论"新诠》，见杨儒宾、祝平次主编：《儒家的气论与工夫论》，台大出版中心2005年版，第58页。

③ 陈荣灼：《气与力："唯气论"新诠》，见杨儒宾、祝平次主编：《儒家的气论与工夫论》，台大出版中心2005年版，第59-60页。

谓功比莱布尼兹之'辩神论'，并且可以进一步勾划出张横渠之'气论'中所涵的'工夫论'之基本方向：'人必求超越其对于形质之执着与物欲，而显其气本具之能虚之性'——亦即人之天地之性——以大心尽心而成己成物，以成圣。"①

当代气学不约而同地都选择了牟先生的王阳明心性论模式为最主要的对话对象，但唐先生"气"的诠释对于当代气学的发展，也提供了不可忽视的重要养分。唐先生的重要论断是：由"气"是"存在之流行，流行之存在"之说，指出"气"通形上与形下，应被视为张载的核心概念；与张载气学除了凸显纵贯轴的伦理学向度外，由"气"之"虚"谈横摄面的感通义、涵摄义；以及"张王气学"应被视为独立一系的提法；等等。唐先生这些创见，其中所蕴含的气学伦理学与工夫论的思考，对于当代气学的发展极具启发性。

五、结　语

唯物论、牟宗三与唐君毅构成 20 世纪后半叶张载"太虚即气"说的三种主要诠释模型，他们各有支持者，也各自遭遇批评。唯物论气学使用唯心/唯物对分的模式立论，固然被认为不适用于诠释张载一系的理学；牟先生大幅拆解张载的关键概念以符合其诠释理路，将不符合"体用圆融说"的张载原文视为"滞辞"，也被认为此举意味着他与张载之间具有某些扦格。唐先生之说相较之下最能忠实于张载气学原有特色，但高举张载气学，却又反对"唯气论"，二说如何取得理论的一致性，也不免有质疑的声音。晚近台湾学界中张载气学的发展，除了在牟先生与唐先生的诠释模式中进行解释与修正外，值得注意的是"气学"的再诠释。如果说 20 世纪张载研究的焦点是放在大陆唯物论与当代新儒家心性论的争辩；那么，晚近研究的焦点当是当代气学与新儒家心性论的对话。学者对心性论有所保留，试图藉由气化论来反省当代儒学所面临的问题，因此，将张载气学放进当代儒学的"二王之争"，也就是"心性论"与"气化论"两种路线的潜在争论来讨论，张载气学性格由于联结着王夫之也被赋予不少期待。这些与当代新儒家（主要是牟先生）对话下的张载

---

① 陈荣灼：《气与力："唯气论"新诠》，见杨儒宾、祝平次主编：《儒家的气论与工夫论》，台大出版中心 2005 年版，第 61 页。

气学研究中，杨儒宾的"先天型气学"与何乏笔的"兼体无累气学"二说，具有不可忽略的当代性意义。杨儒宾主张应将张王气学视为"先天型气学"的提法，延续他对牟先生心性主体的反思，其间蕴含从心性主体到形气主体的"新主体模式"之建构；"先天型气学"与"后天型气学"两种气学的分合之间，也带着杨儒宾对儒家纵贯体用论要如何响应反理学相偶论的挑战之思考。"先天型气学"具有超越的本体概念与儒学传统天道性命相贯通的关怀，杨儒宾继承宋明理学传统的共同信念，主张"先天型气学"是能够包含相偶论的体用论，在儒学与当代哲学对话过程中是最有潜力的一种儒学形态。何乏笔同样以牟宗三作为对话对象，他对张载的关注一向连着王船山并言，他的"兼体无累气学"将张载放到当代问题场域中，从跨文化哲学的角度探索张载、王夫之与儒家式气论的当代性。藉由比较牟先生与王夫之的《正蒙》诠释，探究一种非形上学的道德创造性之可能；并且希望藉由张王气学的积极意义，会通新儒家与社会主义的唯物论向度。何乏笔与杨儒宾对张载的诠释，在气化主体的思考上有重叠之处，但也各有不同的关怀，杨儒宾有他来自儒学传统下纵贯向度体用论的坚持，尽管他肯定相偶论的价值；"先天型气学"并没有取消"精神的优先性"与形上本体的存在，因此杨儒宾谈体用论摄相偶论。何乏笔的"兼体无累气学"则是朝着一种去形上学、去等级化的"平等的辩证法"发展，其立场应被视为相偶论。"气"不是如牟先生所思考的，仅属于康德的现象界，何乏笔以王夫之来诠释张载，由此挖掘儒家张王气学在当代的潜力。他虽然没有针对"太虚即气"概念进行语词的解释，但其思考在张载气学的当代发展中提出了一个重要的方向。整体而言，从唯物论气学、新儒家心性论形上学到当代气学的张载研究中，牟先生的王阳明心性论模式几乎是各家最主要的对话对象，但唐先生对"气"的诠释与"张王气学"自成一系的提法，无疑是另一个重量级的诠释典范，为当代气学的发展提供了不可忽视的重要养分。

唐君毅心灵之发展[*]

许敬辉[**]

内容摘要：唐君毅在心灵之发展过程中提出"思想发展四阶段说"，即在思想之始时，心与所对宇宙万物之不离，也就是心与自然之不离；在思想第二阶段时，心灵在自然世界之发展，亦是心之自觉性的无限；在思想第三阶段时，心灵自己之肯定与超越，亦个人之自觉性以处体验心之无限；在思想第四阶段时，心灵在精神世界之超越，代"神"工作，而重建宇宙，完成心之本性的要求，最终阐明所谓宇宙唯心的意义。

关键词：唐君毅　心灵　发展

唐君毅认为，当由生活之肯定，反观自己的生活，以肯定自己于世界时，问题变成"如何反身看你自己的生活，充实你内在的自我，如何包摄外在的世界，于你内在的自我之中，将你内在的自我扩大，至于宇宙合一"[①]。人要反观自己的心灵，内心如何逐步地开辟，进而贯通于外界。问题变为心灵自身之发展之体验，需要忘掉习见知识，沉下自己的心，"以认识生命的海底之潜流，将由此而得内外界能贯通之证明，任意去寻求贯通内外界任何之航道"[②]。

---

[*]　基金项目：2016 年度河北省社会科学基金项目"现代新儒家'诚'的思想研究"（课题编号：HB16ZX004）

[**]　作者简介：许敬辉，男，河北永清人，河北大学哲学专业在读博士，副教授，硕士研究生导师，研究领域为中国哲学、近现代儒学。

① 唐君毅：《人生之体验》，中国社会科学出版社 2005 年版，第 54 页。
② 同上。

一、心灵与自然之不离

如何入哲学之门？唐君毅认为，在高山上独立苍茫而产生人生最深的悲凉之感，进而想到"谁是我、谁是世界、自己与世界如何连结起来"①。在此时让心灵忘掉一切，一切都是生疏神秘不可测，对一切都觉得新妍，万象世界如何会呈现于自己，而不知其故！此时，便可入哲学之门。

哲学问题之始。唐君毅认为，"哲学问题的开始是问：谁是我？谁是世界？我与世界如何联结？哲学智慧的开始，是认识我的世界即在我之内，我之所以为我之内容，只有关于世界之一切，我与我的世界，本来未尝分离"②。所谓世界是经验之一端，所谓"我"是经验之另一端。个体是能，世界是所，此两者同融摄于经验之中。心在此，实际上与自己所认识之对象未尝分离。

对象之不离。唐君毅认为，在直接经验中，人与人所认识的对象是不分离的。例如，门前的小河在不见时，离开心而真在心外吗？当不想小河时，是不能说离开了心，在心内或心外。当认为在心外时，其实已经在想小河，已经在想念之中，已经不是在心外了。

经验之可能。未知世物是离心而独立存在的，因从来不曾经验过。虽不能经验，或可以在某种条件之下经验。说未知的存在，并不是不可知，需要承认未知存在的存在条件或被可知之可能；或可知未知存在所发生的直接、间接作用之所以可能。唐君毅说：

"它们之存在，至少依于它们之作用，有一种为你经验之可能。

"在你说他们存在之意义中，就含一种其作用可经验之意义。

"全离开了可经验的意义，它们无所谓存在。

"它们之存在的意义，与可经验的意义不能离，即它们之自身，与它们之可为你心之对象，不能相离。

"它们存在，根据于它们可为你心之对象。

---

① 唐君毅：《人生之体验》，中国社会科学出版社 2005 年版，第 55 页。

② 同上。

"它们不能真正离开你的心而存在，它们不能真正的在你心外。"①

存在主义与可经验之不可离。即使世间一切存在的外物都需要在某些情形之下被可知，存在与可知之不离。但是，世间存在之一切未知的存在之范围，总是比可知的经验之范围更广，世间未知的存在还在时时变更着人的经验。比如，牡丹花在心未感知到之前就存在，其如是之香是先存在的心和先存在的牡丹花互相作用的结果。

心物两端之联结。唐君毅认为，"经验，待心物二端而构成，心物二端，在经验中联结为一。心物两端原有一意义之内在的联结，所以才有外表的联结之要求"②。所以，当知道一切存在之所以存在及存在的意义基础上，便可根据未知的存在可知，并可作为心之对象，得知心物两端之存在着内在的联结，进而便可深思心灵在自然界之发展。

二、心灵在自然世界之发展

心与物相联结。在唐君毅看来，人能通过眼望见白云、通过耳听到松涛声音，这种感觉是心灵在自然界的发展，是心能超越客观存在和空间之限制，与另一空间之存在相联结。人之身体存在的空间客观存在于此，白云、松涛也是客观地存在于天上或远远的山前，能感觉到它们正是心超越了身体所在的实际空间的限制。不同位置的身体感官之物质，与所谓外界之物质联结起来。

时空之超越。纯粹的感觉是突然的一感，最初并无所谓是什么。将当前所感同过去所感相比较，将现在所感和过去所感相融之后而有知。因为，人并不把现在之感固于现在、过去之感固于过去。把现在所感联结过去所感，使现在的不只是单独的现在，过去的不只是孤立的过去，而是超越了客观的时间之限制。在真正的心之感觉的完成中，一是超越了时间之限制，另一是超越了空间之限制。由此在超越客观空间的限制下，心所感成为世间万物的联系者；在超越客观时间的限制下，心所感成为前后所感之联系者。这便是"心"建设自己之第一步，亦是心之活动的初阶。

---

① 唐君毅：《人生之体验》，中国社会科学出版社 2005 年版，第 56 页。
② 同上，第 57 页。

超越源自自觉。在感觉中，包含超越一实际时空的意义，但不曾自觉超越一实际时空。当由回想而自觉自己的感觉时，心就自觉超越一实际时空了。在自己心之镜中，自觉超越原来的客观时空，重现此感觉于另一时空中，自觉笼罩着心感觉，由回想而自觉心之感觉。物质的运行须依着时间空间自然的顺序，然而心能自由回想，而颠倒客观时空之自然顺序、超越时空之客观限制。通过自觉之通路，能回忆起数年前的游玩，怀念远在千里的故乡，即在"现在"重温自己的"过去"。

心更高的活动。回想只是在心中重现过去，从回想中而推知与当前事物的关系或意义是心更高的活动。比如，见到城外古城便知将要到家、看见宿鸟归林便可知暮色将至，这是心这一端常通到那一端。因为人能根据过去经验中之回想，可推理知道城外古城与家、宿鸟归林与暮色的联系。这时的心之活动是由外物之感觉到内在之回想，由内在之回想以解释所感觉之外物；亦由现在回到过去，又将过去隶属于现在。由外到内，又由内到外，心开始贯通自己的世界。

回想与反思。唐君毅认为，推广当前事物之意义本于之回想反省，这是心之更高活动。比如，由梧桐一叶落，而可知秋天已经到来；由秋天之概念，而想到栖霞山的红色枫叶；通过秋山之概念，而知秋山之风景与情致。心由第一事物联想到第二事物，进而想到第三事物，等等。又如，瓦特通过蒸气冲出壶盖的现象而联想到蒸气的推动力量，牛顿从苹果落地的现象而想到万物吸引之力，伟大的科学天才是开始于所见的事物现象并能尽量推扩之意义。心之光射到回想的世界与外在之世界，心往来于回想与外在的客观事物，从当前现象之感，而引发不断之思索，亦可反复至于无穷，开辟出自己的思想之世界。

心贯穿于外物。在努力把所了解的事物意义推扩时，心是尽可能地把过去经验，贯通到客观的外在世界。外界事物之意义即是生命经验本身之意义。唐君毅说："外界即足以表现你自己。所以你之更高的心之活动，是发现外界事物之形色的世界，即是你自己生命经验之象征。在发现事物为我们生命经验之象征时，我们不仅以内界去了解外界，而是发现内界直接表现于外界。你不仅对于外界有一种自觉，对内界有一种自觉，而且对于你之内界表现于外界，亦有一种自觉。"① 不但以内界去了解外界，而且是发现内界直接表现于外界。

自己存在于外界。在以通过外界表现自己时，自己是同时存在于心之外界。然而在以表现自己而寻找外界事物足以表现自己时，不可算是贯通内外。而应常觉足以表现自己的是一切世间万物，常觉表现自己的世间万物均含情脉脉，觉世间万物本身就是另一自己又似乎不是自己。形色的世界成为生命的衣裳，生命自身在形色的世界中舞蹈。

外界之局限。当在外界处处能发现自己，觉于外界处处表现自己，会发觉形色外界存在之世界尚不足以完全表现自己生命之情调。如是，将把自己所见过的各种事物之形、色、声、香等，互相联系，错综组合，在心中创造出各种"事物"以寄托生命情调，即开辟了想象之世界。便可任意在心中创造自己的世界，这心中之世界的一切材料却来源于客观外界世界的形色声香，来表现自己生命之情调，不表现生命情调之桎梏，亦不复有桎梏之感，因自觉自己的内界统摄外界了。

心可载量外物。在真能开辟想象的世界时，在自己的心中任意融裁万象。忽然会想到："所谓世界事物之形色声香，就其质料上看，其实不外许多简单的东西，一切不同的空间之形色，不外空间之左右、前后、上下、曲折的式样。事物之形色声香就其本身而言，实简单之至，只是由于其不同之分合排列。"② 于是顿悟到，如想象力真是无穷，就可以在心中构造出自己的无穷之宇宙。于是，便了解到贪求外物的根本原因，是自己的想象力存在着根本之不足。如能开辟自己的想象力至于无穷，当下所有经验可构造任何世界来满足自己，即已足够构造想象的世界。然而自己为什么不能呢？

三、心灵之自己肯定与超越

反观心内部。在唐君毅看来，当心发生"构造任何世界来满足自己"之不能的问题时，心开始反观心之内部，心离开了外界的形色世界而回到自己、认识心之自己，心之活动又到更高阶段。当心反观自己时，首先发现心中有

---

① 唐君毅：《人生之体验》，中国社会科学出版社 2005 年版，第 60 - 61 页。
② 同上，第 62 页。

爱、恨及思想意志的努力等许多活动。但还会发现心能自觉，心能在自己的内部活动，心能以自己作为对象，即心能以自己的活动为对象而活动。如能爱自己所爱、恨自己所恨、爱自己所恨、恨自己所爱、思想如何思想等。他说："可由心之活动，能以其自身为对象，而认识心与物之根本不同。心以其自己之活动为对象是离开自己原来之活动，而重新开始一活动，加于它自己原来的活动之上；而这新旧之活动，又都是自己的活动。"①

心可以自己为对象。通过心可以把它自身作为对象来看，活动便可看作一方是活动，一方又是活动对象。"认识自己的心之一切活动，一方是能，一方是所；一方是主观，一方是客观。在主观时似在内，在客观时似在外。"② 于是，就有内外两个世界存在于自己内部。自己内部之内世界可以继续不断地成为内部的外世界中之所指对象，即主观可以变为客观。就是说，以此来发觉心之内部的客观之扩大与充实。然而，"是你似乎永远找不着你真正的主观在那里。你反省你的主观，你主观已经成为客观。你反省你的反省，然而你反省被反省时，仍然是客观的。你永不能彻底了解你自己的主观，你不知你的主观之出发点在何处。你似只能得为客观的自己，不能得为主观的自己。但是你虽永不能找着你主观的自己在何处，你却永相信在你客观的自己之外有此自己，在被知之我外有能知之'我'。你于是觉得你之客观的自我，乃是自一不可知的主观流出，你觉得它的源头是你看不见的"③。在追溯它的源头而又永追溯不到时，只得陷于一神秘的感情之失望。但是心在迷惑中而归来时，便有了更高觉悟："你知道你的心，并没有一定的源头，你的心只是一永远向上之活动，肯定它自己，而肯定另一自己，再否定此另一自己，而肯定另一自己之继续不断的活动。"④ 找不到绝对的主观，因所肯定的主观在加以反省时，又将它否定了。

心可肯定自己又可否定自己。心能肯定它自己又否定它自己，另肯定一自己可以继续的化其内部的主观，为内部的客观而充实扩大其内部的客观；而另肯定一自己，而有反观内省之活动；而另肯定一自己，成为几种简单的形色；

---

① 唐君毅：《人生之体验》，中国社会科学出版社 2005 年版，第 63 页。

② 同上。

③ 同上。

④ 同上，第 63－64 页。

另肯定一自己，在外界事物中发现其自己以外之外物为其内心之象征；另肯定一自己，能知其意义，推广其意义；另肯定一自己，联系过去感觉于现在。心之活动就是继续地肯定自己，又否定自己，再肯定另一自己，在不断地肯定、否定它自己的同时，它会自觉它所"否定的自己"和"肯定的自己"都是它"自己"。

旧自己又是新自己。当要求解答于自觉的时候，否定"原来所肯定的自觉之自己"而肯定另一"自觉此自觉之自己"。在更高的自觉中，自觉"对于自觉加以自觉之自己"与"原来的自觉之自己"便同属于自己。于是了解自己是旧自己又是新自己，是一又是二，乃心之本性使然。于是，从新旧自己的互相代替至无穷而得知，在其本性上"唯一之自己"就是"无量之自己"，而不能说只是"有限的存在"。当自信自己之"自性"具藏着"无限"，自己即"无量之自己"，便当自信自己绝对不是"物质"。当自信自己笼罩着世界，自觉可无穷继续，当自信自己是世界之主宰，当实证自己是世界之主宰，自己自性之无限，但是必须有如是之体会，使自己有如是之实证，自信才是真实的自信。

超越纯知到体会的阶段。唐君毅认为，人必须超越纯知的阶段，而到体会的阶段。不仅由自己之能无穷的自觉，而明了自己自性之无限，当处处去体会自己自性之无限。当重新来看世界，肯定世界之客观存在。即当忘掉自己有无穷的自觉能力，不当限制在自己的自觉力之内和反省之内。在世界中发现自己，把客观世界看作在自己之外存在，再以自己之无限的行为活动去通贯内外。如是，才能真体会自性之无限和无限制的世界之主宰是自己。就是说："你要真体会你自性之无限，你须再承认你之有限，而重新以无限之行为活动，去破除你有限之自己，以通贯内外之世界，以实现你自性之无限的要求，而体会到你自性之无限"[1]，"你之自主的'自我否定、自我限制'，以求真正的自我肯定、自我限制；自主的'肯定客观世界''外在化世界'，以求纳客观世界于主观世界，以内在化此外在世界"[2]。

---

① 唐君毅：《人生之体验》，中国社会科学出版社 2005 年版，第 66 页。
② 同上。

四、心灵在精神世界中之发展

自心连接他心。在唐君毅看来，须把自己的心连贯于他心，化主观心为客观心、个体心成普遍心，有限之心渐进于无限。以自心连贯于他心，首先是对他人心理的了解，自然而然地把他人的形色声香等表现，看成一指示到他人心中之媒介，否认自己与他人的空间之距离。心与心的互相了解的指路或桥梁是世间万物之形色声香，多彩的物质世界客观地隶属于心之世界。由自己的心与他人的心，如两镜互照而映影无穷，自觉的自己已被超越的自己，即自然的相信：他人也正在了解自己。当与他人互求了解时，可以把对自己的了解和对他人的了解，全部告诉他人，并转递予他人。了解他人，是以求自己的心于他人的心相联结，以自己的心真诚地向他人之心走去。互相了解真如两镜之互照，只留下彼此之影子，相了解的结果只是互相下许多判断，在真了解人的心之后，由对人判断进一步而至对人同情，被他人心中之生命情绪拖着走。在同情中，一言以蔽之曰有爱。真爱人时，心与人的心才真结合为一，不须任何报答。

把他人当作生命。爱生于以自己的心贯入他人的心，把他人之生命情绪当作自己之生命情绪。以他人为自己与他人生命情绪同流。自己之爱人出发自己之向上的心，要所爱的他人之心亦是向上的心。当自己以他人之向上的好的生命情绪，为自己所爱之对象时，会发现他人由于依附于一种理想，是其好的生命情绪之所以好之原因。爱他人之理想，是他人所尚未实现的，即其全人格之集中点。于是发现他人人格是一努力实现其理想之存在，而不只是一现实之存在。把对他人的人格之爱和尊礼，以体现自己之爱，帮助他人实现其理想充实其人格，即"包含敬的爱"。对他人人格之爱，不过是以他人为自己而已，实际上仍不曾真正忘掉自己。然而，在包含敬的爱中，会明觉到自己所爱的是他人独立的人格，其发展之历程在自己之外。这种爱通过普通之爱，重新建立一人与"自己"之距离，而成为更高的爱。包含敬的爱在其自身克服距离中，又最亲切地看见距离之存在。

以他人的人格为敬爱对象。包含敬的爱之对象是他人的独立人格，通过在帮助他人发展完善其独立人格过程中，获得一种满足。觉得他人的人格在时时吸引自己上升，于是对于他的敬逐渐增加，觉只配接受他的人格对于自己所加的吸引上升的力量。于是包含敬的爱转变为崇仰赞叹。在崇仰赞叹中，牺牲了自己爱的自身，而自愿隐没于敬之后，以致可由崇仰赞叹而变为感激。感激有伟大的人格，来提携自己的人格。

人类精神向上之可贵。唐君毅认为，"当你感到实际接触的人中，有比你高的人格，来吸引你的人格向上时，你才真体验了人类向上精神之可贵。你将亲切感触人类向上精神本身，是一力量的中心，是一真实不虚之存在。你将随处去发现人类之向上精神。你将真了解人类向上精神所创造的一切文化之可贵。你于是将自文化中，看人类之向上精神，致其赞叹"①。赞叹的同时，从人类向上之精神的创造物中反溯人类向上精神，并非精神的物质看人类之精神，并非精神的东西再现其中所含之精神。而且，对人类之向上精神进行普泛的认识，便开始知道联结一切人的向上精神，心之发展将到更高的阶段是真能尽量欣赏文化之价值。

普遍的人类向上精神。如果看人类精神之伟大只就已成文化产物中而致赞叹，尚须具备更高之心境，即发思古之幽情。其真实义指导当进一层深思，历史上许多伟大人格具备个体的特殊心境创造文化产物，体现个体的生命精神，展现个体的精进、自强、至死不懈奋勉，展现个体开辟理想之世界与价值世界。须从思想上穿越时空，到敬仰的古人之前，真心体验其声、其形，似与他晤对，忽然感觉与孔子的心、耶稣的心相通，与自己的心相连，深思他们伟大的人格。这是肯定了过去与现在之隔绝，而超越现在至过去，是在今古隔绝之感上，建立今古统一之感。

伟大精神创造。当发思古之幽情时，便在历史世界的时间之流中，看出一个个卓立人格之中流砥柱，都有伟大人格之出现，都有伟大之文化创造。于是顿想到人类未来之前途，对于人类未来之伟大文化、伟大人格的创造，有一种自然的憧憬。于是，心离开现在和过去，投射向未来，寄一种无穷的希望赞叹。此时，注目于可能出现纯粹之人格和文化创造之可能上，便超越了人格与文化本身。唐君毅说：

"当你真正能自己成文化产物中看人类精神，发思古之幽情，而想象古人

① 唐君毅：《人生之体验》，中国社会科学出版社 2005 年版，第 70 页。

创造文化之精神，并对于要类伟大人格之出现，文化创造之无穷，真有一种相信时；你的心顺着人类精神创造之历史，文化之长流，去认识由过去到未来之人类精神了……于是你悟到人类全体之文化创造，可以视作一具体整个之客观精神，在继续不断的表现他自己。一切伟大人格，已成之文化产物，都为此客观精神表现其自身之资具。此客观精神，在伟大人格下活动，在已成文化之产物中活动；更将复活而表现为无尽的未来的文化，未来的伟大人格。他是永远自强不息的存在，他是一切伟大的文化人格之伟大之原。"①

由是，有一种更高之赞叹于客观精神本身。这便是对人类精神最高之赞美。

与宇宙万物合而为一。唐君毅认为，心与人类精神合而为一，尚须求与宇宙一切生物之生命合而为一。当试想，一切生物如何经验。沉下心来，试去想每一生物之特殊生命价值和特殊情调，忘掉精神和世界，呈现于心中便有无穷丰富的精神意义，当由此以充实对于人生之体验。沉下心来，化为整个的物质世界之自身，忘了自己精神和世间万物，这便"开辟心灵之领土，如同看一切人类精神活动之能开辟心灵之领土"②。

将显的宇宙呈于心灵之境。在唐君毅看来，"当你的心体会了生命世界、物质世界之精神的意义时，你的心便开始笼罩着宇宙之全境了。你将把真觉整个的宇宙全呈现于心灵之镜"③。物质、生命、精神在心中同时存在，此时会发现，"物质进入人的身体，成了生命的资源；身体继续了你的生命，维持了你的精神之创造；而精神创造之表现，又以你身体之活动为媒介，以物质之材料为工具。物质流入生命，生命升到精神，精神通过生命，以改变物质"④。如整个物质世界之各种物质之电子原子分子，构成一和谐之秩序。宇宙存在之一切，就是一互相渗透、配合和谐、互相转变之全体。如是，心中的宇宙之各部自己互相贯通。人类精神之以物质生命为基础，正所以构成其为宇宙之中心，人类乃承继原始宇宙之正统，宇宙各部互相贯通之中心是人类精神。

心可发现宇宙之美。心灵开辟之过程，"人类精神，不特是各部互相贯通

---

① 唐君毅：《人生之体验》，中国社会科学出版社 2005 年版，第 72 页。
② 同上，第 73 页。
③ 同上。
④ 同上。

的宇宙之中心，而且此中心是反照着全宇宙，要将全宇宙摄入其内"①。心中包括宇宙之一切存在，在心中发现宇宙之美、宇宙之和谐。如此，"宇宙的发展，即是为呈露原始宇宙中本具的人类精神，呈露宇宙的中心而发展；即宇宙的中心之人类精神，要呈露他自己而发展；即是为宇宙自己要反映于人类精神中，到人类精神中去，到自己的中心去而发展；即是宇宙中心之人类精神，如要将全宇宙吸收于其内而发展"②。

五、精神自身之信仰

人类精神是无穷的。唐君毅认为，因为有内在的人类精神之无穷，而后人类精神之发展无穷。又可以说，"人类精神在继续发展的途中，是可有无穷发展的，那么内在而未发展的人类精神，亦当是无穷的。于是我们认识了那内在的人类精神之自身之真实性"③。之所以努力发展人类精神，动力来源于那内在的无穷的人类精神之自身。然而永取之不尽，于是对他赞叹、对他崇拜、向他祈祷，渴求与他合一，到他怀里。这就是宗教信仰，是"神"。"所谓'神'，原是指我们之内在精神，'神'亦是指精神要发展到之一切。所以，'神'具备我们可以要求的一切价值理想之全部，是至真至美至善完全与无限。"④

"神"之至真善美与自己之对比。当以求至真、至美、至善、无限，与完全之境地，一心想要皈依"神"之时，"不完全的与有限的我"亦同时最明显的对比出来。于是，心反观"不完全与有限"和所处的"宇宙之不完全与有限"。使更深切地反省到自己之有限不完全，所见宇宙之有限与不完全，深思着"神"之至真、至美、至善、无限，与完全。认识人生根本是可悲，人生根本是一悲剧世界中。而最大的悲剧是要超越实际的悲剧世界，去实现至真至美至善无限完全之"神"之命令，而又不能。此时，了解人生最严肃的意义，真体味到人生之真实感情。

---

① 唐君毅：《人生之体验》，中国社会科学出版社 2005 年版，第 74 页。
② 同上，第 75 页。
③ 同上。
④ 同上。

"神"之命令。要想超越实际悲剧世界，而去实现至真至美至善无限完全的"神"之命令是最深的人生悲剧感之所由构成。愈起超化实际的悲剧世界，会愈感"神"命令之存在、愈相信他、愈了解"神"至真至美至善，他之完全与无限的力量，相信至真、至美、至善之"神"定会胜利，同时具备无尽的崇高之感。在透视过"神"之心后，再来反省世界之一切有限与不完全和罪恶错误，会觉得一切错误都是待纠正的、一切罪恶都是待涤洗的、一切不完全都是待补足的、一切有限都是待破除的。于是，认识到一切空间的限制之非真实、一切时间的流转之非真实、一切由物质缺乏与求身体之生存、物质与身体之限制之非真实，而产生之一切由时空之限制、一切竞争残杀之非真实、冲突矛盾之非真实、身体物质之限制。有限不完全补足自己而存在于完全与无限中，罪恶错误否定自己而存在于真善美中，世界一切实际事物超化自己而存在于"神"中。"一切罪恶错误有限与不完全，最后只是将超化而成为无限完全的真美善的一部分。"①

完全笼罩于"神"之上。在唐君毅看来，当对于"神"有绝对的信仰时，再来看世界，会觉一切有限之上、一切不完全之上、一切错误罪恶之上、一切实际事物之上，都有"无限"笼罩着，"神"渗透于其中。一切错误罪恶上升真善美，一切不完全上升入完全，一切有限上升入无限，一切实际事物上升于"神"。于是，会觉"神"无处不在，"神"即在当前的实际世界中，会觉世界原本是如此光辉灿烂的世界。"不完全与有限的，包含罪恶错误的一切，都在上升于'神'，与'神'合一。不完全与有限，包含错误罪恶的我，也在上升于'神'，与"神"合一。这是我对我们的世界，及我们自己之绝对的信仰。"②

人代"神"工作。唐君毅认为，当经过绝对信仰之后，反观世界之悲剧，以"神"的眼光来看，而不只以人的眼光看，对所觉人间的一切悲剧之可悲而生一种悲悯。"在这种悲悯的情绪中，一方是通过'神'的眼光，来看之绝对的乐观，一方是以我们人的眼光来看之无尽的悲感。这乐观与悲感，交织渗

---

① 唐君毅：《人生之体验》，中国社会科学出版社 2005 年版，第 78 页。
② 同上。

融于此悲悯情绪之中。"① 在这种乐观与悲感的交织渗融中，我们人代表"神"来拯救人及自己之一切罪恶错误，化除人间和自己一切有限与不完全。这便成为最伟大、最严肃之道德的努力，是人代"神"工作。

"神"的全部价值。"'神'即人类精神之全般价值理想，他即是至真至善至美完全与无限，你代'神'工作，即是为实现人类精神之全般价值理想的工作。实现人类精神之全般价值理想，即出于你之要以你的心，与一切人类的心连接，而成为普通心。"② 人代"神"之工作，就是满足心之本性的要求，就是实现心之本性，就是完成真实的自己。即"赞天地之化育，便是尽性、便是成己"。

人与宇宙之不离。唐君毅提出，在思想的开始时，必须知道心与所对宇宙万物之不离；进而，心之自觉性的无限；再而，如何在个人之自觉性以外体验心之无限；最后，心可以包罗万象、可以代"神"工作而重建宇宙，同时完成心之本性的要求。即所谓宇宙唯心的意义。

唐君毅从如何入哲学之门谈起，到哲学问题之开始，分别在关于心物两端、心灵之自然发展、心灵之超越、心灵之精神发展、尽性成己等五个问题上来阐明"思想发展四阶段说"。他提出代"神"工作而重新建设宇宙，同时完成心之本性的要求，最终阐明所谓宇宙唯心的意义。唐君毅在《人生之体验》的开辟，形成了心本体论。心本体论是唐君毅哲学思想的中心，建基于他对人的"道德自我"或仁心本性的深刻体验。其"思想发展四阶段说"融入了个人的生命情调、民族文化精神、时代特性的感知，这正是理解唐君毅心本体论的基础。

---

① 唐君毅：《人生之体验》，中国社会科学出版社 2005 年版，第 78 页。
② 同上。

萧：父·现代新儒家·中国哲学启蒙

周恩荣*

作为严格的马克思主义者的萧萐父先生，尽管可能会赞赏现代新儒家群体致力于中国哲学与文化现代化的努力，但不大可能会同意他们的具体的观点和主张。而现代新儒家群体是否会同意"中国早期哲学启蒙"的提法，也是可以存疑和讨论的。尽管如此，无论萧萐父先生，还是现代新儒家群体，却都认为中国哲学与文化需要现代化的转型，而既然要用现代化的转型，就需要寻找到中国传统哲学与文化现代化的"源头活水"，或如萧萐父先生所说"中国传统文化与现代化的历史接合点"，找到"中国传统文化现代化和世界先进文化中国化"的具体途径与方式。比较萧萐父先生和现代新儒家群体为促进中国哲学与文化现代化所做的努力和贡献，反思其中的经验与教训，对今天中国哲学和文化的研究，当不无启示意义。

一、萧萐父先生的学术追求

一般认为，萧萐父先生以研究王船山哲学名世。这种看法自然有其合理性。因为萧先生确实写过不少关于王船山哲学思想的论著，且早在20世纪五六十年代就以其"研究成果的系统性和理论深度，受到海内外学人的瞩目，代表了当时船山学研究的水平"[①]；其后，80年代的《王夫之的人类史观》

---

* 作者简介：周恩荣，西南政法大学哲学系副教授。

① 田文军：《"吹尽狂沙始到金"——记哲学史家萧萐父的学术耕耘》，《近世中国的儒学与儒家》，人民出版社2012年版，第248页。

《王夫之的自然史观》《王夫之的认识辩证法》《王夫之矛盾观的几个环节》《王夫之年表》，以及主编的《王夫之辩证法思想引论》等，"比较全面地考察了王夫之辩证法思想的理论体系"，不仅成果数量多，而且质量上乘，为萧先生赢得了世界性船山学研究专家的声誉，成为罗马尼亚 Luclan Boia 教授主编的《国际史学家》辞典中"王夫之"条的撰写人[①]；到 2002 年，萧先生与许苏民教授合著的《王夫之评传》，被收入匡亚明教授主编的"中国思想家评传丛书"，由南京大学出版社出版，这部由萧先生规划、定调，许苏民教授执笔的巨著，是萧先生船山学研究的系统总结。

但是，倘若我们仅仅以船山学研究专家来定位萧先生，那将是对萧先生的误解，会忽略萧先生思想的更多维度。事实上，萧先生作为著名的中国哲学史家，并不仅只有船山学的研究，他熟悉儒家的典籍，对儒学发展史有恰如其分的揭示；他对道家与道教、佛教哲学、周易等均有非常精到的研究；更值得大书一笔的是，萧先生对于中国哲学史学科建设的巨大贡献。萧先生曾经在接受田文军教授采访时，介绍了他在武汉大学中国哲学史学科开展学科建设的经验："我们以研读'两典'（马列经典著作和中国古典文献）为基石，以清理'藤瓜'（哲学发展的线索及重点）、探索'两源'（哲学思想的社会根源和认识根源）为起点，来规划组织中国哲学史教学"，并据此"编印了近百万字的完整的《中国哲学史》教材"和"一套《中国古典哲学名著选注》"；同时，重视研究生"哲学史方法论的学习"，与陈修斋先生一起合编《哲学史方法论研究》一书。[②] 以上所述，显示了萧先生作为中国哲学史家全面、深厚的学养，并非一个"船山学研究专家"所能概括的。

然而，尽管萧先生是学养深厚、视野全面的中国哲学史家，但是，其标志性的学术成就却是他围绕着王船山哲学而提出的"中国早期哲学启蒙"的思想。萧先生的船山学研究，须放在其中国哲学启蒙坎坷历程的叙事之中才能得

① 田文军：《"吹尽狂沙始到金"——记哲学史家萧萐父的学术耕耘》，《近世中国的儒学与儒家》，人民出版社 2012 年版，第 249 页。
② 田文军：《"世纪桥头有所思"——访萧萐父教授》，《近世中国的儒学与儒家》，人民出版社 2012 年版，第 254 页。

到真正、合理的理解。① 因为，在王夫之所处的明清之际，"中国传统社会母体孕育着的资本主义生产关系，经历了萌芽、挫折和复苏的曲折过程，一方面是新的关系要突破旧的关系的束缚，另一方面，旧的社会势力又竭力阻止新生事物的发展"，这种复杂的社会关系在思想领域的表现"则是新旧杂陈，方生方死，新观念往往借助旧范式曲折地表达自己的理想，或以复归原典的方式来表达新的时代诉求"，因而成为"传统的皇权官僚专制主义社会开始了自我批判但尚未走向全面崩溃的时代"②，王夫之作为这一时代思想的"思想巨人"，其思想中的特色确实打上了"新旧杂陈，方生方死"、新思想或"借助旧范式"、"表达自己的理想"、"或以复归原典的方式来表达新的时代诉求"等时代烙印。不仅如此，萧先生"对船山哲学的研究，实际上反映了我们对中国哲学史研究的理论价值和实践意义的理解，体现了我们的学术目标和追求"③，萧先生的学术目标和追求，亦即其研究中国哲学史的理论价值和实践意义，在20世纪80年代后泛化哲学史研究、注意哲学文化问题时，具体地展现了出来，这就是"自觉地有选择地吸收和消化外来文化的最新成果，在中西文化对比中，超越中西对立的思维模式，找到中国传统文化中固有的现代价值生长点，尤其是要重视明清时期反理学的启蒙思潮，正确地理解中国文化必须而且可能现代化的内在根据"④。从萧先生的这段自述中，我们可以看出，萧先生研究中国哲学史的目标和追求，就是通过清理明清之际的反理学思潮，理解中国文化现代化的内在根据，找到中国文化固有的现代价值生长点，亦即找到"中国传统文化与现代化的历史接合点"的问题。在萧先生看来，中国传统文化现代化应该是中国传统文化的自我转型与世界先进文化中国化的综合统一。

总体说来，萧萐父先生的船山哲学研究应该要放在中国哲学启蒙的大背景下来理解，先生的船山哲学研究是探寻中国传统文化与现代化的历史接合点和中国文化的现代价值的生长点的一种尝试。在萧先生的理解中，船山先生以

---

① 限于篇幅和文章的主旨，此处不拟介绍萧先生船山学研究的成就，而仅止于提示理解先生船山学研究之意义的线索。

② 萧萐父、许苏民：《王夫之评传》，南京大学出版社2002年版，第3页。

③ 田文军：《"世纪桥头有所思"——访萧萐父教授》，《近世中国的儒学与儒家》，人民出版社2012年版，第255页。

④ 同上，第256页。

"六经责我开生面"，"推故而别致其新"，故而"既是宋明道学的总结者和终结者，又是初具近代人文主义性质的新思想的开创者和先驱者"①，其在思想的各个方面所开创的新局面，经谭嗣同、章太炎、杨昌济和梁启超的比较与弘扬，已彰显其"主导的和创造性的方面所具有的'早期启蒙'性质"②，值得总结并进一步继承和发展，以为中国传统文化与现代化的历史接合点和中国文化现代价值的生长点。

二、现代新儒家的理想诉求

实在说来，"现代新儒家"群体是一个构成复杂、所指不定的群体。2002年秋天，武汉大学举办的"第一届海峡两岸傅伟勋、韦政通与当代中国哲学的创造性转化"研讨会中，有关于"现代新儒家"群体可能会包括哪些人物的激烈争论。在会上，苏州大学蒋国保教授把傅伟勋视为"现代新儒家"之一。此举引起激烈争论，与会不少学者质疑此种做法的合理性，认为蒋国保教授的"现代新儒家"概念过于宽泛，并举余英时在《钱穆与新儒家》一文中"钱穆反对自己是现代新儒家"的立场，说明过于宽泛的现代新儒家不甚合理。对于这些批评意见，蒋国保教授指出，现代新儒家是一群"认同儒家的基本原典和基本精神，并在新时代的条件下对其加以创造性发展"的思想家，如果以此为学派认同的标准，则不仅傅伟勋是现代新儒家，而且明确表示反对自己列入现代新儒家的钱穆也是；蒋国保教授还以方克立、李锦全二先生所主持的国家社科基金规划"七五""八五"重点课题——现代新儒学思潮研究为例，证明其立场的合理性。时任湖北省社科院哲学所所长的许苏民研究员接着说，要注意区分"宗派"和"学派"，前者是封闭的、排他的，标榜"道统"的儒家近之；后者是开放、宽容的，古代强调的"学统"近之，今天讨论学派归属问题，应避免"宗派"的狭隘性和封闭、排他。黑龙江大学的樊志辉教授则讨论了划分"学派"的三个标准：信仰与主义、问题与方法、地域，因而，问题是"现代新儒家"学派是依据何种标准成为一个学派的。

---

① 萧萐父、许苏民：《王夫之评传》，南京大学出版社 2002 年版，第 604 - 605 页。
② 同上，第 648 页。

在这次会议上，"现代新儒家"作为一个学派，其标准究竟是什么的问题，并没有得到解决，以致今日又重新出现了所谓"大陆新儒家"和"台港新儒家"之争。所有这些，都凸显了界定作为一个学派的"现代新儒家"的困难。

基于以上考虑，本文所说的现代新儒家取其狭义理解。刘述先先生对"现代新儒学"和"当代新儒学"曾做过如下区分：作为大陆学者偏爱的术语，现代新儒学（Contemporary New Confucianism）的所指十分宽泛，包括了"五四"以来信守儒家价值的三代四个群体的学者的工作，即第一代第一个群体梁漱溟、熊十力、马一浮、张君劢，第一代第二个群体冯友兰、贺麟、钱穆、方东美，第二代唐君毅、牟宗三、徐复观，第三代余英时、刘述先、成中英、杜维明，共15人；而当代新儒学（Contemporary Neo‑Confucianism）是一个在中国香港、台湾地区和海外学者中比较流行的概念，其所指相对较窄，主要是指由熊十力开启而由其学生唐君毅、牟宗三、徐复观继承和发展的哲学运动。① 根据刘述先先生的这一区分，本文的"现代新儒家"实际上指的是熊十力、唐君毅、牟宗三和徐复观（甚至包括唐、牟、徐等先生的学生们）。

然而，此种意义上的"现代新儒家"，其作为"学派"的标志何在？其在学术、思想和实践上的理想诉求究竟是什么？或者说，这一由多位极具个性的哲学家构成的学派，其共享的、使其成为学派的"范式"是什么？根据何信全的观点，狭义的"现代新儒家"学派的基本纲领，集中体现在1958年由唐君毅、牟宗三、徐复观和张君劢联名发表的《为中国文化敬告世界人士宣言》

① Shu-Hsien Liu, *Essentials of Contemporary Neo-Confucian Philosophy*, Praeger Publishers, 2003, pp Xii & 24－25. 刘述先教授在《当代新儒家哲学的本质》中，其实际用词是 Contemporary New Confucianism 和 Contemporary Neo－Confucianism，亦即现代新儒学和当代新儒学。本文认为，现（当）代新儒学总是由相应的这些儒家学者所承担的，所以，并未对"现（当）代新儒学"和"现（当）代新儒家"做出严格区分。此外，当代新儒学在唐君毅、牟宗三和徐复观等哲人身故之后，亦有新的进境，他们的学生，如蔡仁厚、李瑞全、李明辉、卢雪昆、霍韬晦等，都用各自的学术成就，丰富和深化当代新儒学的思想，促进其理想诉求的实现。此外，余英时对现代新儒家的用法也有说明："第一种是大陆的流行用法，几乎任何二十世纪中国学人，凡对儒学不存偏见，并认真研究者皆称之；第二种是只有在哲学上对儒学有新的阐述与发展者才称之；第三种是海外流行的本义，即专指熊十力开创的哲学学派。"此说见余英时《犹记风吹水上鳞——钱穆与现代中国学术》（三民书局1995年版，第58－59页），转引自何信全：《儒学与现代民主》，中国社会科学出版社2001年版，第4页脚注②。

中。该《宣言》显示："当代新儒家肯定以儒学为主体的中国文化，并以由孔孟至宋明心性之学为儒学的主流。此一儒学主流立基于性善论，作为道德实践之基础，形成一由道德实践而证成的形上学"，依据这一"形上学"，人与天地万物为一体，人之本心（仁、良知）即宇宙之心、乾坤之基[①]，其实即生生之德、创造之本；人的道德实践、修养工夫，乃至政治建构等，都以此为调整和轨约原则。这就是所谓"内圣外王"的思想格局，或者说"返本（内圣）开新（外王）"的理想诉求。

所谓"返本"，一般认为是"返回儒家旧有的内圣之道（即老内圣）"。此说固然有理，但与现代新儒家的工作未必全然相合。实在说来，"返本"应当是去"发明"作为生生之德、创造之本的人之本心。尽管在如何理解人之本心的问题上，现代新儒家内部有所不同，如张君劢基于倭铿（奥伊肯）—柏格森的生命哲学、熊十力则得力于佛家唯识学的启发进至"易"道之生生、唐君毅基于黑格尔哲学、牟宗三基于康德的自由意志，但他们都强调"本心"作为意志—精神所具有的创造和进化的能力。因此，"返本"实际上是强调人上承生生之易道、挺立人能动创生之主体性，为人的修养工夫、道德践履乃至政治建构奠下基础。如果把"内圣"理解为人之成就自己、追求自我实现[②]，那么，把"返本"理解为"返回儒家的内圣之道"，也是非常合理的。所谓"开新"，即是开创新的外王事业，质言之，即开创或实现新时代条件下的外王事业。根据现代新儒家的观念，"新外王"即是民主政治与科学知识。

对于现代新儒家所倡导的"新外王"的事业及其实现方式，学术界多有误解和批评。在诸多的误解与批评中，"良知傲慢"论和"中体西用"论比较典型。在持这两种批评意见的学者看来，现代新儒家开创的"新外王"事业是通过"加添法"，把"其他文化之理想，亦包括于中国文化的理想中"，并且他们批评现代新儒家，说在"民主与科学"是否西方文化之理想地位未定的情况下，现代新儒家把它们硬搬进中国文化之中以为"理想"，不太过于危险了吗？然而，这样的批评实在是出于误解。因为，前述现代新儒家的《宣

[①] 何信全：《儒学与现代民主》，中国社会科学出版社2001年版，第5—6页。

[②] "内圣"之道，即《大学》所谓"明明德"之修身事也。所谓"明明德"即表现或实现个人内在本有的卓越品德，亦即是成就自我或自我实现。

言》就已明指"我们只当指出中国文化依其本身要求应当伸展出之文化理想是什么"。《宣言》指出,"中国文化依其本身之要求,应当伸展出之理想,是要使中国人不仅由其心性之学,自觉其自我之为一'道德实践的主体',同时当求在政治上,能自觉为一'政治的主体',在自然界知识界成为'认识的主体'及'实用技术之活动的主体'。这亦就是说……中国文化中须接受西方或世界之文化。但是其所以需要接受西方或世界之文化,乃所以使中国人在自觉成为一道德的主体之外,兼自觉为一政治的主体,认识的主体及实用技术活动的主体。而使中国人之人格有更高的完成,中国民族之客观的精神生命有更高的完成"。《宣言》更进一步强调,中国文化思想中有民主思想的种子,中国文化并不是"反科学"① 的文化;中国文化所缺者,一是民主之制度,一是科学之精神。但是,由于中国文化中固有的民主思想的种子和并不"反科学",所以中国文化之接受西方或世界文化的理想,并不是困难的事情;不仅如此,中国人在现代化的挑战下,本着追求人格的更高完成和"利用""厚生"的需要,也会主动要求民主与科学。因此,不能将开创"新外王"的事业简单视为"加添"。牟宗三在《生命的学问》中明确说,西化不西化,不是在"科学"与"民主"等"用"的层面或功能表现上说,而只能从文化生命的形态或根源上说。从这个意义上讲,那种把现代新儒家的"返本开新"视为"中体西用"翻版的意见,是站不住脚的。因为在现代新儒家看来,现代中国文化的"本"或"体",虽名曰"中体",但已非传统的道德心性所能概括,而毋宁是普遍的对自我实现的追求;而表现为"民主政治与科学事业"的"新外王"或"用",虽是西方先表现出来,但并非西方所独有,而是"每一民族文化生命展现其自己之本分事",是"共法""共许"。② 至于说,科学民主不一定是西方的理想,现代新儒家也并未以之为"理想",而不过是回应中华文化大动脉中的"现实关心"、中国文化生命展现自己的某些方式而已。

至于"良知傲慢"的批评,与人们如何理解"良知"有关。拙文《良知

---

① 《宣言》说,不能承认中国文化是"反科学"的,因为中国古代之文化,分明是注重实用技术的。这种观点背后的"科学",应当解释为"工具理性"。中国文化之不"反科学",实即指中国文化不反对工具理性,而能遵从逻辑和数学的要求;此亦可以解释中国古代文化之"注重实用技术"。实在说来,一个反对工具理性的文化,是不可能长期存在于历史中的。

② 牟宗三:《生命的学问》,三民书局 2011 年版,第 70 - 71 页。

坎陷，如何可能?》和《牟宗三"坎陷开出民主论"的再检讨》对此已有讨论，此处不再赘述。

总之，现代新儒家的"返本开新"之说，是针对中国和中国文化的现代境遇提出的回应或解决之道，也是寻找中国传统文化与现代化的历史接合点的努力和尝试，其具体的方式也可以说是促进中国传统文化的现代化和世界先进文化的中国化。在这个意义上，萧萐父先生和现代新儒家群体的努力方向是一致的。

三、中国哲学启蒙

正如萧萐父先生所说，中国传统文化与现代化的历史接合点，可以多维考察。尽管萧先生主张，"历史地说，应主要从我国 17 世纪以来曲折发展的启蒙思潮中去探寻"[①]，但萧先生并未忽视现代新儒家群体的努力。他不仅回应了杜维明先生对 17 世纪哲学启蒙的质疑，而且组织过关于熊十力、徐复观的新儒学思想的学术研讨会，并发表了多篇关于熊十力、唐君毅和徐复观等现代新儒家思想学说的文章。从萧先生的这些研究中，我们可以窥见先生关于真理"多元发生、多极并立、多维互动"之态势的思想，并由此反思中国哲学与文化研究多维互动可能出现的途径。

在《〈熊十力全集〉编者序》中，萧萐父先生总结熊十力之学曰：熊先生"深研中国传统学术，进行严肃的历史反思，其明确的目的，就在于总结'中国何由停滞不进'、'革命终无善果'的历史原因和思维教训。他主要从两方面着眼，一方面着眼于对中国封建专制主义传统遗毒的清理，对此他观察敏锐，爱憎分明，认定'两千年专制之毒'，乃至《儒林外史》等所揭露的'一切人及我身之千丑百怪'，都需要大力清除；尤其是历代统治者标榜的'以孝治天下'、'移孝作忠'等宗法伦理政治信条，'支持帝制，奴化斯民'，更必须彻底清算……另一方面，区别于一般菲薄固有文化，漠视优秀传统的崇洋论者，熊先生又……上下求索，试图在传统文化中去'掘发固有之宝藏'，竭力为他心目中的民主革命理想——诸如否定神权，反对帝制，'树立人权'，'宏

[①]　萧萐父：《吹沙集》，巴蜀书社 2007 年版，第 93 页。

大人道'，'荡平阶级'，'实行民主'，'同于大公'，'协于至平'等等，找到自己民族传统中的'根芽'，赋予它们以民族化的理论形态和现代化的时代内容，借用古代的语言和传统思维模式来表达新的时代精神"，"他采取这种'引古筹今'、'六经注我'的方式所表达的思想内容，实际是对封建专制主义和封建蒙昧主义的尖锐批判，是对东方近代化的理想价值和特殊道路的探索和追求，力图使西方输入的'自由、平等、人权'等民主革命理论得到系统的中国化，从而对先天不足的辛亥革命进行补课"。他的许多阐释，虽"托古论今，不免穿凿"，但其中跳动的"却是时代的脉搏"，充满着"对中华文化慧命和祖国前途"的信心。熊先生"以异乎寻常的苦学精思，自循中国哲学启蒙的特殊道路，自觉地把王阳明、王船山视为自己的哲学先驱，把明清之际的哲学启蒙思潮视为中西新旧文化递嬗的枢纽"，"通贯古今，平章华梵，论衡中西，出入于儒、佛、老、庄及宋明诸子，自立权衡，自创体系"，"难于以某种固有的学派范式去加以评定"，但"熊氏哲学的根本精神，在于以'体用不二'为致思途径所展开的'本体与主体合一'、'德慧与知识并重'、'内圣与外王一贯'的思想，尊生主动，自强不息，高扬在文化创造、道德实践中的主体性原则和'不为物化'的'人道之尊'。不仅在后'五四'时期的中国哲学论坛上独树一帜，卓然成家，而且以其所达到的现代思维水平，以其所阐扬的人文精神与人文价值，既与20世纪世界哲学思潮相汇通，又保持了'东方哲学的骨髓与形貌'，故得以蜚声海内外，在中国和世界文化思想史上都具有一定的地位"①。从萧先生的这些论述可知，萧先生并未狭隘地把熊十力先生视为"现代新儒家"，而是引其为"哲学启蒙"的同调，赞扬其"尊生主动，自强不息"的精神，以及其对"文化创造、道德实践中的主体性原则和'不为物化'的'人道之尊'"的高扬。

对于徐复观先生，萧先生看见其"以深沉的忧患意识，从事坚贞的学术研究，严肃思考，引古筹今，上下求索，左右探源；在对立两极（如中学与西学、旧学与新学、历史与现实、传统与现代、儒门与道家、道德与艺术）之间自觉地保持张力，在双向扬弃中渴求新的进展"，对晚清以来困扰人们的

---

① 萧萐父：《吹沙二集》，巴蜀书社2007年版，第469－473页；《吹沙三集》，巴蜀书社2007年版，第19－23页。

时代课题，如"历史形成的悠久传统能否向现代转换的问题，对传统文化的二重性、正负面作用如何分疏的问题，从古老传统文化中如何剥离、发掘出现代化的人文价值的问题等，作出了一系列独具卓识的创造性诠释"，并"以破显立，去芜存菁"，"通过对传统思想的负面的揭露批判以凸显其正面的价值，勇于剔除古老民族文化中污秽及僵化的成分，从而复活并弘扬其不朽的真精神"。例如，他对政治文化的剖判既揭露专制之毒、奴性之软懦卑怯，又通过中国历史中知识分子在"生死之间的选择"来彰显其反抗专制的自由民主精神和"从道不从君""忧道不忧贫"的优秀思想传统；他对中国思想史，尤其是中国人性论史的研究，发掘出儒、道两家学说中的忧患意识和自由意识，彰显中国文化中的"人文觉醒"；他对中国艺术史、特别是中国传统绘画及历代画论的研究，凸显了中国艺术精神中的主体意识和艺术境界中所实现的人格自由。这些成就，"无不具有引古筹今的历史感和现实感"，无不体现着"中国传统文化中的人文精神，亦即主体自由的精神，高度自觉的忧患意识，不为物化的人道之尊"，它们都是"现代化价值的生长点，是传统与现代化的接合处"，具有重要的时代意义。① 从萧先生对徐复观先生的评判，我们亦可看出，徐复观先生的学术思想成就也是中国哲学启蒙的重要组成部分，是中国传统文化与现代化的接合点之一。

萧先生称赞自己的同乡唐君毅先生，说"君毅先生治学，堂庑甚广，融贯中西"，并"约而言之"，认为唐君毅先生之学"从道德自我之建立到人文精神的阐扬，再进到文化价值的哲学升华，围绕着人，开展出人生、人心、人性、人格、人伦、人道、人极、人文的多层面慧解。以人对物质欲望等个体生命的超越为出发点，又以人的文化创造作为人的主体性的实现并视为哲学终极关怀的归宿"，从而有"君毅之学，人学也"的论定。② 以此为据，萧先生说："时下流行的说法，是把君毅归入'现代新儒家'群，形式上看，似乎无可争议。但，即使如此判定，也应充分重视其思想学脉的多元性、兼容性。这一点，或许正是他区别于'现代新儒家'中'道统'论者而自成一家的重要思

---

① 萧萐父：《吹沙二集》，巴蜀书社 2007 年版，第 495－504 页。
② 萧萐父：《吹沙集》，巴蜀书社 2007 年版，第 550－552 页。

想特征。"① 萧先生并进一步通过唐先生"即哲学史以言哲学"的系列论著（多部《中国哲学原论》），展现其"全力打破传统学派的界限和外在的名言歧异，着重从哲学义理上通观这些范畴（即'道'、'理'、'心'、'性'等）的历史演变和逻辑进程"，既"构成了君毅哲学思想的重要内容，也是他'本哲学以言哲学史'的理论贡献"②。据此，萧先生概括说，"君毅在哲学思想的继开、承启的大方向上，跳出了儒为正宗、余皆异端的狭隘界限，否定了'道统心传'的单维独进的思路，而是按'殊途百虑'的学术发展观，自觉地走上多源头、多根系、多向度的致思道路，超越传统的经今古文学、儒佛道三教、汉宋两家以及宋学诸流派的'异学相纠'，而'求其可并行不悖而相融无碍之处'"，达到了"对中西文化的察异观同、求其会通"的成熟发展形态③，反映了"20世纪中国各种文化思潮在冲突中融合的时代精神"。由萧先生对唐君毅的这些描绘和论断可知，萧先生肯定唐先生的哲学思想"能自作主宰，择善而从，融摄吸收西方文化中一切向上之科学、民主与宗教的精神菁华，以创建一理想的人文世界，并展示未来人类文化的光辉前景。他的'反本开新'，具有一定的前瞻性"④。

遗憾的是，萧先生似乎因牟宗三先生的"道统意识特强"而对牟宗三哲学存有偏见，将其定为封闭、排他、单维独进的"道统"论者。从表面上看，牟宗三先生确实有以儒学为中华文化之主流与常道、把荀子视为儒学的歧出、以朱熹为"别子为宗"等似乎有封闭、排他色彩的观点，牟宗三先生也有很强的"道统"意识，但这其实只是表象。牟宗三先生尽管以儒学为中国文化的主流与常道，但确实能正视道家和佛家的地位和作用，他对荀子在"为学"方面的作用也持肯定的态度，有"为道尊孟子，为学法荀卿"之说，尽管他判朱熹为"别子为宗"，却肯定其能补充儒学"纵贯系统"之不足。而牟宗三先生所理解的"道统之道"，正是仁义之道或"能有所成就的创造性能力"，是由乾坤所代表的"创生—终成"原则，凡能对此"道"有感应和把握的，

---

① 萧萐父：《吹沙二集》，巴蜀书社2007年版，第487页。
② 同上。
③ 同上，第487－488页。
④ 同上，第494页。

便是"道统"之传人，他和他的学派并没有"垄断""道的重新获得"①。牟宗三先生的哲学也是通过"会通"中西哲学来实现"返本开新"。因而，如果萧先生能"依义不依语"，也会在大体上引牟宗三先生为同调的。

四、结　语

萧萐父先生与狭义的现代新儒家群体，尽管在具体的结论上，如中国传统文化与现代化的历史接合点究竟在何处、中国哲学的早期启蒙是否存在等，可能会存在分歧，但在大方向上，是一致的。他们都同意中国传统文化需要现代化，需要在反专制、反奴性的基础上，挺立中国人的主体性和独立健全的人格，并进一步谋求民主建国和科学事业的发展；与此同时，中国的现代化不可能没有中国文化自身的支撑，不可能脱离自身的活水源头，因而都需要在中国文化自身内部找到其现代价值的生长点，这就需要去寻找中国传统文化与现代化的历史接合点、实现中国传统文化的现代化和世界先进文化的中国化。这是一个多元发生、多极并立和多维互动的过程。这一事业，是从事中国哲学和文化研究者共同的使命。

---

① 刘述先先生非常欣赏"道统"的此种英译：the repossession of Tao，此种译法再译为汉语，即是"道的重新获得"。

唐君毅《大学》诠释

朱锋刚[*]

若要了解儒学，《大学》乃入德之门。[①] "礼记大学一篇，自朱子并中庸列入四书，八百年来之学者，盖无不重而习之。"[②] 宋明理学家通过诠释《大学》本义来阐发他们各自的义理。"唯是谓八百年来中国思想之发展，大体言之，如历大学八目之次第一周。"[③]《大学》蕴含着内圣外王之道，因而儒者会以诠释《大学》的形式进行理论层面的反思、应对现实问题。如朱熹的《大学章句》和王阳明的《大学问》就是儒者诠释《大学》中最具影响的两种典范。他们以注疏经典的方式来梳理学术问题，却从未局限于辞章考据而回避现实问题。如朱子重视文献却从义理的角度对《大学》进行"格物补传"，阳明强调心性则从文献的角度阐释古本《大学》的应有之义。

然而儒学依足自身传统来应对问题的能力在近代以来遭到质疑。"凌夷至今，则凡言正心诚意之学，乃皆被视为迂远，即修身齐家，亦人所不屑道。唯天下之扰攘，国族之危亡，则悬于中国人心之前，而又莫知所以拨乱而反正。"[④]《大学》之道之于社会治理、教化人心的自明性遭受广泛质疑。因而作为儒学回应现实问题的重要形式，诠释《大学》再次成为现代儒者思考儒学在现代社会立足的重要理论支点。唐君毅认为中国思想八百年来的发展，基本上循着《大学》八条目的次序来展开。程朱之格物、阳明之致知、刘蕺山之

* 作者简介：朱锋刚，西安电子科技大学人文学院教授。

① 朱熹：《大学章句》，齐鲁书社1996年版，第1页。
② 唐君毅：《中国哲学原论——导论篇》，台湾学生书局1991年版，第298页。
③ 同上，第301页。
④ 同上，第300-301页。

诚意，再经顾炎武、黄宗羲和王夫之而由正心修身的内圣之学，以转至重治国平天下的外王之学。清末以来，格致之学成为国人对接西方科学的窗口。《大学》如此重要，唐君毅的《大学》诠释较能说明现代新儒家对儒学之于现代社会问题的深入思考与理论探索。

"大学之教，亦可谓除发明此一'事之始终''物之本末'之相涵相贯，为一'明明德于天下'之一事外，别无余义矣。"① 这是唐君毅对于《大学》贡献的概括。工夫次第与内圣外王之学是《大学》论述的重点。

一、《大学》与荀学

《大学》原本为《礼记》中的一篇，而"大小戴《记》中诸篇，大半皆从荀学之观点以言礼"②，甚至有的直接抄自荀子，冯友兰先生认为"《大学》为荀学说"。这种说法从"礼学"和文献方面强调了《大学》与荀子的密切联系，未能从心性之学的脉络予以进一步探讨，但也未对《大学》之于儒家的正宗关系提出质疑。唐君毅认为，"大学之全文之精神，乃以内在于心之明德之能自明，为第一义，即决不同于荀学之重学于外者"③，"故近人或谓大学为荀学，斯言固不当"④。冯与唐二者的观点与理据截然不同。重视心性之学的牟宗三在这个问题的论述能更进一步说明这个问题。牟宗三认为，"工夫之重点落在《大学》之致知格物上，总之是'涵养须用敬，进学则在致知'"。他把这种将工夫重点落在《大学》致知格物的做法，称之为"实在论的心态"，是"横摄系统，而非纵贯系统"。这为朱子所欣赏，但是是荀子的讲法。他认为以《大学》为主导的做法不是"儒家之大宗，而是别子为宗"⑤，因为"《大学》只列举出一个实践的纲领，只说一个当然，而未说出其所以然，在内圣之学之义理方向上为不确定者，究往哪里走，其自身不能决定，故人得以

①　唐君毅：《中国哲学原论——原道篇》（二），台湾学生书局1991年版，第74页。
②　冯友兰：《三松堂全集》第11卷，河南人民出版社2001年版，第208-209页。
③　唐君毅：《中国哲学原论——导论篇》，台湾学生书局1991年版，第346页。
④　同上，第344页。
⑤　牟宗三：《心体与性体》（上），吉林出版集团有限责任公司2013年版，第41页。

填彩而有三套之讲法"①。倘若《大学》只是实践纲领，在内圣之学上缺乏义理方向，这意味着《大学》内圣之学的阙疑。因此他认为需要"将《大学》纳入到《论语》《孟子》《中庸》《易传》之成德之教中而提挈规范之"②，倘若将重点落在《大学》，则先秦儒家原有之义就会转成另一系统，否则会影响先秦儒家的本质。伊川和朱子因为以《大学》为主，二者被视为宋明理学的旁支。牟宗三对于《大学》的内圣之学、伊川和朱子之于宋明理学系统中的地位，是基于哲学家的理论建构需要，并未能从《大学》之道来回应现代问题。牟对于《大学》与荀学的判语，有失公允。

自孔子以后，何为儒家之正宗与本质？除了宗奉孔子，没有明确的统系，哪怕是后来"道统"说的提出、心性之学大盛，也没能解决这一问题。孟子与荀子从某种意义上各自发展了孔子学说，他们所提出的问题不断地被后世学者回应、评判、继承、发展。《大学》对孟荀之义皆有继承。"大学之兼摄孟荀义，而以本末、终始，贯儒家之内圣外王之道。"③

在唐君毅看来，《大学》所强调的"终始"是指八条目在义理上环环相扣，相涵、相生、相成。前一条目从逻辑上推出后一条目，后一条目的义理根据前一条获得。后一条目相较于前一条目是末，反之亦然。后一条目所蕴含之事的完成蕴含着前一条目。由于前后本末蕴含着一以贯之的"道"，所以"始必归向于终，终亦必可完成其始，即成一终始相涵，相生相成之相续不断之历程"④。整个历程就是一"明明德于天下"之历程。整部《大学》正是始于明明德，终于平天下，而所有这些都会表现为止于至善。"事之始终""物之本末"之相涵相贯相成，所表达出的"明明德于天下"的历程，正是《大学》的贡献。荀子重视为学次第、本末终始，从情、礼上来言说。⑤ 止于圣人（王）也是荀子的理论诉求，但他并未从"成德"的心性之学来讲。唐君毅认

---

① 牟宗三：《心体与性体》（上），吉林出版集团有限责任公司 2013 年版，第 18－19 页。
② 同上，第 19 页。
③ 唐君毅：《中国哲学原论——原道篇》（二），台湾学生书局 1991 年版，第 68 页。
④ 同上，第 72－73 页。
⑤ 《荀子·礼论》："本末相顺，终始相应，至文以有别，至察以有说，天下从之者治，不从者乱，从之者安，不从者危，从之者存，不从者亡，小人不能测也。"《荀子·礼论》："两情者，人生固有端焉。若夫断之继之，博之浅之，益之损之，类之尽之，盛之美之，使本末终始，莫不顺比，足以为万世则，则是礼也。"《荀子·大略》："礼者，本末相顺，终始相应。"

为荀子的说法只强调次序先后，缺乏一以贯之的"道"。就是说荀子只抓住细节，而未能透析根本。并依照《大学》三纲领八条目的脉络，就荀子的相关描述进行了分析。与牟宗三不同，唐君毅赞同成德之教的同时，认为《大学》在义理上是有方向的，那就是孟子学的发展，只不过尚未达到《中庸》的融通。先来谈谈《荀子》对于《大学》的影响。

荀子在经典文献流传过程中的作用至关重要，因而《大学》不同程度、不同方式地受到荀子影响也在情理之中。《大学》的致知格物表面上与荀子相似，荀子重视认知，尝言其"以知，人之性也；可以知，物之理也。以可以知人之性，求可以知物之理，而无所疑止之，则没世穷年不能无也"，"凡观物有疑，中心不定，则外物不清"（《荀子·解蔽》），荀子所言的物泛指一般的物。而《大学》致知格物中的知与物，物非泛指一般外物，是天下国家身心意；知亦非泛指一般之知，而物为有关性情之物，知为有关性情之知矣。此便明是承孟子之学而来。[①] 唐君毅从孟子之学的立场来审视荀子所使用的"物""知"差异性，确实很容易就会发现二者内涵有别，在他看来《大学》既然是孟子学的发展，那么荀子和《大学》的诸多相似也确实只能是表面的。

荀子从认识论的角度来谈"物""知"，的确包含了一般外物，但有关性情的"物"与"知"并没有被荀子简单地排斥在外。倘若说"物为有关性情之物，知为有关性情之知"是《大学》继承孟子之学而来，有别于《荀子》的理解，那么这其中有一个用语的错位，因为荀子对于性情的理解本身就与孟子有别。以"情"为例，《大学》中的"情"是指有所"好乐""忿懥""忧患"等，是"正心"时有待克服的对象，有消极的、负面的倾向。这与荀子确实有别。但这是把《大学》单独为一篇独立的文献来看待；倘若结合《礼记》其他篇目关于"情"的描述来理解的话，《大学》的"情"并没有如唐君毅所说的那样明显是继承孟子而来，更多是一种将《大学》单独作为经典并基于心性之学的脉络所进行的阐释。何为情？"性者、天之就也；情者、性之质也；欲者、情之应也。"（《荀子·正名》）"性之好、恶、喜、怒、哀、乐谓之情。"（《荀子·正名》）情既然是性之质，那么就不能说是工夫修养克服的消极对象，确切说来《大学》所言的"有所好乐""有所忿懥""有所忧

---

① 唐君毅：《中国哲学原论——导论篇》，台湾学生书局1991年版，第147页。

患"等，其实也不是对"情"而言的，而是相对于"欲"而言的。"有所"意味着欲念、对情所作出的反应是不当的，因此"有所"而非"好乐""忿懥""忧患"成为"正心"工夫修炼的对象。人情是要顺应的，而非克服，不过顺应的方式需要在修身实践中获得。"凡礼之大体，体天地，法四时，则阴阳，顺人情，故谓之礼。"① "圣人所以治人七情，修十义，讲信修睦，尚辞让，去争夺，舍礼何以治之？"② 依礼是实现这一目的的基本途径，舍弃礼仪根本无从谈起。礼不仅是指个体修养，而且还蕴含着"治世"，二者逻辑结构上是同一的。所谓"内圣外王"之义并非《大学》的独特理论发明，而是《礼记》全书的应有之义。《荀子》与《礼记》的"情"确实更为接近，倘若将《大学》作为《礼记》的一篇来看的话，《荀子》与《大学》的"情"也如斯。与其说荀子泛泛地讲知与物，不如说荀子从礼的角度来谈"情"，将"情"视为一种人性中的"自然"，而非消极地需要克服的对象。"无情者不得尽其辞，大畏民志。此谓知本。"③ "无情"是要批判的。

　　《大学》和《荀子》都谈"止"，强调"知止"。"知止而后有定"，所止于"至善"。《大学》强调"为人君，止于仁；为人臣，止于敬；为人父，止于慈；为人子，止于孝"之类等，人伦是《大学》的知止的对象。《大学》和荀子都是以人伦为切入点，所言说的对象包括天地万物。荀子强调"止"要尽伦尽制。"学也者，固学止之也。曰：止诸至足。曷谓至足？曰：圣王。圣也者，尽伦者也；王也者，尽制者也；两尽者，足以为天下极矣。"④ "荀子说至足，乃一笼统之言，其言'知止'，亦未明涵'止于至善'之意。"⑤ "圣王"与"至善"是《荀子》和《大学》所止之处，只是荀子从礼与践行的维度来言说"知止"，并使用圣王来形容内圣外王。唐君毅认为荀子的圣王乃指整体之人。今谓人当知止诸圣王之至足之道，便可使人由念圣王之为整体之人，乃外于我之为人者，而视此知止之事，只为学"圣王"于外，而非"自求止善"于内。《大学》则只说人当知止于种种对人之道德理想，如仁、敬、慈、孝，则人虽

---

　　① 《礼记·丧服四制》。

　　② 《礼记·礼运》。

　　③ 《礼记·大学》。

　　④ 《荀子·解蔽》。

　　⑤ 唐君毅：《中国哲学原论——原道篇》（二），台湾学生书局1991年版，第70页。

可视此中之人为外在，然亦可视此诸理想，为由自己发出，而初为内在者。能止于此诸理想，即人自求止善之事。① 性伪之分是荀子言说"善"的前提。圣王由积学、教化而成，礼也是化性起伪而生。外化是人之为人的实现过程。与其说它相对于内化，倒不如说它是指现实性的获得与实现。"欲过之而动不及，心止之也。心之所可中理，则欲虽多，奚伤于治？"② 中理，并以心和礼来保证。因而说荀子只是笼统地说，而非就"至善"言说究竟并不恰当。只能说站在孟子之学的角度如此评价荀子是恰当的。正因为此，荀子不从内在明德来贯通标志外王的"尽制"也就在情理之中。唐君毅以此来证实《大学》"近于孟子之承认人有其内在之心性之善之说"③。与此同时，荀子所言圣王之道，也只是"在事上说，以'虚壹而静'的方式来遍察万物，以求得各得其位，但没有将道德与政治之事相通为一，未能实现成己成物"④。唐君毅认为《大学》中的明明德之事看作成己之事，齐家治国平天下则是成己成物。虽然《大学》尚未明确表达出"成己成物"这一思想，只是《中庸》才发展了这一思想。荀子从理路上与《大学》迥然有别。唐君毅不赞同朱子所持的"大学为荀学"⑤ 的立场，认为"大学之言明明德，则扣紧德以言明，显系伸孟子明善之义，而谓明德为心所固有。明德之明，乃以表此所固有之德之光明状态"⑥。简言之，荀学大本已失，只是外在性把握，与《大学》并非一系。

二、《大学》与孟子

唐君毅认为《孟子》《大学》和《中庸》从理论上构成了一个依次不断臻善的发展阶段。虽然荀子谈到圣王之道等问题，但这与《大学》所讲的内圣外王之道明显不同。因为即便强调尽伦尽制，但荀子缺乏内在的明德观念。倘若"明明德于天下"是《大学》的贡献与发明，内在的明德是工夫论的前提。

---

① 唐君毅：《中国哲学原论——原道篇》（二），台湾学生书局1991年版，第70页。
② 《荀子·正名》。
③ 唐君毅：《中国哲学原论——原道篇》（二），台湾学生书局1991年版，第70-71页。
④ 同上，第75页。
⑤ 唐君毅：《中国哲学原论——导论篇》，台湾学生书局1991年版，第145页。
⑥ 同上，第145页。

孟子强调良知的不虑而知，以此说明心性之善的内在性。就《大学》与孟子强调德性的内在性而言，确实更为接近，并且都诉诸"天"来为这种"内在性"寻求普遍性的理论依据。二者的差别仅仅在于"唯孟子未尝以明德之一名，名其其所言之心性之善，亦未言此明德即天之明命耳"①，"此孟子之所以未以明德之名，名其所谓心性之善，由于古所谓德，皆指人之所修成之德，而言明德……大学之言人由天之明命，以生而具明德。此明德，亦当是一本有之性德"②。明德可谓是《大学》言三纲领八条目的基础。因此，《大学》虽受到荀子思想和术语的影响，但其根本思路仍是承接孟子之学，从内在心性之善上立说。因此，唐君毅认为《大学》的修养功夫或心性之学大体上本于孟子心性之善。大学之道在明明德于天下，其理论基础是心性之善。除了征引孔子的话，《大学》是宗主孟子的七十子后学引申"孟子之言心之旨，以继孔孟儒学之统者之所为"③。

沿着这个理路，正心诚意能"自正自诚，颇有似于荀子言心之能自禁自使，自行自止，恒出令而无所受令，以自作主宰之义。其异则在荀子只知心之能自求'可道''知道''行道'，而不言心之涵明德而涵善"④。《大学》所谈的诚意正心虽然吸取了其他学派的关于知物的理解，归根结底都是依据于孟子性善来言说德性之学。"大学于静虑之间，间之以安，尤为孔孟之旨。"⑤ 从人心之直接之安与不安处觉察。唐君毅认为荀子的止定静工夫，重在成就知识或心之虚静，而《大学》则全在成为"自觉之德性生活"。《大学》强调本末有次第，身、家、国、天下，前者依次是后者的本。孝亲事长、齐家、治国并平天下，前后之间层层递进的关系，而非目的与工具关系，是价值不断实现、"善""充盈事物的历程"⑥。这本于孟子所谓"天下之本在国，国之本在家，家之本在身"。《大学》在此基础上强调"心为身之本，意为心之本"。只不过孟子的心性之学尚未达到此贯通。因此，"意"乃是身心之本。"意之涵知，知之及

---

① 唐君毅：《中国哲学原论——原道篇》（二），台湾学生书局 1991 年版，第 70－71 页。
② 同上，第 71 页。
③ 唐君毅：《中国哲学原论——导论篇》，台湾学生书局 1991 年版，第 144－145 页。
④ 同上，第 147 页。
⑤ 同上，第 146 页。
⑥ 唐君毅：《中国文化之精神价值》，台湾学生书局 1991 年版，第 247 页。

物，亦非孟子所重之义。"① 这是《大学》对于孟子心性之学的发展。

大学的明德是德性之知。孟子的明善和大学的明德是不同的，"在孟子之明善，乃在工夫上说，或即工夫即本体之事。而大学之明德，则直表心之本体之光明。而明明德方是显此光明之德于外，而属于工夫边之事，或即工夫即本体之事也"②。大学并不强调工夫的向内收敛，而是充内而形外的。但"大学与孟子之言，表面上又一不同之点，在大学特重言止，故言'止于善'"。而"大学之言心之能自求正，意之能自求诚，则此本身为明德之自明，而自求止于至善之事。是显为依孟子性善之旨"③。《大学》不仅继承了孟子言明善思诚、诚身等正面工夫，还提出了"毋自欺"等工夫，强调正反两面双管齐下。"毋自欺"还涉及慎独工夫，直抵人心、意念。"大学既以'意'为心之本，更依知以知物，并以格物致知之事，先于诚意，诚意先于正心。"④ 这与孟子重视扩充心之性情，由己及人、到万物皆备于我的修养方式是不同的。

三、平天下

"中国帝王之治国平天下之大道理大体上是由儒家思想所规定。"⑤ 儒家思想以理的方式影响、规约着传统社会的现实治理。"儒家的政治思想为依人之仁义之心，以正天下之民，而致天下于太平。"⑥ 然而"中国过去学者对家国天下观念缺乏理性的说明。《大学》中所谓齐家即可国治而天下平，实只适用于封建之社会。后代废封建，改郡县，对大权独揽之君主，大学教仍有甚深之意义"⑦。就是说治国平天下的外王思想已经过时，但内圣之学依然有用。当然，唐君毅明确表示这一点他与当下时人流行见解一致，不过用意和关注点不同。"退则为学术，授徒讲学，着书立说；进则从政，治国平天下"⑧ 是

---

① 唐君毅：《中国哲学原论——原道篇》（二），台湾学生书局1991年版，第69页。
② 唐君毅：《中国哲学原论——导论篇》，台湾学生书局1991年版，第145－146页。
③ 同上，第147页。
④ 唐君毅：《中国哲学原论——原道篇》（二），台湾学生书局1991年版，第69页。
⑤ 唐君毅：《中华人文与当今世界》（下册），台湾学生书局1991年版，第63页。
⑥ 唐君毅：《中国文化之精神价值》，台湾学生书局1991年版，第288页。
⑦ 唐君毅：《中华人文与当今世界补编》（下册），台湾学生书局1991年版，第154页。
⑧ 同上，第672页。

"士"的一体两面。他将"退"泛化为"学术","进"理解为"负天下国家之责任",而且这种进退是中国学人应当抱有的理想。儒者从事政治是因天下未治,"而非以从政之生活,为人必不可免者"①。儒家所理想之天下既治之局面,乃人人皆以礼乐自治其心身,而"兵革不试,五刑不用"。"儒家不必参加实际政治生活,亦能尽性成德,而自乐其乐,自得其得。故宁将政治之事,付诸少数人中之帝王与百官。"儒家并没把争权理解为政治的事,因而也不强调人人参与政治活动的必需。从这个意义上讲,唐君毅将内圣外王视为现代知识分子的情怀,这是儒家由传统走向现代社会不变的主题。或许在他看来,中国思想能在历史上融摄佛教等是因为以儒家之学与教为核心的中国文化,"是以天下一家为怀抱"②。充分发挥展开儒家之学与教,以与世界哲学、宗教、文化相交流,中国文化最终才能是世界的。中国文化传统中天下一家的精神,可以避免"陷于侵略的帝国主义与文化理想之偏执之害也"③。唐君毅不但把儒家之学置于中国视域下,而且置于世界、天下眼光来看待。

《大学》之圣教实则以涵养性理之心、省察意念之非,并运气来言诚意正心修身,又以所穷就的理来彰显齐家治国平天下之业。尽己性、而尽人性、尽物性,成己、成物,从而实现内圣外王之道。④ 唐君毅对朱子与伊川、濂溪、横渠的学术关系做了梳理,赞成宋儒的立场,肯定了即物穷至乎其极,其行"足以成物、修身、齐家、治国以平天下"⑤。他相信内圣必能外王。

唐君毅区分了个人人格尊严及其对国家天下感情的平等和实际中所负责任的差别,认为原则上人应该"视宇宙内事如己分内事"⑥,立志于"平天下"之实现。这是典型的儒家立场。"平天下"在这里是从理念上来讲的,并非现实层面上自己去完成一切事。现代社会中的国际团体组织是构成"世界和平天下一家"原则的纽带,但都是抽象的、形式的,尚未真正达到。而"须世界之诸个人之有涵盖持载全世界社会人文之胸襟"⑦ 是"世界和平天下一家"

---

① 唐君毅:《中国文化之精神价值》,台湾学生书局1991年版,第290页。
② 唐君毅:《中华人文与当今世界补编》(下册),台湾学生书局1991年版,第337页。
③ 唐君毅:《中国文化之精神价值》,台湾学生书局1991年版,第529页。
④ 唐君毅:《中国哲学原论——原性篇》,台湾学生书局1991年版,第429页。
⑤ 同上,第544页。
⑥ 唐君毅:《人文精神之重建》,台湾学生书局1991年版,第420页。
⑦ 同上,第477页。

实质性的具体精神条件。

人类为什么会有这样的理想，如何实现呢？唐君毅认为"人类和平天下一家的理想，是出自人类最高之仁心，出自人类要造成一切国家之人文合奏之大谐乐的向往。这一个理想之实现，亦只有赖人类仁心之更大的扩充，各国人文之更大发展，人与人更多的相互了解"①。武力只会破坏仁心与人文之成就，天下一家的理想须通过仁心扩充来实现，就是孟子所言"行一不义、杀一不辜而得天下，皆不为也"②的现代翻版。"至善之天命之流行不息于人之心性，世界仍将升起。这亦是一个绝对的信仰。"③这是儒家的信仰。性善是人可以以天下为己任的前提，正因为此，在现实中即便有人没有做到，世界也不会沉沦。至善的天命、仁心、仁性为世界保有了拯救的希望。"此之谓信道不渝，纯亦不已，以求明明德于天下。人即于此可寄托无限之希望与信心，而发出无尽之愿力。"④明明德是保证了平天下的"希望"。安身立命以"仁心之昭露流行于人伦社会之关系中，必然形成一由近及远之秩序。由孝亲而敬长，由齐家而治国、而平天下，再以其情及于禽兽草木"⑤。仁心流行之所不容己者有三种心，都是人情所不能免的，"精神永存不朽之心"，"肯定存在一超出个体的宇宙精神生命来护持人类之心"，"求苍天鬼神福佑国家民族与天下万民之心"。⑥治国平天下、与万物一体取决于"仁心的流行"是否受阻，这完全是从德性教化来讲的治国平天下，而非现实治理而言的。国家意识不是最高的社会文化意识，国家只是个人与世界文化交流的枢纽和机制。⑦儒家无所不学，包括人伦日用、治国平天下之事，但核心目标在于学习这些是"由尽智、尽伦、尽制、以尽心尽性，而成为真正的人"⑧。治国平天下，归根结底是学为人。虽然任何事情都在人的考虑范围之内，但其所做之事是就"各人才性知

① 唐君毅：《人文精神之重建》，台湾学生书局1991年版，第67页。
② 《孟子·公孙丑上》。
③ 唐君毅：《中国人文精神之发展》，台湾学生书局1991年版，第290页。
④ 唐君毅：《中华人文与当今世界》（上册），台湾学生书局1991年版，第65页。
⑤ 唐君毅：《中国人文精神之发展》，台湾学生书局1991年版，第372页。
⑥ 唐君毅：《中国文化之精神价值》，台湾学生书局1991年版，第458页。
⑦ 同上，第533页。
⑧ 唐君毅：《中国人文精神之发展》，台湾学生书局1991年版，第366页。

能之所宜，环境之所许，而各加择定"①。这也是服务于如何教化为人。天下一家的情怀是儒家信仰，是现代人需兼备的。② 至于何时实现，不得而知，但这是中国文化与世界文化实现会通之处。

四、重订《大学》与会通科学

诠释《大学》是宋明以来历代大儒阐发义理的重要方式，朱子、阳明皆是如此。他们以这种方式推进儒学思想的发展。注疏经典也因此成为儒学发展过程中的常态。朱子的《大学》补传及所订章句，不合大学本文之所需与原文之文理。"今再指出朱子作补传之内容，与大学本文不相贴切之处，以论补传之不必作……朱子补传，实未尝补其所当补，而其所补，亦未尝贴切于原文也。"③ 没有补的必要，就算补也补得不当。阳明以致良知来解释致知，也不合大学本文之系统。阳明以致良知解释致知"更能应合于大学之文句所涵之义"，然而由此得出的八条目次序也"非大学本文之序矣"④。"原《大学》一书，有纲有目，明为一条理之作。理当顺其文义次第，及章句先后所宜，为之编订。"⑤ 这是重订《大学》的原则。有鉴于此，唐君毅重订《大学》章句，并依此疏贯其文理。⑥

历代重编《大学》众多，但没有任何一家学说令唐君毅满意，倘若非要选取一家，"于此吾宁宗朱子"⑦。他以《大学》古本为依据，对《大学》首二章进行了编订。"吾人以上重编订《大学》章句，对古本《大学》原文之牵动，远较朱子为少，亦不较他家为多。盖只将古本'康诰曰'以下，至'止于信'，移于'天下平'之后，再接以'知止'以下四十二字，复遵朱子之改亲为新而已。此外另无更动。"⑧ "如循吾人上文所编订之《大学》章句，及吾

---

① 唐君毅：《中华人文与当今世界》（上册），台湾学生书局1991年版，第68页。
② 唐君毅：《中国文化与世界》，台湾学生书局1991年版，第61页。
③ 唐君毅：《中国哲学原论——导论篇》，台湾学生书局1991年版，第309页。
④ 同上，第312－313页。
⑤ 同上，第315页。
⑥ 同上，第303页。
⑦ 同上，第316页。
⑧ 同上，第319页。

人之解释以观，即见《大学》之言致知格物，实与其整个思想系统，及前后文之文理，丝丝入扣，而无待乎增损。《大学》中之知之一字，只须兼包涵'知止至善'及'知本''知之至'之义而说，亦无待于以良知释之，而可自通。故朱、王二家之说皆非。"①

同样，唐君毅也没有局限于文本注疏，而是以此方式在《大学》中寻求中国文化与西学会通的重要思想来源。朱子重视"即物穷理"，欲"即凡天下之物，莫不因其已知之理而益穷之，以求至乎其极"。他认为这种以博学多闻见称的学问与西方的知识论很类似。② 当西方科学大行其道时，唐君毅试图要用格物之学进行与西方科学的会通。如他所言，不管学习动机如何，正心诚意的工夫是开启觉悟的第一步。③

成己成物贯彻于中国文化精神，儒家重视利用厚生，而对科学意义上的格物穷理并不重视。儒家要"于物见心"④，科学意义上的"观象制器"是为了实现人文理想。唐君毅首先承认科学是一种与德性之知不同的知识，努力在儒学知识体系中寻找链接点。宋儒区分"德性之知"和"见闻之知"，并重视"见闻之知"。唐君毅认为"见闻之知"与"德性之知"的差异，与科学知识之于德性之知的差异相契合，并将重视"闻见之知"的思想传统视为科学知识的谱系学源头。如荀子的"以知，人之性也；可以知，物之理也"。顾炎武并重"行己有耻"与"博学于文"，"多学而识"与"一贯之方"；颜李学派重视身体上之习事；戴震致力于考据名物，都被视为重视闻见之知的传统。并且，他认为"盖唯由闻见观察，见人心皆同然于仁义礼智，故亦不废仁义礼智之知耳。此实为以闻见之知统德性之知之说，而直下开启以格物致知为穷究外在事物之理，为获得纯粹之知识之论者也"⑤，"人亦似未尝不可以闻见之知为首务。则学者自亦可转而徒肆其闻见之知，而或乃趋于以致闻见之知为致知，知种种实然与其所以然之理，为格物。此即清儒之渐以格物致知，为纯粹求知识之论所由生也。至于溯此清儒以格物为纯粹之求知识之论，亦逐渐演变

① 唐君毅：《中国哲学原论——导论篇》，台湾学生书局1991年版，第321－322页。
② 唐君毅：《人文精神之重建》，台湾学生书局1991年版，第546页。
③ 同上，第290页。
④ 唐君毅：《中国文化之精神价值》，台湾学生书局1991年版，第554页。
⑤ 唐君毅：《中国哲学原论——导论篇》，台湾学生书局1991年版，第354页。

而形成"①。以"闻见之知为首务",他认为这是清儒的格物,是对于纯粹知识的追求。这孕育了后来接受西方科学技术的土壤。清末人们将自然科学名为"格致之学"确实反映了这一点。凭此就说科学就是儒家重视见闻之知传统的格物穷理之学则有失偏颇,倒不如说当时人们的知识系统用格物致知来对接西方科学是一种无奈。不过清末"改革学制后,清廷尝以中小学之物理、化学等,合为格致一科,此盖为专以格物致知为格自然物,而致吾人对自然之知之始。由此而格致之一名,乃同于西方所谓自然科学,以为国人据以接受西方科学,以纳之于《大学》之系统之资。而其义亦与《大学》之格物致知之原义,及朱子阳明之论格物致知之原义,皆有大不同者矣……由此观之,则清末之以格致之学为自然科学,亦即融通、连系中西学术之观念之始点,其意义亦大矣"②。这个语境下的格致之学才真正同于西方科学知识。《大学》在某种意义上确实起到了连通儒学和西方科学两套不同知识体系的桥梁作用。然而科学知识需要有一套传统的学术精神来相配合,以对应于西方的宗教、道德的作用。科学知识无法统摄一切,因此如何以"德性之知"来主宰"科学知识"实现美善人生,推动中国文化发展,成为唐君毅这一代学人的学术使命。

唐君毅在这条路上并不孤独,其师友熊十力、牟宗三二先生皆如此。如熊十力"将人之求科学知识之事,摄于格物一目下,而再视格物为良知之发用"③,主张"德性之知为主、为体,而以科学知识格物穷理为辅为用之说"④。如牟宗三先生"扣紧德性之知或良知与一般科学知识之知"为不同类的知识,"以论科学知识之知,如何仍能统摄于良知之系统中者"⑤。"良知坎陷说"虽然被后来学人有所诟病,但却是熊十力、唐君毅这两代人依足儒家经典来探索如何应对现代问题的缩影和写照。对熊、牟、唐三人而言,重视德性之知是不可动摇的原则。"自正其心;乃见于身行",最终能新民而明明德于天下。这可谓是儒学应对西学时的第一反应,至少在儒家看来其学说是圆融自洽的。

---

① 唐君毅:《中国哲学原论——导论篇》,台湾学生书局1991年版,第352页。
② 同上,第355-356页。
③ 同上,第357页。
④ 同上,第358页。
⑤ 同上。

祝贺大陆版

《唐君毅全集》出版

感言汇编

中国大陆版《唐君毅全集》出版感言

蔡方鹿[*]

　　由宜宾学院唐君毅研究所组织协调，与四川省社科联、四川大学国际儒学研究院、浙江传媒学院生命学与生命教育研究所以及九州出版社密切合作，在王康先生和何仁富教授的鼎力支持下，经多年努力，大陆版《唐君毅全集》终于出版问世了。新编大陆简体版《唐君毅全集》，为 6 类 39 种 39 卷。重新编辑过的内容大约占全集一半卷次。有不少新增加、新编辑、新撰写的内容。大大丰富了以往出版的相关唐君毅先生的著作。这对于深入系统全面研究唐君毅先生的思想提供了充分的第一手的原文原著的材料依据，对促进唐君毅思想研究以及现代新儒学的研究给予了很大的帮助，是嘉惠学林的一大喜事。

　　唐君毅（1909—1978）先生，四川宜宾人，中国现代新儒学重要代表人物之一。现代新儒学是产生于 20 世纪 20 年代初的以接续儒家道统或中国历史文化大传统，复兴儒学为己任，以服膺宋明儒学为主要特征，力图以儒家学说为主体来吸收、融合、会通西学，以谋求中国实现现代化的学术文化思潮。它是对"五四"激烈反传统、反儒学的一种回应，成为中国儒学发展到现代的新的学术文化思潮。因其与宋明新儒学相区别，所以称之为现代新儒学。

　　唐君毅先生一生勤奋治学，学术研究至深，著作等身，台湾学生书局曾于1991 年出版 30 册《唐君毅全集》，主编为唐君毅先生的弟子、香港法住文化书院创办人霍韬晦，现在很难在书市上买到这套全集。

　　目前，大陆有出版社如中国社会科学出版社、广西师范大学出版社、河北教育出版社等在以往所出唐君毅著作的基础上，选择了部分著作出版，但尚不

---

　　* 作者简介：蔡方鹿，四川师范大学政治学院教授，博士生导师；四川省朱熹研究会会长。

足以窥得唐氏学术的全貌。大陆学者为研究唐君毅，仍需要奔赴香港、台湾的书市查找购买，以及到港台的大学图书馆等处查询。

新编大陆简体版《唐君毅全集》由九州出版社出版，在霍韬晦主编的全集基础上，加以补充修订，超越了此前编辑过程中学术之外的局限，既收录唐氏名著，也纳入其受争议的作品以及相关评议内容，让唐君毅学术体系较为完整地呈现在世人面前。

新编《唐君毅全集》的编辑原则为"善、全、真"。所谓善者，指体例科学，体系合理，结构完整；所谓全者，力求穷尽示全貌以利研读，力求完整见大观以便研究；所谓真者，指校雠前编正误求真，不事删节务尽本真。这些编辑原则体现了学术的真谛，而值得肯定和赞赏。

该新编《唐君毅全集》与以往出版的唐君毅先生的著作和全集相比，具有自己的编辑整理特点，它依据唐先生自己对其论著"立三极"性质的界定和著述分类，重新将《唐君毅全集》编入的著述进行分类，依次为：第一编：早期文稿（思想萌芽之作）2 种 2 卷；第二编：道德人生（立人极之作）9 种 6 卷；第三编：人文精神（立皇极之作）9 种 8 卷；第四编：思想体系（立太极之作）9 种 13 卷；第五编：书简日记（生命实践之作）3 种 4 卷；第六编：著作附编（生命印证之作）7 种 6 卷。这一分类编辑体系对于梳理唐先生的学术思想发展的脉络具有重要意义，也为深入系统研究唐君毅先生的学术思想提供了方便。

唐君毅先生全集出版志言

蔡家和[*]

欣闻《唐君毅全集》将在大陆出版，九州出版社日前出版了《徐复观全集》，如今再下一城！此全集收编完备，更甚台湾学生书局版本，增加了一些前所未见的作品。大陆如今对当代新儒家的作品出版不遗余力，对其思想的发扬很有贡献，似也昭示着一股儒学复兴潮流的沛然再起。当时牟宗三先生、唐君毅先生都曾提及，传统儒学的再兴发、光大，应当还是会回到大陆——它的本根，如今看来，俨已成真。两位先生之言，有其切入斯土斯民的历史时空、文化、情感的厚度，然在其所处"中华文化花果飘零"的年代，不论身处何方，一股护爱中华文化的热心从未淡漠过，不论在著作、教学、提携后进、己身言行等，都足为世人之轨范。中华文化精魂不死，如今遍布各地而光茂，造福人群，此先人耕营之功。

现今时局倡导和谐思想，而唐先生的个性与精神，正是和谐人品的代表。唐先生个性圆融，不论在待人处事或接引学生上，都是那么谦卑，却又不失沉稳；在其治学更是本此精神，例如当论及宋明理学的孰是孰非，唐先生不去区分谁人能为正宗，而是对各派各家的思想进行抽丝剥茧，论其本来宗旨，扬其美善，以此晓谕后学，令后学得窥前人思想堂奥。徐复观先生就曾称赞唐先生为仁者风范（徐先生则称牟先生为智者型人物），此实不虚。

唐先生作为熊十力的弟子，接续当代新儒学命脉，当代新儒家是宋明理学的承继，唐先生对宋明理学的发扬不遗余力。面对着当时代的西学东渐，以及中华民族的衰弱，唐先生凭借其学通古今、东西方思想的涵养、睿智，以及不

---

[*] 作者简介：蔡家和，台湾东海大学哲学系教授。

舍民族、文化危坠的热忱，藉由著作来一一针砭、发扬，以续纯朴、清和的文化精神。牟先生即称之为"文化宇宙的巨人"。唐先生的书写，一来不是为了成为畅销书，二来不是为了学院的升等考核，如他的《日记》《爱情之福音》《病里乾坤》《人生之体验》等书，都是真实生命的体会而成文成书，而能引起读者共鸣。

唐先生所表现出的儒家性格，不只在知识上的博学多闻，他还是一位真正的实践者。他在香港经营新亚书院，担任要职，不辱所托，不惮劬劳，此可谓知行合一，尽心尽力。又如他曾与牟先生共事于南京大学哲学系，当时牟先生因事而被开除，唐先生即挺身而出，仗义执言，后来结果不成，唐先生亦随之离职。此种但尽吾心的诚挚、洒脱，在当今已是不多见。

吾人读唐先生作品，就如同与一位和蔼可亲的长者对话；他在历来哲学家思想的研究、判论上，甚为精准、周延，此亦令后学感佩之处，在此无法一一详举。所幸代表着唐先生修养全貌之作品集就要再次问世，此中有深奥的经学论理、澎湃昂扬的时代人格，以及透视世情、独处自白的吐露，内容丰富，不啻是中华文化之当时代瑰宝，吾人甚幸，得而志之，并与读者诸公分享。

《唐君毅全集》出版感言

陈来、李卓*

唐君毅先生（1909—1978），已故著名的哲学家、哲学史家、国学大师，才智高明，学殖丰赡，造诣圆熟，成就卓著。他是第二代新儒家的代表，第三代新儒家余英时、杜维明都是他教过的学生。唐先生为中国文化的传承发展尽心竭力，死而后已，为当代儒学做出了不可磨灭的贡献。

唐先生一生著述甚多，他1949年以后的中文著作原皆在港台印行，十多年前大陆的两家出版社曾部分引进，现在九州出版社出版了新编的《唐君毅全集》的简体字本，这是唐学研究的要事和喜事！

《唐君毅全集》1989年由台湾学生书局出版，分35种，30卷，除末两卷外，余皆唐先生亲自著述，凡一千万言。此次新编，在初版的基础上重新编辑、校对、增补和分类。特别是新增了一些资料，新撰了唐先生的年谱、图传以及唐学研究文献索引。新版全集为我们研究作为一个哲学家和哲学学者的唐先生提供了丰富全面的材料。

在这30余卷的皇皇巨著当中，《中国文化之精神价值》一书具有核心的价值和地位，其他著作多与之密切相关。唐先生临终前半月（1978年1月15日）为该书第十版写的序言中自述，他在港台出版的著述约分四类（也可大致看作他毕生所撰的分类）："一类为吾在大陆之时已出版或已成书，泛论人生文化道德理性之关系之著，如《人生之体验》《道德自我之建立》《心物与人生》，及《文化意识与道德理性》等。第二类为来港以后表示个人对哲学信

---

* 作者简介：陈来，清华大学国学研究院院长，清华大学哲学系教授；李卓，天津社会科学院伦理学研究所助理研究员。

念之理解及对中西哲学之评论之著，如《哲学概论》及《生命存在与心灵境界》二书。此二类之书，皆可谓为本书之纯哲学理论之基础所在。第三类为与本书同时，或继本书而写之评论中西文化、重建人文精神、人文学术，以疏通当前时代之社会政治问题之一般性论文。此共编为《人文精神之重建》《中国人文精神之发展》《中华人文与当今世界》三书。皆由引申发挥本书最后三章，论中国文化之创造之文中所涵蕴之义理，并讨论其所连及之问题而作。第四类为专论中国哲学史中之哲学问题，如心、理、性命、天道、人道之著。此即《中国哲学原论》中之导论篇、原性篇、原道篇、原教篇之所以著。而此诸书，则可谓为对本书所只概括涉及之中国哲学之基本观念，而据之以论中国文化者，作一分析的思辩，与历史的发展的论述。"

第一类是唐先生的早期作品，泛论人生文化道德理性之关系。唐先生因个人所感的种种烦恼触发，遂用心于人生道德问题，通过对内在超越的道德自我实有体知，而有《人生之体验》《道德自我之建立》等著述。这种存在的感受是唐先生最真切的体验，也是他的性灵之根、哲思之源，所谓"大概一个人遇到许多动人心弦的事情，你的生命之根、性情才显出来"（卷8，86）。唐先生很重视这种体验，曾谓他记述心情的一些文字，代表他生命与生活中的真实东西（卷13序言）。童年时他见雨后地面裂开，即有担心世界毁坏的形上忧思。后于父子送别，居母丧时亦有大感动。其中特别值得一提的是"玄武湖之悟"："乃吾一人行湖畔，见城墙上阳光满布，如一切有情生命皆一一成圣成佛于一无尽光辉之中，当时曾感一大欢喜"（卷26后序）。这对唐先生的思想产生了极大影响，他后来的著述只是更加"充实而有光辉"，基本的思想方向这时已经确定了。

《道德自我之建立》出版后，获民国教育部一等奖。后唐先生谦辞，让予其所从学的汤用彤先生。于此可见唐先生的谦德与尊师之诚。《人生之体验》《人生之体验续篇》语言优美，情感真挚，意味深隽。唐先生在书中把自己真心服膺、笃信的思想，作为一种普遍适用的道理，循循善诱地讲说给世人。两书适合不同背景的国学爱好者阅读，可以用来了解唐君毅哲学，接近古人讲求的身心之学，读之可照察心灵，提撕精神，激昂志气，值得向大家推荐。

第二类虽是纯哲学理论的思考，但并非唐先生躲在象牙塔中，独与天地精神往来的玄思。其实与第三类一样，同是出于作者深切的价值关怀。近代中国遭受了现代化和西方文化的强烈冲击，儒家文化及其价值被追求富强进步的先进的中国人全面批判。而对中国传统人文风教的怀念，是推动唐先生"谈一切世界中国之文化问题之根本动力所在"（卷13 序言）。

第四类《中国哲学原论》专论中国哲学史上的哲学问题，所谓"即哲学史以论哲学"。"原论"系列除了推原哲学问题、名辞义训、推原思想义理的发展脉络，更重视推原不同义理形态的本旨，内在地把握中国古代哲学家的问题意识和解决之道，探索义理分歧之原，"以求其可并行不悖，而相融无碍之处"（卷17 自序）。倘若哲思如剑，锋芒所至，义理分际一一斩截分明，已是不易。然而在唐先生看来，这尚在"方以智"一层，犹待进至"圆而神"之境。"圆而神"是指不但于同中见异，更能异中见同，见各义理形态的相摄相通。可见"原论"系列意在通过哲学史的研究，客观呈现中国哲学史的整全面目，"展示中国哲学义理流行之不息"，"上下数千年哲学之慧命相续"，呈现中国哲学的普遍而永恒的价值。

在牟宗三先生看来，"原论"系列"大体只能当作 rough work 看，是需要修改的"（《中国哲学十九讲》）。意谓唐先生办行政，分散了心思，所以"有粗处"，倘专事撰著，是书当更加精纯。这么说当然不无道理，但也许是从自己的写书习惯出发的推测，并非知言之论，也低估了这些著作的价值。如唐先生自述"原性篇"的成书经过："初非搜集资料，而后次第为之。乃先以数十日之功，一气呵成其大体。然后络续补正，更于校对时，字斟句酌；兼以目疾之故，悠悠四载，方得出版问世"（卷18 自序），可见是书并非匆遽之作。

唐先生的文字风格多样，有抒怀式、反省式、辩论式、析理式、说教式、述学式等。熊十力先生曾批评他的文字"好铺排，缴绕复缴绕"。而唐先生自述，他的学术专著之所以缴绕其辞，碎义析理，曲折繁密而不免艰涩，是有意采取西方哲学著作的体裁所致（卷25 自序）。

唐先生论时贤往哲之学，力求不同义理形态的相摄相通，《庄子·大宗师》所谓"其一也一，其不一也一"，正可概括唐君毅哲学的特点。唐先生深契于华严宗哲学、黑格尔哲学，唐君毅哲学的这一特点，与这两种哲学的影响或许不无关系。哲学家通常不免有理执，故其蔽也深。作为哲学家的唐先生同时也是十分优秀的哲学史家，他对古今中西思想，都能平等加以尊重，并真实欣赏其长处，最能做到同情的理解。例如他对荀子、朱子的价值都有十分积极的肯定和维护。

唐先生晚年曾谓"说到工夫，我是不及格的"（卷37，309），又说"念自己之学问，实无工夫，实庸人之不若，如何可至于圣贤之途"（卷33，308）。其实唐先生于宋明理学，平生多有涵濡浸润之功，能体之于身心，见之于行事。他性情宽厚，自律甚严，对时贤往学具加尊重，胸怀光风霁月，有宋明儒者气象。他对儒学有深厚的感情和坚定的信念，坚信儒家的价值内在于人心人性，他对中国文化的前途从未灰心，相信"人心不死，此理必存，大道之行，终将有日"（卷31，120）。

已有的唐学研究与唐先生的学术史地位还不相称。文献利用的不便，或许是一个原因。借此新编全集出版，我希望唐学的研究能够更上层楼。唐先生相信，"在遥远的地方，一切虔诚终当相遇"（卷16，19）。我想，用心阅读唐先生的思想遗产，读其书而怀想其为学为人，兴起复兴儒学之愿，必能与唐先生神契于旦暮。

新版《唐君毅全集》出版感言

郭齐勇[*]

唐君毅先生是现代新儒学思潮中具有原创性的哲学家之一！他是仁者型的人物，具有悲悯意识与宗教情怀，在东方与西方、传统与现代剧烈冲突与交流互动的背景下，用整个生命和全部心血护持着人类和族类的文化理想、道德理性。他会通中西，融贯三教，创造性地建构了"性""道"一元、"体""用""相"多面撑开的文化哲学系统。在中西印哲学文化对比研究的基础上，唐先生特重中国哲学史的解读与重构，阐发其不同于西方、印度的特殊性。他指出，今天最圆满的人文主义，必须是中西会通的人文主义，以解除现代世界中的文化的偏蔽。唐先生晚年在肯定"道德自我"的主导性的同时，将它扩大为"生命存在"。他从不同类型的人的生命存在与心灵活动的广阔内涵出发，架构了宏大而辟的"三向九境"系统。他是生命体验性的哲学家！唐先生"心本体论"的中心贯穿在人文精神论、宗教观、道德哲学、人生论的各方面，在文化之体、用、相关系上，在"即人生以言人心"与"本人心以论人生"的关系上，尤其在精神安立、本体理境之追寻的思考或体悟方式上，读者都可以获得启迪。唐先生还是行动中的儒家，努力从事文教事业，曾与友人创办杂志，创办新亚书院，参与校政，教书育人，提携后学。他关心社会，参与社会活动，批评当下，是面向未来的公共知识分子的一员。

期待已久的简体字本《唐君毅全集》终于问世了！这是学术界与思想界的一大喜事。衷心感谢何仁富、杨永明先生，宜宾学院与九州出版社同仁为学界与读书界编辑出版了这一套三十九卷的大书！这是真正的全集！编者广为搜

---

[*] 作者简介：郭齐勇，武汉大学国学院院长，教授。

求，深入发掘，不仅把唐先生的早期文稿，成熟的中英文论著，他的书简、日记等网罗殆尽，还把年谱、图传、亲人著述、纪念文集、年表及研究文献索引等汇编于兹。这给读者，特别是唐学研究者以极大的方便，为唐学的进一步发展奠定了基础。希望青年读者们读读这一套书，哪怕是其中的几卷或一卷，走进唐君毅先生的思想世界，并通过唐先生体悟中国文化，一定会终身受用。

《唐君毅全集》出版祝贺语

顾红亮[*]

　　唐君毅先生是著名的现代新儒家，在现代中国的学术思潮中，自成一家之言，创建了具有唐氏特色的新儒家哲学体系。

　　出于对现代新儒家思想的研究兴趣，我对唐君毅先生的新儒家思想略有了解，对他的著作有所翻阅，对其建构的精深哲学体系深为佩服。阅读唐君毅先生的著作，有三个印象。

　　第一，年轻的唐君毅早已步入哲学的殿堂。贺麟在 20 世纪 40 年代出版的《当代中国哲学》一书中就提及唐君毅的哲学成就。他的哲学"可以说是代表一种最富于玄学意味的理想主义的道德思想"，"他的著作有时且富于诗意"。这些评价恰当而中肯。从贺麟的评价可知，唐君毅先生很早就表现出中国哲学家的不凡气度。

　　第二，唐君毅先生非常注意吸收西方哲学的精华。在他的著作中，可以看到黑格尔、费希特、杜威等西方哲学家的思想印记。他善于抓住世界性的百家争鸣的背景，来思考儒家哲学的时代意义。

　　第三，阅读唐君毅先生著作的一个强烈感受是，情与理的交融。平实隽永的文字饱含着他的人生体验，字里行间透露出他对生命与境界的感悟。

　　此次《唐君毅全集》简体字版的出版，无疑是唐君毅哲学研究的助推器，也是现代新儒学研究的推进器，更是中西哲学史研究的驱动器。

　　热烈祝贺新编的简体字版《唐君毅全集》的出版。

---

　　* 作者简介：顾红亮，华东师范大学哲学系教授，博士生导师。

贺大陆版《唐君毅全集》的出版

胡军[*]

众所周知，由于近代以来历史形成的种种复杂原因，我们在研究或讨论中国现代文化或思想的时候，往往有这样一种颇为流行的说法，即大陆的文化、港台的文化。以现代儒家思想研究为主，即有大陆新儒家思想与港台新儒家思想。唐君毅于1949年后离开了大陆前往香港，并与其他学者一起在香港创办了新亚书院。他的学术思想也就是在那段时间前后逐渐系统化，并产生了越来越重要的影响。于是他也就成为港台新儒家的重要代表人物之一。

我的研究领域主要集中在中国现代哲学思想及其中西哲学思想的比较研究，所以也就自然怀有浓厚的兴趣时常关注唐君毅思想的研究及其著述出版的进展情况。

大致说来，20世纪90年代以前，研究唐君毅思想的学者港台居多。90年代以后的情况逐渐有了很大的变化，大陆学者对唐君毅思想研究的成果数量不断增多，就数量而言已经超过了港台地区的研究。就我在北京大学哲学系指导培养的十几位博士研究生中，就有三位的博士学位论文就是分别以唐君毅的知识理论、形而上学和境界理论为研究对象的。不言而喻，以唐君毅的哲学思想为研究对象，他们也就必须以唐君毅的相关著述为其研究的基础。但是遗憾的是，大陆至今关于唐君毅思想研究的论文，尤其是研究著述依据的仍然是台湾学生书局于1991年出版的《唐君毅全集》（三十卷）。大陆这边只是出版了唐君毅的某些单行本。这就给大陆学者的相关研究带来了相当大的困难。

唐君毅先生是四川宜宾人。宜宾学院长期以来就很重视对唐君毅学术思想

---

[*] 作者简介：胡军，北京大学哲学系教授。

的宣传、研究与资料整理，1999年即成立了"唐君毅研究室"，后改名为"唐君毅研究所"。2010年后几乎每年都组织一次以唐君毅思想研讨为主题的儒学思想研讨会，在国内外产生了广泛的影响。可以毫不夸张地说，宜宾学院的唐君毅研究所已经成为国内唐君毅思想研究的重要基地。我本人自2009年之后几乎每年都参加了唐君毅研究所举办的研讨会，感觉收获颇大。通过参加研讨会，我也更进一步发现宜宾学院唐君毅研究所内的学者对于唐君毅学术思想的研究不但抱有很浓厚的兴趣，而且有很深入系统的研究，并投入了极大的精力和时间从事研究与相关资料的整理。新版《唐君毅全集》就是他们长期研究与整理的可喜可贺的结晶。近年来，他们又积极整合研究唐君毅学术思想的各种学术资源，努力与四川省社科联、四川大学国际儒学研究院等联合，本着"善、全、真"的编辑原则，出版这套新的《唐君毅全集》，共三十九卷，年内将由九州出版社出版。

与台湾学生书局出版的那套三十卷本的《唐君毅全集》相比，宜宾学院唐君毅研究所编辑的三十九卷本的《唐君毅全集》当然有自己的特色。

这些特色表现在以下几个方面。第一，此套新的全集在编辑书稿时要求对于流传下来的唐君毅的手稿不做任何删节，努力保持原稿的本真状态；第二，力求著述体例编排的科学而合理，尽可能复原唐君毅思想体系内在的完整结构；第三，积极通过各种可能的渠道收集唐君毅流传下来的所有文稿，努力将唐君毅的全部著述呈现给学术界，为研究者做更进一步的系统深入的研究提供了很好的基础。

我很高兴地看到，大陆版的《唐君毅全集》由九州出版社出版，这应该是大陆出版界的盛事。并且我也坚信这套新出版的全集将会进一步推进国内外学术界对于唐君毅学术思想的研究。对于九州出版社出版的《唐君毅全集》，我个人表示由衷的热烈祝贺！

唐君毅的仁心与仁学

胡治洪[*]

继1991年台湾学生书局推出繁体字版《唐君毅全集》30卷，九州出版社于近期又在台版基础上推出了收录更完全、题旨更集中、序类更合理、编校更精当的简体字版《唐君毅全集》39卷。从西南一隅走向整个文化中国的"文化意识宇宙中之巨人"的唐君毅先生，终于以其立德立言的不朽方式而回归他所魂牵梦萦的故土。

终生秉持的仁心

唐君毅（1909—1978），四川宜宾人。唐先生自幼恻怛，终生仁厚，儿时常于寂寞中做沉思冥想，每至日昏天晦，风雨鸡鸣，便若不胜其情。小学期间，父母时常带他游览成都名胜古迹，给他讲述古人故事，领他向先贤先哲致敬，陶冶他对民族传统的温情与敬意。在重庆读中学时，担任国文教师的父亲给他讲解《孟子·公孙丑下》之"孟子去齐"章，细绎孟子"三宿而出昼"的用心，致使唐君毅深为古仁人之心所感动，以致怆然泣下。

16岁那年，唐君毅中学毕业去北京求学，父亲送他上船，并在船上陪他住了一宿，翌晨轮船鸣笛待发，父亲依依离去，就在父亲下船的一刹那，他蓦然涌起亲子别离的无限惆怅，并当下念及古往今来无数亲子的别离，多少伤怀愁绪笼罩着历史人生，由此兴起的感动使他不能自已。到京后，唐君毅先入中俄大学，不久转入北京大学哲学系预科。一天晚上学校广场放映纪念孙中山先生的纪录片，影片放完，观众散去，唐君毅独自仰望星空，深感个人躯体在无限的宇宙中是如此的渺小，然而如同孙中山先生一样的无数志士仁人却以其渺

---

* 作者简介：胡治洪，武汉大学国学院教授。

小的躯体，为了人群的福祉而鞠躬尽瘁、抛头洒血，成就了涵天盖地的伟业，因而他们的精神，绝不是渺小的躯体能够范围的。所有这些个人体验以及对于伟人情怀的领悟，都使唐君毅认定，在人的生命底里，原本赋有一个真诚恻怛的仁体，由这一仁体所兴发的同情善念、博爱慈悲，都不是现实生活或物质条件所能够决定的。

1927 年，唐君毅又转读南京中央大学哲学系，于 1932 年毕业，回到成都。前一年父亲感染时疫骤然去世，作为长子的唐君毅本乎孝友性情，毅然挑起赡养母亲、培育弟妹的家庭重担，甚至在母亲于 1964 年去世后，他还是不时接济弟妹，直至生命的终点。尽管自家经济拮据，唐君毅却从不吝于资助他人，而且总是设法使受助者当之无愧。一次两位盲人父女在唐家附近卖唱行乞，唐君毅不忍观看，却两番送钱给乞者，还称赞他们是真正的音乐家，意思是他们得到的馈赠是应有的回报。这种发乎天性、自童蒙时代便一直表现出来的仁人之心，在唐君毅那里一生一世都没有改变过，他总是以自己那颗敏感的心灵去体察他人的苦难，以无限的悲愿力图将他人从苦难中拯拔出来。他对那个时代处于不平等地位的少数民族同胞怀有深切的悲悯，在《怀乡记》中，他说："宜宾本名戎州，又名僰道，初亦为夷人所居。据说现在被迫入山之夷人，仍念念不忘宜宾。他们每日在天亮之前，都要教其小孩，以后要再回宜宾来。这事我幼时听讲，一方是怕，但一方亦非常同情。为什么不让他们回来呢？后来长大，有机会碰见夷人，我总不胜其同情。一次，一有知识的夷人告我，夷人崇拜孔明，称之为孔明老子。直到而今，当基督教初到云南向夷人传教时，最初亦只好说耶稣是孔明老子之哥哥。这事当即使我感动泣下，永不能忘。"

1933 年，唐君毅应母校之召前往任教，此后直到 1948 年，他虽曾在成都华西大学、重庆国民政府教育部、灌县灵岩书院、无锡江南大学、信江农业专科学校等处供职或兼职讲学，但主要还是归属于中央大学，1944 年升任教授，并担任哲学系主任，为弥合师友分歧耗费了大量心力。在江南大学兼职时，有一次师生聚集学校礼堂举行学术讲座，唐先生主持，突然礼堂后部发生巨大坍塌声，台上台下师生顿时惊恐万状，纷纷奔往讲台左侧的小门争相逃生，一时间礼堂内秩序大乱，唐先生虽然近在门边，却并未自顾逃逸，而是立于讲台上，一面高喊镇定，一面指挥疏散，自己最后离开现场。后来查明事故原因，乃是礼堂外面一堵围墙因阴雨浸泡，墙基松动，以致倒塌，礼堂本身并无损坏。事故虽属误会，有惊无险，但在当时并不知情而一片混乱的情况下，唐先生不计自身安危，直下以他人生命为首重，由此表现的正是孟子所谓"乍见孺子将入于井，皆有怵惕恻隐之心"的仁之端。

1948 年底，中央大学迫于局势紧张而停课，教职人员各自散去，唐君毅辗转于上海、广州，最终于 1949 年夏秋间落脚于香港，与钱穆先生等在极其艰难的条件下创办亚洲文商学院，次年改组为新亚书院。此后直至逝世的近三十年间，唐先生始终为独立的或合并于香港中文大学的新亚书院鞠躬尽瘁，在新亚初期经济困窘时，他拼命发表文章赚取稿费以纾时艰；在新亚发展步入坦途后，他发表《希望、警觉与心愿》一文，警醒师生和他自己发扬长处，克服缺点，使天地之心、生民之命、万世之太平由新亚而树立。在课堂教学中，他尽心竭力，几乎每次授课都是大汗淋漓，"拖堂"也是常事，直到去世前半个月，他还坚持抱病上课；在教学与著述之外，他还先后担任教务长、哲学系主任、文学院长、新亚研究所所长，发起成立"人学会""国乐会""东方人文学会"，为新亚的管理及其社会资本的积累付出了大量时间和精力；在平常交往中，他对接触到的一切人予以关爱和启导，不止一次使愤世嫉俗者恢复身心安宁，甚至思想立场与他截然相反的殷海光先生都能从他的言谈中获得受用感。除了直接感化相交者，他更深切关怀流落海外的中华儿女，屡屡撰文提撕他们在花果飘零的时世中保持灵根自植的信心，以堂堂正正的华夏子孙发扬博大精深的中华文化。为了避免物议纠纷并维护新亚理想，他主动坚持取消女儿通过考试获得的留学奖学金名额，把机会让给别人；同样是为了维护新亚理想，他对港英当局改变新亚、崇基、联合三书院的联邦体制而实行香港中文大学集中统一管理的做法进行了持久不懈的抗争，随着这场抗争的失败，唐先生也就走到了生命的终点，以一位仁者型的现代新儒家完成了自己，被牟宗三先生推尊为"文化意识宇宙中之巨人"。

阐扬心体的仁学

唐先生的著述基本上就是他所体认的仁心的呈现及其基于仁心的普遍推扩和形上提升而确立的"心之本体"之阐扬，他的学术体系因而可以概括为仁学。他在 1943 年出版了第一部著作《中西哲学思想之比较论文集》，当时他还没有归宗儒家，故多以西方标准评判中国文化，后来他对这部著作甚为不满，而表示宁愿将他于1944年出版的第二部著作《人生之体验》作为自己的第一本书。在《人生之体验》中，唐先生表达了对于宇宙人生的隔膜、无常、冷酷、荒凉的感受，"一切所亲之人、所爱之人、所敬之人、所识之人，皆若横布四散于无际之星空，各在一星，各居其所。其间为太空之黑暗所充塞"。即使相知相爱之人或有无间之爱，也不过维持区区数十年，"数十年以前，吾辈或自始未尝存，或尚在一幽渺之其他世界。以不知之因缘，来聚于斯土。以不知之因缘，而集于家，遇于社会。然数十年后，又皆化为黄土，归于空无，或各奔一幽渺而不知所在之世界"；且这种无间之爱必将愈传愈淡，"终将忘其祖若宗，忘其同出于一祖宗，而相视如路人，势所必然也"。在这样一种人间，充斥着无尽的冷酷，"试思地球之上，何处非血迹所渲染，泪痕所浸渍？而今之人类，正不断以更多之血迹泪痕，加深其渲染浸渍之度"，而容纳这种冷酷人间的宇宙，实"若一充塞无尽之冷酷与荒凉之宇宙"。但是他却自觉对于这种宇宙人生怀有不容自己的悲悯和挚爱，"此悲何悲也？悲人生之芒也，悲宇宙之荒凉冷酷也。吾缘何而悲？以吾之爱也。吾爱吾亲爱之人；吾望人与人间，皆相知而无间，同情而不隔，永爱而长存；吾望人类社会，化为爱之社会，爱之德，充于人心，发为爱光，光光相摄，万古无疆"，这无疑是他的仁心的表露，同时隐然体现出他亟欲为宇宙人生确立一个仁爱本体，从而将宇宙人生导入良善境界。这个仁爱本体在他同年出版的《道德自我之建立》中确立起来。

在《道德自我之建立》中，唐先生基于对宇宙人生隔膜、无常、冷酷、荒凉、虚幻的痛苦感受，而肯定有一能够如此对照地感受并汲汲于转化宇宙人生的恒常真实的根原，他体认这个根原就是"内部之自己"，亦即作为道德主体的"心之本体"，他说："我之所以对现实世界不满，即由于我内部之自己，原是恒常真实者，而所见之现实，则与之相违矛盾。我之不满，是此矛盾之一种表现。此内部之自己，我想，即是我心之本体，即是我们不满现实世界之生灭、虚幻、残忍不仁、不完满，而要求其恒常、真实、善与完满的根原。"他进而基于人同此心、心同此理的认识，将心之本体普遍推扩于整个人类，其曰："我从现实的我身中，了解有一超越的心之本体在表现，便可推知，现实的他人身中，亦有一超越的心之本体表现。"而人类同具的心之本体必然有其终极来源，这个终极来源就是宇宙本体，"心之本体即人我共同之心之本体，即现实世界之本体，因现实世界都为他所涵盖。心之本体，即世界之主宰，即神"，即是说，宇宙本体赋予人类以至善的心之本体，此心之本体不仅产生批判现实意识，更重要的还是改善现实的动因。由此，唐先生以逻辑推导的方式确立了贯通天人的心之本体，并从此以阐扬心之本体作为终生志业。

1953 年，唐先生出版《中国文化之精神价值》。此书综论中国文化、宗教、哲学、学术之起源，中国先哲之自然宇宙观、心性论、道德理想论，以及中国人在农业生产、家庭生活、社会关系、政治活动、人格理想乃至教育、艺术、文学、信仰诸方面所表现的精神特质。对于这部洋洋三十余万言的著作，唐先生概乎言之曰："余以中国文化精神之神髓，唯在充量的依内在于人之仁心，以超越的涵盖自然与人生，并普遍化此仁心，以观自然与人生，兼实现之于自然与人生而成人文。此仁心即天心也。此义在吾书，随处加以烘托，以使智者得之于一瞬。"这显然是以超越而内在的心之本体作为悠久而博大的中国文化的始基。由于唐先生此著专论中国文化，故而他特别突出了心之本体对于中国文化的意义，然而这并不意味着心之本体仅仅局限于时空一隅而不具有普遍性。在 1954 年出版的《心物与人生》之第二部中，他就揭橥了人类文化皆源于心灵精神之求实现真善美等价值这一主旨，无疑是将心之本体作为整个人文宇宙之根本。

1955 年，唐先生又一部重要著作《人文精神之重建》出版。此书从科学世界、人文世界、理想世界诸层面，综论中西文化源流及其精神之异同，并涉及中印宗教道德与人生智慧的互通，其中以"超越自我"亦即"自我之价值意识"或"良知"作为人类一切活动及其所发现之世界的主宰，乃至主体契合"宇宙之形上的本源"或"绝对的天理"的唯一途径，而"超越自我"或"自我之价值意识"或"良知"，也就是恒常真实至善的心之本体。

至于 1958 年出版的《中国人文精神之发展》和《文化意识与道德理性》，1961 年出版的《人生之体验续编》，以及 1973 年出版的《中国哲学原论——原道篇》，也都贯穿着对于心之本体的阐扬。《中国人文精神之发展》所收十六篇文章，阐述科学、民主与道德、宗教之关系，其主旨在于说明，人文精神之发展、道德意识之提升，理当与科学理智之发展、民主观念之提升并行不悖，相得益彰；但在根本上，反求于本心的道德意识终当为驰骛于外物的科学理智和民主观念主宰。《文化意识与道德理性》凡十章，分别论述家庭意识、经济意识、政治意识、科学意识、哲学意识、艺术意识、文学意识、宗教意识、体育意识、军事意识、法律意识、教育意识与道德理性之关系，全书中心意旨在于显示，人类一切文化活动均统属于道德自我或精神自我、超越自我，而为其分殊的表现；一切文化活动之所以能够存在，皆依于道德自我为之支持；道德自我是一、是本、是涵摄一切文化理想的，而文化活动则是多、是末、是成就文明之现实的。《人生之体验续编》七篇，相较于二十年前写作的《人生之体验》，更多地注意到人生在追求心性超升的过程中时刻存在着堕落趋向，从而承认人生实为超升与堕落交战之区，但指出人生的这种善恶二向性，完全不意味着对于道德心性的否弃，而恰恰在于警醒一切人生执定道德心性，杜绝堕落趋向，从而实现道德自我和太和世界。《中国哲学原论——原道篇》综论"道"在中国古代哲学思想史上的一以贯之及其多向开展，而其宗趣则不外于追溯中国前哲所开之诸方向之道，其本始乃在于民族生命心灵原有之诸方向；不外于突出"中国人之文化与哲学智慧之本原，即在吾人此身之心灵生命之活动者"。当然，这也不是说唯有中国文化与哲学智慧才本于民族生命心灵之活动方向，此书"视中国哲学为一自行升进之一独立传统，自非谓其与西方、印度、犹太思想之传，全无相通之义。然此唯由人心人性自有其同处，而其思想自然冥合"，因此，通过阐论中国之"道"本诸民族生命心灵之活动这一个案，可以概见人类哲学思想无非由生命心灵所流出。

在 1977 年出版的最后一部巨著《生命存在与心灵境界》中，唐先生将人类种种心灵活动与其所感通的客观、主观、超主客观等种种境界归纳为层层提升的万物散殊、依类成化、功能序运、感觉互摄、观照凌虚、道德实践、归向一神、我法二空、天德流行九境。感通于不同境界的心灵是具有高下之别的，并不必均为道德之心，甚至不一定为自觉之心，而可为非自觉的觉他心或非道德的功利心，因此，觉他心或功利心亦为生命心灵活动进程的必然阶段。但是，承认觉他心或功利心的必然性，却根本不意味着赞成生命心灵便可滞留于此，毋宁说，生命心灵倒是必须尽快超越于此，而终归宇宙人生唯一至善光明之绝对真实之神圣心体，也就是天人贯通的心之本体，唯此方可实现天德流行的至上境界。《生命存在与心灵境界》出版不久，唐先生便与世长辞了，可以说自 1944 年确立心之本体之后，对这一范畴的阐扬一直被他贯彻到生命的终点，因此他的学术体系就是以心之本体或仁体为核心的仁学。

仁心仁学的意义

唐先生秉持一己仁心而确立天人贯通的心之本体，这个本体架构无疑契合于儒家思孟一系"天命之谓性"及"尽心知性知天"的天人德性论，也与乃师熊十力先生"体用不二""即用见体"的"新唯识论"哲学体系一脉相承，由此贞定了他的现代新儒家地位。先哲遗教和师长提撕不仅启发了他的学思，而且进一步陶铸了他本具的道德意识和生命实感，从而使其为人为学臻于知行合一，德言一如，以致仁心仁学密切相关，生命学问一致不二，成就了"身作证"的生命的学问。

唐先生的学问既由其生命所凝成，因此他的生命虽已终结，他的仁心却充盈并活跃在他的著述之中。读其书，想见其为人，对于疗救遍及于当今社会的人心之自私、社群之疏离乃至生态之破毁，培育"亲亲仁民爱物"的道德意识，敦励生民跻升于太和境界，引导人类步入可大可久的坦途，具有不可低估的实际意义。九州出版社将唐先生著述引入祖国大陆予以出版发行，必将对于世道人心的改善以及优秀传统文化的弘扬发生深远的积极作用。

现代新儒学对儒学复兴的三点启示

——祝贺大陆版《唐君毅全集》出版发行

黄玉顺[*]

大陆版《唐君毅全集》终于出版发行了。祝贺宜宾学院唐君毅研究所！祝贺四川省社科联、四川大学国际儒学研究院、浙江传媒学院生命学与生命教育研究所！祝贺九州出版社！

这套《全集》具有这样几个特点：其一，文献收集最全；其二，编纂体例最善；其三，文字校勘最精。因此，这套《全集》的出版发行，必将推动学界对唐君毅先生的更为全面深入的研究。

确实，今天应当更加全面深入地研究唐先生的哲学与思想。这是因为：

第一，以唐先生为主要代表的现代新儒家，为儒学的复兴确定了主题，那就是"现代转型"的问题。

儒学需要现代转型，这本来是没有问题的；但是，最近的儒学界却泛起了一股危险的思潮，那就是采取"原教旨主义"的态度，反对现代化，抗拒"自由""民主""人权"等现代文明价值，鼓吹君权主义、父权主义、夫权主义。这种思潮不仅将给中国社会带来极大的危害，也不符合儒学自身"日新其德"的精神传统。绝非耸人听闻：儒学在当前已再次陷入了巨大的危机！

面对这种时局，以唐先生为主要代表的现代新儒家所进行的"儒学现代转型"的努力及其丰硕的成果，尤其是他们的形下学、政治哲学的探索，值得我们重温和继承、发展。儒学要复兴，就必须接受人类社会的现代文明价值，建构新的、适应于现代社会生活方式的儒学理论。

---

* 作者简介：黄玉顺，山东大学儒学高等研究院教授，博士生导师。

第二，以唐先生为主要代表的现代新儒家，为儒学的复兴指明了方向，那就是"释本开新"的路向。

人们将这种方法概括为"返本开新"，其实是不准确的：

以唐先生为主要代表的现代新儒家并非简单地"返本"，而是"释本"，即是对儒学、中华文化的本体、本源进行新的"诠释"，由此"释放"出儒学、中华文化的新的活力。因此，他们所建构的形上学、本体论，绝非照抄照搬古代儒家的东西，而是通过新的诠释而建构起来的新的儒家哲学。这就是我常说的："儒家没有新的，然而儒学是常新的。"

以唐先生为主要代表的现代新儒家的"开新"，也不仅仅是"科学与民主"，而是全部的形下学，包括作为科学之基础的知识论、作为伦理之基础的价值论，乃至人生哲学、政治哲学等。近来有人说他们的儒学只有"心性儒学"而没有"政治儒学"，这种说法不是无知就是别有用心。

第三，以唐先生为主要代表的现代新儒家，为儒学的复兴找到了方法，那就是"以中化西"的办法。

这种方法并非所谓"中体西用"，也非所谓"中西会通"，更非什么"以西解中""汉话胡说"，而是以中为主、以西为客，以儒学来消化西学；犹如我们吃下了、消化了牛肉而并不变成牛。唯其如此，他们所建构的理论仍然是货真价实的儒学。

在儒学发展的历史上，有两次大的"消化西学"的运动：一次是宋明新儒家消化"西学"——"西天取经"意义上的"西学"，于是才有儒学在宋明的复兴；一次是现代新儒家消化"西学"——"西学东渐"意义上的"西学"，于是才可能有儒学在现代的复兴。否则，儒学的复兴是不可能的。

目前有相当一部分儒者竟然将"中学"与"西学"截然对立起来，以拒斥"西方"的名义来拒斥现代文明价值，以似是而非的"中西之异"来掩盖理所当然的"古今之变"，这是非常危险的倾向，不但无助于而且有害于儒学的复兴。

鉴于上述，大陆版《唐君毅全集》的出版，嘉惠儒林，实有功于圣门！

贺《唐君毅全集》出版发行

黄兆强[*]

　　《唐君毅全集》在何仁富教授、何一教授、杨永明教授等高谊隆情的大德付出大量辛劳之后，终于与广大读者见面了。这套由九州出版社出版发行的《全集》与 1991 年由台湾学生书局出版发行的全集有着显著的不同。台湾学生书局版的全集主要是把唐先生在各家书局业已出版过的各别专著汇辑在一起。而九州出版社出版的《全集》则以类相从，重新把唐先生的各专著来一个汇整辑录。其间的工作是异常繁重的，且煞费苦心的。再者，编者又把台湾学生书局版未尝搜集的唐先生的遗著，尤其唐先生的后人、弟子们等的著作、相关照片等也收纳进去。这是经过一番寻觅、斟酌、筛选才得以成功的。其事看似简单，其实则大不易。笔者尝参与部分搜寻工作，是以颇知悉其间之甘苦。

　　忆自 2006 年迄今，除 2007 年外，笔者年年从台北远赴宜宾以传扬唐先生的学说。唯才寡德薄，无以弘扬师说之万一。有谓："贤者识其大，不贤者识其小。"作为唐先生最不成器的一个学生，笔者谨抱着做多少算多少的一点卑微心愿，针对世界上至为伟大的灵魂，即牟宗三先生于《悼唐文》所说的"文化意识宇宙中之巨人"，来为后学（宜宾学院的学生）做点铺垫的工作，让他们知悉彼等之家乡除酿制出酒中极品五粮液外，尚永恒地蕴藏着让人取之不尽、用之不竭的一个伟大精神泉源——哲学家、现代新儒家、人文主义伟大思想家唐君毅先生。唐韩愈云："化当世，莫若口；传来世，莫若书。"笔者纵然凭其三寸不烂之舌以做鼓簧之声，但又岂及书卷传播能量之万一呢！大陆

---

　　[*]　作者简介：黄兆强，东吴大学历史学系教授。

版的《唐君毅全集》近今顺利出版发行，并在今天同时举行发布会暨国际研讨会，其于弘扬师说，功德自然无可限量。笔者内心之激动及兴奋之情，实在无以名状。

唐先生生死至交徐复观先生在唐先生逝世三周年时，尝作诗一首以致其哀。今稍更易其文字，以志笔者孺慕之情之万一。如下：

唐师逝世逾卅年，每思教言感万端，义理至今成显学，国家不再是危船；

百般言说情无限，九境心灵意广传，难得成都共畅聚，共祈全集遍人间。

门人黄兆强敬叩

2016 年 10 月

《唐君毅全集》新编后感

何仁富[*]

《唐君毅全集》大陆简体字版，经过 3 年多的编辑，即将正式出版。当此之时，作为新编本的倡议者和执行者，内心无限感慨，从听说唐君毅这个人，到具体负责唐君毅先生全集的编辑，近 20 年与唐先生生命学问的生命交融，不断涌上心头。

一

1998 年 6 月，在四川大学攻读硕士研究生即将毕业。作为一位一直走在西方哲学学习和研究路上的年轻学者，在完成了 20 多万字关于尼采的生命道德价值论的毕业论文后，反而觉得有些彷徨和迷茫。在与老师的交流过程中，当时的哲学系主任李福海教授建议，可以做做唐君毅研究，并且指出，在宜宾工作，有地利优势。此时此地，唐君毅这个名字，才第一次进入我的视野，孤陋寡闻至于此，实在是汗颜！

由于并不了解唐先生的思想学问，也找不到唐先生的著作可读，唯一的资料，便是在哲学系资料室找到的一套四册 1988 年第一届唐君毅思想国际学术会议论文集。尽管还不能完全读懂所有研究论文，也还没有对儒家思想和中国传统文化的充分信心，但是初步的阅读，已经完全打开了我的心扉：我的生命已经完全被唐先生的生命人格和思想学术所融贯。于是，回到宜宾开展唐君毅

* 作者简介：何仁富，浙江传媒学院社科部教授，浙江传媒学院生命学与生命教育研究所所长。

思想的研究，成了我初步的学术目标。

在完全盲目摸索的过程中，凭着自己的信心和决心，我已经记不得到底是如何联系上唐先生的学生、香港中文大学的刘国强教授的。在刘教授的建议和邀请下，我于2000年4月到香港中文大学参加一个学术会议，见到了刘国强教授，并由刘教授陪伴拜见了病中的唐先生夫人谢廷光先生。站在唐先生撰写出旷世巨著《生命存在与心灵境界》的书房里，立在唐先生撰写的"天地祖宗圣贤"的牌位前，我的身体伴随着灵魂一起在颤抖。在香港参会期间，给刘国强教授汇报了准备在宜宾学院建立"唐君毅研究室"的想法，并邀请他到宜宾参加研究室的成立典礼。

2000年6月，国内第一家唐君毅思想研究机构——宜宾师专唐君毅研究室正式成立。香港中文大学的刘国强教授，香港志莲净苑夜书院的梁瑞明院长、马少雄博士、李葛夫博士等唐先生的学生，亲往宜宾师专祝贺，赠送研究室全套学生书局出版的《唐君毅全集》及其他著作，并举办学术讲座。在以后多年，刘教授几乎每年都到宜宾举办讲座，指导相关学术研究。伴随宜宾师专升格为宜宾学院，唐君毅研究室也升格为唐君毅研究所，并以此为基础成功建成四川省人文社科重点研究基地四川思想家研究中心。同时，唐学网（唐君毅研究网）正式上线，君毅书院也挂牌开展活动，第一辑"唐学丛书"也得以出版，宜宾县及宜宾市唐君毅学术思想研究会正式成立，《唐君毅故园文化》创刊发行。宜宾，作为孕育唐先生伟大心灵的故土，在唐先生思想文化与生命人格的学习、研究和宣传上，开启了新的历程。

2005年，我到浙江传媒学院工作，但是，作为唐君毅研究所所长和四川思想家研究中心主任，我的实际工作一直延续到2008年。此后，作为中心学术委员，我也依然每年参加研究所和中心举办的学术活动。

二

2012年9月，我到清华大学读博士。11月1日，收到唐君毅研究所所长、四川思想家研究中心主任杨永明教授短信，告知次日将在宜宾召开大陆版《唐君毅全集》出版预备会，请我谈看法。看到这一消息，兴奋无比。因为，自接触唐先生的生命与学问以来，推动在大陆出版《唐君毅全集》，是我最大的心愿！当下给永明兄回复邮件，提出大陆版全集编辑出版需要处理的三方面问题，即资金问题、学术组织问题和编辑的技术层面问题，并就编辑方案提出如下建议：1. 以台湾版全集为基本蓝本，收集其他香港、台湾单行本为参照，确定编辑内容的准确性；2. 按照著作发表和出版的时间顺序编辑全集，而不是按照台湾版全集的人为分类；3. 出版精装本全套、简装本全套；4. 在全集出版的同时，编辑出版主题式、普及式简本；5. 如果可能，整理刊出唐先生的一些未刊稿。同时表示，如果需要和可以，我可以将自己的相当精力投入到这件事上。预备会基本接受了我的建议。

2012 年 11 月 10 日，我起草了第一份《关于〈唐君毅全集〉大陆简体字版编辑的一些意见》，提出编辑的基本设想。此后，在不断翻阅唐先生著作的基础上，于 11 月 22 日，撰写成《关于新编〈唐君毅全集〉的说明》的综合性意见书，传给出版社、唐君毅研究所及唐君毅著作版权人。主要内容包括：1. 为什么要"新编"？2. "新编"哪些内容？3. 如何进行"新编"？4. "新编"体例如何？5. "新编"后的书目如何？6. "新编"全集卷次如何？以此为基础，形成初步的新编思路。同时，组成由唐君毅研究所牵头的，由研究机构、出版社、版权所有人三方人员组成的编辑委员会，成员包括何仁富、杨永明、汪丽华、张海涛、王康，由何仁富具体负责编辑规划事宜。

2013 年 1 月，在多方征求意见的基础上，撰写成《唐先生全集新编意见修订稿》，确立新编《唐君毅全集》的基本编辑体例为 7 类 39 种 38 卷，包括：第一编：早期文稿（2 种 2 卷）——萌芽之作；第二编：道德人生（10 种 6 卷）——立人极之作；第三编：人文精神（8 种 9 卷）——立皇极之作；第四编：哲学研究（9 种 9 卷）——学术代表作；第五编：思想体系（2 种 4 卷）——立太极之作；第六编：书简日记（3 种 4 卷）——实践之作；第七编：著作附编（5 种 4 卷）——印证之作。同时，为每卷每册撰写了"编辑说明"。

2013 年 1 月 29 日，再次修订新编《唐君毅全集》的说明，对编辑内容、编辑原则与体例等，都做了修改，基本完善新编本的总体构划。包括：1. "新编"的原因和理由；2. "新编"的原则与体例；3. "新编"书目及简介；4. 新编《唐君毅全集》书目及卷次。

2013 年 2 月，将修订后的新编本说明再次征求多方意见。2 月 19 日，宜

宾学院何一教授提出了非常中肯的建议，特别是提出：编辑原则建议包括
"善、全、真"。善者体例科学，体系合理，结构完整；全者本着力求穷尽示
全貌以利研读，旁着力求完整见大观以便研究；真者校雠前编正误求真，不事
删节务尽本真。同时提出新编本需要"补缺"的一些内容建议。3月17日，
北京大学博士生雷爱民针对唐先生英文著作一卷，提出若干合理建议，撰写英
文卷校对说明，同时提出新编本分类问题，提出合理建议：将"哲学研究"
和"思想体系"两类著作合并分类为立太极的"思想体系"之作。

在征求意见和反复讨论的基础上，最终形成了新编《唐君毅全集》的一
些重要共识，包括：1. "善""全""真"的编辑三原则；2. 新编、新增、新
撰、新校、新类的编辑模式；3. 依据唐先生自己对其论著"立三极"性质的
界定和著述分类的6编39种38卷的编辑体例。

由此，《唐君毅全集》新编本规模确定，包括：

第一编：早期文稿（思想萌芽之作）2种2卷；

第二编：道德人生（立人极之作）9种6卷；

第三编：人文精神（立皇极之作）9种8卷；

第四编：思想体系（立太极之作）9种13卷；

第五编：书简日记（生命实践之作）3种4卷；

第六编：著作附编（生命印证之作）7种5卷。

以此为基础，具体的编辑工作也正式展开。

三

在阅读、校对和编辑唐先生著作过程中，与出版社商议，决定由何仁富、
汪丽华编撰《唐君毅先生年谱》，同时由何仁富编撰《唐君毅先生图传》，由
杨永明编撰《唐学研究文献索引》。

《唐君毅先生年谱》的编撰，起意于2013年秋，2013年寒假即着手基本
资料的准备，特别是台湾学生书局版《唐君毅全集》的相关资料的归类、整
理。2014年3月开始撰写，但主体部分则是于2014年暑假在美国完成的。新
编年谱以1991年台湾学生书局版《唐君毅全集》中所收录唐端正先生编撰的
《唐君毅先生年谱》为基本参照，但实际上已经是一部超过50万字的全新的

《唐君毅先生年谱》。

新编的《唐君毅先生年谱》的主要特点在于：1. 对唐先生生平中的基本事实资料，皆以唐先生自己的著述、日记、书信以及唐先生逝世后的纪念文献为原材料进行一一查证，并直接在文中以脚注方式列出材料出处。2. 根据唐先生亲人特别是唐先生夫人谢廷光女士和唐先生弟弟唐君实先生的回忆文章，及其他相关研究著述，补充和完善了部分唐先生的生活资料文献。3. 作为一份关于唐先生这样的大思想家的年谱，本年谱增加了大量对唐先生主要著述的介绍，尤其是与其生命密切相关的新亚教育的相关文献，在不同阶段有代表性的单篇重要论文，呈现"学术年谱"的特性。4. 年谱在结构上分为"谱前""年谱"和"谱后"三个部分。"谱前"主要是唐先生家世和父母的介绍。"年谱"是唐先生个人生命、生活及著述的介绍。"谱后"则包括三个内容：一是唐先生逝世后，同时代人对唐先生生命与学问的回忆与评价；二是唐先生逝世后，海内外对唐先生生命与学问的研究情况；三是唐先生夫人在唐先生去世后的生活经历及逝世后的归宿和纪念。5. 年谱使用公元纪年，1949 年以前的年谱括号标注民国纪年年份。

2015 年秋，为了更直观地呈现唐君毅的生命、情怀与事业，何仁富着手编撰《唐君毅先生图传》。《图传》特别从乡土故居、人伦根基、个人生命、家庭典范、师友交往、学教不倦、殉道归天、笔墨手迹、庭光书画、唐学流传十个方面，以图片和简要文字呈现唐君毅独特的生命样态。

2015 年秋，杨永明编撰成《唐学研究文献索引》。

2016 年元旦，由何仁富执笔撰写了《〈唐君毅全集〉新编本编者说明》，经由编委会成员杨永明教授、张海涛总编修改定稿。

2016 年 3 月底，唐君毅先生女儿唐安仁，以抱病之躯特地为《唐君毅全集》新编本撰写的回忆文章《吾父吾师》完稿。捧读近 1.5 万字充满深情和生命感的文稿，内心的满足和感激油然而生。

2016 年 4 月初，唐君毅先生外甥、新编本《唐君毅全集》编委王康先生，完成了为新编本撰写的序言《东去江声流汨汨，南来山色莽苍苍——〈唐君毅全集〉（简体版）序》。序文洋洋洒洒近 4 万余字，磅礴、大气，充满世界眼光，给读者呈现了唐君毅先生生命与学问的宏大格局和深远意义。

如此，新编简体字版《唐君毅全集》的所有编辑工作全部完成。

四

编辑的前提是阅读，阅读的过程就是学习，学习的过程同时也是思考。

因此，这3年多新编《唐君毅全集》的过程，也是系统和全面阅读唐先生著作、学习唐先生思想的过程，同时也是深刻体会与感受唐先生生命人格的过程。

在新编《唐君毅全集》的同时，我们还完成了关于唐君毅先生生命与学问的几个研究项目：《爱与生死——唐君毅的生命智慧》（汪丽华、何仁富著，四川省人文社科重点基地宜宾学院四川思想家研究中心课题，中国广播电视出版社2014年出版）、《唐君毅说儒——中国人当是中国人》（何仁富编著，贵阳孔学堂书局2015年出版）、《唐君毅与宋明理学——基于工夫论对朱陆王学的会通》（何仁富著，浙江省人文社科重点基地浙江大学宋学研究中心课题，中国广播电视出版社2016年出版）、《唐君毅生死哲学研究》（何仁富著，清华大学哲学系2015年博士论文）。

可以说，这3年，我的生命时时都在接受着唐先生思想与生命的浸润与涵养。在我的精神世界和生活世界中，唐先生似乎随时都是以一个真实的人的方式站在我面前！

唐君毅首先是一个儒者。最真实的儒家，一定是一个儒者，亦即将儒家的信仰、信念、思想完全融入自己的生命性情和生活实践中，做一个实践儒家的真实的人。因为儒家本身便是让人成为人的学说，"仁者，人也"。唐君毅一生的学问，是发自生命心灵的不容已之情，他一生至情至性，始终不渝，他的生命直接显发他的学问与思想。可以说，在儒家的现代发展中，唐君毅以其生命人格为儒家学者树立了儒者典范！

在唐君毅看来，"儒家事业"是"儒学""儒德""儒教"的统一体，是"信""德""慧"的三位一体，用现代术语说，儒家是哲学、道德、宗教的三者合一，是即哲学即道德即宗教的综合性事业。在这一"三位一体"的事业中，儒家事业作为宗教信仰，是建立在对直接关联于道德实践之道的信仰基础上的；作为哲学智慧，是对自发的道德实践信念的自觉扩充和普遍化。很显然，儒家作为"教"的宗教信仰事业和作为"学"的哲学智慧事业，都是以道德实践为根据、为核心的，都是指向作为"德"的道德实践事业的。作为道德实践的儒家事业，根本的就是，人在自发的道德信念的基础上，对超越于具体当下事例和境遇的无限胸襟与心量的自觉呈现和培养。而在现代社会，真正有机会并能承担起"儒家之道""圣贤之道"的现代职业者，是政治家、教育家、新闻文化人、社会政治文化运动家四类人。

唐君毅的一生，实际上是集他自己认为的现代社会儒家事业的可能承担者的四类角色于一身的，他用他有限的身体承担起了无限的精神，用他有限的生命担待起了无限的使命，真正承担起了儒家的事业。

唐先生尽管没有参加任何政党，没有从事过任何政治活动，但他对中国现代政治生活的关注，对中国社会民主政治建设和社会生活发展的潜心思考和美好构建，对人文社会理想的坚守，足可以担待起"政治家"的头衔。

唐先生终身从事教书育人，先后任教于成都多所中学，大学未毕业即在四川大学任教，后任教于中央大学。到香港后，与钱穆等共同创建新亚书院，并一直主持书院教务工作。香港中文大学建立后，他任哲学系主任。唐君毅的一生，实际上就是教育的一生，终身学而不厌、诲人不倦，是真正的"教育家"。

唐先生大学毕业不久，在成都就与人合办《重光》杂志，后又与周辅成先生等创办《理想与文化》，到香港后在新亚书院又创《新亚学报》，其主要文章也主要是通过《民主评论》《人生》等杂志刊发的，其对新闻、编辑、出版等文化事业的高度投入，表明他是真正的"新闻文化人"。

唐先生倡导中国文化复兴运动，他在新亚书院曾经连续两年多主持了100多场的中国文化讲座；他参加10多次国际学术会议，讲课遍及欧洲、北美、亚洲等多个国家和地区；他亲笔撰写并与张君劢、徐复观、牟宗三联名于1958年元旦发表的《中国文化与世界——我们对中国学术研究及中国文化与世界文化前途之共同认识》，被称为现代新儒家的文化宣言书；所以，唐先生也是一真正的"社会政治文化运动者"和"周游各处的讲学者"，是一真正的"传道者"。

五

当然，如果只是"以身作则"成为一个儒者，并未能真实彰显儒家"明明德、亲民、止于至善"的理想，也不能呈现"己立立人"的儒家情怀。唐君毅不只是一个"儒者"和"儒家"，他对"儒学"的阐释、发挥、发展，对儒者教化的坚守、坚持、贞定，都堪称大儒。唐君毅近 1500 万字的学术著作，20 世纪中国学人无出其右者，这些著述，用他自己的话说，可以用"立三极"（太极、人极、皇极）、"开三界"（人格世界、人伦世界、人文世界）、"存三祭"（祭天地、祭祖宗、祭圣贤）概括。

唐君毅是一个早慧的生命个体，具有极强的反思力和生命体悟力。从幼年开始，就对人之生死之类的大问题有一种深切的生命关怀和强烈的生命体验，并因此而走向哲学思考的道路。就像他自己所说的，他写那些"立人极"的人生哲学著作，根本上，不是要想提出一种人生哲学上之学说，不是为人写的，而是为己写的，是在自己对自己失去主宰力时，将由纯粹思辨中所了解的一些道理与悟会到的一些意境，自灵台中拖出来，写成文字。一部不能解救自己，便写第二部。1949 年离开大陆前，《中西哲学思想之比较研究论集》《人生之体验》《道德自我之建立》《爱情之福音》等著作的出版，奠定了唐君毅作为新时代"唯心主义思想家"的学术地位，并形成了"道德自我的建立"这一自己思想学术的基本立场和核心观念，初步完成了自己"立人极"的思想工作。

到香港后，唐君毅全心投入文教事业，以保存中华文化之星火，合作创建新亚书院并长期负责教务工作，主持学术讲座，撰写大量讨论中西文化的著作，对社会、文化、教育、人文世界的各种现象和思想进行反思和批判，并提出自己解决中西文化冲突，塑造"现代世界的中国人"的思路。进入 60 年代，唐君毅开始其立足儒家信仰，展开对中、西、印三大思想系统的反思、融汇和判教工作，并以此建构起了 20 世纪中国最为庞大的"心灵九境"哲学体系。文化哲学巨著《文化意识与道德理性》、两卷本《哲学概论》、六卷本《中国哲学原论》（包括导论、原性、原道、原教），以及在生命即将走到尽头时出版的融贯全部心血的代表作《生命存在与心灵境界》，使他获得了世界性声誉，由此完成了其"立太极"的工作。

唐君毅尽管被誉为20世纪中国少有的几个建构起了自己的哲学体系的思想家、哲学家，但是他自己却对此并不看重。他强调，自己并不关心哲学体系的建构与成就。唐君毅所关心的，是关乎社会文化问题的研究和讨论，是整个民族、社会、文化的大问题。换言之，文化问题，或者说人文问题，才是唐君毅关注的核心问题。唐君毅青少年成长的关键阶段，正是中国社会尤其是中国文化发生重大转型的时代，新文化运动、各种西方思潮对以儒家为代表的中华传统文化造成了巨大冲击。作为遭遇那一个时代的思想家生命个体，不可避免地要面对那个时代给予的时代精神和时代任务；而作为一个思想家、一个学者，就必须去承担起这样的时代精神和时代任务，并给予自己的回应和回答。唐君毅是他那个时代出版讨论中西人文思想和现实文化创造最多的著作者，《中国文化之精神价值》《人文精神之重建》《中国人文精神之发展》《中华人文与当今世界》（上、下）等著作，使其获得了"文化意识宇宙的巨人""20世纪中国最大的人文主义者"的美誉，也以此实现了其融汇中西人文主义、构建最完满人文世界的"立皇极"理想。

六

对于唐君毅来说，时代赋予他的使命是要回应西方文化挑战导致的中西文化冲突问题，是要解决在"现代世界"这样一个时代背景下，"中国人"如何可以做一个"现代世界的中国人"。但是，唐君毅的生命性情和他所受到的家庭熏陶和儒家教育，使他将这个问题做了内心的还原：要解决和回答"现代世界"的中国人如何成为一个"现代世界的中国人"这一问题，必须首先解决和回答中国人何以亦即如何是一个"中国人"的问题；进一步，要回答中国人是"中国人"的问题，根本上必须了解和充分理解一个人如何可能和应当是一个"人"的问题。

由此，唐君毅便将他所领悟到的时代精神和时代任务转换成了这样三个命题：人当是人；中国人当是中国人；现代世界中的中国人，亦当是现代世界中的中国人。换言之，在唐君毅这里，文化问题不只是文化问题，根本上是人的问题；文化问题的答案是在人的问题的答案之中。这样，对人文问题的关注和对人生问题的关切，便成为唐君毅解决时代问题的两条同样重要的腿。而对儒家的信仰与创造性转化，则是唐君毅要解决"现代世界的中国人"问题的基本立场和思路。

"中国人之成人，成中国人，成世界人，真正是三位一体。中国之成为中国，成为真正的人的国家，与成为与世界相协和的国家，亦是三位一体。以使中国人成其为中国人、世界人，而成其为人。"这就是唐先生对中西文化精神的融通和中国文化未来创造的终极结论，也是唐先生对中国人之为"人"、之为"中国人"、之为"现代世界的中国人"的最高肯定和最高期待！有此肯定和期待，我中华民族之伟大复兴何愁不能，我中华民族屹立于世界伟大民族之林何愁不能！

2016 年 4 月 11 日撰写

2016 年 10 月 21 日修改

贺 信

李宗桂[*]

《唐君毅全集》出版发行发布会暨"现代新儒家与现代世界"全国学术研讨会主办单位，各位与会同道和朋友：

金秋十月，大陆版《唐君毅全集》出版发行发布会暨"现代新儒家与现代世界"全国学术研讨会在成都举行，我以诚挚的心情表示热烈的祝贺！

大陆版《唐君毅全集》的出版，是大陆出版界的盛事，是大陆学术界的喜事，是大陆文化界的好事！

唐君毅先生是集哲学家和哲学史家为一身的著名学者，是现代新儒家的重要代表人物。唐先生一生致力于弘扬中国文化、沟通中西文明、促进中国文化现代化，撰写了一系列富有卓见的理论著作，形成了别具一格的思想体系，为中华文明的传承与创新做出了重要的贡献，在中国现代哲学史和思想文化史上具有崇高的地位。

唐先生早年写作《人生之体验》《人生之体验续编》《道德自我之建立》，确立了他文化价值观和学术追求的雏形。唐先生其后的著作，大致可以划分为文化与哲学两个领域。其一是以守护民族精神命脉、光大中华人文精神为指归的对中国传统文化的价值阐发，以《中国文化之精神价值》《中国人文精神之发展》等为代表；其二是以创发中国哲学精神、沟通中西哲学思想而彰显中华民族哲学特质、建构新型理想主义哲学为追求的哲学努力，以《中国哲学原论》《哲学概论》《生命存在与心灵境界》等为代表。在唐先生的文化阐发和哲学创建两个领域中，就其治学方法和学术理路而言，是文化与哲学贯通，

---

* 作者简介：李宗桂，中山大学哲学系教授，中山大学文化研究所所长。

即文化即哲学；以哲学观念为中心，用哲学方法来疏导文化根基，以文化理想来提振现实社会，以中华民族新文化的创建为哲学追求的落实。

唐先生对中国文化的精神价值的创造性阐发，对中华人文精神的重建，对中西文化如何相互尊重相互学习，对如何"保守"中华民族的精神命脉，都提出了深刻的见解，展现了他独特的文化精神价值论和文化重构观。唐先生的这些努力，对于当今处在社会转型期的中国文化建设而言，具有积极的借鉴意义。在如何弘扬中国优秀传统文化的精神价值、树立文化理想、提升文化认同和身份认同、批判社会中的不良现象、增强中华民族凝聚力等方面，都有重要的启示。同时，对于我们今天的文化建设、社会价值系统的整合等方面，也具有理论资源的意义。

最近二三十年来，唐先生的思想越来越为大陆学术界所关注，相关的研究无论在广度和深度上都日益增强，大陆版《唐君毅全集》的出版，正当其时。这套全集的编辑，以台湾版《唐君毅全集》为基础，力求体例、体系的更加完善，力求完整展现唐著全貌，对唐先生的文章进行新的校对，补充了新的文献（如唐先生致徐复观先生、蒋年丰先生的信），按照大陆的学术理路和研究惯例，对某些论著做了新的归类，颇为适合大陆学者的研究需要，也适合青年学子学习。我相信，大陆版《唐君毅全集》的出版，将会有力地推动唐先生思想研究的深化，并将有力地推动中华优秀传统文化在大陆的宣传、普及和推广，功莫大焉！

有鉴于此，我对策划并参与整理、编辑、出版工作的所有同好表示由衷的敬意和谢意。

这次全国学术研讨会的主题"现代新儒家与现代世界"，是一个意义深广、值得深入细致探讨的问题。20 世纪 20 年代以来，现代新儒家的学者们致力于重建中国本有的哲学、文化传统，谋求宗教精神、哲学精神和科学精神的统一来实现中国文化的未来发展，强调民族文化的自尊、自信、自强，其初心和成就值得借鉴，值得尊敬。今天，立足中国，放眼全球，依托传统，面向未来，创造性传承和弘扬中华优秀传统文化，增强文化自信，创新性发展当代中国新文化，是我们肩负的使命，让我们共同努力！

祝大会圆满成功！

2016 年 10 月 25 日

华族精神挺立的象征与时代虚无风气的针砭

——大陆版《唐君毅全集》出版感言

廖俊裕、王雪卿*

一个国家、一个民族文化真正的站起来，不是借用别人的哲学，而是有自己的文化精神、文化哲学作为基础与建国的理想。这是唐君毅先生文化哲学的基本命题，唐先生把它称作："返本开新"。

1842 年鸦片战争以来，中华民族的民族自信心开始沦丧，经过 1894 年甲午战争日本战胜清朝，1900 年八国联军侵华，徇至自信心彻底崩溃，乃有"全盘西化"（欧美化、俄化）等思想产生。对于 1912 年以后的中国，唐君毅先生认为国家的建国理想与立国精神，应当要站在自己传统文化基础的国家论、文化论上，返本才能开新，再来吸收外来的新思想、潮流。这才是真正的建国与民族的挺立。唐先生哲学的时代意义之一就在于此。

"善、全、真"的《唐君毅全集》在大陆出版，正是我们华族精神真正挺立的象征之一，我们要有建基在华族文化传统上的文化哲学，作为民族、国家的立国尊严与精神理想。

这套大陆版《唐君毅全集》和台湾学生书局版《唐君毅全集》相较之下，有几个特点。

一、更为全面：例如增加了唐先生《图传》和唐君毅致徐复观书信一封。《图传》之编述，更能起睹物思人的历史幽情，对于唐先生所强调的"意味的世界"更能贴切地呈现。

---

* 作者简介：廖俊裕，台湾南华大学生死学系副教授兼系主任；王雪卿，台湾吴凤科技大学助理教授。

二、年谱：原本唐端正先生所编年谱，由于时间的原因，堪称平实，但内容尤其是文献上没有附上，因此对于要研究唐先生学问的学者，有帮助，但不大。要如《胡适之先生年谱长编初稿（增补版）》《章太炎年谱长编》之类的年谱，对于学者研究唐先生的学问，才能称便。此次大陆版《唐君毅全集》也发现了这个问题，而由唐学专家何仁富先生贤伉俪负责，所有相关该年度的唐先生重要引文皆附在年岁下，且皆有注脚注明出处，因此也有"学术年谱"的特色，对于以后研究唐学的学者帮助很大。大陆版年谱一出，可以预知日后研究唐先生学问者，必从此年谱入手矣。

其次，增加唐先生亲人特别是唐夫人谢廷光女士和唐先生弟弟唐君实先生的回忆文章及其他相关研究著述，补充和完善了部分唐先生的生活资料文献。这也非常重要，唐先生不是纯粹书斋型的学者，诚如牟宗三先生所说，唐先生有做事的兴趣，这也是他实践理想的一个方式。因此唐先生生活忙碌，这点我们看他的日记就可以得知，因为颇忙，日记都是几笔完成。颇不详细，因此必得其他数据来补充，这些"必得其他数据"最佳的当属唐夫人等亲友和其他学生。大陆版《唐君毅全集》在这方面的补修，对于唐先生具体生活上的细节无疑贡献厥伟。

三、《著述年表》《唐学研究文献索引》：大陆版《唐君毅全集》也补足了台湾学生书局版所缺的《唐学研究文献索引》，再加上详细的《著述年表》，对于学者的研究也颇为方便，因此除了年谱的需要外，更增加学者研究唐学必从大陆版《唐君毅全集》入手的理由了。

四、从"人极、皇极、太极"三极来编列唐先生全集，颇见巧思：大陆版《唐君毅全集》和台湾学生书局版唐君毅先生全集还有一个最大的不同，就是用唐先生文化哲学"人极、皇极、太极"三极的概念来编纂全集，因此在形式上，读者一看，从表面形式上就可以得到唐先生思想的独特全面的概括观点，也颇有慧心。

以上是我们在看到大陆版《唐君毅全集》编辑体例时展现的优点，"善、全、真"原则也将是未来我们检证大陆版《唐君毅全集》的缺失之准则。

唐先生生命的问题意识是小时候，他父亲迪风公告诉他地球终将毁灭一事，由此他思索在一切皆将毁灭下如何真实存在？他最后归趋在儒学全幅肯定世界的天德流行境界有其探索的轨迹与存在的必然。迩来，时代风气为虚无思想所弥漫，人们无法贞定自己的生命。忧郁症、精神疾病的高罹患率，都是此时代虚无思想的具体呈现，如何对治此时代疾病？唐先生的"历程即实在""历程即本体"思想，每个当下都是绝对的呈现，能全幅肯定所有的思想，然后透过"真实存在"的标准，说各种思想其不足之处，最后辩证到全面肯定人文世界，而建立起人自觉是个人，而互相感通、交流的"太和世界"，无疑是时代虚无风气对治的指南针。

"华族精神挺立的象征"与"时代虚无风气的针砭"正是大陆版《唐君毅全集》出版的精神意义。

说唐君毅先生之疏导中国文化及融摄西方文化

——《唐君毅全集》出版贺辞

梁瑞明[*]

业师唐君毅先生大陆版著作全集印行了，此新编《唐君毅全集》应是今日篇目标题最完善、分类最周到、搜罗资料最完备的全集了。《唐君毅全集总目》与《唐学研究文献索引》给研读者提供很大方便，必有助于唐学的宣扬与发展。

唐师一生从事疏导中国文化的工作，他用了好大工夫好大精神写《中国哲学原论》，由先秦写起，说儒、墨、道、法、名、阴阳诸家各有其道，中历两汉、魏晋南北朝诸大学者，以及隋唐诸中国佛学大家，至到宋明理学心学大师，乃至清代诸家之道，莫不有所论述，共有六册。我们只要翻阅这几册《原道》，就可感到唐先生学问之通达博厚，把中国三千年来开拓的思想观念及人生路向之无穷无尽都指出来了。好学深思之士，只要研读，假以时日，自可开大思想心灵，直悟中国文化之大流，便可顺当前世界的变化，意识到要怎样为当前中国或世界开拓"大道"。新编的《唐君毅全集》将唐先生这方面的著作汇合在卷20至25，共六大卷，一气呵成，读起来就方便了。

唐师写《原道》，为中国文化的开通做疏导工作，这与他一生要以中国文化融摄西方文化的心愿是分不开的。由20世纪初之中国文化受西方文化的冲击，有学者提出中国文化要全盘西化之说，又有中体西用的主张，之后才有博通中国文化精神，又了解西方文化尤其了解西方哲学的中国学者之出现，此即"新儒家"，终于使中国文化走向现代。他们凭中国文化的力量融

---

* 作者简介：梁瑞明，香港志莲净苑夜书院院长。

摄西方文化。由唐师早期出版了《中国哲学思想之比较研究论集》（1942年），又在其他著述中处处将中国文化、中国哲学与西方文化、西方哲学比较而论，由观其同异，便继而观其同而略其异，加以会通，这整个就是一"融摄"的过程。《全集》中的《哲学概论》上、下两大册，就是以中国哲学融摄西方哲学而成之著作，一直到唐师晚年完成的《生命存在与心灵境界》，冶中国与西方哲学于一炉，合耶教、佛教、儒教于一教，那更是融摄西方文化之重要著作（因此书读来不容易，我为此书写了名为《心灵九境》的导读，共四本，以便初学）。新编《唐君毅全集》列《哲学概论》上、下册为卷26至27，《生命存在与心灵境界》上、下册为卷28至29，将两书连成一气，这是很有见地的。

自鸦片战争之后，中国国势之弱就暴露在西方人之眼前。中国国势既弱，国人自感样样不如人，便有人归咎自己的祖先。中国学界有一段时间确实弥漫着一种对自己的文化失去信心的气氛，甚至丧失了自立自尊。有不少学者跟随西方人对中国文化抱以讪笑，更变本加厉地加以谩骂。就在这时候，有新儒家人物的兴起，唐师很自然地就站出来，苦口婆心地对国人叙说中国文化的优美与价值，要国人重拾信心，自重自立。新编《唐君毅全集》把唐先生应此而写的著作归在一起，指出唐先生所著《中国文化之精神价值》（1953年）在全面论证中华文化的精神价值及其创新路径；他与张君劢、牟宗三、徐复观三先生联名的《中华文化与世界》（1958年），人称为"中国文化宣言"的，目的在纠正西方学者对中国文化的偏见，更要国人反求诸己，对自己的文化有自信；《人文精神之重建》（1955年）一书指出百年来国人感受到的中西文化的矛盾，知道怎样在思想上将之疏解；《中国人文精神之发展》（1958年）说要发展中国人文精神，与科学、民主建国及宗教思想相融通；《文化意识与道德理性》（1958年）主要论证人类一切文化活动都统属于道德理性，是道德理性之分殊表现。

今天，可特别注意的是《文化意识与道德理性》一书，其中论及"民主"的概念与"民主政制"，更说及"良善的民主政制"的出现，如何以中国传统的德治、礼治、人治概念来将西方当前的"民主政制"优化。中国人之心本可不为当前西方式的民主政制，尤其是不为其"一人一票"之选举方式所迷惑。只要人心之蔽解，即会见到，并非没有一个比当前西方更完善的"民主政制"。"民主"是一个理念，体现民主的"政制"有很多种，并非只有西方式的一种。

新编《唐君毅全集》出版了。我作为唐先生的学生，心中之欢喜兴奋非笔墨能形容，谨把我读唐先生著作的心得略陈一二，供广大读者参考。

2016 年 9 月 9 日

现代新儒家的风骨与担当

——贺《唐君毅全集》出版

欧阳康*

经过宜宾学院唐君毅研究所、四川省社会科学界联合会和四川省社会科学高水平研究团队"现代新儒家及其文化影响"研究团队等各方的鼎力合作，在何仁富教授等的大力推动下，得到九州出版社大力支持，《唐君毅全集》简体字版得以顺利出版，这是当代新儒学研究中的一件大事，可喜可贺！

中国现代新儒学的产生和演进是 20 世纪中国文化和学术史上的一道奇观。随着近代以来中国经济政治军事和文化衰败，新文化运动开启了全面向西方学习的全新文化走向，全盘批判和否定中国传统文化成为社会和学术思潮的主流。在这样的背景下，中国传统文化是否还有价值？中国社会未来发展以何种文化作为安身立命之所？这在当时成为一个极为紧迫的时代性问题！对于如此重大的问题，中国学界产生了极大的思想与学术的分化。面对自由主义与全盘西化派的巨大冲击，以熊十力、梁漱溟、马一浮等先生为代表的一批思想家勇敢挺身而出，依托于他们所具有的西学修养，力求在新的思想高度诠释和弘扬儒学。其使命在于"返宗儒家，融合中西哲学，以建立新儒学"（方东美）。这样一种学术使命与价值取向呼唤着海内外一大批优秀学人参与其中，形成了声势浩大并绵延弥久的新儒学运动！也由此而成就了一大批新儒家！

新儒家们之值得尊重和赞赏，在于他们所具有的风骨与担当！当中华文化面临着被彻底废除的灭顶之灾，中华民族面临着在思想上流离失所的极大困惑，他们一方面积极面向世界，学习西方哲学与文化精粹；另一方面回望中华，寄望儒学，

---

* 作者简介：欧阳康，华中科技大学哲学研究所所长，国家治理研究院院长。

并希望通过自己的努力而对其有所发掘与保全，也能有所探索与创新！新儒家们以其深厚的学养尤其是强烈的使命感，在中学与西学的结合上做出了巨大的学术努力，产出了巨量的思想作品，推进了中国20世纪的学术发展，构成了当代中华学术宝库中的一批精神力作！

新儒学研究在当代中国为何有所沉寂？这值得探讨！原因很多，其最根本之点，也许在于，中华民族伟大复兴的哲学与精神需求，远远超出了儒学所能提供的思想和精神高度，也超出了新儒家们所能提供的理论滋养。当代中国文化建设中的三种思想资源：以儒学为代表的中国优秀传统文化，以西学为代表的西方现代化思想，以马克思主义为代表的社会主义价值观念，对于中华民族伟大复兴的精神自觉与文化引领缺一不可，都必须学习和吸收。但三种思想资源中的任何单一资源都不可能简单地和现成地解决当代中国的文化需求，应当也只有纳入当代中国社会文化的整体体系，并成为当代中华思想文化的有机组成部分，才能发挥出作为重要思想资源的积极作用！为此我们必须以非常谦卑而又慎重的态度，严肃对待这三种基本而又重要的思想资源中的所有优秀作品，并通过开放式的研究，从中谋求一切可能的启示与借鉴！

正是在这样的意义上凸显出了《唐君毅全集》在大陆出版简体字版所具有的特殊而又积极的意义！唐君毅先生在中国现代新儒学曾经发挥了承上启下的积极作用，他曾与徐复观、牟宗三、张君劢联名发表现代新儒家的纲领性文章《为中国文化敬告世界人士宣言》，尤以借助于对黑格尔哲学的深入研究阐释儒家人文精神，感悟人性而构建了自己的学术骨架，为我们留下极为丰硕的学术著作！

我并非新儒学和唐君毅先生的专门研究者，但通过海峡两岸生命教育互动结识了何仁富教授，注意到他在生命教育中特别注意阐发唐君毅先生的人性理论并以之丰富自己的生命教育理论和实践，颇多启发。尤其是前不久我们共同再度应邀赴台，并在台湾大学生命教育学术研讨会上同台演讲，解析和阐发中国大陆高校的生命教育，会间高兴地获知，经过他和一批学界友人的巨大努力，《唐君毅全集》将要出版并将为之在家乡成都召开该书首发式和学术研讨会。我曾允诺届时与会致贺并向与会学者学习讨教。

不意接教育部通知，作为专家组成员来到拉萨对西藏大学开展本科教学水平评估，与该书首发式的时间冲突，无法与会。伴随着高原反应而紧张开展的评估工作也妨碍了我对于唐君毅先生思想的深入领悟与思考。为不失允诺，匆匆地在海拔近4000米高的雪域高原拉萨写上这点文字，向该书的出版致以热忱的祝贺！

相信包含着39卷巨著的《唐君毅全集》出版不仅将为我们对新儒学的研究提供更加丰厚的材料，也将为我们多视角研修和发掘儒家思想精华提供重要的研究视角和思想参照，激励我们为推进当代中华文化建设做出更大的努力与奉献！

大会感言

彭国翔[*]

　　近悉新版唐君毅先生全集在大陆发行，十分高兴。20世纪80年代台湾学生书局出版的唐先生全集，为唐先生思想的研究提供了极大的便利。我之前撰写的几篇有关唐先生思想的专论，包括《唐君毅的哲学观》《唐君毅论宗教精神》以及《唐君毅与印度哲学》，都是用的台湾学生书局版。但台湾学生书局的全集版，在国内高校的收藏并不普遍。记得当年我在清华大学任教时，因为学校图书馆并无唐先生的全集，撰写有关唐先生思想的论文，还不得不请中国社会科学院的友人帮忙借阅。后来，中国社会科学出版社出了唐先生几本著作的简体字版，但全集在大陆的出版，仍付阙如。此外，当初我在使用台湾学生书局版全集的过程中，已经发现其中有一些误植的地方，感觉未免美中不足。此次新版，在诸方的协力之下，经过多年辛勤与细致的工作，不仅内容有所增加，台湾学生书局版的失误之处想必也都得到了校正。这无疑是一件嘉惠学林、功德无量的盛事。我相信，广大的读者和我一样，对此必然是额手相庆的。

　　以往当代儒学的研究，对于唐先生的思想相对而言重视还不够，这是有所欠缺的。事实上，唐先生的哲学思想不仅成熟很早，而且涉及广泛、蕴含深厚，用"致广大而尽精微"这句话来形容，毫不为过。在当今世界哲学的整体脉络与动态之中来看，唐先生的思想也有其独特的意义和价值。可惜的是，唐先生思想的很多方面，都还没有充分地发掘和诠释；在世界哲学的整体脉络与动态之中审视和彰显其意义和价值，更有进一步的工作值得去做。就此而

＊　作者简介：彭国翔，浙江大学人文学院求是特聘教授，博士生导师。

言，新版唐先生全集的发行，在整个中文世界尤其中国大陆，对于唐先生思想研究的推动，可以说是不言而喻和指日可待的。

主办方邀请我参加大陆版《唐君毅全集》出版发行发布会暨"现代新儒家与现代世界"全国学术研讨会，非常感谢。我也很乐意借此会议之便，再写一篇专论，把我多年来研读唐先生著作的一些以往未刊的想法整理出来，就教于与会的方家。但可惜我目前不在国内，很遗憾无法参加。承何仁富教授的雅意，要我说几句话。我虽未赴会，对此盛事却不能无感。恰好借此之便，略叙感言，请何仁富教授代为致意。

希望将来有机会与诸位同人就唐先生的思想相互交流、彼此取益。谨在此遥祝这次盛会圆满成功！

2016 年 10 月 24 日

写在《唐君毅全集》大陆简体字新编本
出版发布之际

王兴国[*]

欣闻《唐君毅全集》大陆简体字新编本出版，并即将在成都召开此书的发布会暨"现代新儒家与现代世界"学术研讨会，意义非同寻常，甚感喜悦与激动，大陆学人终于可以看到一部完整的简体字版《唐君毅全集》了，这对于推进大陆的"当代新儒学"研究，尤其是"唐学"（有关唐君毅之学的简称）研究，具有深远的重要意义。

近些年以来，"港台新儒家"诸大家钱穆、方东美、牟宗三、徐复观等人的简体字全集先后在大陆出版发行，不仅是大陆出版业的一种盛况，而且更是"当代新儒学"的一种盛况。海峡两岸暨香港、澳门地区许多学者期待中的《唐君毅全集》大陆简体字版，是一种新编的版本，在何仁富教授率领的编委会的多年努力与辛勤工作中圆满竣工，现在终于出版发行了，这实在是一件大喜事、一件功德无量的事。牟宗三先生曾经有言，港台的儒学终将回归大陆，反哺大陆，而大陆由此将迎来一个儒学兴盛的时代。今年适值方克立和李锦全二先生引领中国大陆"现代新儒家思潮研究"（国家哲学社科重大课题）三十周年，这三十年以来，中国大陆在改革开放中不断取得新的进展，而大陆的"当代新儒学"（或"现代新儒学"）研究也结出了硕果，其中最为重大的一个事件，当是唐、牟、徐、方、钱诸大师的思想成果与著作返回大陆，影响至巨，反哺之功，有目共睹，这表现在对于全面推进和开拓中国哲学与中国文化的研究起到了积极的良好的作用，相信在此春风的吹拂之下，刘述先先生所谓

---

* 作者简介：王兴国，深圳大学国学研究所、哲学系教授，博士生导师。

"当代新儒家"的"三代四群"（第一代第一群：梁漱溟、熊十力、马一浮、张君劢，第二群：冯友兰、贺麟、钱穆、方东美；第二代第三群：唐君毅、牟宗三、徐复观；第三代第四群：余英时、刘述先、成中英、杜维明。按：笔者认为，在"第三代第四群"中，还应该加进蔡仁厚、戴琏璋、霍韬晦）的著作全集，以及许多年轻一辈的新儒家新生代的著作，均将陆续在中国大陆公开出版发行，这对于中国哲学与中国文化的复兴将具有无可估量的积极作用与久远的历史文化意义。

据悉，大陆简体字新编本《唐君毅全集》以台湾学生书局原版的《唐君毅全集》三十卷为基础，以"善""全""真"三个原则为标准，在保持原版内容以及原编者的注解说明等原貌不变的前提下，对唐君毅先生的部分论著进行了重新编辑、校对、增补和分类。编委会依据唐先生本人对其论著"立三极"性质的界定和著述的分类，同时兼顾著述的时间顺序，重新将《唐君毅全集》分为六编三十九种三十九卷；并在重新校对的基础上，在不同卷次中新增加了一些资料，具体包括：唐先生致徐复观书信（《书简》）；唐先生夫人谢廷光的遗著（《亲人著述》）；唐先生亲人撰写的回忆文章、纪念唐先生夫人的文章，以及纪念唐先生的挽联及新闻报道等内容（《纪念集》）。此外，新撰了唐先生的《年谱》（何仁富、汪丽华编撰）、《图传》（何仁富编撰）与《唐学研究文献索引》（杨永明编撰）。

由此可知，大陆简体字新编本《唐君毅全集》字数与内容较原版有所增加与充实，体例也有一些变化，巨大地方便了大陆读者使用。无疑，大陆简体字新编本《唐君毅全集》的出版不会取代其台湾书局的原版本，但将会促进其原版本的完善，则是不难断言的。现在，两个版本的《唐君毅全集》将同时流传于海内外，这是唐君毅先生之福，更是中国文化与中国哲学之福，幸莫大焉。

今当赴会之前，不避浅陋，略赘上言，以表衷心祝贺与对邀请的谢意。

2016 年 10 月 23 日于深圳

哲人学人思想之集大成

——贺《唐君毅全集》大陆简体字新编本之出版

王川[*]

各位学者今日在成都聚会，隆重庆祝《唐君毅全集》大陆简体字新编本的出版。在此，本人致以衷心的祝贺，并向诸位编者及为本书顺利出版做出贡献的学者表示诚挚的敬意。

一

新儒家学派中承先启后的健将唐君毅先生，1909 年诞生于四川省宜宾县。先生自幼聪颖，少年时期便"立志向学，有希圣希贤之志"（刘国强语）。至 1978 年逝世于香港九龙浸会医院，六十九年的时光里，从四川到港台、从大陆到欧美，都留下了先生行合于礼、学宗于儒的求索和治学身影。

综观君毅先生的一生，无论立身处世、为学为人，或是道德意识、民族意识、历史意识等，全部凝结在他深厚的文化意识中而昭显于外。先生始从西学入手，再审视中国文化，入其堂奥，探其精微，进而谋求中西文化、哲学的融会贯通。然先生之终极目的，在于掘显中华文化之内在精神价值，重整趋衰颓的中华人文世界和人文理想。先生之思想，既体现出一种真切深微的人生体验，以及由此透显出的道德提升力，又表现出深厚强烈的文化意识和周流融贯的会通精神。先生以维护中国文化、弘扬孔子之道为己任，对民族文化精神价值的弘扬、中国未来文化的建构、现代文化思潮的导引、时代精神的建立，其

---

* 作者简介：王川，四川师范大学教授，四川大学博士生导师。

言行举止，都发挥了不可替代的作用。

君毅先生誉满天下。钱穆先生曾称许他为一代"大儒"；牟宗三先生盛赞他是"文化意识宇宙的巨人"。1975年，哥伦比亚大学出版美国著名汉学家狄百瑞主编的《新儒学的开展》一书，更是开卷即以整页标示"献给唐君毅教授：中国自朱熹、王阳明以来的杰出哲学家"，表示对他的崇高敬意。先生的名字和事迹被收录进《中国百科全书》和《大英百科全书》；中国的香港和台湾地区以及美国等有以先生名字命名的研究所、刊物。1978年先生辞世后，港台学人无不扼腕痛惜，纷纷展开各种悼念活动。其生前挚友、为学知者牟宗三先生更是哀痛不已，曾做挽联曰：

"一生志愿，纯在儒宗，典雅宏通，波澜壮阔，继往开来，智慧容光昭寰宇；

全幅精神，注于新亚，仁至义尽，心力瘁伤，通体达用，性情事业留人间。"

这是对君毅先生一生行谊的最恰当概括，也是对他一生业绩的高度赞扬。

二

君毅先生奄通四部之书，一生研究范围颇广，成果颇为丰硕。此前，大陆虽出版了先生的部分著作，但大陆学者都难窥全貌，况一般读者。值此先生逝世三十八周年之际，在四川省宜宾学院以及宜宾学院唐君毅研究所、四川思想家研究中心、四川省社会科学界联合会和四川大学古籍研究所、浙江传媒学院生命学与生命教育研究所的大力支持下，九州出版社以台湾学生书局版本中收录于《中华人文与当今世界补编》及《哲学论集》中的论文，以及少量收录于其他各卷的论文为基础，将先生之全部著述重新分类，编排并出版了《唐君毅全集》大陆简体字新编本。这不仅为大陆知识界期盼已久的学林盛事，还是对君毅先生最好的缅怀。

《唐君毅全集》大陆简体字新编本是君毅先生一生的哲学、生活的书面反映。全集立足于先生自己对其论著"立三极"性质的界定和著述分类，兼顾著述时间顺序，按照主题分类和时间顺序，分六编三十九种。这三十九卷，以更为全面、系统的方式，将君毅先生对人生的思考、对中西哲学思想的考量、对中国文化与人文精神的理解、对中国文化的世界化、对中国哲学的发展等方面的思考和分析，全盘托出，呈现在世人面前。同时，新增、新撰的部分还收集了先生夫人谢廷光的遗著、先生家人撰写的回忆文章、纪念先生与夫人的文章、纪念先生的挽联及新闻报道、先生的《年谱》与《图传》、《唐学研究文献索引》等内容。这有利于世人更全面客观地了解先生的治学思想和人生哲学。

历史的进步是一代又一代文化的积淀，而文化的积淀则是在辩证中推陈出新。自古以来，贤者的思想和感悟多载于书籍，共同推动着中华文明走向新高度。在此套书籍里，循着君毅先生的生命轨迹和思想历程，世人能明显地感受到一种强烈的文化使命感和道德感召力。中华文化的继承与发展，不仅需要像唐君毅先生这样的贤者大家，更需要国人自身的见贤思齐与修身养性。在先生的大陆简体字新编本全集即将面世之际，爱书数言，与诸学者共勉。

贺新编大陆简体版《唐君毅全集》出版

余仕麟[*]

欣闻新编大陆简体版《唐君毅全集》39 卷本即将由九州出版社出版，这不仅是唐学研究领域的一件大事，也是中国现代新儒家研究事业的一件盛事。可喜可贺！

唐先生是中国现代新儒家的杰出代表人物，也是四川本土学者的典范。

唐先生学贯中西，他一生都在为继承和弘扬中国儒家文化意识的传统、促进中国文化的现代化以及与世界文化沟通孜孜以求。他以儒家文化价值为核心构建起来的完全中国式的庞大而严谨的哲学体系，不仅融通了儒学、佛学及西方哲学，而且发掘并释放了中国儒家文化价值的现代张力，其显赫成就让人仰止。诚如牟宗三先生所说，唐先生越过了哲学宇宙而进至于文化意识之宇宙，成为中国文化意识宇宙中的巨人。①

当然，人们对唐先生的景仰，不仅仅在于唐先生是一座学术丰碑，更在于唐先生强烈的民族忧患意识及其责任担当。

近代以来，中国遭受西方列强欺辱上百年！在国运衰微，文化凋零之时，唐先生与其他现代新儒家一道，在极其艰难的条件下，怀着"为天地立心，为生民立命，为往圣继绝学，为万世开太平"的宏愿，以"返本开新"为己任，将所有的精力和能量都投入到了挽救和重建中国文化的精神根基和精神生命之中，试图在传统与现代化之间寻找到一条中国适应其现代世界潮流趋势的

---

* 作者简介：余仕麟，西南民族大学马克思主义学院教授。

① 牟宗三：《文化意识宇宙的巨人》，罗义俊编：《评新儒家》，上海人民出版社 1989 年版，第 523 页。

发展道路。虽然他们一度不被主流社会所理解，甚至被冷落、被嘲讽。但是，他们的努力没有白费！在"花果飘零"的时代，他们至少保留住了弘扬中国优秀传统文化价值的精神火种。改革开放之后，当中国开始反思并重拾优秀传统文化之时，人们蓦然发现，现代新儒家已经在发掘中国传统文化价值方面做了大量极富创见性的工作和学术积累。至于今天，我们能够用崭新的眼光去认识自己传统文化的价值，进而去了解世界、看待世界，能与世界各国优秀文化互通互融，包括唐先生在内的现代新儒家功莫大焉！

唐先生学富五车，著作浩繁，思想阔阔，研究和发掘唐先生的学术思想，不仅是唐学研究的重要任务，也是中国文化价值重建的需要。这次在宜宾学院唐君毅研究所组织协调下，由川内外几家单位密切合作编辑并出版《唐君毅全集》，真可谓恰逢其时。在这套新出版的全集中，新增加、新编辑的内容大约占了全集一半的卷次，直接为海内外的唐学研究提供了弥足珍贵的材料。这套著作的编辑工程十分浩大，组织者和编辑人员为此付出的辛勤劳动及其无量功德，必将为世人所铭记！

衷心祝愿出版成功！

余仕麟

2016 年 8 月 7 日于西南民族大学

唐君毅先生之精神价值

朱建民[*]

个人一生于关键处能遇贵人，极为难得而可贵。唐君毅先生就是我生命中的贵人，在我心灵无所依归时，启发了精神生命的方向定位。我之所以读哲学，原初是为了回应自我存在的困惑。进入哲学系后，却受当时学术气氛影响，整天涉猎一堆不甚了了的书籍。表面上汲取许多知识，其实并未触及真正的哲学智慧，也偏离自己原初的存在关怀。

这种没头苍蝇的日子一直持续到大学毕业，所幸读研究生时，唐君毅先生自香港来台湾大学哲学系担任客座教授，这才让我见识到生命的学问是怎么一回事。唐先生学问渊博，不在话下，重点是，他的学问植根于深厚的生命智慧。年轻的我曾经愤世嫉俗，有次问唐先生，现实世界中到底有没有圣贤？他的回答很令我感动。他不说有，也不说没有。他只说，如果你把别人看得高一些，你自己的人格也就可能随之高一些，你把别人看得低一些，你自己也就随之低一些。确实，把别人看得高一些，或许得担些风险，但是你自己的人格也高了一些，而别人的人格也可能因为你的高看而真的高了一些。我们何必把别人的道德表现一定看作别有用心呢？圣贤在现实世界中处处皆可遇见，那物归原主的司机、那雪中送炭的无名氏，都是圣贤。

唐先生在书里也说过："你如果根本不承认有比我们更伟大之人格，并求有如此之人格而崇敬之；则我们无论在现实社会，与历史世界中，均永远不会发现此人格的。"如果我们不承认人间在低层级的生命形态之外，仍然有更高的层级，则即使我们面对高层级的表现时，亦看不出来。纵然觉察其间有非比

---

* 作者简介：朱建民，中国台湾中央大学荣誉教授。

寻常之处，亦必以低层级的生命形态了解之、解释之，以求其仍同于我。在此认定之中，我们的生命亦永远停留在低层级的状态中，我们眼中的世界只是平面的、贫乏的。反之，如果我们承认世间现实上即有种种高层级的表现，则遍地均闪烁奇光异彩，我们能发现人间的奇峰迭起，也能欣赏到人间的气象万千。在此，我们个人的生命也可能不断更上层楼，向上无限提升。

经由唐先生的提点，让我原本平面的生命有可能向立体开展。唐先生如此看待人，亦如此看待自己的民族文化。他的《中国文化之精神价值》，阐扬民族文化的美好理想，也让现实的文化表现有可能往上提升。唐先生对民族文化的维护发扬之热忱，已近宗教情怀。唐先生超越个人的大愿，也感染了我，让我摆脱狭隘的个人彷徨，进一步体认到个人生命放在民族文化生命中的意义。那年暑假，我以虔敬的心情，用了两个月，一字一行地仔细地读完唐先生的《人文精神之重建》。此后好些年，我生命意义的来源与努力的方向几乎全系于此。

由于上述个人亲身经验，我确信，唐先生的学问不可以知识体系或学术成就观之。若把唐先生的书当成知识或学术来读，那是辜负了这些原本要为个人和民族文化指引方向的智慧。唐先生曾感叹民族文化之花果飘零，但他也鼓励大家要灵根自植，因为这些文化智慧必定回到中华大地，重新润泽个人生命和文化生命，让文化理想具体地展现在今天的土地上。

从个人说，唐先生是我生命中的贵人，也是我那一代众多师友的贵人。从民族文化说，唐先生是那个文化生命存亡危急时代的贵人，也是今日文化生命重振精彩时代的贵人。因此，无论从个人或民族文化，我们都感念唐先生的贡献，也感激孕育唐先生的四川宜宾，更感谢唐君毅研究所的师友们，持续发扬唐先生思想，并完成唐先生全集的出版。